KB204172

종교가 사악해질 때

WHEN RELIGION BECOMES EVIL by Charles Kimball
Copyright © 2008 by Charles Kimball
All rights reserved.

Korean translation copyrights © 2020
by HYEONAMSA PUBLISHING Co. Ltd.
Korean translation rights arranged with HarperCollins Publishers
through EYA(Eric Yang Agency).

이 책의 한국어판 저작권은 EYA(Eric Yang Agency)를 통한
HarperCollins Publishers 사와의 독점 계약으로 ㈜현암사가 소유합니다.
저작권법에 의하여 한국 내에서 보호를 받는 저작물이므로
무단 전재 및 복제를 금합니다.

종교가 사악해질 때

찰스 킴볼 지음

김승욱 옮김

WHEN
RELIGION
BECOMES
EVIL

타락한
종교의
다섯 가지
징후

현암사

종교가 사악해질 때

초판 1쇄 발행 2020년 12월 20일

지은이   찰스 킴볼
옮긴이   김승욱
펴낸이   조미현

책임편집 정예인
디자인   정은영

펴낸곳   (주)현암사
등록   1951년 12월 24일 · 제10-126호
주소   04029 서울시 마포구 동교로12안길 35
전화   02-365-5051
팩스   02-313-2729
전자우편 editor@hyeonamsa.com
홈페이지 www.hyeonamsa.com

ISBN 978-89-323-2080-9 (03200)

이 도서의 국립중앙도서관 출판예정도서목록(CIP)은
서지정보유통지원시스템 홈페이지(http://seoji.nl.go.kr)와
국가자료공동목록시스템(http:// www.nl.go.kr/kolisnet)에서
이용하실 수 있습니다.(CIP제어번호 CIP2020032547)
책값은 뒤표지에 있습니다. 잘못된 책은 바꾸어 드립니다.

차례

일러두기

- 단행본·작품집·시리즈 등의 책 제목은 『 』, 노래·영화는 〈 〉,
  신문·잡지 등은 《 》로 표기했다.
- 본문에 등장하는 책 등이 국내에 소개되어 있는 경우 그 제목을 따랐다.
- 외래어 표기는 국립국어원 외래어표기법을 따르되,
  일반적으로 통용되는 경우일 때는 그에 따르기도 했다.
- 성경 구절은 대한성서공회의 『성경전서』에 따랐다.
- 꾸란 구절은 명문당에서 출간한 『코란(꾸란)』에 따랐다.
  다만 '알라'로 표기한 것을 이 책에서는 '하나님'으로 바꾸었다.
- 본문의 각주는 옮긴이 주다.

개정판 서문

2002년에 이 책이 처음 출간된 뒤로 많은 사건들이 세계의 지형을 바꿔놓았다. 이 책의 핵심적인 이슈들과 관련된 여러 사진과 영상이 마치 폭격처럼 쏟아졌다 해도 과언이 아닐 것이다. 개중에는 상충하는 자료도 많았다. 하나님에게서 신성한 명령이나 영감을 받았다고 주장하는 많은 집단과 개인이 점점 눈에 띄는 요인이 되었다. 뿐만 아니라 이들은 폭력적인 행동도 자주 저질렀다. 세계에서 두 번째로 큰 종교인 이슬람교가 특히 그렇다. 이 책에서 제시한 다섯 가지 위험신호를 실제로 보여주는 새로운 사례들이 아주 많다. 이라크의 수니파와 시아파 사이에서 오랫동안 벌어지고 있는 종파 갈등, 헤즈볼라와 하마스가 각각 레바논과 가자지구에서 세를 불린 것, 영국에서 혼란을 일으키고 있는 극단주의 단체들에 대한 국제적인 우려 등이 이 점을 잘 보여준다. 그러나《타임》과《뉴스위크》의 여러 커버스토리, 24시간 케이블 뉴스 채널의 광범위한 보도, 주요 신문과 방송 매체의 헤아릴 수 없이 많은 기사들에도 불구하고 가장 기본적인 정보에 대해서조차 혼란을 느끼는 사람들이 여전히 많다. 이 문제를 극적으로 분명하게 보여준 것은 2006년 10월 17일에《뉴욕타임스》에 실린 제프 스타인의 칼럼 '수니파와 시아파를 구분할 수 있는가?'이다. 스타인은 워싱턴에서 테러 대응 업무를 담당하는 고위 관료들과 여러 정보위원회에 소속된 의회 지도자들을 몇 달에 걸쳐 인터뷰했다. 9·11 테러 이후 5년이 흘렀고, 이라크 전쟁이 4년째 이어지던 때인데도 '테러와의 전쟁'을 이끌던 '지도자들' 대부분은 수니파와 시아파의 차이점과 이슬람교에 대한 가장 기본적인 질문에도 답을 하지 못하고 쩔쩔맸다. 일반적인 이야기를 할 때도, 정치적 주장을 위해 때로 폭력을 휘두르는 유명한 집단들에 대한 이야기를 할 때도 다를 것이 없었다.

지난 25년 동안 워싱턴에서 상당히 많은 시간을 보낸 나는 스타인의 글을 읽고 전혀 놀라지 않았다. 사람들은 정부와 정치 지도자들이 그런 중요한 문제에 대해 아주 잘 알고 있을 것이라고 기대하거나 희망하겠지만, 정치 지도자들은 대개 사회 전체를 거울처럼 비추는 존재일 뿐이다. 나는 지난 5년 동안 강연이나 패널 토론에 참여한 뒤 수백 회의 질의에 응했고 언론과도 500번이 넘는 인터뷰를 했다. 따라서 '상세한 무지'라고 표현할 만한 상태로 움직이는 사람들이 지금도 많다는 사실을 알고 있다. 그들은 머릿속에 많은 정보를 갖고 있으나, 그 정보를 조리 있게 정리해서 이해하고 해석하지 못한다.

『종교가 사악해질 때』는 이 쉽지 않은 문제를 다루고자 한다. 이 책은 종교의 타락을 경고하는 다섯 가지 위험 징후를 뒷받침하는 핵심적인 주장을 펼칠 뿐만 아니라, 비교종교학이라는 중요한 학문을 부드럽게 소개하는 역할도 한다. 이 책에서 포괄적인 설명을 하려는 것은 아니다. 그보다 나의 목표는 우리가 종교라고 부르는 다면적인 현상, 이슬람교의 기본적인 교의, 하나님에 대한 다양한 이해가 하나로 수렴되는 것, 종교마다 외치는 진리가 상충하는 것, 정의롭고 평화로운 사회를 위해 부지런히 노력해야 한다는 보편적인 명령 등에 대한 비판적인 사고와 질문을 독자들에게 소개하는 것이다. 이번 개정판은 독자들의 일관되고 분명한 반응을 참고로, 방금 언급한 부분들을 강화하는 한편 독자들을 위한 짤막한 용어 설명과 색인을 추가해 개인이나 학생이나 스터디그룹이 이 책을 더 편안히 읽을 수 있게 했다.

국제적인 관심은 이슬람교가 지배하는 지역의 소란스러운 상황에 여전히 집중되어 있지만, 이 책에 언급된 위험 징후들과 사례들은 기독교를 비롯한 다른 종교에도 직접적으로 적용된다. 나와 직접 의견을 주고받거나 이 책에 대한 평론을 쓴 많은 사람들은 자신이 살고 있는 지역에도 이 책의 내용과 연관된 일들이 있음을 강조했다. 신문의 헤드라인만 대충 훑어보아도, 미국 정치의 핵심적인 요소들에 종교의 역할이 얼마나 깊이 배어 있는지 분명히 알 수 있다. 심지어 종교가 치명적인 역할을 할 때도 많다. 세계의 다른 지역들과 마찬가지로 미국에서도 종교는 여전히 사람들에게 가장 고귀하고 고상한 의욕을 불러일으키고 있으나, 정치집단은 물론 개인 사이에서도 폭력적이고 파괴적인 행동을 정당화하는 구실로 사용되는 경우 또한 많은 것이 슬픈 현실이다. 이역시 일간신문의 1면만 보아도 알 수 있다.

이 책이 처음 출간된 뒤로 이 책의 주제와 관련해서 두 가지 의미심장한 일이 일어났다. 첫 번째는 교황 요한 바오로 2세가 세상을 떠나고 교황 베네딕토 16세가 선출된 것이고, 두 번째는 종교가 문제라고 주장하는 책이 여러 권 출간된 것이다. 『종교가 사악해질 때』는 이번 개정판에서 이런 주제들을 직접적으로 다루고 있다.

2005년 4월에 로마가톨릭교회는 25년이 넘는 긴 시간 만에 새로운 교황을 선출했다. 교황 베네딕토 16세는 즉위 이후 몇 년 동안 전임자인 요한 바오로 2세에 비해 상당히 덜 포용적인 태도를 보일 때가 많았다. 가톨릭만의 독특한 길과 이슬람교에 대한 교황의 공개적인 발언이 논란을 일으키고, 가톨릭교회 안팎에서 모두 강한 반응을 끌어내기 일쑤였다. 그의 공개적인 발언과 글은 요한 바오로 2세가 받아들인 제2차 바티칸공의회의 입장보다 더 편협하고 덜 보편적인 것으로 널리 인식되었다. 그렇지 않아도 성직자들의 성추문이 불거지고, 덴마크, 영국, 프랑스 등 여러 곳에서 무슬림들이 감정적인 시위를 벌이던 시기였다. 세계 최대의 종교를 이끄는 지도자로서 교황 베네딕토 16세는 점점 더 다변화되고 상호의존적으로 변해가는 세상에서 건설적으로 나아갈 길을 찾기 위해 믿음과 선의를 품고 노력하는 사람들에게 상당한 영향을 미치는 인물이다.

2001년 9월 11일에 뉴욕과 워싱턴에서 테러가 발생한 뒤, 많은 책들이 종교, 정치, 폭력이라는, 결국 하나로 수렴하는 주제들을 다양하게 다뤘다. 그중에서도 일부 베스트셀러들은 종교 자체가 문제라는 주장을 강력하게 펼쳤다. 오늘날의 종교가 파괴적이고 비이성적인 일면을 내보일 때가 많다는 점을 감안하면, 이 책들의 주장은 확실히 이해할 만하다. 저자가 '선교사처럼 열정적으로 무신론을 설파하는' 이런 베스트셀러 중 가장 눈에 띄는 책으로는 크리스토퍼 히친스의 『신은 위대하지 않다: 종교가 어떻게 모든 것을 망가뜨리는가 God Is Not Great: How Religion Poisons Everything』(2007), 리처드 도킨스의 『만들어진 신 The God Delusion』(2006), 샘 해리스의 『종교의 종말: 종교, 테러, 그리고 이성의 미래 The End of Faith:

종교가 사악해질 때

Religion, Terror, and the Future of Reason』(2004), 『기독교 국가에 보내는 편지 *Letter to a Christian Nation*』(2006)가 있다. 이번 개정판의 1장('종교 그 자체가 문제인가?')에서 이 책들의 장점과 한계를 살펴보았다.

글을 쓰는 사람이라면 누구나 잘 알고 있겠지만, 책 한 권을 탄생시키는 데에는 많은 사람의 재능이 필요하다. 나는 '들어가는 말'에서 언급한 사람들 외에 동료 세 명에게 감사의 뜻을 표하고 싶다. 이번 개정판 원고를 보고 광범위한 비평과 건설적인 제안을 해준 헬렌 리 터너, 크리스토퍼 채프먼, 찰리 노티스가 그들이다. 하퍼원의 크리스 애슐리와 줄리아 롤러는 이 프로젝트를 준비할 때 헤아릴 수 없는 도움을 주었다. 첫 번째와 두 번째 개정판에서 모두 스티븐 핸즐먼, 로저 프리트와 함께 긴밀히 일한 경험은 내게 큰 기쁨이었다. 도중에 두 사람의 역할이 바뀌어 스티브는 이제 에이전트가 되고 로저는 하퍼원의 선임 편집자가 되었지만, 이 두 사람보다 더 사려 깊고, 통찰력 있고, 도움을 주는 동료는 없을 것 같다.

또한 나의 정신적 스승이자 친구였으나 지난 5년 사이에 세상을 떠난 네 사람에게 깊은 감사의 뜻을 전하고 싶다. 윌리엄 슬론 코핀 목사, 아서 허츠버그 랍비, 밸포어 브리크너 랍비, 에드워드 사이드 교수. 이 네 사람이 평생에 걸쳐 이룬 업적, 내게 직접 건넨 긍정의 말, 건설적인 조언이 이 책의 개정판에 큰 도움이 되었다.

찰스 킴볼
웨이크 포리스트 대학교
2008년 1월

들어가는 말

종교는 틀림없이 지상에서 가장 강력한 세력으로서 많은 것에 영향을 미친다. 역사를 통틀어 많은 사람과 신앙 집단이 종교 사상과 종교적 헌신에 힘입어, 편협한 이기심을 초월해 더 고귀한 가치와 진리를 추구할 수 있었다. 역사 기록을 살펴보면 사랑과 자기희생, 그리고 타인에 대한 봉사 등 숭고한 행동들이 깊은 종교적 세계관에 뿌리를 두는 경우가 많다는 것을 알 수 있다. 그러나 역사는 인간이 저지르는 최악의 행동에 종교가 직접적으로 관련된 경우 또한 많다는 것을 분명히 보여준다. 인류 역사상 그 어떤 세력보다도 종교의 이름으로 치러진 전쟁이 더 많고, 종교의 이름으로 목숨을 잃은 사람이 더 많으며, 요즘은 종교의 이름으로 더 많은 악행이 저질러지고 있다는 말은 조금 진부하기는 해도 어쨌든 슬픈 진실이다.

　사람들이 왜 종교의 이름으로 나쁜 짓을 저지르는지(때로는 이루 형언할 수 없을 만큼 사악한 짓을 저지르는 사람들도 있다.) 의문을 갖는 것은 물론 새삼스러운 일이 아니다. 신학자들과 철학자들은 개인과 집단이 저지르는 악행의 근원이 무엇이며 그들의 악이 어떤 형태로 모습을 드러내는지 그 의문을 풀기 위해 오래전부터 씨름해왔다. 이 영원한 문제들에 대해 만족스러운 해답을 알아내는 것은 결코 간단하거나 쉬운 일이 아니다. 그러나 새로운 천 년이 막 시작된 지금 이 의문들을 해결하는 것이 특별히 급박한 과제가 되었다.

종교에서 영감을 얻거나 종교라는 허울을 뒤집어쓰고 활동하는 사람과 집단의 위험이 지금만큼 분명하게 드러난 적은 없다. 2001년 9월 11일에 일어난 비극적인 사건이 이 점을 분명히 강조해준다. 그날 비행기 네 대를 공중납치해서 세상을 바꿔버린 19명의 남자들이 가슴속에 무슨 생각을 품고 있었는지는 아마 영원히 알 수 없을 것이다. 그러나 이것만은 분명하다. 범인들 중 핵심적인 지도자 역할을 한 인물들과 그들을 지원한 알카에다가 이슬람교에 대한 특정한 해석에서 영감을 얻어 행동에 나섰다는 사실. 주모자 무함마드 아타Muhammad Atta가 남긴 5쪽 분량의 자필 편지에는 그가 종교적 세계관을 빌려 자신의 행동을 정당화하려 했음이 드러나 있다. 그는 동료들과 수행한 세심한 계획과 준비 과정을 그들이 '신을 만나기 위한'[1] 과정으로 넓게 해석했다. 널리 알려진 오사마 빈 라덴Osama bin Laden의 지하드 지침서, 세계무역센터와 미국 국방성에 대한 공격 이후 그가 발표한 여러 녹음 메시지 또한 추종자들을 선동하기 위한 종교적 발언과 이미지들로 가득 차 있다.

비열한 폭력 행위와 관련되는 것을 원하지 않는 이슬람 지도자들은 이슬람이 평화의 종교라는 말을 공개적으로 되풀이했다. 그들은 테러리스트들의 행동을 비난하고, 그런 행동의 기반이 된 이슬람교에 대한 해석을 잘못된 것으로 규정했다. 부시 대통령도 사건이 일어난 후 며칠, 몇 주일 동안 반복해서 비슷한 내용의 발언을 했다. "우리는 이슬람교와 싸우는 것이 아니다. 이슬람교는 훌륭하고 평화로운 종교다."[2]

종교가 사악해질 때

그런데 이슬람의 서로 다른 이미지들이 상황을 한층 더 혼란스럽게 만들었다. 먼저 아프가니스탄뿐만 아니라 파키스탄, 인도네시아, 이집트, 사우디아라비아 등 다른 나라의 무슬림 중에도 오사마 빈 라덴과 그의 일당을 강력하게 지지하는 사람들이 있었다. 미국의 많은 칼럼니스트들과 대중에게 널리 알려진 기독교 지도자들은 언론의 스포트라이트를 받으며 '진정한' 이슬람교에 대한 자신들의 생각을 밝혔다. 어떤 사람은 세계에서 두 번째로 세력이 큰 종교인 이슬람교가 원래 폭력적이고 위협적이라고 주장했다. 저술가들과 인기 있는 설교자들은 이런 주장에 힘을 실어주고 자신의 생각이 옳다는 것을 '증명'하기 위해 꾸란에서 특정한 구절들을 골라 자주 강조하곤 했다.[3]

이슬람교와 중동, 그리고 종교와 정치의 상호작용을 오랫동안 연구한 사람으로서 나는 사건 이후 휘몰아친 여러 가지 움직임들과 그 뒤를 이은 '테러와의 전쟁'에 깊은 관심을 갖게 되었다. 미국 및 세계 여러 나라의 언론 매체와 수많은 인터뷰를 하고 대학, 기업, 교회 관련 모임 등에서 수십 번 연설을 하면서 내가 받은 수백 가지 질문들을 근거로 판단하건대, 대부분의 사람들은 이슬람교의 지배를 받는 많은 나라에서 활동하는 여러 세력들과 이슬람교에 대해 어떻게 생각해야 하는지 여전히 혼란스러워하고 있었다. 비행기를 납치한 이 범인들은 대체 어떤 사람들인가? 지하드의 의미는 무엇인가? 사람들은 왜 이슬람교를 평화의 종교라고 일컫는가? 지금도 미국에 잠복해 있는 테러리스트는 과연 몇 명이나 될까? 캐나다에는? 유럽에는? 수천 명에 이른다는 알카에다 조직원들은 누구이며 어디에 있는가? 정치·경제·군사·사회·문화적 요소들이 뒤섞인 일촉즉발의 상황과 이슬람교의 관련성을 어떻게 이해해야 할까? 9·11 테러 이후 7년 동안 이 의문들을 포함해서 많은 의문들의 답을 찾는 것이 한층 더 긴급한 일이 되었다. 오사마 빈 라덴과 그의 동료인 아이만 알 자와히리가 계속 녹화된 영상으로 메시지를 발표하고, 알카에다와 동맹 관계라고 주장하는 다양한 집단들이 스페인, 영국, 인도네시아 등 여러 곳에서 테러와 연관되었기 때문이다.

언론 매체들은 이 사건을 최근 벌어졌던 그 어떤 사건 못지않게 집중적으로 다뤘다. 그러나 이 사건은 20년 전의 이란 인질 사건이나 1991년의 걸프전과는 달랐다. 이번에는 분쟁 지역이 '저 먼 곳'에 있지 않았다. TV에 비친 영상은 테헤란의 굳게 잠긴 대사관 정문이나 구호를 외치는 시위대, 혹은 바그다드에 대한 야간 공습 장면을 담은 것이 아니었다. 뉴욕과 워싱턴 외곽의 그 처참한 광경들은 미국인들에게 너무나 가까운 현실이었다. 미국인들은 자기들이 제대로 이해할 수도 쉽게 통제할 수도 없는 강력한 세력 앞에 무기력하게 노출된 기분이었다.

무고한 사람들에 대한 무차별 폭력은 정신이 멍해질 정도로 흔하게 발생하고 있다. 그러나 9월 11일의 사건은 불만투성이 우편배달부나 연쇄살인범, 혹은 분노와 혼란에 휩싸인 사춘기 청소년이 저지른 일이 아니었다. 겉으로 보기에는 대단히 머리가 좋지만 자신들의 대의명분을 위해 자살 공격도 마다하지 않는 사람들이 세심하게 계획을 세워 능숙한 솜씨로 실천에 옮긴 공격이었다. 그들은 거대한 계획의 일환으로 일부러 주류 사회 속에 섞여 들었다. 그리고 비행기 공중납치범들을 미리 감지해내기 위해 이미 마련된 규정들을 교묘하게 이용해 민간 여객기 네 대를 납치했고, 그중 세 대로 자신들의 임무를 완수했다.

대부분의 미국 시민뿐만 아니라 캐나다와 오스트레일리아 등 많은 서구 국가의 국민들이 알던 세상은 2001년 9월 11일에 완전히 변해버렸다. 이미 루비콘강을 건넌 우리에게 돌아갈 길은 없었다. 이제부터는 일상생활 자체가 달라질 터였다. 우편물을 개봉하거나 민간 여객기에 탑승하거나 대규모 스포츠 경기를 관람하는 평범한 일들이 이제는 그렇게 간단하거나 일상적인 일이 아니었다.

세계가 서로 의존하고 있다는 피할 수 없는 현실에 여러 다양한 종교가 합쳐지면, 우리가 어떤 도전에 맞닥뜨리게 되는지 이제는 그 운명의 날 뉴욕의 하늘만큼이나 선명하게 드러나 있다. 우리 사회는 물론 전 세계에서 정치와 경제가 불안해지고 문화적 가치관이 변하고 있음을 금방 알 수 있다. 여기에 편협한 종교적 세계관과 인류 역사에서 너무나 자주 출몰했던 폭력적인 행동 패턴이 더해지면 일촉즉발의 상황이 만들어진다. 게다가 이제는 확실히 잠재적인 대량 살상 무기가 많고 소수의 인원만으로도 전 세계적인 파괴를 자행하는 것이 가능하다.

전 세계에서 폭력과 악행이 점점 늘어나는 데 종교적 이데올로기와 헌신이 핵심적인 역할을 하고 있음은 논란의 여지가 없다. 일간신문의 기사 제목만 봐도 그 증거를 쉽게 얻을 수 있다. '카시미르의 힌두교도와 무슬림 전쟁 직전', '보스니아 무슬림에 대한 만행으로 재판정에 선 세르비아 기독교도', '점령지에서 유대인 주민들에게 살해된 팔레스타인인', '이라크 시아파 모스크에서 자살 폭탄 공격으로 80명 사망', '예루살렘 피자 가게 폭탄 공격 사망자 계속 늘어나', '예루살렘 피자 가게에 대한 이슬람 전투원의 자살 폭탄 공격으로 20명 사망', '임신중절 수술 의사를 살해한 기독교 근본주의 목사에 대한 살인사건 재판 시작'. 이밖에도 이런 제목들은 수없이 많다.

도대체 어디에 문제가 있는 것일까? 어떤 사람들은 종교 자체가 문제라면서 종교적 세계관이 시대착오적이라고 주장한다. 이들의 주장에 따르면, 종교는 현대사회에서 의미가 없다. 어쩌면 종교가 원래 분열적이고 파괴적인 것인지도 모른다. 자기가 아는 진리만이 진정한 진리라고 주장하는 사람들 사이에서는 결국 필연적으로 분쟁이 일어나지 않던가? 불신의 시대인 지금 많은 사람들이 이런 시각을 받아들이고 있다. 이런 주장은 인간의 자기 이해뿐만 아니라 공적 공간의 단체생활에 대해서도 분명 의미가 있다. 개인적인 견해야 어떻든, 종교가 핵심 위치를 차지하고 있음을 인정하고, 신앙과 종교적 헌신이 우리가 사는 사회 및 세상에 다양한 방식으로 영향을 미치는 것에 대해 반드시 냉철하게 생각하고 신중하게 논의할 필요가 있다. 종교가 문제라는 주장에 진실의 일부가 담겨 있을 수 있다. 그렇지만 이 주장은 생명의 시작과 끝, 줄기세포 연구, 치료 목적을 위한 인간 복제 등 윤리적 문제부터 선을 분명하게 긋기 어려운 종교와 공공 영역의 경계에서 종교적 신념을 적절하게 표현하는 법에 이르기까지, 급박하고 골치 아픈 수많은 문제들을 해결하는 데 궁극적으로 도움이 되지 않는다.

한편, 각 종교의 독실한 신자들은 종교 그 자체가 문제라는 주장에 맞서 명백한 해답을 내놓는다. 그들은 기독교나 이슬람교는 물론 심지어 불교에 대한 자신들의 시각이 '진리'라고 생각한다. 따라서 그 밖의 다른 시각은 당연히 거짓이 된다. TV에 등장하는 기독교 대중 설교자들에게서도 이런 주장을 쉽게 들을 수 있다. 밤이든 낮이든 아무 때나 1시간만 종교 채널을 본다면 분명하게 알 수 있을 것이다. 개인적·경제적·신체적 문제들에 대한 모든 해답이 깔끔하게 포장되어 시청자들에게 즉시 제시된다. 이런 프로그램들은 시청자들에게 특정 목사에 대한 감사의 마음을 표현하기 위해 '사랑의 헌금'을 보내라고 부추긴다. 종교 채널에서 어떤 프로그램을 보든 배타적이고 엄격한 신학 이론이 출연자들의 화려한 말 속에 배어 있을 가능성이 매우 크다. 따라서 인간이 상상할 수 있는 거의 모든 종류의 악과 고통은 물론 다른 종교까지도 사탄의 세력이 벌인 일로 간단하게 치부되어버릴 것이다.

그러나 현재의 문제들에 대해서는 반드시 좀 더 차분하고 조심스럽게 대해야 한다. 인간의 종교성이 지닌 본질과 현실을 더 분명하게 이해한다면, 우리 앞에 놓인 과제들을 더 적절한 방법으로 포용하는 데 도움이 될 것이다. 종교 그 자체가 정말로 문제인가? 아니기도 하고 … 그렇기도 하다. 오랜 세월에 걸쳐 갖가지 시험을 이기고 살아남은 종교 안에서 우리는 수세기 동안 수백만 명의 삶을 지탱해주고 의미를 부여해준, 생명을 긍정하는 신앙을 발견할 수 있다. 그러나 이와 동시에 사람들을 타락시켜 악행과 폭력으로 이끄는 힘 또한 모든 종교에서 발견된다. 이 책의 1장은 이상적인 세상은 물론 이상에 못 미치는 현실 속에서 종교의 본질과 중요성이 무엇인지 살펴볼 것이다.

내 견해와 주장에는 학문적인 연구와 개인적인 경험이 포함되어 있다. 어떤 의미에서 나의 연구 방법은 각 종교의 역사를 서로 비교하며 연구하는 학자의 방법이라고 할 수 있다. 서로 다른 것들을 비교하는 방법에는 많은 장점이 있다. 우선 다양한 종교가 공유하는 구조, 패턴, 경향 등을 알아볼 수 있다. 그리고 종교의 어떤 점이 매력적인지, 각각 다른 시대 다른 곳에서 종교의 어떤 점이 사람들에게 의미와 희망을 부여해주는지도 알아볼 수 있다. 또한 이 방법을 이용하면 여러 종교의 공통적인 경향과 함정을 파악할 수 있다. 일상생활에서 대부분의 사람들은 자기가 믿는 종교의 이상에 따라 생각하는 경향을 보인다. 그러나 다른 종교에 대해서는, 제대로 이해하지도 못한 채 그 종교의 가르침과 신자들의 행동에서 눈에 띄게 드러나는 결점만을 자기도 모르게 강조하는 경우가 흔하다. 비교연구 방법을 이용하면, 종교들 사이의 공통점을 파악해 종교를 더 넓은 의미의 인간적인 현상으로 바라볼 수 있다.

나는 이 책의 핵심부에서 인간이 종교를 타락시켰음을 경고해주는 다섯 가지 중요한 징후를 살펴볼 것이다. 역사의 교훈에 따르면, 이런 징후가 한 가지 이상 드러날 때 심각한 문제가 곧바로 닥쳐오곤 한다. 현재 주요 종교들은 이러한 타락의 징후들 쪽으로 크게 기울어 있다. 그러나 나는 종교적 전통 안에서 유용한 교정 수단들 또한 찾을 수 있다고 생각한다.

이번 연구에서 기독교와 이슬람교에 특히 초점을 맞춘 데에는 두 가지 뚜렷한 이유가 있다.

첫째, 이 두 종교는 각각 약 18억 명과 13억 명의 신자들을 거느린 세계 2대 종교다.[4] 기독교도와 무슬림을 모두 합하면 세계 인구의 거의 절반이 된다. 또한 두 종교 모두 세계에 널리 퍼져 있으며, 정치적인 문제와 맞물리는 경우가 다른 중요 종교들에 비해 더 많다. 현재 이스라엘에서 일어나는 일들도 이 위험스러운 상황에서 대단히 중요한 요소가 되고 있다. 따라서 현재 아브라함의 여러 자손들 사이에서 일어나는 일들이 세계에서 가장 위험한 화약고를 만들어내고 있다.

둘째, 선교에 대한 강한 열망이 기독교와 이슬람교 모두에서 대단히 핵심적인 위치를 차지하고 있다. 일신주의를 굳건한 기반으로 삼는 무슬림과 기독교도는 흔히 편협하고 배타적인 태도를 보인다. 그런데 얄궂게도 이 핵심적인 교의 때문에 신자들이 자신이 신봉하는 종교의 교리와 정반대되는 태도를 보이거나 행동을 하는 경우가 많다. 물론 기독교도와 무슬림만 그런 것은 아니다. 유대교도, 힌두교도, 불교도도 비슷한 경향이 있으며, 다른 종교들 역시 마찬가지일 것이다.

이 책에 실린 사례들은 모든 경우를 총망라한 것이 아니라 선택적으로 거른 것이다. 이 책의 내용보다 더 깊은 지식을 원하는 사람들을 위해 나는 여러 곳에 설명을 붙이고 참고문헌을 밝혀놓았다.

굳이 말하지 않아도 분명히 알 수 있겠지만, 오해의 소지를 없애기 위해 내 주장이 무엇인지 처음부터 분명히 밝혀둘 필요가 있겠다. 나는 이 책에서 논의된 여러 운동, 단체, 개인을 사악하다고 매도하지 않는다. 단지 사악한 행동이 나타날 가능성이 있음을 알려주는 위험한 징후들을 설명할 뿐이다. 이 책에서 논의된 위험한 징후들이 한 가지 이상 나타나는 경우, 선의를 바탕으로 한 종교 단체와 진실한 사람조차 파괴적인 태도를 보이며 자신들의 신앙생활에 반드시 필요하다는 이유로 통탄할 만한 행동을 정당화하는 함정에 너무나 쉽게 빠져버릴 수 있다. 어떤 사람이나 단체가 진실하다고 해서 다른 사람들에게서 면밀한 검토와 비판을 받지 않아도 되는 것은 아니다.

위험 징후를 설명하기 위해 제시한 사례 가운데 일부는 아주 분명하다. 그러나 이처럼 쉽게 드러나지는 않지만 자세히 살펴보면 광범위한 영향을 미치는 생각과 행동이 원인이 된 사례들도 있다. 위험한 상황을 만드는 요소들을 이해하기 위해서는 종교의 핵심을 차지하는 이슈들, 즉 종교적 진리의 본질이나 경전의 권위, 선교의 실천 등을 비판적으로 분석해볼 필요가 있다. 이 책 전체에서 언급한 이런 문제들은 논란의 여지가 매우 크다. 우리는 공개적인 자리에서 종교와 정치를 논하는 것이 예의에 어긋난다고 배웠지만 지금은 그런 생각을 빨리 버려야 한다. 이미 존재하는 가설에 도전하지 못하고, 발상을 새롭게 전환하지 못해서, 우리 사회에 영향을 미치는 중요한 종교적 문제들을 공개적으로 논의하지 못한다면 재앙이 일어날 것이다. 따라서 몇 발짝 뒤로 물러나 우리가 어떻게 지금의 자리에 이르게 되었는지 먼저 생각해볼 필요가 있다. 나의 현명한 친구는 언젠가 이런 말을 했다. "절벽 끝에 서 있을 때에는 한 발짝 앞으로 나아가는 것이 전진이 되지 않는다!"

착한 신자들에게 의식적으로 또는 무의식적으로 파괴적이고 사악한 행동을 하게 만들 수 있는 요인들을 이해하는 것이 세계의 주요 이슈 중에서도 우선 과제가 되어야 한다. 세계가 처한 위험을 줄이고자 한다면 타락한 종교와 생명을 긍정하는 진실한 종교를 반드시 구분할 필요가 있다. 어떤 의미에서 이것은 대단히 현실적인 문제다. 우리는 우리와 다른 세계관을 지닌 사람들과 함께 살아나가는 더 좋은 방법을 반드시 찾아야 한다. 이것은 모든 종교가 다 같이 맞서야 하는 과제인 동시에 각 종교 내부에 존재하는 다양한 분파들과도 관련된 문제다.

이 과제를 급박하게 해결해야 한다는 사실은 아무리 강조해도 지나치지 않다. 최근에 나온 여러 중요한 책들도, 지역 공동체와 분파들이 아직 깊게 뿌리를 내리고 있는 세상에서 강력한 세계화 물결이 대단히 위험한 상황을 만들어내고 있다는 점에 관심을 집중시키는 데 도움이 되었다. 주요 수상 경력이 있는 토머스 프리드먼Thomas L. Friedman의 『렉서스와 올리브나무 *The Lexus and the Olive Tree*』와 『세계는 평평하다 *The World Is Flat*』, 벤자민 바버Benjamin R. Barber의 중요한 책 『지하드 대 맥월드 *Jihad vs. McWorld: How Globalism and Tribalism Are Reshaping the World*』, 그리고 새뮤얼 헌팅턴Samuel P. Huntington 의 도발적인 책 『문명의 충돌 *The Clash of Civilization and the Remaking of World Order*』 등이 그런 책이다.

우리의 문제는 세계적인 것인 동시에 지역적인 것이기도 하다. 우리 사회는 점점 더 세계의 모습을 닮아가고 있다. 종교학자인 다이애나 에크Diana Eck는 미국 종교의 변화 양상을 거의 20년 동안 연구하고 있다. 하버드 대학의 '다원주의 프로젝트'에서 대학원생 80여 명과 함께 연구를 진행해온 에크는 놀라운 결론에 이르렀다. 새로운 천 년이 시작된 지금 미국은 세계에서 가장 다양한 종교가 있는 나라다. 여기에는 전혀 의심의 여지가 없다. 사회가 바뀐 것이다. 미국에서 이슬람교는 유대교를 제치고 이미 두 번째로 큰 종교가 되었거나 곧 될 것이다. 미국의 무슬림 수는 장로교인과 감독교회 신자를 합한 수보다 많다. 그리고 로스앤젤레스는 세계에서 가장 복잡한 불교 도시다.[5]

　우리가 공존하는 데 이 책이 현실적인 도움이 되었으면 하는 것이 나의 바람이다. 그러나 나는 그 이상의 뭔가가 필요하다고 생각한다. 만약 우리가 다음 천 년이 돌아올 때까지 오랫동안 번성하고 싶다면, 다양한 사람들이 섞여 서로 의존하며 살고 있는 우리 사회와 이 세상에 새로운 패러다임, 즉 특이성과 다원주의에 대한 새로운 이해가 필요하다. 세상을 바라보는 전통적인 시각과 사람들끼리 관계를 맺어나가는 전통적인 방법들 중에는 아무리 좋게 보아도 이미 세상과 어울리지 않는 것들이 많다. 이런 시각과 방법들은 이제 점점 더 위험한 것으로 변해가고 있다. 나는 기독교인이든, 힌두교도든, 유대교도든, 무슬림이든, 불교도든 상관없이 성실하게 신앙을 지키면서도 자신이 경험한 신만이 유일한 것이 아니라는 사실을 얼마든지 인정할 수 있다고 확신한다. 종교적 다원주의라는 건설적인 시각을 통해, 우리는 다른 종교를 그냥 참아주는 데서 그치지 않고 다양성을 찬양하며 그것을 힘의 원천으로 포용하는 기반까지 마련할 수 있을 것이다. 종교는 필연적으로 분열적이라기보다는 오히려 관용과 협동의 모델을 제공해줄 수 있다. 이 책의 마지막 부분은 이 문제를 직접적으로 다루면서 우리가 불확실한 미래를 향해 나아가는 과정에서 우리 자신을 바라보는 새로운 시각, 다른 사람들과 관계를 맺는 새로운 방법을 탐구해보아야 한다고 권유할 것이다.

이 책을 읽으면서 독자들은 내가 여러 가지 입장에서 문제를 바라보고 있음을 알게 될 것이다. 나는 학자이자 종교 전문가이다. 내 박사 논문은 종교의 역사(비교종교학)를 다룬 것이었다. 특히 이슬람교, 중동, 유대교-기독교-이슬람교의 관계를 중점적으로 다뤘다. 나는 또한 정식으로 안수받은 침례교 목사이기도 하다. 지난 25년 동안 나의 일과 연구는 대부분 종교와 정치의 접점에서 이루어졌다. 나는 결코 공평무사하거나 냉정하지 않다. 오히려 이 책에 제시된 주제들과 개인적으로 깊이 관련되어 있다. 아무래도 나의 이력을 짤막하게나마 소개하는 것이 나의 성향과 이 책의 맥락을 분명히 하는 데 도움이 될 것 같다.

나의 할아버지는 1880년대에 폴란드와 러시아 접경지대에서 이민 온 유대인 가정에서 여덟 명의 형제들과 함께 자랐다. 이건 정말이지 길고 다채로운 이야기다. 많은 유대인 이민자들이 그러했듯이, 할아버지의 가족도 노력과 교육을 통해 1세대 동안 자신들의 사회적 지위를 높여나갔다. 할아버지와 형제 중 한 명이 이 과정에서 중요한 역할을 했다. 보스턴의 거리 모퉁이에서 노래하고 춤추며 코미디를 하는 공연을 시작한 두 분은 자신들의 작품을 보드빌*로 발전시켜 커다란 성공을 거뒀다. 두 형제는 벌어들인 돈을 가족들에게도 후하게 나눠주었다. 할아버지는 한창 전성기를 구가하던 시절 보드빌 쇼에서 단역배우로 일하던 장로교인 아가씨를 만나 결혼했다. 할아버지는 유대교를 버리지 않았고, 할머니도 장로교를 버리지 않았다. 두 분이 낳은 네 명의 자식들(내

---

* 노래, 춤, 만담, 곡예 등을 섞은 쇼.

들어가는 말

아버지와 세 형제들)은 모두 기독교인이 되었다.

나는 우리 할아버지만큼 굉장한 사람을 본 적이 없다. 나와 우리 형제자매들은 유대교를 아주 긍정적으로 이해하는 분위기 속에서 자랐다. 유대교인이 되는 것은 좋은 일이라는 생각이 우리 머릿속에 배어들었다. 오클라호마에서 어린 시절을 보낸 나는 유대교에 대해 우리와 생각이 다른 사람들이 많다는 것을 일찌감치 깨달았다. 털사의 유대인 인구는 비교적 적은 편이었는데도 사람들이 유대인을 깔보는 말들을 아무렇지도 않게 내뱉던 것과 내가 그런 말에 강하게 반발했던 것을 생생하게 기억하고 있다. 1950년대에 미국 대부분 지역이 그러했듯이, 우리 동네에서도 개신교도와 가톨릭교도가 분명하게 갈라져 있었다. 개신교도는 흔히 자기들만이 진리를 알고 있다고 목소리를 높이곤 했다. 예를 들어, 나처럼 침례교회에 다니던 많은 친구들은 감리교인, 장로교인, 감독교회 교인이 예수님의 진정한 복음을 놓쳐버릴 위험에 처해 있다고 확신했다. 그들에게 가톨릭교도는 아예 고려대상이 아니었다. 그들이 '기독교인'이나 '가톨릭교도'라는 말을 할 때는 마치 뭔가 완전히 다른 것을 지칭하는 것 같았다. 이 문제가 전국적인 무대에서 불거졌을 때, 즉 1960년 대통령 선거에서 가톨릭 신자인 존 F. 케네디John F. Kennedy 후보 때문에 개신교도들이 심각한 우려를 드러냈을 때 나는 10살이었다.

서로 다른 교파에 속하는 기독교인들 사이의 논란을 근본적인 문제라고 생각한 적은 한 번도 없지만 유대인을 깔보는 사람들 때문에 속이 상한 적은 많았다. 어렸을 때 나는 이런 사람들이 할아버지와 우리 가족을 직접적으로 조롱하는 것이나 마찬가지라

　　　　　　　　　　　　　　　종교가 사악해질 때

고 생각했다. 그 사람들이 그런 말을 내뱉는 것은 분명히 무지와 편견 때문이었다(당시 나는 반유대주의라는 말을 몰랐다). 그들의 말은 우리 가족 내에서 내가 경험한 일들이나 내가 본 가족들 사이의 관계와 전혀 달랐으니까 말이다.

고등학교와 대학 시절에 나는 교회와 관련 단체의 일에 깊이 빠져들었다. 오클라호마 주립대학교에서 부전공으로 종교학을 택하면서 종교에 대한 학문적인 연구도 시작했다. 나는 진리를 알고 있다는 기독교의 주장과 역시 진리를 알고 있다는 다른 종교들의 주장이 서로 어떻게 연결되어 있는지에 대해 혼란과 흥미를 동시에 느끼고 있었다. 또한 켄터키주 루이빌의 남부 침례교 신학교에서 3년간 공부하면서 종교적 다원주의 속에서 기독교와 관련된 신학적인 문제들과 세계의 여러 종교들을 연구할 수 있었다. 대학 시절과 신학교 시절에 훌륭한 스승들을 만난 것은 정말이지 행운이었다. 공부를 하면서 한 발짝 내디딜 때마다 스승들은 내게 과제를 주고, 나를 격려해주고, 나의 연구와 신학적 사고가 명료해질 수 있도록 도와주었다.

나는 1975년에 하버드에서 박사 과정을 시작했다. 당시 하버드에서 비교종교학 박사 과정을 밟던 학생들은 이 학교의 방대한 자료를 이용할 수 있었을 뿐만 아니라, 세계종교연구센터에서 생활하는 유일무이한 기회를 누릴 수 있었다. 이런 환경에서 다양한 종교적 배경을 지닌 박사 과정 학생들과 하버드의 교수들, 전 세계에서 온 객원연구원들이 매일 서로 의견을 나눴다. 특이성과 다원주의라는 문제를 탐구하는 데 학문적인 자극을 제공해주는 훌륭한 환경이었다. 아내 낸시와 나는 연구의 일환으로 1977~78

년에 카이로에서 공부하며 이집트, 요르단, 시리아, 이스라엘, 팔레스타인 등을 여행했다. 당시 우리가 중동에 머무른 것은 아주 매혹적인 경험이었다. 안와르 사다트Anwar Sadat 대통령이 1977년 10월에 예루살렘을 깜짝 방문해서 전 세계에 충격을 주었을 때 우리는 바로 카이로에 살고 있었다. 또한 사다트의 이 적극적인 행동에 대해 중동 지역 전체에서 갖가지 반응이 나오고 미국의 중재로 이집트와 이스라엘의 평화회담이 본격적으로 시작되던 그때 우리는 중동 지역을 여행하면서 많은 것을 배웠다.

2년 후, 또 한 번의 국제적 사건이 세계 언론의 주목을 끌었다. 호전적인 학생들이 테헤란에 있는 미국 대사관을 점령하고 미국인 53명을 인질로 잡은 사건이다. 444일 동안 계속된 이 시련이 처음 시작되었을 때부터, 이란 정부는 미국 정부의 관리들보다는 종교 단체 대표들과 회담하고 싶다는 뜻을 밝혔다. 이례적인 일들이 연속적으로 벌어지던 그 무렵, 나는 1979년 12월에 이란으로 초대받은 7명의 사람들에 속해 있었다. 그 7명의 사람들 중 꾸란과 이슬람 전통을 공부한 성직자가 나를 포함해 두 명밖에 없었으므로 이란의 종교 지도자들과 정치 지도자들은 나를 환대해주었다.

그 후로도 나는 두 번(1980년과 1981년)에 걸쳐 동료인 존 월시John Walsh와 함께 다시 이란의 초청을 받아 지지부진한 대화를 촉진하는 역할을 맡았다. 우리의 이런 움직임은 세계 언론의 상당한 주목을 받았다. 아야툴라 호메이니를 비롯한 여러 아야툴라들, 당시 대통령이던 바니 사드르Bani Sadr와 의회 의장이던 알리 악바르 하셰미 아르라프산자니Ali Akbar Hashemi ar-Rafsanjani, 이란 외무장관, 그 밖의 여러 정치 지도자 및 종교 지도자와 직접 만난 소수의 미국인 중에 우리가 속해 있었기 때문이다. 이란에 갈 때마다 우리는 미국 대사관을 점령하고 있던 학생 투사들과 여러 시간에 걸쳐 회담을 했다. 나는 인질 사태에 전념하기 위해 1979년 12월부터 1981년 중반까지 박사 과정을 휴학했다. 나는 총 18개월 동안 계속된 인질 사태 중 두 달에 걸쳐 개인적으로 강렬한 경험을 했을 뿐만 아니라 주요 간행물에 사태의 배경을 설명하는 글과 의견을 밝히는 글을 여러 번 기고했으며, 전국 TV와 지역 TV, 그리고 라디오 프로그램에도 자주 출연했다. 또한 미국 전역을 돌면서 여러 대학과 신학교, 학술회의, 교회, 유대인 교회 등에서 강연하기도 했다.

1982년에 나는 분쟁의 비폭력적인 해결에 주력하는 국제단체인 '화해의 모임Fellowship of Reconciliation'에서 여러 종교를 아우르는 프로그램의 책임자로 일하기 시작했다. 2년 후에는 전미기독교협의회National Council of Churches의 중동국장이 되었다. 나는 7년 동안 그 자리에 있으면서 주요 교파들(감리교, 장로교, 루터교회, 감독교회, 사도 교회, 침례교의 여러 교파와 그리스정교)을 대신해 일하면서, 국내외 여행을 수도 없이 다녀야 했다. 이렇게 세계를 돌아다니면서 각국의 지도자, 외교관, 종교 지도자, 운동가, 학자, 언론인 등을 일상적으로 만났을 뿐만 아니라 전쟁 지역과 난민 캠프 등에서 일하기도 했다. 교회가 중동과 관련해 진행하던 일 가운데 미국에서의 교육 사업과 공공 정책 발의 노력뿐만 아니라 중동 지방에 대한 선교와 봉사 프로그램(이 프로그램들은 지역 주민들의 협조 속에 진행되었다)도 포함되어 있었다. 지난 25년 동안 나는 중동 여러 지역을 35차례 이상 방문했다.

나는 1990년부터 현재까지 대학에서 일하고 있다. 그리고 학생들을 가르칠 때나, 연구를 할 때나, 글을 쓸 때 전 세계의 여러 종교들 사이에서 벌어지는 상호작용을 계속 중점적으로 다루고 있다. 나는 대학에서 하는 일, 교회를 비롯한 여러 종교 단체들과 함께하는 일, 그리고 그보다 더 넓은 세계에서 하는 일을 모두 신께서 내게 부여하신 소명의 일부로 생각하고 있다. 지난 30년 동안 나는 개인 생활과 학자로서의 생활, 그리고 여러 경험 등을 통해 많은 난관을 겪으면서 생각과 활동을 다듬을 수 있었다. 다른 사람들과 마찬가지로 나 또한 주관적인 사람이다. 나는 신앙인으로서, 종교학을 공부하는 학자로서, 그리고 이 연약한 지구에서 함께 살고 있는 사람들이 서로를 더욱 이해하고 협동하도록 하는 데 헌신하는 사람으로서, 나 자신이 드러내는 여러 가지 주관적인 태도들을 똑바로 이해해서 고칠 것이 있으면 고치려고 항상 노력하고 있다.

이슬람 연구와 비교종교학 분야의 기념비적인 인물인 윌프레드 캔트웰 스미스는 1959년에 학계의 경향들을 요약하면서 앞으로 생길 변화들을 다음과 같이 내다보았다.

타자[다른 종교]를 연구하는 서구 학자들은 전통적으로 상대를 '그것'으로 보고 냉정한 태도로 '그것'을 설명했다. 최근 들어 이루어진 최초의 위대한 혁신은 우리의 관찰 대상인 다른 종교를 인간적인 시각에서 바라보게 된 것이다. 따라서 이제 우리는 상대를 '그들'로 지칭한다. 현재 학자들은 자신들이 관찰하는 대상에 깊이 몰입해 있기 때문에, 이제는 '우리'가 '그들'에 대해 이야기하는 양상을 보인다. 다음 단계는 '우리'가 '당신'에게 말을 거는 대화의 단계다. 만약 상대도 우리의 말에 귀 기울이며 대화에 응한다면, '우리'가 '당신'과 함께 이야기를 나누는 단계까지 나아갈 수도 있을 것이다. 이런 발전 과정의 정점은 '우리 모두'가 '우리'에 대해 서로 이야기를 나누는 것이 될 것이다.[6]

우리는 많은 사람들이 '우리'와 '그들'을 구분하는 위험한 세상에 살고 있다. 종교는 지상에 사는 대다수 사람들에게 가장 중요한 문제 중에서도 핵심을 차지한다. 이 책이 토론을 촉발해서 우리 모두 '우리'에 대해 서로 건설적인 대화를 나누게 되는 데 도움이 되었으면 하는 것이 나의 바람이다.

1

종교 그 자체가
문제인가?

종교는 인간의 삶에서 핵심적인 위치를 차지한다. 우리는 매일 종교의 이러한 측면을 목격하며 의미를 금방 알아차린다. 그러나 종교를 제대로 정의하는 것은 놀라울 정도로 어려운 일이다. 복잡하게 얽혀 있는 종교의 다차원적인 본질을 설명하기 위해 나는 가끔 나의 종교학 개론 강의를 듣는 학생들에게 강의 첫날 다음과 같은 과제를 주곤 한다. '몇 분 동안 시간을 줄 테니 종교에 대한 짤막한 정의를 써라.' 그러면 이미 예상했던 결과가 나타난다. 자신에 찬 표정으로 신이 나서 가방에서 종이와 공책을 꺼내고 펜을 손에 쥔 학생들이 곧 어색하고 어리둥절한 표정을 짓기 시작하는 것이다. 불안한 표정으로 미소를 짓는 학생도 있지만, 대부분은 내 눈을 피한다. 이 똑똑한 학생들이 종교가 무엇인지 알고 있음은 분명하다. 그런데 종교를 적절하게 정의할 수 없다는 사실에 많은 학생들이 당혹감을 느끼는 것 같다.

정의를 내리는 문제와
우리 시야의 한계

종교를 정의하는 문제는 이 책의 출발점으로 삼기에도 손색이 없다. '종교'라는 단어는 수없이 다양한 이미지, 사상, 예배 의식, 신념, 경험을 떠올리게 한다. 그중에는 긍정적인 것도 있고 부정적인 것도 있다. 서로 전혀 공통점이 없는 이런 요소들을 조리 있게 정리하는 것은 결코 간단한 일이 아니다. 그러기 위해서는 뒤로 한 발짝 물러서서 우리의 선입견을 찬찬히 살펴봐야 한다. 예를 들어, 대부분의 사람들은 궁극적인 현실에 대한 비교적 일반적인 인식이나 신에 대한 생각, 혹은 그런 것들과의 관계가 종교 속에 포함되어 있다고 생각한다. 어쩌면 기도, 예배, 의식, 도덕률 등 초월적인 것에 대한 개인적 반응이나 집단적 반응을 떠올리는 사람도 있을 것이다. 종교라는 말을 들었을 때 예수나 부처의 생애와 가르침을 자연스럽게 떠올리는 사람도 있고, 교황이나 빌리 그레이엄Billy Graham 목사나 테레사 수녀를 생각하는 사람도 있을 수 있다. 그런데 여기에 개인적인 경험이라는 요소까지 끼어들면서 문제가 한층 더 복잡해진다. 종교를 생각하면서 어떤 사람은 견진성사를 떠올릴 것이고, 어떤 사람은 유대교의 성인식을 떠올릴 것이다. 또한 '조직화된' 종교에 대해 부정적인 경험이 있는 사람이라면, 종교에 대한 그 사람의 선입견 속에서 그 경험이 두드러진 위치를 차지하게 될 것이다.

'종교'라는 단어는 파괴적이거나 잔인한 행동과도 연관되어 있다. 현재 종교에 대한 인식에는 불관용이나 권력의 남용으로 인한 폭력적인 행동들이 포함되어 있다. 뉴욕과 국방부 건물에 대한 공격이 있은 다음 해 미국의 언론 매체에는 자살 폭탄 공격을 감행하는 무슬림, 인도 북부에서 무슬림을 공격하는 힌두교 광신도들(무슬림이 힌두교도를 공격하기도 한다), 성범죄 혐의로 체포되어 감옥으로 끌려가는 기독교 성직자들에 대한 보도가 흘러넘쳤다.

현재 종교에 관한 많은 생각들이 계속 변하고 있다. 그 이유 중 하나는 우리가 이전 세대와 크게 다른 시각에서 종교를 바라보고 있다는 점이다. 세상에는 옛날부터 다양한 종교가 있었지만, 오늘날 우리는 종교적 다원주의를 과거보다 훨씬 더 많이 의식하고 있다. 19세기에 유럽이나 미국에 살던 기독교인이 풍문이나 책을 통해서만 유대교 신자, 무슬림, 불교도를 접한 반면, 21세기 서구의 기독교인들은 매일 쏟아지는 TV 보도와 사회적 인간관계를 통해 이들을 직접 경험하고 있다. 달리 말해서 "동양은 동양이고, 서양은 서양이다. 그 둘이 만나는 일은 결코 없을 것이다"라는 루디야드 키플링Rudyyard Kipling의 저 유명한 말이 19세기에는 의미가 있었는지 몰라도 지금은 그렇지 않다. 키플링이 도저히 상상하지 못했던 세계화라는 시스템 속에서 동과 서, 남과 북이 모두 하나가 되었기 때문이다.

특이성과 다원주의의 문제에 대해 의식적으로 고민하는 사람이든 그렇지 않은 사람이든 종교가 인간의 삶을 구성하는 복잡한 요소 가운데 하나라는 사실을 인식하고 있다. 종교의 범위는 우리만의 특정한 전통이나 개인적 경험보다 훨씬 더 넓다. 종교학 개론을 듣는 학생들처럼, 대부분의 사람들은 종교에 대해 여러 가지 생각과 이미지를 갖고 있다. 그중에는 직접적인 경험에서 나온 것도 있고, 개인적인 관찰이나 언론에 등장하는 이미지에서 얻은 것도 있다. 또한 교묘하면서도 교묘하지 않은 방법으로 문화를 통해 우리에게 이어져 온 것도 있다. 그러나 종교를 이해하기 위해 이런 다양한 요소들을 광범위한 틀 속에 배열하는 작업은 대부분의 사람들이 생각하는 것보다 더 어려운 일이다. 많은 사람들은 꼭 필요해지기 전에는 다른 사람들과 힘을 합쳐 노력하려 하지 않는다. 대신 종교에 대한 일종의 '정밀한 무지'를 바탕으로 움직인다.

경제학은 종교와 종교의 역할을 이해하는 데 훌륭한 비유를 제공해준다. 경제 현실에 대해 상당한 지식을 갖고 있는 사람들은 많다. 우리는 주택, 투자, 은퇴 계획 등에 대해 잘못된 경제적 결정을 내리는 것을 피하기 위해 상당한 시간과 에너지를 쏟는다. 그러나 우리가 모두 경제학 박사 학위를 갖고 있어서 그런 것은 아니다. 매일 쏟아져 나오는 경제 관련 통계 수치의 의미를 파악하고 세계 경제의 틀 속에서 그 의미를 해석할 수 있는 사람은 거의 없다. 뭔가 불안 요인이 발생하면, 퇴직 후를 대비한 자금을 어떻게 분산해놓았는지, 혹은 시장이 변덕스러울 때 새 집이나 자동차를 사는 것이 현명한 일인지 다시 한번 생각해볼 수밖에 없다. 이런 불안 요인은 우리의 지식에 구멍이 많다는 사실을 일깨우기 때문에 우리는 경제 영역이 개인에게 어떤 영향을 미치는지 더 많이 관심을 쏟고, 사람들의 의견을 더 많이 구하고, 시야를 더 넓혀 생각해본다. 그런다고 해서 우리가 전문가가 되는 것은 아니지만, 자기도 모르게 잘못된 결정을 내리지 않도록 서로 협력해서 미시적인 사실들과 거시적인 사실들을 더 많이 알아내려고 노력할 것이다.

새로운 천 년의 출발점에서 벌어지는 일들을 보면 한 발짝 뒤로 물러서서 종교와 연결된 소란스러운 세력들에 대해 좀 더 넓은 시야를 갖고 생각해봐야겠다는 생각이 든다. 종교에 대한 개인적인 견해와 상관없이, 비교종교학은 '정밀한 무지'라는 문제에 맞설 수 있는 효과적인 방법을 제공해준다.

종교가 사악해질 때

비교종교학의 혜택

세계의 여러 종교를 이해하는 흔한 방법 중에 공평무사한 태도로 각 종교를 설명하는 방법이 있다. 특정 종교에 대한 자료를 모으고 여러 가지 사실들을 체계적으로 정리하는 것이 좋은 출발점이 될 것이다. 우리는 9월 11일의 사건 직후 이것을 목격했다. 언론인, 종교 지도자, 정치 지도자, 무슬림이 아닌 많은 시민 등은 지금 대체 무슨 일이 벌어지는지, 그 이유는 무엇인지 알고 싶어 안달이 나 있었다. 이슬람교가 세계적 종교이고 이슬람 운동가들과 이슬람 국가들이 수십 년 전부터 뉴스에 등장했는데도 많은 사람들은 세계에서 두 번째로 큰 이 종교에 대해 실제로 아는 게 거의 없다는 사실을 깨달았다. 이슬람교에 대해 서로 충돌하는 여러 이미지들을 이해하려면, 이슬람교에 대한 일종의 개론 강의가 필요했다. 오프라 윈프리Oprah Winfrey, 피터 제닝스Peter jennings, 크리스티안 애먼포어Christianne Amanpour 등 TV에 등장하는 유명 인사들이 각자 자신의 프로그램에서 일종의 소규모 세미나를 열었다. 주요 일간신문부터 전국적인 규모의 주간지에 이르기까지 인쇄 매체의 기자들도 이 과정에 동참했다. 교회, 유대인 교회, 회교사원 등도 교육 프로그램을 마련했다. 대학과 시민 단체는 전문가를 불러 토론회와 강연회를 열었다.[1] 이런 교육적인 노력은 대부분 꼭 필요한 것이었을 뿐만 아니라 당시 상황에도 잘 맞았다. 이런 노력으로 사람들은 주위의 친숙한 것들을 넘어서서 넓은 세상의 덜 친숙한 것들을 향해 나아가는 중요한 여행의 첫발을 뗄 수 있었다.

세계적인 종교에 대한 기본적인 정보를 짧은 시간 내에 공평하고 쉽게 제시하는 것은 엄청난 작업이다. 그 종교의 신자들 대부분이 인정하고 긍정할 수 있는 방법으로 그 종교를 설명해야 하기 때문이다. 물론 사람들이 스스로의 가치관에 입각한 판단을 내릴 수 없다거나, 그래서는 안 된다는 얘기는 아니다. 사람들은 항상 그런 가치 판단을 내리고 있다. 그러나 가장 먼저 해야 할 일은 정보를 정확하고 공평하게 제시하는 것이다. 옛날과는 달리 오늘날에는 자료가 부족한 경우가 없다. 누구나 엄청난 양의 자료에 손쉽게 접근할 수 있다. 게다가 공개 강연회에 다양한 종교를 지닌 청중이 참석하는 경우가 점점 늘고 있다. 예를 들어, '이슬람교의 이해'라는 강연에 무슬림·유대교 신자·기독교도·종교적 회의론자 등이 참석했을 경우, 강연자는 항상 정직하고 신중하게 자료를 해석해야 한다. 사람들이 궁극적으로 어떤 가치 판단을 내리든 정확한 정보가 그 바탕이 되어야 하는 것이다.

그러나 강연 내용을 아무리 세심하게 다듬어도 한두 시간 안에 이슬람교라는 종교와 14세기가 넘도록 세상에 영향을 미친 문명의 풍요로움을 폭넓고 깊이 있게 다루기는 힘들다. 이슬람교의 기본 요소는 비교적 간단한 편이다. 이슬람교는 철저한 일신교다. 하나님을 제외한 신은 전혀 없다. 하나님이 바로 창조주이며, 또한 우리의 삶을 지탱해주는 분이다. 하나님은 매순간 인간의 삶과 밀접하게 관련되어 있다. 꾸란은 모든 인간이 최후 심판의 날 하나님 앞에서 자신이 저지른 일에 대해 책임을 져야 한다는 점을 분명히 하고 있다. 이런 시각을 받아들인다면, 다음과 같은 의문들이 핵심적인 관심사로 떠오르게 된다. 하나님이 내게 요구하는 것이 무엇인가? 심판의 날 내가 가치를 인정받으려면 무엇을 해

종교가 사악해질 때

야 하는가? 이 단계를 넘어서기 위해서는 계시와 이슬람의 예언 자인 무함마드의 모범적인 삶, 그리고 신자들의 의무인 이슬람의 다섯 기둥Five Pillars of Islam*을 비롯해 공동체 내에서 신자들이 반드시 실천해야 하는 의무 등에 대해 약간의 이해가 필요하다.[2]

다른 모든 종교와 마찬가지로, 이슬람교는 사회적·정치적·경제적·군사적·종교적 측면을 모두 지닌 문명으로 발전하면서 점점 더 복잡해졌다. 이슬람교는 무함마드 사후 100년도 안 되어 에스파냐부터 인도에 이르기까지 광범위한 지역으로 퍼져나갔는데, 이 여러 지역에서 서로 다른 율법 학파와 분파주의 집단들이 생겨났다. 이슬람의 신비주의자인 수피교도는 전체 시스템 속에서 다양한 일면을 지닌 또 하나의 중요한 흐름으로 자리 잡았다. 수피즘은 종교, 즉 이슬람교의 내적인 의미에 주의를 기울인다. 이슬람 세계에서 여성의 역할과 처우, 지하드의 의미, 현대 이슬람 국가의 포부, 종교적 다양성에 대한 이슬람교의 견해 등은 아직 건드리지도 못했는데 이 정도다.

기독교인들이 시각을 조금 바꿔보면, 한 종교를 제대로 설명하는 것이 얼마나 어려운 일인지 더 뚜렷해진다. 이슬람교를 믿는 방글라데시 여성이 오랫동안 기독교를 공부하며 기독교인과 함께 생활하다가 기독교에 관심을 가진 사람들에게 기독교에 대한 기본적인 지식을 가르치는 일을 맡게 되었다고 가정해보자. 그녀가 강연 내용에 어떤 내용을 포함할까? 혹은 어떤 내용을 빼버릴까? 그 이유는 무엇일까? 우선 그녀는 예수와 그의 가르침에 대

---

* 이슬람 신자들의 기본적인 의무. 신앙고백, 기도 의식, 자선의 의무, 라마단의 금식, 성지 순례를 말한다.

해 반드시 언급해야 할 것이다. 기독교 전통에서 핵심을 차지하는 것은 초기 기독교 공동체다. 그들은 예수의 죽음이 끝이 아니라고 주장했다. 한편, 이 방글라데시 여성은 기독교인들이 인정한 경전(구약과 신약)에 대해서도 언급해야 할 것이다. 어쩌면 2천 년에 걸친 기독교의 성장과 전파 과정을 일부 살펴보는 것이, 아브라함에게서 갈라져 나온 이 종교가 어떻게 오늘날 세계 최대의 종교가 되었는지 방글라데시의 무슬림에게 이해시키는 데 도움이 될지도 모른다.

이처럼 한 종교를 짤막하게 살펴보는 것은 금세 한계가 드러난다. 모든 종교에는 정신을 차릴 수 없을 만큼 많은 자료가 포함되어 있으므로 어떤 자료를 얼마나 다뤄야 할지 항상 결정을 내려야 한다. 기독교에 조예가 깊은 강연자가 예수의 존재를 역사적으로 증명하기 위한 노력을 어디까지 설명할 수 있을까? 신약이 인정받게 된 과정과 삼위일체나 환생에 대한 초기 교회의 논쟁도 강연에 포함할 것인가? 그리스도의 추종자들을 여러 분파로 나눠놓은 교회 내부의 분열과 수도원의 전통이 등장한 과정은 어떻게 해야 할까? 교황 제도의 역사를 설명하는 것이 청중에게 도움이 될 것인가? 십자군 운동은? 퀘이커교와 러시아 정교에 대한 설명은? 여성의 역할과 처우는? 북아일랜드에서 개신교도와 가톨릭교도가 수십 년 동안 적대하고 있다는 얘기나, 1990년대에 세르비아의 기독교인이 보스니아의 무슬림 여성들과 아이들에게 만행을 저질렀다는 얘기를 감히 포함시켜도 될까? 2006년에 어린 여학생 다섯 명이 이루 말할 수 없을 만큼 처참하게 살해된 뒤 펜실베이니아의 아미시 공동체가 보여준 용서의 정신을 이런 폭력적인 행

종교가 사악해질 때

동과 대비시킬 것인가? 종교적 다양성에 대한 기독교인들의 여러 가지 견해를 설명할 수 있을까? 아니, 그것을 반드시 설명해야 하는가?

이런 의문들을 생각해보면, 어느 종교에 대해 설명적으로 접근하는 것에 어떤 한계가 있는지 분명히 드러난다. 종교를 가르침과 실천의 추상적이고 독립적인 집합체로만 이해하는 것은 불충분하다. 어느 종교와 관련된 사실들을 알아보는 것이 좋은 출발점이 될 수는 있지만, 그것만으로 모든 것이 해결되지는 않는다. 종교를 이해하기 위해서는 신자들이 그 종교를 구성하는 요소들을 어떻게 이해하고 해석하는지 곰곰이 생각해봐야 한다. 종교는 허공 속에 존재하는 것이 아니기 때문이다. 종교는 사람들의 가슴속과 머릿속, 그리고 그들의 행동 속에 존재한다. 종교는 지극히 인간적인 현실이다.[3] 무슬림이 꾸란을 하나님의 말씀으로 받아들이는 것은 사실이지만, 그들이 그 신성한 경전을 어떻게 이용하는가는 훨씬 더 복잡한 문제이다. 독자 여러분은 이 책을 읽으면서 바로 그 점을 깨닫게 될 것이다. 또한 더 포괄적이고 섬세하게 종교를 이해하는 것이 중요하다는 점을 더욱 분명히 알게 되면서, 모든 종교를 뭉뚱그려 단순하게 비평하는 태도에 어떤 약점이 있는지 알아보는 데 도움이 될 것이다.

비교종교학이라는 학문(때로는 종교사라고 불리기도 한다)은 어느 특정 종교에 대해서만 집중적으로 탐구하는 학문이 아니다. 예를 들어, 일부 학자들은 여러 종교들이 주고받은 상호작용의 역사를 연구하는 데 전념하기도 한다. 힌두교도와 불교도, 혹은 유대교도, 기독교도, 무슬림을 구분하는 기준들을 자세히 살펴보면 그 기준에 대한 정의가 빈약하고 유동적이라는 사실이 빈번하게 드러난다. 여러 종교들이 경전 속에 등장하는 똑같은 이야기, 똑같은 성지, 똑같은 성자를 함께 기리는 경우도 많다. 예를 들어, 고대 근동 지방에서 시작된 여러 종교들을 통해 우주적 이원론의 패턴을 추적해볼 수도 있다. 조로아스터교는 선과 악 사이의 우주적 투쟁을 아후라 마즈다Ahura Mazda와 아리만Ahriman(이들은 각각 신과 악마를 상징한다), 천사와 악마, 천당과 지옥으로 정의했다. 그리고 이들은 고대 유대교, 기독교, 마니교, 이슬람교의 중요한 요소가 되었다.[4] 세계의 주요 종교에서부터 아프리카와 북미의 원주민 부족 종교에 이르기까지 모든 종교에는 창조 신화가 있으며, 이들 중 많은 이야기에 비슷한 요소와 모티브가 등장한다. 어떤 경우에는 여러 종교들 사이의 연관성이 분명하게 드러나기도 한다. 예를 들어, 여러 종교들이 서로 놀라울 정도로 유사하다는 사실을 지리적 근접성이나 민족의 이동만으로 쉽게 설명할 수 없을 때가 많다.

성경 속 인물들과 이야기들의 배경이 이스라엘/팔레스타인과 요르단, 그리고 그 주변 지역이기 때문에 이 지역은 유대교인, 기독교인, 무슬림의 '성지'가 되었다. 유대교인들은 예루살렘이 3천 년 전 다윗 왕에 의해 정치적·종교적 중심지로 건설된 도시라고 믿고 있는데, 지중해 동쪽 끝에 사는 다른 민족들도 예루살렘을 다른 도시와는 질적으로 다른 곳으로 보고 있다. 예루살렘 구시가지에 살고 있는 독실한 유대교도들은 기원전 587년과 서기 70년에 각각 바빌로니아와 로마에 의해 파괴된 성전이 있던 템플 마운트를 지금도 성지로 숭배하고 있다. 기독교는 구약에 나오는 이야기들을 그대로 받아들일 뿐만 아니라, 예수가 수난을 당했던 곳이자 생애 마지막 몇 주 동안 복음을 전한 곳으로서, 그리고 십자가에 못 박힌 후 부활절인 일요일 아침에 부활한 곳으로서 예루살렘을 특별히 신성하게 여긴다.

무슬림도 성경에 등장하는 인물과 이야기를 하나님의 계시로 인정한다. 이슬람교에서 예루살렘은 세 번째로 신성한 도시인데, 이 도시가 무함마드와 관련되어 있다는 점[5]이 큰 이유다. 무슬림은 무함마드가 기적에 의해 예루살렘으로 옮겨져서 마스지드 알아크사(알아크사 사원)에서 과거의 예언자들과 함께 기도를 했다고 믿는다. 무함마드는 그 사원으로부터 수십 미터 떨어진 곳에서 하늘로 승천해 낙원을 보았다고 한다.[6] 무함마드가 승천한 장소는 바위의 돔(황금색 둥근 지붕이 있는 건물로서 오늘날 예루살렘의 상징이다)이다. 유대인들은 이 돔의 기반이 된 바위가 모리아산, 즉 아브라함이 자기 아들을 희생 제물로 바치려 했던 바로 그 산이라고 믿는다. 아브라함의 여러 후손들이 공유하는 성지와 신성한 이야기는 이것뿐만이 아니다. 따라서 이런 공통점에 대해 알면 알수록 여러 종교를 서로 분명히 다른 것으로 정의하고 명확하게 구분하기가 어려워진다. 이 3대 종교는 상호의존적일 뿐만 아니라, 똑같은 하나님을 인정하는 것을 자기들 종교의 기초로 삼고 있다.

여러 종교를 비교하는 방법을 이용하면, 대부분의 종교 집단들이 공통으로 지닌 여러 특징을 밝혀내는 것도 가능하다. 여러 종교는 서로 뚜렷이 구분되는 세계관과 각각 상충되는 진리를 주장하지만, 대개 비슷한 방식으로 움직인다. 심지어는 종교의 기초가 되는 가르침 중 일부가 여러 종교에서 공통적으로 발견되기도 한다. 예를 들어, 모든 종교는 성과 속을 구분한다. 앞에서 설명했듯이, 결정적인 사건이나 신성한 이야기 때문에 특정한 인물·장소·시대·물건 등이 범속한 것과 구분되는 존재로 여겨지는 것이다. 힌두교와 불교, 일본의 신도神道, 미국 인디언들의 종교에는 모두 유사한 이야기, 성자, 신성한 물건, 신성한 산, 신성한 강 등이 등장한다.

사람들의 종교 생활은 항상 이런 요소들을 중심으로 구성되어 있다. 예를 들어, 모든 종교는 매년 일정한 축일을 지키는데(예를 들어, 크리스마스, 유월절, 메카 참배, 디왈리*, 부처가 깨달음을 얻은 날 등), 이 기간 중에 신자들은 자신들의 종교에서 결정적인 역할을 하는 신성한 사건들을 되뇌며 축제를 벌이고, 대개는 의식을 통해 그 사건을 재현하곤 한다. 이처럼 매년 돌아오는 축일이든 아니면 매주 참석하는 예배든 정해진 날짜에 치르는 의식들은 거의 모든 종교에서 비슷한 패턴을 갖고 있으며 그 목표 또한 비슷하다.

모든 종교에는 인간의 삶에서 핵심적인 역할을 하는 여러 단계들(탄생, 성년식과 통과의례, 결혼, 죽음)을 기념하는 비슷한 의식이 있다. 사람들은 인생을 살아가면서 이런 의식들을 통해 지위가 달라진다. 인생의 여러 단계들을 기념하는 이런 의식들의 구조와 그들이 기념하는 단계들은 종교마다 각각 다르지만 그 의미는 똑같다.

또한 모든 종교는 신자들에게 사회적인 규범을 제공해준다. 즉, 적절한 행동과 부적절한 행동을 정의하는 도덕규범 및 윤리적

---

* 힌두교의 축제.

종교가 사악해질 때

원칙을 기반으로 종교적 삶의 틀을 마련해준다.

이밖에도 종교는 각자가 처한 인간적인 곤경을 분석해주며, 바람직한 목표로 나아가는 길의 윤곽을 제시해준다. 종교마다 인간이 처한 여건에 대한 정의가 다르고 목표도 다르지만, 모든 종교가 제시하는 분석과 바람직한 길은 서로 비슷하다. 재미있는 것은, 대부분의 종교가 새로운 시대에서 미래의 희망을 찾는다는 점이다. 주요 종교의 여러 교파들은 지상이나 천상에서 우리를 새로운 시대로 안내해줄 구세주를 숭배한다.

비교종교학은 여러 종교들 사이의 이러한 상호 관련성을 파악하는 데 도움이 된다. 여기에는 신자들이 종교를 이용하는 방식의 유사성은 물론, 심지어 교리상의 유사점까지도 포함된다. 앞에 제시한 예들은 이 책에 이용한 비교종교학적인 접근 방식을 간단하게 보여준다. 종교를 믿는 사람은 물론 그렇지 않은 사람도 이해할 수 있도록 종교에 대한 기본적인 사실을 설명하는 것은 반드시 필요한 작업이다. 그러나 우리는 한발 더 나아가 일부 신자들, 특히 종교에 대한 나름의 해석을 바탕으로 다른 사람들에게 피해를 입히는 사람들에게 종교와 관련된 여러 자료들이 무엇을 의미하는지 파악하려고 노력해야 한다. 그래야 더 포괄적인 결론을 내릴 수 있다. 앞으로 종교가 타락해서 폭력적이고 파괴적인 행동의 수단으로 전락하는 흔한 과정들을 살펴보면서 앞에서 언급한 주제들을 다시 다룰 것이다.

여러 종교의 공통점을 찾는 것과 모든 종교가 다 똑같다고 말하는 것은 전혀 다른 얘기다. 여러 종교들은 분명히 서로 다르다. 사실 같은 종교라도 시대에 따라, 장소에 따라 달라진다. 심지어 길을 사이에 두고 서로 마주보고 있는 교회의 신자들도 같은 종교를 다르게 바라볼 수 있다. 예전에 내가 강의를 들은 적이 있는 한 교회사 교수는 기독교 내부의 다양성을 설명하기 위해 학생들에게 다음과 같은 과제를 내준 적이 있다. 연구 리포트를 써내고 싶지 않다면, 대신 이단을 하나 만들어내라는 과제였다. 그 이단의 교리는 기독교적인 가르침의 중요한 요소 하나에 완벽히 대응하는 것이어야 했다. 그러나 가장 중요한 것은 그것이 완전히 새로운 이단이어야 한다는 점이었다. 기독교의 역사 속에서 어떤 지도자나 집단이 이미 전파한 이단의 교리를 이용할 수는 없었다. 도전을 즐기는 학생들은 2주 동안 어떤 교리를 세울 수 있을지 토론을 벌였다. 결국 우리는 교수가 하고자 하는 말을 이해했다. 우리가 성경에서 끌어낼 수 있는 거의 모든 해석이 이미 다른 사람들에 의해 제시된 바 있으며, 이단이라는 용어를 정의하기가 쉽지 않다는 사실 말이다.

다양성은 한 종교 집단 안에 존재할 뿐만 아니라, 그 집단의 구성원 각자에게도 존재한다. 우리는 모두 변화하는 과정에 있다. 생각하거나, 관찰하거나, 귀 기울이거나, 책을 읽거나, 아니면 뭔가 다른 방법으로 매일 접하는 정보를 처리하는 과정에서 계속 크고 작은 변화를 경험한다. 그리고 그 변화 중에는 종교에 대한 시각도 포함되어 있다. 조금도 변하지 않고 가만히 한 자리에 머물러 있는 사람이 어디 있겠는가? 머릿속으로 어떤 자료가 들어오든 항상 같은 견해를 유지하고 있다고 말할 수 있는 사람이 어디 있겠는가? 종교에 대한 이해는 항상 진행형으로 변화하는 과정이며, 지극히 인간적인 과정이다.

모든 종교가 다 똑같지 않다면, 모든 종교의 세계관이 똑같이 타당하다고 보는 것도 불가능하다. 오랜 세월 동안 갖가지 시험을 이겨낸 종교가 그 종교를 받아들인 사람들 대부분에게 효과를 발휘했음은 분명하다. 우리는 이 역사적인 사실을 반드시 진지하게 고려해야 한다. 하지만 그렇다고 해서 모든 길이 다 똑같은 곳으로 이어진다는 뜻은 아니다. 오늘날 세상에서 벌어지는 일들을 보면 가치 판단이 절실하게 필요하다는 것을 알 수 있다. 나는 우리가 충분한 정보를 바탕으로 종교의 규정에 따라 받아들일 수 있는 일과 그렇지 않은 일들에 대해 책임 있는 결정을 내리는 데 유용한 판단 기준이 분명히 있다고 믿는다. 종교의 자유는 좋은 것이다. 생각이 다른 사람에게 자신의 종교를 강요하려는 사람들에게서 자유로울 수 있는 종교로부터의 자유 역시 마찬가지다.

비교종교학은 인간이 서로 어떻게 연결되어 어떻게 의존하고 있는지 분명히 파악하는 데 도움이 된다. 종교들 역시 상호의존적이라는 사실에는 우리 시대가 새겨들어야 할 도덕적 의미가 숨어 있다. 홀로코스트로부터 20년 후인 1966년에 저명한 유대인 학자인 아브라함 헤셸Abraham Heschel이 종교 안에서 우리가 서로에게 의존하고 있다는 얘기를 한 적이 있다. 그는 '고독한 섬 같은 종교는 없다'는 제목의 강연에서 다음과 같이 말했다.

세계의 여러 종교는 개인이나 국가보다 더 자급자족적이지도 않고, 더 독립적이지도 않으며, 더 고립되어 있지도 않다. 특정 종교, 혹은 모든 종교의 경계선 바깥에서 생명을 얻는 에너지, 경험, 사상들이 모든 종교에 끊임없이 도전장을 던지며 영향을 미친다. … 고독한 섬 같은 종교는 없다. 우리는 모두 서로 관련되어 있다. 우리들 중 한 사람이 영적인 배신을 저지르면 모든 사람의 신앙에 그 영향이 미친다.[7]

헤셸의 말은 오늘날 그 어느 때보다 더 의미가 있다. 종교를 믿는 사람과 종교 단체들 사이의 오랜 분쟁의 역사를 생각할 때, 인간이 이 과제를 감당할 수 있는지 반드시 자문해볼 필요가 있다. 종교를 믿는 사람들이 각자의 종교 중에서 최고의 것들을 바탕으로 앞으로 나아갈 능력이 있는가? 아니면 우리가 고독한 섬처럼 고립된 종교에 의지해 살거나, 현대판 십자군 운동을 벌이다가 결국 하나님의 이름으로 서로를 파괴하는 더 효과적인 방법을 찾아내고 말 것인가?

종교 그 자체가 문제인가?

종교의 이름으로 생겨나거나 정당화된 폭력의 희생자들 입장에서 보면, 그런 폭력의 결과는 항상 심각하고 치명적이었다. 오늘날에는 거의 모든 사람이 지구 반대편에서 생겨난 파괴적인 행위의 희생자가 될 수 있다. 편협한 종교적 신념이나 파괴적인 확신이 한정된 지역에만 영향을 미치지 않는다. 9월 11일 아침 세계무역센터나 국방부 건물로 출근하던 사람들이 여러 세력과 사건의 결집으로 인해 목숨을 잃게 되리라고 상상이나 했겠는가?

물론 대규모 파괴가 가능해진 것은 어제오늘의 일이 아니다.

그러나 우리는 현재 새로운 상황에 처해 있다. 광신도들이 형언할 수 없는 파괴 행위를 부추기거나 그런 행위의 촉매가 될 수 있다는 생각은 그리 터무니없는 것이 아니다. 역사를 보면 종교에 기반을 둔 몇몇 종교 지도자나 종교 집단이 신과 신앙의 이름으로 폭력과 테러를 저지를 수 있을 뿐만 아니라, 아예 기꺼이 나서기도 한다는 사실을 분명히 알 수 있다. 세계화와 부족주의, 혹은 문명의 충돌에 대한 오늘날의 논란은 인류 문명의 미래에 대해 중요한 의문들을 제기한다. 이런 논란에서 종교를 기반으로 한 갈등은 눈에 띄는 위치에 있다. 지금의 기존 질서를 단기적으로는 몰라도 장기적으로 계속 유지하는 것은 불가능하다. 이 모든 사실들은 다음과 같은 의문을 낳는다. '종교 그 자체가 문제인가?'

종교가 문제라는 주장이
부분적으로 옳은 이유

종교적인 사람이든 그렇지 않은 사람이든 이 질문에 여러 반응을 보인다. '종교 그 자체가 문제인가?'라는 질문에 어떤 사람이 어떤 답변을 할 것인지를 좌우하는 커다란 요인은 그 사람이 종교를 어떻게 이해하고 있느냐는 점이다. 오늘날 많은 사람들은 이 질문에 커다란 소리로 '그렇다!'고 답한다.

2001년 9월 11일의 사건부터 시작해서 이라크의 종파 분쟁, 영국, 스페인, 인도네시아 등 여러 곳에서 발생한 테러에 이르기까지 폭력적인 극단주의자들은 21세기의 첫 10년 동안 내내 신문

헤드라인을 장식했다. 여러 저명한 저술가들은 이러한 현실을 놓치지 않고, 종교가 '바로' 문제라고 선언했다. 선교사처럼 열정적인 이 무신론자들은 근본주의 광신자들의 행동을 개탄하면서도 그런 광신자에게서나 볼 수 있는 독단적인 태도로 열렬한 청중을 확보했다. 특히 2004년부터 2007년 사이에 《뉴욕타임스》 베스트셀러 목록에 저서를 올려놓으며 널리 주목을 끈 저술가 세 명이 있다. 『종교의 종말: 종교, 테러, 그리고 이성의 미래』(2004)와 『기독교 국가에 보내는 편지』(2006)를 쓴 샘 해리스, 『만들어진 신』(2006)을 쓴 리처드 도킨스, 『신은 위대하지 않다』(2007)를 쓴 크리스토퍼 히친스가 그들이다.

해리스, 도킨스, 히친스는 서로 조금씩 다른 방식으로, 전통적인 종교의 세계관이 이미 수명을 다했다고 주장한다. 과학과 합리적인 사고가 종교를 웃음거리로 만들었기 때문이다. 그들이 보기에 종교는 세상과 우주를 시대착오적인 시선으로 바라본다. 더 구체적으로 말하자면, 몹시 위험한 시대착오다. 이러한 시각에는 나름의 장점이 있으므로, 지지하는 사람도 많다. 이 세 사람은 내가 이 책에서 상세히 설명한 여러 사례들을 이용해 자신의 주장에 힘을 싣는다.

현대 과학이 등장하면서 종교의 전제들은 도전에 직면했다. 과거 대부분의 사람들이 자연의 질서에 관한 의문의 답을 항상 종교에서 찾았다면, 이제는 과학적인 관찰과 실험을 통해 더 확실히 의문을 해결할 수 있게 되었기 때문이다. 유명한 갈릴레오의 사례는 전통적인 신학과 과학적 탐구 사이의 불편한 관계를 잘 보여준다. 1633년에 교회 관리들은 지구가 태양의 주위를 돈다는 코

페르니쿠스 이론을 옹호한 갈릴레오의 이단 혐의에 유죄 판결을 내렸다. 갈릴레오는 갖가지 고초를 겪으며 7년 동안 사실상 가택 연금 상태에 있다가 결국 자신의 주장을 철회했다. 교회 관리들은 갈릴레오의 주장이 기본적으로 옳다는 것, 자기들의 교리가 잘못된 가정을 바탕으로 했다는 점을 오래전부터 알고 있었다. 그런데도 가톨릭교회가 갈릴레오 사건에 대해 공식적으로 사과하는 데에는 350년이 넘는 시간이 걸렸다.[8]

여러 기독교 집단의 종교적인 세계관과 경직된 교리는 과학적 탐구와 가설에 심각한 장애물이 될 때가 많았다. 1925년에 테네시에서 열린 저 악명 높은 스콥스 재판*은 연극 〈침묵의 소리Inherit the Wind〉를 통해 지금도 잘 알려져 있다. 이 재판에서는 진화론을 바탕으로 한 생물학과 창세기의 천지창조 이야기를 문자 그대로 받아들이는 시각이 서로 대립했다. 이 논란은 주로 각 지역의 학교 이사회에서 지금도 계속되고 있다. '기독교의' 주장을 지지하는 사람들은 공립학교에 이른바 '창조과학' 또는 '지적 설계론'을 가르치라고 압박을 가한다. 이 세상의 나이가 1만 살이 채 되지 않았고 창세기의 천지창조 이야기(여러 창조 설화 중 하나다)가 문자 그대로 지구의 창조 과정을 설명한 것이라는 주장에 지식인들도 동의해야 한다고 종교가 요구한다면, 나 역시도 크게 망설일 것이다. 내 제자들은 일본의 창조 설화인 이자나기와 이자나미 이야기나 미국 원주민과 아프리카 부족의 성스러운 이야기를 읽을 때, 창조 과정의 전체적인 신성함과 인간의 위치에 관한 강렬한

---

* 존 스콥스(John Scopes)라는 고교 생물 교사가 진화론을 가르쳤다는 이유로 기소되어 재판을 받은 사건.

메시지를 전달하기 위해 상징이 사용되었음을 즉시 알아차린다. 유대교도와 기독교도는 창세기 1~3장을 읽으면서 창조의 의미, 목적, 인간의 책임에 대한 풍부하고 강렬한 가르침을 얻는다.[9] 창세기는 분명히 과학책이 아니다. 우주가 3층 케이크처럼 생겼는가? 뱀이 말을 할 수 있는가? 에덴동산에 정말 영생을 주는 열매가 있는가? 스콥스 재판의 윌리엄 제닝스 브라이언William Jennings Bryan*과 같은 종교적 성향은 대량 살상 무기가 가득한 21세기의 세상에서는 위험할 정도로 시대착오적이다. 나는 3장에서 신자들에게 머리를 어디에 떼어두고 오라고 요구하는 종교야말로 문제의 큰 원인이 될 때가 많다는 점을 분명히 설명할 생각이다.

해리스, 도킨스, 히친스 같은 사람들이 종교가 하나의 제도적 세력으로서 예나 지금이나 폭력적이고 파괴적인 행동과 다양한 방식으로 연결되어 있음을 설명한 것은 옳은 일이다. 그들은 조직화된 종교의 위험을 열정적으로 주장한다. 특히 신권정치神權政治를 추구하는 근본주의자들에게 집중하는데, 이런 사람들의 태도와 행동을 알아보기는 그리 어렵지 않다. 이 저술가들이 지적하는 핵심 요소들은 대부분 정당하다. 그러나 종교가 뒤틀렸음을 경고하는 다양한 징후를 파악하려면 이보다 더 많은 노력을 기울여야 한다. 종교의 이름으로 자행되거나 종교에 의해 정당화된 폐해의 형태가 아주 다양하다는 것을 역사가 보여주기 때문이다. 선교사처럼 열정적인 무신론자들은 모든 신앙이 유독한 망상이라고 주장한다. 그러나 확실히 이보다 더 섬세한 접근이 필요하다.

---

* 민주당의 대통령 후보를 세 차례나 지낸 정치인으로서 스콥스 재판에서 진화론에 반대하는 입장에 섰다.

종교가 사악해질 때

면밀히 조사해보면, 해리스, 도킨스, 히친스가 종교에 대한 세 가지 고전적인 비판의 조합을 제시하고 있는 듯 보인다. 스탠퍼드 대학 학부에서 철학을 전공한 해리스는 소크라테스 시대까지 거슬러 올라가는 철학적 주장들과 '믿음'이 우리 뇌에 미치는 영향에 대한 현대의 숙고를 한데 엮는다. 저서를 집필하던 당시 그는 신경과학 박사 과정을 마무리하던 중이었다. 옥스퍼드 대학에서 진화생물학을 연구하는 도킨스는 18세기부터 현재까지 나온 다양한 과학적 비판을 상세히 설명한다. 도킨스가 보기에는 물질세계만이 '궁극적인 관심'의 대상이다. 노련하고 재능 있는 작가이자 세계 여러 곳에서 놀라운 사건들을 직접 보고 들은 경험이 있는 히친스는 종교에 대해 좀 더 감정적인 비판을 내놓는다. 자주 인용되는 그의 말 '종교는 모든 것을 망가뜨린다'는 철학적이고 과학적인 주장을 바탕으로 구축된 것이다. 그러나 거부할 수 없는 호소력을 지닌 문장들은 그의 직접적인 경험에서 나온다. 영국에서 보낸 어린 시절, 여러 차례의 결혼(그의 배우자들 중에는 그리스정교 신자와 유대교 신자가 있었다), 키프로스, 이스라엘/팔레스타인, 인도 등 여러 지역에서 다양한 종교를 믿는 사람들을 직접 만난 경험 등을 말한다.

이 무신론 옹호자들은 세상의 모든 악을 종교의 발치에 가져다 놓으려고 애쓰는 과정에서 박학함을 확실히 드러내면서도 동시에 놀라울 정도로 단순한 태도를 보여준다. 하나님 또는 궁극적인 현실, 그리고 우리가 종교라고 부르는 다면적인 현상에 대한 개념을 정리할 때 그들의 주장에는 기가 막힐 정도로 정교함이 부족하다. 세 사람은 모든 종교가 무지와 어리석음에 절망적으로 감염되어 있다면서, 그 속에서 아직도 허우적거리는 사람들을 적대적으로 무시하는 태도를 노골적으로 드러낸다. 히친스는 잘난 척 판결을 내리면서 몹시 즐거워하는 듯하다. 그래서 그는 신앙을 실천하는 사람들을 거듭 '시골뜨기'라고 부르고, 프로테스턴트 개혁가인 존 칼뱅에게는 '사디스트, 고문자, 살인자'라는 꼬리표를 붙인다. 그는 또한 인기 높은 작가이자 기독교인인 C. S. 루이스를 '이루 표현할 수도 없을 만큼 한심한 사람'이라고 무시해버린다. 마지막으로 히친스, 해리스, 도킨스는 모두 자신이 생각하는 합리적인 진리가 무엇인지 선명하게 제시한다. 그리고 자신들의 시각으로 보기에 인류의 대다수를 여전히 괴롭히고 있는 집단적인 광기와 망상으로부터 이 합리적 진리가 우리 모두를 해방시켜줄 수 있다고 주장한다.

해리스는 하나님에 대한 믿음을 거듭해서 똑같은 말로 묘사한다. 십자군, 종교재판, 자살 폭탄 공격을 필연적으로 낳을 수밖에 없는 믿음이라는 것이다. 그는 성경이나 꾸란 같은 경전을 이해하고 해석하는 방법은 하나뿐이라고 본다. 예를 들어, '불신자를 죽이라'는 꾸란의 지시를 받아들이지 않는 무슬림은 진지한 무슬림이 아니라는 식이다. 해리스는 꾸란에서 '칼'이 등장하는 유명한 구절 두어 개를 인용한다. 억압하는 자들과 맞서 싸워도 된다고 신자들에게 허락할 뿐만 아니라 심지어 지시하기까지 하는 이 구절들을 인용하는 것으로 충분하다고 생각하는 듯하다. 오사마 빈 라덴도 정확히 똑같은 생각이었을 것이다. 해리스는 '성서의 민족'(유대교인과 기독교인)을 긍정하는 수십 개의 구절, 오랜 해석의 역사, 다양한 율법 학파, 오늘날 무슬림들 사이의 활발한 토론

등은 편리하게도 싹 무시해버린다. 이슬람 율법의 두 번째 근간인 예언자의 전승(하디스)을 인용할 때도, 자신의 주장을 '증명'하는 부분만 선택적으로 언급한다. 광범위하고 법적인 구속력이 있는 하디스에서 자신의 주장을 뒷받침하지 않는 구절은 착실하게 무시한다. 자살을 금하고 꾸짖는 다양한 구절들을 언급하지 않은 채, 꾸란이 자살에 대해 침묵하고 있기 때문에 모든 무슬림이 자살 폭탄 공격자들의 행동을 받아들이게 되었다고 주장하는 식이다. 시대에 따라 무슬림 사회에서는 그의 단순한 고정관념보다 훨씬 더 복합적이고, 훨씬 더 긍정적이고, 훨씬 더 희망적인 역학이 작용했다. 샘 해리스는 이슬람교 권위자로 인정받고 있다는 말까지는 하지 않더라도, 여하튼 이슬람교에 정통한 사람으로 스스로를 내세운다. 그런 그가 근본주의야말로 유일하게 정당한 믿음의 형태라고 거듭 단언하는 것은 창피할 정도로 무지하거나 기만적인 행동이다.

모든 종교를 유독한 망상으로 보고 한꺼번에 거부하는 것은 그 자체로서 이 저술가들이 비난하는 근본주의의 한 형태다. 하나님(궁극적인 현실을 헤아릴 수 없이 많은 형태로 개념화한 존재)을 믿는 사람들을 모두 멍청이, 정신병자, 거짓말쟁이로 모는 것이 책을 파는 데에는 도움이 될지 몰라도, 현실을 제대로 묘사하는 방식은 아니다. 전 세계에서 사회적 정의와 평화를 위해 노력하며 전설적인 명성을 얻은 퀘이커 교도들이 모두 정신병자인가? 최근 레바논에서 일어난 내전의 희생자들에게 먹을 것과 의약품, 임시 거처 등을 제공해주려고 애쓰는 수천 명의 기독교인과 무슬림이 모두 멍청이인가? 매년 11월이면 미국 종교학회와 성서학회 연례

회의를 위해 한 자리에 모이는 1만 명의 학자들을 그저 거짓말쟁이나 현대판 돌팔이 약장수로 봐도 되는가? 종교를 이런 식으로 이해한다면 데스몬드 투투 주교, 아브라함 헤셸 랍비, 달라이 라마는 어떻게 보아야 하는가? 이 책을 읽는 거의 모든 독자들은 가족, 친구, 지인 중에서 스스로 신앙인이라고 생각하면서도 동시에 사려와 배려가 깊고 인정 있는 사람들을 수십, 수백 명 열거할 수 있을 것이다. 그들은 누가 봐도 결코 망상에 시달리는 사람들이 아니다.

해리스는 온건파 종교인들의 선의를 지나가는 말처럼 간단히 인정한 뒤, 곧바로 그들의 종교가 요구하는 믿음에 대해 정직하지 못하다고 비판한다. 그는 여기서 한발 더 나아가, 온건파가 종교 기관과 신앙체계의 영속을 돕기 때문에 종교라는 문제에 사실상 상당히 기여하고 있다고 주장한다. 그러고 나서 파울 틸리히가 신학적인 이해의 지평을 넓히려고 시도했으나 결국 혼자만의 노력으로 그쳤던 것을 다시 지나가는 말처럼 인정한다. 히친스는 누구에게도 예외를 인정하지 않는다. 그는 예를 들어 마틴 루서 킹 목사의 시민권 운동에서 종교적인 의미를 모두 제거해버리고, 테레사 수녀는 사기꾼이었다고 폭로한다.

해리스는 믿음faith과 신념belief을 가볍게 동일시하는 대목에서 자신의 이해 부족을 만천하에 드러낸다. 저서의 제목은 물론이고 본문에서도 이 두 단어는 계속 같은 의미로 사용된다. 종교란 요약하자면 결국 진실인지 거짓인지 알 수도 없고 확증할 수도 없는 수백 가지 명제(지구의 나이는 1만 살이 채 되지 않았다, 성경이나 꾸란은 하나님의 말씀이므로 문자 그대로 받아들여야 한다)에 지적으로 동의하는 행위라는 가정 때문이다. 다시 말해서, 해리스는 'X, Y, 또는 Z를 믿는다'는 말이 곧 신앙인을 규정한다고 주장한다. 이번 장의 앞부분에서 나는 종교가 대단히 복합적이고 인간적인 현상이며, 비교종교학 연구 덕분에 이제 이 현상을 더 실질적으로 이해하게 되었음을 설명했다.

이슬람교와 비교종교학을 연구하는 20세기 최고의 학자 중 한 명인 윌프레드 캔트웰 스미스가 1962년에 발표한 『종교의 의미와 종말 *The Meaning and End of Religion*』은 현대적인 시각으로 종교를 이해하는 데 도움이 되었다. 스미스는 캐나다 연합교회에서 목사로 안수를 받았고, 프린스턴 대학에서 박사 학위를 취득했다. 그는 저술 활동, 여러 학회에서 보여준 지도력, 제자들을 통해 한 세대의 학자들에게 영향을 미쳤는데, 나 역시 1970년대 중반에 하버드에서 그가 진행하는 '믿음과 신념'이라는 제목의 세미나에 참가한 열여섯 명의 박사 과정 학생 중 한 명이었다. 이 세미나의 참가자는 놀라울 정도로 다양했다. 이슬람교, 중국 종교, 힌두교, 불교를 연구하는 기독교인, 기독교, 불교, 일본 종교에 초점을 맞춘 유대교인, 기독교와 이슬람교를 연구하는 힌두교인, 기독교를 연구하는 일본인 학생, 그리고 종교를 믿는다고 밝히지 않은 학생 몇 명. 이 세미나에서 우리는 여러 종교 안팎에 뚜렷하게, 또는 미묘하게 나타나는 믿음과 신념의 다양한 형태를 탐구했다. 이 주제를 다룬 스미스의 저서 『신념과 역사 *Belief and History*』(1977)와 『믿음과 신념 *Faith and Belief*』(1979)의 초고를 읽고 퇴고를 돕는 일도 우리 세미나에서 이루어졌다. 샘 해리스, 리처드 도킨스, 크리스토퍼 히친스도 30년 전 우리 세미나에 참여했다면 환영받았을 것이다. 어쩌면 하버드의 멍청이, 정신병자, 거짓말쟁이가 잔뜩 모여 있는 그 방에서 각종 연구 프로젝트와 스미스의 연구에 관한 토론을 벌이면서 뭔가를 배웠을지도 모른다.

종교가 바로 문제라고 단호하게 선언하는 것이야말로 다음 장에서 중점적으로 다룰 절대주의의 한 형태다. 다음 장에서 우리는 자기들만 진리를 알고 있다는 각 종교의 주장, 경전의 위험한 악용, 사람들이 말하는 '하나님'의 의미를 더 상세히 살펴볼 것이다.

종교를 믿는 많은 사람들도 종교를 문제로 여긴다. 이들이 말하는 종교는 예외 없이 다른 사람들이 믿는 거짓 종교다. 예를 들어, '예수를 이해하고 경험한 나의 방식이 하나님께 이르는 유일한 길이다. 다른 모든 형태의 종교적 이해나 인간의 행동은 지옥으로 가는 빠른 길에 올라탄 죄인들의 헛된 노력에 불과하다'는 배타적인 입장을 받아들인 기독교인이 상당히 많다. 그들은 자기들의 입장을 '기독교는 종교가 아니라 관계'라고 간결하게 표현할지도 모른다. 종교, 즉 기독교가 아닌 다른 종교는 인간이 만들어낸 것이므로 결함이 있는 반면, 기독교는 더 정통을 따르고 있으므로 '종교'가 아니라는 것이다. 20세기에 커다란 영향을 미친 스위스의 신학자 카를 바르트Karl Barth는 바로 이런 논리를 기반으로 여러 권으로 구성된 책 『교회 교의학Kirchliche Dogmatik』을 저술했다.

자신이 유일한 구원의 길을 따르고 있다는 이러한 확신이 공격적인 선교 활동의 주요 동인이 된다. 2003년 5월 5일에 내가 공영라디오 프로그램 〈프레시 에어〉에 출연했을 때도 이 점이 핵심적인 주제였다. 사회자 테리 그로스는 켄터키주 루이빌에 있는 남부 침례교 신학교 총장이자 저명한 교회 지도자인 앨버트 몰러와 내게 여러 질문을 던졌다. 미군이 이라크에서 신속하게 사담 후세인 정권을 무너뜨리고 성공을 거둔 직후인 당시, 미국의 많은 기독교 신자들은 전쟁이 할퀴고 지나간 그 땅에 선교사들이 대거 들어가서 주민들에게 구원의 복음을 전하고 부족한 물자와 기반시설을 지원해주는 방안을 지지하고 있었다. 나는 이라크의 역사에 대한 지식이 조금이라도 있는 사람이라면 아무리 좋은 의도라 해도 기독교 선교사들이 그 지역으로 물밀 듯이 들어가는 것은 폭발물이 가득한 방에서 성냥에 불을 붙이는 것과 같은 일임을 알 것이라고 강조했다. 십자군과 식민 지배의 역사, 수니파와 시아파와 쿠르드족 사이의 깊은 분열, 사담 후세인의 폭정으로 이득을 취한 많은 사람들에 대해 오랫동안 축적된 적의를 지닌 이라크가 미군에 점령당한 상태에서 많은 기독교 선교사를 파견하는 것은 절대로 해서는 안 되는 일이었다. 몰러는 이라크인과 유대인에게 무엇이 가장 좋은 방법인지에 대해 나오는 반대의 의견을 피력했다. 유일한 구원의 길을 놓고 몰러 자신과 다른 주장을 펼치는 모든 사람들에 대해서도 마찬가지였다. 테리 그로스가 무슨 질문을 던지든, 그의 대답은 언제나 똑같은 결론으로 끝났다. 진리와 구원의 길은 오로지 하나뿐이며, 다른 종교는 모두 악마의 속임수라는 것. 몰러가 말하는 '다른' 종교에는 아시리아 기독교인, 아르메니아 기독교인 등 이라크에 존재하는 여러 기독교인조차 포함되는 듯했다. 몰러의 남부 침례교 연맹이 창설되기 1500여 년 전부터 존재해온 이 교파들의 신자는 2003년에 70만 명이 넘었다.[10]

　일부 기독교인들에게 이런 논리가 얼마나 설득력 있게 들리는

지는 몰라도, 현실과는 맞지 않는다. 역사를 통틀어 기독교인이 경험한 현실은 다른 주요 종교 신도들의 경험과 눈에 띄게 다르지 않다. 사실, 다른 주요 종교들에 비해 기독교의 역사가 훨씬 더 많은 폭력과 파괴로 얼룩졌다고 말할 수 있다. 자신의 종교에 대한 오만한 자신감과 마치 위에서 내려다보듯 다른 종교들을 무시하는 태도는 종교 그 자체가 문제라는 주장에 오히려 힘을 실어줄 뿐이다. 자기가 믿는 종교의 이상과 결점이 분명히 보이는 다른 종교의 현실을 비교하는 것은 너무나 인간적인 행동이며, 모든 종교에서 다 같이 발견된다. 우리는 비교종교학이 선입견을 없앤 공정한 연구에 도움이 된다는 사실을 앞에서 보았다. 교회의 역사 또한 예수의 가르침 속에 들어 있는 이상과 기독교인이 실제로 보여주는 행동 사이의 격차를 반복해서 보여준다.

기독교에 대한 마하트마 간디의 경험은 현실을 잘 보여주는 강렬한 예로서 우리의 현실을 고발한다. 간디는 영국의 지배를 받던 인도의 식민지 국민으로서, 남아프리카의 인종차별 체제 속에 사는 '유색인종'으로서, 그리고 영국에서 공부하는 학생으로서, 기독교를 접했다. 간디는 복음서의 이야기들, 특히 예수의 가르침을 좋아했다. 그는 예수의 말씀이 강렬한 힘을 지닌 진리라고 생각했다. 그는 열린 마음을 지닌 일부 기독교 성직자들과 친구가 되어 그들의 지지를 받았지만, 인도와 남아프리카의 현실이 냉혹하다는 사실을 깨달았다. 간디는 자신이 예수의 제자라고 생각했지만, 많은 기독교인과 '기독교 문명'이 예수의 가르침과 어긋나는 행동을 하고 있다고 믿었다. 간디는 말보다 행동에 더 많은 의미가 있다고 생각했다. 간디는 예수의 가르침을 그대로 실천하고

자 했다. 예수의 가르침이 힌두교의 전통과 궤를 같이 한다고 생각했기 때문이다.[11] 마틴 루서 킹 목사도 예수의 말과 이상을 실천하려고 노력했다. 킹 목사는 간디의 삶을 모범으로 삼아 힘을 얻었다. 그도 인종차별을 지지하고 시민권 운동에 반대하는 억압적인 '기독교' 세력과 마주하고 있었기 때문이다.

다음 장에서 보게 되겠지만, '기독교의 특정 교파가 유일한 진리'라는 주장 속에 잘 드러나 있는 경직된 배타성은 21세기를 맞은 우리에게 별로 도움이 되지 않는 부족주의의 기반이다. 그런데 이슬람에서도 이와 비슷한 태도가 발견되며, 정도는 덜하지만 다른 주요 종교 역시 마찬가지다. 그러나 이처럼 경직된 태도에도 여러 변형이 있다. 이런 주장을 펴는 사람들의 편협한 태도가 더 쉽게 폭력으로 이어지기는 해도, 이런 태도가 반드시 폭력을 낳는다고 할 수는 없다.

종교가 문제가 아니라는 주장이 부분적으로 옳은 이유

여러 세대에 걸쳐 대학생을 비롯한 수많은 사람들에게 다양한 종교 연구의 입문서 역할을 한 책 『세계의 종교 The World Religions』를 쓴 휴스턴 스미스Huston Smith는 저서 『종교가 중요한 이유 Why Religion Matters』에서 종교에 대해 아주 편협한 시각을 지닌 사람들에게 정면으로 도전장을 던진다.[12] 종교 그 자체가 문제라고 믿는 사람들과는 대조적으로, 스미스는 21세기에 우리가 마주한 가장 중요한 위기는 영적인 위기라는 의견을 내놓는다. 스미스는 터널의 비유를 이용해서 과학 지상주의와 물질주의의 음모 때문에 많은 사람이 세상을 넓게 바라보지 못한다고 주장한다. 과학 지상주의란 과학적 방법이 진리에 이르는 유일한 방법이거나 가장 믿을 만한 방법이며, 물질적 실체가 존재의 가장 기본적인 요소라는 신념을 뜻한다.

스미스의 저서는 도킨스의 『만들어진 신』보다 앞서 출판되었다. 만약 순서가 반대였다면, 스미스가 자신의 주장을 펼칠 때 십중팔구 도킨스의 책을 증거 A로 사용했을 것이다. 도킨스는 과학사의 이면을 비판적으로 바라보는 시도는 하지 않은 채, 열린 마음으로 진리를 탐구하는 것이 과학이라고 유쾌하게 주장한다. 예를 들어 대다수의 과학자가 무신론자라는 도킨스의 주장이 옳다면, 대량 살상을 위한 화학무기, 핵무기, 생물무기의 개발과 발전을 도운 '과학적' 발견에서 종교는 핵심적인 요소가 아니었다고 말해도 될 것이다. 도킨스는 창조와 존재라는 거창한 주제에 자신 있고 사실적인 태도를 취하면서 과학이야말로 우리의 구원을 위한 희망이라고 말한다. 과학자들이 시간이나 중력을 모두 이해한다고 주장하지 않는다는 점에 대해서는 일단 잊어버리자. 도킨스의 태도는 기본적으로 논리실증주의를 따른다. 20세기에 나온 이 사조는 어떤 것이 참임을 명확히 규정할 수 있는 유한한 절차가 존재할 때에만 그 '어떤 것'이 인지적으로 의미를 지닌다고 주장했다. 도킨스처럼 이 주장을 받아들인다면, 윤리, 형이상학, 신학을 다루는 발언들은 인지적인 의미에 관한 이 기준을 충족할 수 없다.

종교가 사악해질 때

휴스턴 스미스는 고등교육이 세속화하면서 과학 지상주의가 지배적인 위치를 한층 더 굳히게 되었으며, 오늘날 대중 매체가 이러한 과학 지상주의를 무비판적으로 널리 퍼뜨린다고 본다. 뿐만 아니라, 그는 미국의 사법 체계가 국가와 관련된 종교적 활동을 심각하게 제한하는 쪽으로 미국 수정헌법 1조*의 종교 관련 조항을 해석하는 경향이 강하다는 주장도 내놓고 있다. 스미스가 제시한 터널의 비유에서 과학 지상주의는 터널의 기초, 즉 바닥에 해당한다. 그리고 고등교육, 법률, 언론 보도는 각각 터널의 벽과 지붕에 해당한다. 그 결과 멀리 밖을 내다보지 못하는 편협한 시각이 생겨나 효과적으로 우리의 시야를 차단하기 때문에 우리가 형이상학적인 것들을 보지 못한다는 것이다.

MIT에서 오랫동안 강의한 스미스는 결코 과학에 반대하는 인물이 아니다. 오히려 그는 과학적 탐구와 과학의 성과에 찬사를 보내는 사람이다. 그가 독단을 휘두르는 범인으로 지목하고자 하는 대상은 과학이 아니라 과학 지상주의다. 그의 주장에는 설득력이 있다. 스미스는 사람을 기계처럼 만들어버리는 터널에서 우리를 데리고 나가려고 애쓴다. 이 터널은 초월적인 것이 결여된 공간이다. 그는 종교가 목적과 아름다움으로 가득 찬 우주를 우리에게 열어주기 때문에 중요하다고 말한다. 종교 그 자체가 문제인가? 휴스턴 스미스는 아니라고 말한다. 과학과 종교 사이의 상호작용을 이해하기 위해 다양한 시도를 하는 사람들은 스미스 외에도 많다. 그들은 종교와 과학이 대개 다른 문제들을 다룬다고 말

---

* 언론의 자유를 보장한 조항.

한다. 종교적 탐구는 반드시 물질적인 것에만 제한되어 있지 않기 때문에, 더 광범위한 인식론적 자원을 이용해서 인간 존재의 궁극적인 의미라는 문제를 다룬다.

종교적 감각을 지닌 사람들은 인간이 갖는 궁극적인 의문들 (존재의 의미가 무엇인가? 왜 고통과 죽음이 있는가? 궁극적으로 삶이 가치 있는 이유는 무엇인가? 현실을 구성하는 것은 무엇이며, 현실의 목적은 무엇인가?)이 인간적인 속성을 결정짓는 본질이라는 것을 본능적으로 인식한다. 〔이런 의문들은〕 인간을 인간으로 만드는 데 결정적인 역할을 한다. … 그러나 이런 의문들에 분명히 답이 있을 것이라는 신념이 확고하기 때문에 우리는 답을 구하는 작업을 포기하지 않는다. 비록 결정적인 답을 얻을 수는 없지만, 우리는 한 발짝 내디딜 때마다 점점 뒤로 물러나는 지평선을 향해 나아가듯이 답을 향해 나아갈 수 있다. 이처럼 지평선을 향해 비틀거리며 나아가는 과정에서 우리는 얻을 수 있는 도움을 모두 얻어야 하기 때문에 우리보다 앞서서 이 궁극적인 문제들을 고찰한 수많은 탐구자들의 사례를 공부한다.[13]

브라운 대학의 생물학 교수인 케네스 밀러는 저명한 과학자이자 많은 책을 펴낸 저술가로서, 과학과 종교의 연결관계라는 주제를 탐구하고 있다. 그는 저서『다윈의 하나님 찾기: 하나님과 진화 사이의 일치점을 찾기 위한 과학자의 탐구』에서 다음과 같은 결론을 내린다.

리처드 도킨스 같은 확실한 무신론자들은 신이 역사했다고 짐작할 만한 여지가 현실의 물리적 이치 속에 존재한다는 주장을 모두 조롱하고 공격할 것이다. 그러나 도킨스의 개인적인 회의주의만으로는 하나님이 존재하지 않는다고 증명할 수 없다. 진화론에 반대하는 창조론자들의 의심이 단순한 주장으로 그치는 것과 같다. 우주의 물질들이 행동하는 방식을 우리는 그 일부라도 결코 완전히 알아낼 수 없으며, 생명의 구조상 이런 자그마한 불확실성이 생물학의 역사의 축이 된다는 인식을 사실에 입각해서 철저히 과학적으로 내세우는 것이 중요하다. 그러면 원자 수준에서 인과관계가 붕괴하면서, 우리가 언뜻 보았던 것에 어쩌면 정말로 하나님의 의지가 반영되어 있었을지도 모른다는 주장을 배제하기가 근본적으로 불가능해진다는 점을 아무리 비판적인 과학자라도 받아들일 수 있게 될 것이다.[14]

케네스 밀러와 휴스턴 스미스는 더 포괄적이고, 깊고, 포용적인 시각으로 종교를 이해하는 것이 중요하다는 점을 강조한다. 인간의 지식이 그동안 발전했음을 온전히 받아들일 수 있어야 한다는 것이다. 조지프 캠벨Joseph Campbell은 언론인 빌 모이어스Bill Moyers와 함께 출연한 전설적인 6부작 TV 시리즈 〈신화의 힘The Power of Myth〉에서 이와 비슷한 주장을 거듭 밝힌 바 있다.[15] 캠벨은 비교신화학의 세계적인 전문가로 30년 동안 사라로렌스 대학에서 학생들을 가르쳤다. 평생에 걸친 연구로 그는 부족 문화부터 세계적인 종교에 이르기까지 전 세계의 전통적 신화에 들어 있는 메시지가 모두 살아 있는 것 그 자체, 즉 가슴을 설레게 하는 존재의 수수께끼에 관한 것이라는 결론에 이르렀다. 이 신화들은 우리에게 개인으로서, 그리고 공동체의 일원으로서 의미 있고 도덕적인 삶을 사는 법을 가르친다. 자양분이 되어 인류를 지탱해주던 신화들에는 역사적 사실과 상징적 이미지가 복합적으로 들어 있다. 해리스, 도킨스 히친스처럼 신화가 사실이 아니라며 무시해버리는 사람들은 중요한 것을 그냥 지나치는 셈이다. 진실의 선행조건으로서 역사적 사실성을 요구하는 것은 앞에서 언급한 터널처럼 좁은 시야를 보여주는 또 하나의 예일 뿐이다. 즉, 시를 산문으로 착각하는 것과 같다.

조지프 캠벨은 종교와 신화에 등장하는 상상 속 이야기들을 조사하며 즐거워했다. 그는 자신이 '우주의 노래'라고 부른 이 이야기들을 연구하고, 글로 쓰고, 가르치는 데 평생을 바쳤다. 가톨릭 가정에서 자란 그는 존재의 궁극적인 통일성에 대한 힌두교의 고전적인 가르침에 강한 매력을 느꼈다. 그도 종교 그 자체가 문제인 것은 아니라고 분명히 믿고 있었다. 그런데도 그는 모이어스와 함께 〈신화의 힘〉을 제작하는 동안 레바논에서 '종교를 믿는' 사람들이 보여준 행동에 경악해서 크게 흥분했다. 같은 하나님을 섬기면서도 자기네 종교밖에 보지 못하고 각자의 은유를 이해하지 못해 서로를 죽고 죽이는 사람들을 격렬하게 비난했다.

캠벨의 연구는 종교에서 은유와 상징이 핵심적인 위치에 있음을 강조한다. 유대교, 기독교, 이슬람교, 힌두교, 불교를 진지하게 연구하다 보면, 신자들이 각 종교의 성스러운 이야기들과 전통을 얼마나 다양하게 해석하는지 금방 알 수 있다. 예를 들어, 이슬람

　　　　　　　　　　　　　　　　　종교가 사악해질 때

교 역사 내내 수피교도는 무슬림 사회에서 상당한 부분을 차지했다. 알-할라지, 루비, 데르비시의 시대부터 지난 1400년 동안 나온 많은 교단, 저술, 영적인 관습을 조금이라도 공부해보면, 탈레반 식의 이슬람교가 얼마나 불완전한지가 분명해진다. 유대교의 신비주의 전통이나 현대 미국의 개혁파 유대교에 분명히 드러나는 다양성 또한 종교가 많은 사람들의 생각보다 훨씬 더 유연하고 훨씬 덜 경직되어 있음을 보여준다. 조지프 캠벨, 휴스턴 스미스, 윌프레드 캔트웰 스미스는 그 밖의 많은 사람들과 마찬가지로 인생에 반드시 필요하고 중요한 복합적인 요소로 종교를 이해하는 데 크게 기여했다.

'종교 그 자체가 문제인가'라는 질문에 종교를 믿는 많은 사람들은 종교가 아니라 사람이 문제라며 중도적인 입장을 취한다. 이는 총기 규제에 반대하는 사람들이 흔히 내세우는 주장, 즉 "총이 사람을 죽이는 게 아니라, 사람이 사람을 죽인다"는 말과 묘하게 비슷하다. 종교가 아니라 사람을 문제로 보는 시각에는 상당한 장점이 있다. 결국 문제가 되는 것은 사람의 태도와 행동이기 때문이다. 그러나 앞에서 지적했듯이, 종교는 허공을 자유로이 떠도는 추상적인 존재가 아니다. 종교는 사람들이 따르는 전통으로서 생명을 얻는다. 그러나 사람들이 전통의 방향을 결정하는 것과 마찬가지로, 전통 또한 사람들에게 힘을 행사한다. 이 둘의 관계가 역동적이기 때문에 어느 한쪽만 일방적으로 영향을 주는 관계가 성립하지 않는다. 총기 규제에 관한 논란을 다시 인용하자면, 총기 규제에 찬성하는 사람들은 '사람이 문제'라는 주장에 맞서서 "그건 그렇게 간단한 문제가 아니다. 총을 쉽게 구할 수 있는 곳에서는, 치정 범죄나 치명적인 사고의 가능성이 훨씬 더 커진다"고 말한다. 종교의 조직과 교리도 거의 무기와 똑같이 이용될 수 있다. 크리스토퍼 히친스, 샘 해리스, 리처드 도킨스가 이 말을 들으면 '아멘'이라고 말할 것이다. 우리는 앞으로 사람들이 사상의 노예가 되어가는 사례와 자신이 적이라고 인식하는 대상에 맞서 자신의 제도화된 종교를 지키기 위해 애쓰는 사례를 보게 될 것이다. 제도화된 종교와 그 가르침에 유연성과 성장의 기회, 건강한 견제와 균형 시스템이 결여되어 있다면, 정말로 커다란 문제가 될 수 있다. 제도화된 다른 집단과 마찬가지로 일부 종교는 이제 선대로부터 이어받은 목적을 위해 노력하지 않는다. 종교가 장전된 총과 같다고 할 수 있을까? 오사마 빈 라덴 같은 사람의 손에 들어간다면, 틀림없이 그렇다고 대답할 수 있을 것이다. 그러나 모한다스 간디 같은 사람의 손에 있다면, 이런 비유를 드는 것 자체가 터무니없다.

　종교 그 자체가 문제인가? 아니기도 하고 그렇기도 하다. 이렇게 대답이 달라지는 이유 가운데 하나는 종교의 본질에 대한 각자의 이해가 다르다는 점이다. 인간은 자신의 종교적 성향에 따라 탐구하는 과정에서 의미와 희망을 발견한다. 종교의 기원과 핵심적인 가르침은 원래 숭고한 것이라 해도 그 이상은 거의 예외 없이 제대로 실현되지 못한다. 신자들이 종교 지도자와 교리, 그리고 제도화된 종교를 지켜야 한다는 욕구를 수단으로 삼아 사회적으로 용인될 수 없는 행동을 정당화하는 경우가 너무 많다. 종교의 본질과 가치에 대한 개인의 견해가 무엇이든, 이런 현실을 부정할 수는 없다. 스스로 신앙이 있다고 말하든 아니든 상관없이

　　　　　　　　　　　　　　　종교가 사악해질 때

사려 깊은 사람들은 우리가 종교라고 부르는 세계적이고 인간적인 현상이 어떤 위험과 약속을 품고 있는지 더 많이 알아내려고 노력해야 한다.

세계적 차원과 국지적 차원에서
종교에 대해 진지한 태도를 갖는 것

앞에서 우리는 종교가 틀림없이 인간 사회에서 가장 강력한 세력으로서 많은 것에 영향을 미친다고 말했다. 이 말은 역사적인 사실이자 전 세계의 현재와 미래를 결정짓는 역동적인 현실이기도 하다. 따라서 우리는 모두 종교를 진지한 시선으로 바라봐야 한다. 토머스 프리드먼의 책 『렉서스와 올리브나무』는 점점 더 상호의존적으로 변해가는 세계 공동체의 복잡성과 종교 및 문화의 핵심적인 역할을 이해하는 데 유용한 틀을 제공해준다. 프리드먼은 세계화라는 새로운 시스템이 1989년 소련의 붕괴 이전까지 수십 년 동안 세계를 지배했던 냉전 체제 대신 전 세계를 지배하고 있다고 주장한다. 그의 주장에 따르면, 한때 정치 · 문화 · 기술 · 금융 · 국가안보 · 생태계를 구분 짓던 분명한 선들이 이제 사라지고 있음을 이해해야만 세계화를 이해할 수 있다. 이제는 다른 분야를 언급하지 않은 채 어느 한 분야만을 논의하기가 어려워졌다. '렉서스와 올리브나무'라는 제목은 인간들을 끌어들이고 지탱해주는 두 개의 중요한 기둥을 가리킨다. 렉서스는 지금 싹을 틔우고 있는 세계 시장, 금융 제도, 그리고 우리가 더 높은 생활수준을 추구하는 도구로 이용하고 있는 컴퓨터 기술 등을 상징한다. 반면 올리브나무는 "우리의 뿌리가 되고 닻이 되며, 우리에게 정체감을 주고 이 세상에서 우리의 자리를 찾게 해주는 모든 것을 의미한다." 내가 보기에 종교는 나무를 단단히 붙잡아서 생명을 유지해주는 가장 크고 가장 깊은 뿌리다.[16]

토머스 프리드먼은 올리브나무에 대해 아는 것이 많다. 실제로도 그렇고 상징적으로도 그렇다. 그가 이 책보다 앞서 발표해서 퓰리처상을 수상한 책 『베이루트에서 예루살렘까지From Beirut to Jerusalem』는 전쟁 때문에 갈가리 찢긴 이 도시들에서 《뉴욕타임스》 지국장으로 오랫동안 근무했던 경험을 바탕으로 한 것이다. 그는 자신이 취재했던 대규모 분쟁들(지금도 계속되고 있는 이스라엘과 팔레스타인의 분쟁, 여러 세력들이 얽혀 15년 동안 계속된 레바논의 분쟁)이 그때나 지금이나 단순한 종교전쟁이 아니라는 사실을 잘 알고 있다. 그러나 정치·경제·사회·역사가 한데 뒤섞인 이 복잡한 분쟁 속에서 종교가 눈에 띄는 요인으로 작용하는 것은 사실이다. 이 비극적인 분쟁이 아브라함의 자손들 사이의 끝없는 싸움이라는 단순한 주장[17]을 펴는 사람들은 모든 것을 사회적·정치적·경제적 요인으로 설명할 수 있다고 생각하는 사회과학자들과 마찬가지로 상황을 잘못 해석하고 있다. 프리드먼이 『렉서스와 올리브나무』 이후에 출간해서 커다란 찬사를 받은 책 『세상은 평평하다The World Is Flat』는 점점 모습을 드러내고 있는 세계화의 역학과 그 역학이 근본주의 종교와 관련해서 지니는 중요한 의미에 초점을 맞춘다. 우리는 프리드먼이 주장하는 것처럼 모든 요인들 사이의 상호작용을 살펴봐야 한다. 원인을 정확하게 분석하고 분쟁

종교가 사악해질 때

해결을 향해 나아가기 위해서는 종교를 이 복잡한 현실의 중요한 구성 요소로서 진지하게 바라봐야 한다.

활발한 저술 활동으로 수상 경력이 있는 또 다른 저술가 스티븐 카터Stephen Carter도 『불신의 문화: 미국의 법과 정치가 종교적 신앙을 어떻게 하찮게 보고 있는가The Culture of Disbelief: How American Law and Politics Trivialize Religious Devotion』라는 책에서 종교를 진지한 시선으로 바라봐야 한다는 비슷한 주장을 했다. 이 책은 출판된 지 10년이 지난 지금도 계속 주목 받고 있다.[18] 예일 대학의 법학 교수이자 감독교회 신자로서 활발히 활동하는 카터는 공공 제도를 수호하는 사람들이 각자의 신념의 자유를 정중하게 인정하면서도 종교를 하찮게 보고 진지한 사람들에게는 별로 중요하지 않은 문제, 즉 깊은 생각이 요구되는 공론의 장에서는 언급되지 말아야 하는 문제로 취급하고 있음을 보여준다. 휴스턴 스미스와 마찬가지로 카터도 이성과 종교적 신앙을 모두 갖는 것이 그 자체로서 모순어법이 아니라는 사실을 증명하고 있다.

카터의 책에서 커다란 부분을 차지하는 것은 종교와 정치 사이의 친숙한 문제들이다. 카터의 주장을 지지하는 사람이나 비판하는 사람 모두 한데 힘을 모아 그의 주장 중 여러 부분에 대해 나름대로 비난을 퍼부었지만 그가 내세운 가장 중요한 논점은 지금도 굳건히 자리를 지키고 있다. 공공 정책을 구상할 때 종교의 목소리를 진지하게 고려해야 한다는 주장이 그것이다. 사회적·정치적 논란의 한가운데에 있는 우리는 마틴 루서 킹 목사가 버밍햄의 감옥에서 글을 쓸 때나, 미국의 수도에서 '내게는 꿈이 있다'는 불멸의 연설을 했을 때 그랬던 것처럼 그의 종교적 신념에 제대로 귀 기울여야 한다. 카터는 책의 말미에서 안락사, 임신중절, 사형 제도 등에 대한 정치적 논의에 종교의 목소리가 반드시 포함되어야 한다고 주장한다. 생명의 경계선과 관련된 문제를 다룰 때는 반드시 종교적 차원이 포함되어야 한다는 그의 주장에 나도 동의한다. 공적인 영역에서 이런 문제를 논의하는 사람들 중에 종교계의 목소리가 반드시 있어야 하지 않겠는가?

조지 W. 부시 대통령이 취임한 후 발생한 여러 큰 사건들은 이문제를 잘 보여준다. 2000년에 대통령 후보로서 부시는 "당신의 인생에 가장 커다란 영향을 미친 사람이 누구인가?"라는 질문을 받은 적이 있다. 그때 그는 주저 없이 "예수 그리스도"라고 대답했다. 이 대답을 두고 사회 여러 부분에서 그를 헐뜯거나 무시하는 반응이 나온 것을 보면 카터의 주장이 옳았음을 알 수 있다. 치료를 위한 인간 복제와 줄기세포 추출이라는 문제가 미국의 핵심 이슈로 떠오른 2001년에 부시 대통령은 자신이 도덕적으로 용인될 수 있다고 생각하는 것을 바탕으로 분명하게 선을 그었다. 그는 인간이 '하나님의 흉내'를 내서는 안 된다고 확신했다. 그가 민간인 학자들의 연구를 모두 막을 수는 없지만, 논란의 여지가 있는 연구, 즉 낙태한 태아에게서 줄기세포를 추출하는 연구에 정부가 자금을 대는 것을 승인할 수는 없다는 것이 그의 입장이었다. 부시 대통령이 이런 결정을 내리는 과정에 자신의 신앙을 개입시켰음에는 의심의 여지가 없다. 그가 설교를 한 것은 아니지만, 그의 종교적 신념은 분명했다. 부시가 처음 거부권을 행사한 것은 재임 5년째이던 2006년 7월이었다. 그는 줄기세포 연구에 연방정부가 자금을 지원하는 것에 대한 제한을 완화한 법안에 반대했다.

종교가 사악해질 때

치료를 위한 인간 복제와 임신중절, 사형 제도 등에 대한 논란이 계속되면서 그와 미래의 대통령들이 사회의 지평을 넓히는 데 도움이 될 것이라는 희망을 품는 사람도 있을 것이다. 다양한 문화가 모여 있는 오늘날의 미국에서는 확실히 종교를 믿지 않는 사람들은 물론 힌두교도, 불교도, 유대교도, 무슬림, 시크교도, 도교 추종자, 미국 인디언 등 다양한 사람들의 사려 깊은 목소리가 공적인 영역에서 더 많이 들려야 한다.

부시 대통령이 9월 11일의 사건 직후 종교에 대해 포용적인 태도를 보인 것은 크게 평가할 만하다. 개신교도로서 적극적인 신앙을 갖고 있다고 알려진 부시 대통령은 이슬람교와 그 신도들에 대한 국민들의 적대적 반응을 예방하기 위해 열심히 노력했다. 그는 수차에 걸쳐 이슬람교가 '선하고 평화로운 종교'라고 말했으며, 이슬람 지도자들과 대화를 나누고, 워싱턴에 있는 이슬람 센터를 방문했다. 또한 아랍인이나 무슬림에 대한 산발적인 공격과 증오 범죄를 공개적으로 비난했다. 종교적 우파 중에서 대통령을 강력하게 지지하던 사람들 중 일부는 이슬람교를 긍정적으로 바라보는 대통령의 발언에 눈에 띄게 불편한 심기를 드러내기도 했다. 이 문제에 대해서는 나중에 다시 다루겠다.

부시 대통령은 '테러와의 전쟁'이 기독교와 이슬람교 사이의 분쟁으로 번지는 것을 반드시 막고야 말겠다고 굳게 결심한 것 같았다. 사건 직후의 실언(이때 대통령은 '테러와의 전쟁'을 위대한 '십자군 운동'이라고 표현했다)을 제외하면, 대통령은 오사마 빈 라덴이 기독교와 이슬람교 사이의 분쟁을 '진정한' 이슬람 세력과 (미국에 동조하는 이슬람 지도자 및 이슬람 국가들을 포함한) 불신자

세력 사이의 투쟁으로 규정하려고 애쓰는 것처럼 보이던 그 시기에 자신의 기독교적인 감정에 직접적으로 호소하는 것을 피했다. 그런데도 부시 대통령은 '선과 악'의 대결을 얘기하면서 강력한 종교적 이미지들을 이용했다. 그는 국가와 국민들이 반드시 선택해야 한다고 했다. 중립지대는 없었다. 선의 편을 들어 악의 세력을 뿌리 뽑는 데 참가하지 않는다면 모두 '테러와의 전쟁'에서 적으로 간주될 뿐이었다. 여기에는 '선'의 편에 선 사람들이 종교와 국가를 막론하고 모든 곳에서 나올 수 있으며, 실제로 그렇게 될 것이라는 뜻이 분명하게 암시되어 있었다.

악한 성향

부시 대통령은 선과 악을 나란히 놓고 대비시키면서 친숙한 틀을 제시했다. 우주적 이원론이라는 오랜 전통을 끄집어낸 것이다. 악한 현실은 적어도 인간의 의식만큼이나 오랜 역사를 지니고 있다. 성경에서 하나님이 창조 작업을 마치고 그것이 '보기 좋았다'는 생각을 한 직후, 인간은 에덴동산에서 금지된 나무, 즉 '선과 악에 대한 지식을 지닌 나무'의 열매를 먹으라는 유혹에 넘어가고 만다. 그리고 남자와 여자가 낙원에서 추방된 직후, 악이 폭력적인 모습을 드러낸다. 카인이 형제 아벨을 죽인 것이다.

우리가 악이라는 개념에 공명하는 것은 그것이 상존하는 현실이라는 것을 분명히 알기 때문이다. 악의 기원과 본질에 대해 조리 있게 설명하고자 하는 욕구는 전 세계에서 발견된다. 모든 종

종교가 사악해질 때

교는 악과 불의가 끈질기게 사라지지 않는 현실에 대해 반드시 설명을 내놓아야 한다. 각 종교가 내놓는 답은 서로 크게 다르지만, 어쨌든 이런 답이 모든 종교에 존재하는 것은 사실이다.[19] 종교를 믿지 않는 사람들도 악한 성향을 이해하려고 노력하는데, 고통을 최소화하고 잠재적인 재앙을 피하려는 것이 그 이유 가운데 하나다. 악·불의·고통 등에 대해 특별한 설명을 제시하지 않는 사람들, 즉 그냥 어깨를 으쓱하면서 "사는 게 그렇지, 뭐"라고 말하는 사람들도 자신이나 사랑하는 사람에게 '그런 일'이 일어나면 대개 그처럼 무심한 태도를 취하지 못한다.

우리는 악이 개인적인 현실이자 집단적인 현실이라는 사실을 알고 있다. 악에는 항상 사회적 요인과 심리적 요인이 관련되어 있다. 사람을 파괴적일 만큼 이기적인 행동으로 이끄는 유혹은 다양한 형태를 띤다. 예를 들어, 성경에 등장하는 많은 영웅들도 개인적인 차원에서는 폭력적이고 파괴적인 행동의 강렬한 유혹을 항상 물리친 것은 아니었다. 모세는 몹시 화가 나서 이집트인을 죽였으며, 남의 아내를 탐낸 다윗 왕은 왕에게 충성을 바치는 병사인 그녀의 남편을 죽을 것이 뻔한 전쟁터로 보냈다. 그리고 사도 바울은 자신이 분명히 옳다고 생각하는 일을 하기 위해 이기적이고 죄가 되는 행동을 극복하려고 애쓰고 있다는 사실을 공개적으로 고백했다. "원함은 내게 있으나 선을 행하는 것은 없노라. 내가 원하는 바 선은 하지 아니하고 도리어 원치 아니하는 바 악은 행하는도다."(로마서 7:18b~19).

우리는 또한 군중심리에 대해서도 익히 잘 알고 있다. 집단의 역학은 개인의 양심을 조각낼 수 있으며, 이 때문에 원래는 건실한 사람이 때로 끔찍한 일을 저지르기도 한다. 누가복음에 따르면 본디오 빌라도는 예수에게서 아무런 잘못을 찾아내지 못했음에도, 군중이 "그를 십자가에 못 박으라"고 소리치자 거기에 따르고 만다. 베트남전쟁 중 벌어진 마이라이 학살이나 미국에서 벌어진 린치 사건처럼 널리 알려진 사악한 집단행동 사례들은 집단적인 악이 얼마나 끔찍한 결과를 낳을 수 있는지 다시 일깨워준다. 종교 공동체는 광적인 열정에 휩쓸려 특별히 카리스마적 스승이나 신성불가침이라고 생각되는 교리를 위해 군중심리를 발휘할 수 있다. 집단행동의 심리적 요소는 분명한 현실이며 매우 강력하다. 이처럼 맹목적인 광신은 고삐가 풀린 민족주의와 흡사하다. 때로는 이 두 가지가 한데 얽혀 폭발적인 힘을 발휘하기도 한다.

아래에 언급된 많은 사례들을 보면, 악과 파괴적인 행동이 개인적인 차원과 집단적인 차원에서 어떻게 나타나는지 분명히 알 수 있을 것이다. 그러나 이 책에서 우리가 원하는 것은 신학적 고찰이나 철학적 고찰을 위해 문제가 되는 악의 근원을 찾는 것도 아니고, 사악한 행동에 대한 사회적 이해나 심리학적 이해를 구하는 것도 아니다. 우리가 원하는 것은 종교가 근원이 된 행동들 중 세상에 해롭거나 악의적인 것들의 현재와 미래를 현실적으로 파악하는 것이며, 자꾸만 나타나서 이 세상에 폭력과 고통을 불러오는 사고방식과 행동이 어떤 것인지 파악하는 것이다. 개인적으로 종교를 믿는 사람이든 아니든 종교 안에서 모든 사람의 미래를 위협하는 행동이 나타나는 패턴을 이해하고 그 문제를 해결하고자 노력해야 한다.

따라서 이 책은 실용적인 문제에 초점을 맞추고 있다. 우리가

종교가 사악해질 때

타락한 종교에서 나타나는 위험한 행동 패턴을 제대로 파악할수록 선한 사람들이 종교의 이름으로 정당화된 재앙을 막을 가능성이 더 높아진다. 사람들이 종교 그 자체가 문제라고 생각하든 생각하지 않든, 다양한 종교는 점점 더 상호의존적으로 변해가는 지구 공동체 속에서 여전히 강력한 힘을 발휘할 것이다. 세상에서 벌어지는 사악한 일들에 대해 철학적 혹은 신학적으로 어떤 설명을 믿든, 수동적인 자세로 미래에 접근하는 것은 결코 용인될 수 없다. 9월 11일의 사건 이후 우리는 모두 광범위한 고통을 불러오는 종교적 사고방식과 행동에 대해 더 많은 것을 배워야 할 의무를 지게 되었다.

종교 공동체 내에서 악한 성향은 항상 먼저 징조를 드러내 경고한다. 해롭거나 악의적인 행동이 곧 벌어질 것이라는 징조로 간주될 수 있는 특정한 사고방식과 행동이 있다는 뜻이다. 이 책에서 나는 그런 분명한 위험 신호 다섯 가지를 제시하고, 각각의 예를 들었다. 이런 신호를 일찍 감지하는 것이 재앙을 막는 가장 중요한 첫 단계라고 생각하기 때문이다.

인간이 만든 제도라는 측면에서 모든 종교는 타락할 위험을 안고 있다. 오랜 세월의 시련을 견뎌온 주요 종교들도 지속적으로 성장과 개혁을 거듭했다. 이런 과정을 통해 신자들(유대교도, 힌두교도, 무슬림, 불교도, 기독교도 등)은 삶을 지탱해주는 종교의 핵심적인 진리와 만나게 된다. 물론 모든 종교는 서로 많은 차이점이 있다. 그러나 하나님, 혹은 뭔가 초월적인 존재를 바라보라는 가르침, 세상의 다른 사람들에게 측은지심을 느끼고 그들과 건설적인 관계를 맺으라는 가르침은 모든 종교에서 똑같다. 예수는 가장 위대한 계명이 무엇이냐는 질문에 답하면서 바로 이 점의 요체를 분명하게 표현했다.

> 예수께서 가라사대 네 마음을 다하고 목숨을 다하고 뜻을 다하여 주 너의 하나님을 사랑하라 하셨으니 이것이 크고 첫째 되는 계명이요 둘째는 그와 같으니 네 이웃을 네 몸과 같이 사랑하라 하셨으니 이 두 계명이 온 율법과 선지자의 강령이니라. (마태복음 22:37~40)

진실하고 건전하며 삶을 지탱해주는 모든 종교의 핵심에서는 항상 위와 같은 가르침이 분명하게 드러난다. 종교를 믿는 사람이 하나님을 사랑하는 마음이나 신자로서 반드시 지켜야 하는 의무에 대해 뭐라고 하든 폭력적이고 파괴적인 행동으로 이웃에게 고통을 야기한다면, 그 종교가 이미 타락해서 개혁이 절실히 필요하다고 확신해도 된다. 종교가 사악해지면 이런 형태의 타락이 항상 나타난다. 반대로, 진실함을 유지하는 종교는 이런 형태의 타락에 적극적으로 맞선다. 이런 움직임이 바로 지금 절실하게 필요하다. 이전 시대와는 달리, 오늘날 타락한 종교들은 전 세계적으로 무서운 결과를 낳는다.

우리는 지금 몹시 심각하고 만만찮은 과제와 마주하고 있다. 그러나 이런 과제들을 극복할 수 없는 것은 아니다. 악에 저항하는 능력은 모든 개인의 내면에 자리하고 있으며, 종교 집단을 구성하는 것은 바로 개인들이다. 종교 공동체 내의 사람들과 종교와 전혀 관련이 없는 사람들에 대한 인류의 책임감은 파괴적인 사고방식과 행동을 바꾸기 위한 모든 노력에 필수적인 요소다.

쉬운 해답이나 간단한 해결책은 없지만, 그래도 희망을 품을 수는 있다. 종교가 문제의 커다란 부분을 차지하는 경우가 많기는 해도, 나는 이 책의 마지막 부분에서 꼭 그런 것만은 아니라고 주장할 것이다. 앞으로 몇 달, 몇 년 동안 종교가 파괴적이다 못해 재앙 같은 사건들과 연관될 수도 있겠지만, 종교는 또한 우리가 커다란 희망을 찾을 수 있는 곳이기도 하다. 나는 여러 종교가 예전과는 확연히 다른 방식으로 서로 의견을 주고받으며 협조하게 될 때, 종교가 지닌 가치를 따질 수 없는 자원들이 이 연약한 행성에서 함께 살아가는 우리 모두를 위해 더 건전하고 희망찬 미래를 만들어주는 시대로 나아갈 수 있을 것이라고 믿는다.

2

자기들만
절대적인
진리를
알고 있다?

종교의 타락이라는 문제를 연구하려면 반드시 그 종교가 주장하는 진리를 먼저 살펴봐야 한다. 진리를 알고 있다는 종교 단체들의 주장은 예외 없이 '영감을 얻은 사람'이나 카리스마 넘치는 현자 같은 지도자의 권위 있는 가르침, 혹은 그런 재능 있는 지도자들이 내놓은 경전에 대한 해석을 바탕으로 하고 있다. 진리에 대한 주장은 종교적 전통 속에 속속들이 배어 있다. 모든 종교에서 진리에 대한 주장은 그 종교 전체를 지탱하는 기초가 된다. 그러나 이런 주장에 대한 특정한 해석이 보편적인 동의를 요구하는 명제가 되어 엄격한 교리로 자리를 잡게 되면 그 종교가 타락할 가능성이 기하급수적으로 커진다. 이런 경향이 바로 악이 고개를 들지도 모른다고 경고하는 첫 번째 징조다.

모든 종교가 이처럼 경직될 수 있는 요소들이 있다는 사실을 이해하고 그런 경직성을 유지하는 것이 잘못된 일이며 위험하다는 사실을 폭로하는 것은 건전한 대안을 밝은 곳으로 끌어내기 위한 필수적인 과정이다. 종교가 주장하는 진정한 진리는 결코 광신자들이 주장하는 것만큼 경직되지도 않고 배타적이지도 않다. 타락한 종교가 주장하는 진리에는 항상 종교적 진리를 찾아 표현하는 인간의 능력에 한계가 있다는 자유로운 인식이 결여되어 있다. 나는 30년 전 켄터키주 루이빌에 있는 남부 침례교 신학교에 처음 들어가 한 학기를 보내면서 이 점을 분명하게 보여주는 일들을 경험했다.

　나는 그때 저명한 보수주의 신학자인 데일 무디Dale Moody의 '속죄의 교리'라는 강의를 듣고 있었다. 기독교에서 예수의 죽음과 부활보다 더 기본적이고 중요한 것이 있을까? 강의를 듣는 동안 내내 우리는 성경 관련 자료들을 공부하고, 현대의 주요 신학자들은 물론 초기 교회의 지도자들인 이레니우스Iranaeus, 오리젠Origen, 아우구스티누스Augustine부터 안셀름Anselm, 아퀴나스Aquinas, 루터Luther, 칼뱅Calvin에 이르기까지 많은 기독교 사상가들의 글을 읽었다. 학기가 끝났을 때 나는 A 학점을 받았지만, 세계 최대의 종교인 기독교의 핵심적인 진리에 대해 구체적인 해답보다는 의문을 훨씬 더 많이 갖게 되었다. 예수의 자기희생이 왜 필요했을까? 예수의 신성한 이야기를 전하는 4대 복음서의 내용이 왜 서로 다른가? 예수 수난일과 그 후의 이틀, 그리고 일요일인 부활절 아침에 정확하게 무슨 일이 일어난 걸까? 이 일을 통해 무엇이 어떻게 이루어진 걸까? 예수의 희생으로 모든 사람들이 혜택을 입은 것인가, 아니면 하나님이 선택한 사람들만 혜택을 입은 것인가? 어린아이들이나 오지의 주민들처럼 예수에 대해 아무것도 모르는 사람들에게도 예수의 희생이 의미가 있는가? 의미가 있다면 어떻게? 의미가 없다면 왜? 나는 그 한 학기 동안 가치를 따질 수 없는 교훈을 얻었다. 종교의 가장 기본적인 진리에는 많은 명제들이 포함되며 상당한 해석이 필요하다는 것. 그리고 진실한 사람들도 서로 크게 다른 방식으로 진리에 대한 주장을 이용할 수 있으며, 실제로 그렇게 하는 경우가 흔하다는 것.

　2천 년 동안 기독교인은 전 세계 사람들에게 예수가 하나님의 아들이며 세상 사람들의 죄를 대신해 죽었다는 복음을 전했다. 이슬람교도 7세기에 아라비아 반도에서 믿음에 대한 기본적인 선언인 샤하다shahadah를 들고 나왔다. '하나님 외에는 신이 없으며, 무함마드는 하나님의 전령'이라는 것이었다. 그러나 기독교의 복음과 마찬가지로 샤하다 역시 간단한 것이 아니다. 샤하다를 구성하는 13개 단어에는 온갖 의미가 가득하기 때문에 여러 방식으로 해석할 수 있다. 이 단어들은 하나님에 대한 중요한 암시, 인간이 처한 곤경의 본질, 세상에서 살아가는 적절한 방법, 인간 존재의 궁극적인 목적을 위한 지침 등을 구현하고 있다.

이슬람교의 신앙고백인 이슬람의 다섯 기둥 중 첫 번째 기둥이 생각난다. La ilaha illa 'llah wa Muhammadur rasulu 'llah(하나님 이외에 다른 신은 없고 무함마드는 하나님의 전령이다). 진정한 확신을 갖고 이 교의를 선언하는 사람은 무슬림이다. 하지만 이런 진리의 목격자가 된다는 것이 무엇을 의미하는가? 이 교의는 인간 존재의 의미와 목적, 혹은 하나님에 대해 무엇을 암시하는가? 이 교의의 앞부분은 다신교와 모든 종류의 우주적 이원론을 거부하고 철저한 일신교를 주장한다. 이슬람에서 가장 끔찍한 죄악은 쉬르크shirk(하나님을 다른 무엇과 연관시키는 것)이다. 하나님은 한 분이시며, 하나님 외에 다른 신은 없다. 이 신학적 진리는 속세의 사람들이 갖는 충성심 및 우선순위와 관련해 깊은 의미를 갖는다. 궁극적으로 지상의 어떤 세력이나 인간도 하나님에 대한 충성과 견줄 만한 방법으로 충성을 요구할 수 없다. 이보다 한층 더 깊은 차원에서, 많은 무슬림은 재산·명성·권력·섹스·자아·국력 신장 등을 추구할 때 반드시 신중을 기해야 한다고 말한다. 이렇게 번드르르한 것들이 쉬르크와 같은 수준의 죄악으로 쉽사리 확대되어 사람을 집어삼킬 수 있다는 것이다. 궁극적으로 인간이 신앙, 명예, 충성, 예배를 바쳐야 하는 유일한 대상은 하나님뿐이다.[1]

이 교의의 뒷부분은 하나님 및 무함마드의 역할과 관련되어 있다. 무슬림이 창조주이자 삶을 지탱해주는 분이자 세상 마지막 날의 최종 판관으로 받아들이는 하나님은 인간을 그냥 내버려두지 않는다. 하나님은 여러 예언자와 전령을 통해 인류와 의사소통을 하는데, 그들 중 가장 마지막 예언자 혹은 '징후'가 바로 무함마드다. 이슬람 교리에서 꾸란은 하나님이 밝혀준 신성한 계시이자 궁극적인 권위이며, 하나님이 바라는 바대로 살아가는 법은 물론 하나님 자신에 대해서도 알려주는 책이다. 꾸란은 하나님의 전령이 "아름다운 모범"(33:21)이라고 말한다. 따라서 하디스hadith라고 불리는 전령의 말과 행동은 샤리아shari'ah('길', '지침' 혹은 이슬람 율법)의 두 번째 원천이 된다. 법적인 의무와 의식 및 신앙의 의무는 오만과 죄악으로 인해 하나님께서 인간을 창조하고 삶을 지탱해주시며 최후 심판의 날에 그들에게 책임을 물으시리라는 것을 잊기 일쑤인 인간에게 지침과 규율을 제공해주는 종교적 체제를 구성한다.

이슬람교의 신앙고백에 대한 이 간단한 설명을 보면 심각한 의문이 즉시 떠오른다. 기독교인이 인간인 예수를 하나님과 연관 짓는 것은 쉬르크인가? 삼위일체의 교리를 인정하는 기독교인은 다신교를 믿는 셈인가? 하나님에 대한 절대적인 충성과 별로 완벽하지 않은 이슬람 국가의 시민으로서 수행해야 하는 책임 사이의 긴장을 어떻게 해결할 것인가? 비무슬림이 다스리는 나라에서 무슬림은 어떻게 살아야 하는가? 널리 인정받는 이슬람의 권위자들은 앞의 교의에 암시된 이런 수많은 질문들을 다룬 바 있다. 그런데도 무슬림들은 꾸란, 하디스(무함마드의 권위 있는 말과 행동), 율법학자들의 의견 등이 제시하는 지침을 서로 다르게 해석하는 경우가 많다.

종교적 진리의 해석 방법에 대한 다른 의견은 다른 주요 종교에서와 마찬가지로 이슬람교 내부에서도 분열로 이어졌다. 2천년 전 팔레스타인에서 수수하게 시작된 기독교에는 현재 전 세계에서 공식적으로 인정된 교파가 수천 개나 된다.[2] 기독교 교회의 역사에서 견해가 다르고 신을 섬기는 방식이 다른 사람들은 서로가 근본적인 진리를 왜곡하고 있다고 보기 일쑤였다. 이 문제는 다른 종교들에서도 확대되어 나타난다. 진리에 대한 특정한 해석에만 집착하다 보면 자기네 종교의 유명한 가르침에 어긋나는 신념과 행동 등 온갖 종류의 사고방식과 행동을 억압하는 것이 정당하다고 느끼게 된다.

광신도들이 종교의 가르침과 신앙을 '절대적인' 진리의 수준까지 끌어올리는 것은 자신의 종교가 사악해질 가능성을 열어놓는 것과 마찬가지다. 앞으로 이 책에서 보게 되겠지만, 절대적인 진리로 무장한 사람들은 폭력적인 극단주의, 카라스마적인 지도자, 보통은 용인될 수 없는 행위들에 대한 다양한 정당화 등과 밀접하게 관련되어 있다.

근본주의 기독교인들이 임신중절 클리닉에서 근무하는 의사와 직원을 공격하고 때로 살해하기까지 하는 지금의 현실은 이 점을 잘 보여준다. 1993년 3월 10일, 마이클 그리핀Michael Griffin

은 플로리다주 펜사콜라의 한 임신중절 클리닉 앞에서 데이비드 건David Gunn 박사를 총으로 쏘아 죽였다. 닷새 후에는 폴 힐Paul Hill 목사가 TV 토크쇼인 〈도너휴Donahue〉에 출연해 그리핀의 행동을 정당화하려 했다. 힐은 그 후 임신중절 반대 운동을 벌이는 극단주의자들의 지도적 인물이 되었다. 그는 임신중절을 시행하는 사람들에게 폭력을 휘둘러도 된다는 내용의 글을 쓰고 연설도 자주 했다. 건 박사가 살해된 지 14개월 후 폴 힐은 자기도 행동에 나서야겠다고 결심하고 1994년 7월 29일 아침에 펜사콜라의 같은 임신중절 클리닉에 막 출근한 존 브리튼Jhon Britton 박사와 그의 동행을 살해했다.

'하나님의 군대Army of God'라는 이름의 전국 기독교 조직에는 힐을 비롯해 많은 사람들이 소속되어 있다. 이 단체는 인터넷 웹사이트를 통해 비슷한 생각을 가진 다른 단체들과 의견을 나누고, 자료를 공유하고, 모임을 기획하고, 네트워크를 형성한다. 이처럼 느슨하게 연결된 조직의 회원들을 하나로 묶어주는 절대적인 진리는 분명하다. 임신중절은 합법화된 살인이라는 것, 임신중절은 하나님이 보시기에 혐오스러운 짓이라는 것, 진정한 기독교인은 무고한 아기들이 살육당하는 것을 막기 위해 직접 행동에 나서야 한다는 것. 그들의 문헌 자료에는 긴 분량의 행동 지침서, 자신들의 입장을 밝히는 문서, 전 세계 언론 매체의 보도 중에서 가려 뽑은 뉴스들에 대한 주석이 포함되어 있다. 자신들이 주장하는 진리가 하나님의 견해와 같다는 것을 보여주기 위해 꿰어 맞춘 성경 구절들도 가득하다.[3]

종교가 사악해질 때

저희가 그 자녀로 사신에게 제사하였도다. (시편 106:37)

어찌하면 내 머리는 물이 되고 내 눈은 눈물 근원이 될꼬. 그
렇게 되면 살육당한 딸 내 백성을 위하여 주야로 곡읍하리로
다! (예레미야 9:1)

이제 내가 사람들에게 좋게 하랴 하나님께 좋게 하랴? 사람
들에게 기쁨을 구하랴? 내가 지금까지 사람의 기쁨을 구하는
것이었더면 그리스도의 종이 아니니라. (갈라디아서 1:10)

너희가 죄와 싸우되 아직 피 흘리기까지는 대항치 아니하고.

(히브리서 12:4)

마이클 그리핀이나 폴 힐처럼 자신의 행동을 정당화하는 사람
들이 깊은 확신을 갖고 종교에 헌신하고 있다는 사실에는 의심의
여지가 없다. 그러나 위의 구절들은 임신중절과 아무런 상관이 없
다. 사실 성경에는 대단히 감정적이고 논란의 여지가 있는 이 주
제에 대해 구체적인 언급이 하나도 없다. 십계명의 6계명("살인하
지 말찌니라" 출애굽기 20:13)이 임신중절 반대의 근거가 된다고 주
장할 수도 있을 것이다. 이와 관련해 생명이 언제 시작되며 인간
의 생명을 구성하는 것이 무엇인가에 대한 격렬한 논란이 곧바로
떠오른다. 그렇다 해도 종교적 이유를 내세워 임신중절에 강력히
반대하는 수백만 명의 사람 중에 앞에서 설명한 것과 같은 절대적
인 진리에 대한 주장을 완전하게 받아들이는 사람은 소수의 극단
주의자들뿐이다. 임신중절에 가장 소리 높여 반대하는 사람들도
강간이나 근친강간으로 인한 임신, 엄마의 목숨을 위협하는 경우
에는 임신중절을 수용한다. 그러나 극단주의자들은 그렇지 않다.

하나님의 군대에 속한 병사들이 자기들이 보기에 살인자라고 생각하는 사람들을 제지하기 위해 살인하지 말라는 계명을 의도적으로 어긴다는 사실은 슬픈 모순이다.

진리에 대한 주장이 종교의 필수 구성 요소지만, 종교의 가르침에 대한 다양한 해석이 등장하는 계기가 되기도 한다. 특정한 해석이 엄격하게 고정되어 절대적인 진리로서 무비판적으로 받아들여지면, 선한 의도를 지닌 사람이 궁지에 몰려 방어에 나서거나 공격적인 태도를 취할 수밖에 없을 때가 많다. 사람들이 하나님을 알고 있다는 생각에서 경전을 악용하고 절대적인 진리에 대한 자신의 해석을 전파한다면 파괴적인 결과가 생길 수 있다.

하나님을 안다는 것

동서고금을 막론하고 사람들은 우주 안에서 우리의 위치를 이해하고 그것을 분명하게 표현하려고 노력해왔다. 이러한 노력의 핵심을 차지하는 것이 바로 하나님, 혹은 뭔가 초월적인 존재에 대한 지식이다. 여기에 커다란 장애가 되는 두 가지 요인이 있다. 첫째, 뭔가를 알게 되는 방법이 여러 가지라는 것이다. 경험, 관찰, 추론, 직관, 계시 등이 모두 그런 방법들이다. 자기들이 신의 계시를 통해서만 종교적 진리를 접하고 있다고 생각하는 사람들도 사실은 인식론적인 자원들을 동시에 이용하고 있다. 둘째, 우리가 무엇을 알게 되든, 그리고 그것이 아무리 심오한 진실일지라도, 다른 사람들에게 그것을 전달하는 데는 오로지 상징을 이용하

종교가 사악해질 때

는 방법밖에 없다는 것이다. 미술, 음악, 시, 수화, 신체 언어를 생각해보면 이 점을 분명히 알 수 있다. 그러나 구두로든 문헌으로든, 산문을 통해 의사소통을 할 때는 이 점이 간과되기 일쑤다. 진리를 알고 있다는 각 종교의 주장은 대개 산문으로 표현된다. 그러나 언어는 기본적으로 대규모의 복잡한 상징체계다. 어떤 사람이 그 상징들을 아주 잘 알고 있다 하더라도, 단어와 구절들이 여러 차원을 오가기 때문에 미묘한 의미에 대한 상세한 설명이 필요하다.

간단한 질문만 던져봐도 상징을 이용한 언어의 필요성과 그 한계를 쉽게 알 수 있다. 우리가 말하는 '하나님'은 무엇을 의미하는가? 각자 이 질문을 스스로에게 한번 던져보라. 이를 통해 배우는 것이 있을 것이다. 나는 매 학기 종교학 개론을 듣는 학생들과 함께 각각 다른 종교에 속한 사람들이 신성을 개념화하는 다양한 방법들을 살펴보면서 이 질문을 던진다. 때로는 다이드리 설리번Deidre Sullivan이 편집한 간단하면서도 도발적인 문헌 자료를 읽거나 신에 대한 고찰을 담은 로버트 풀검Robert Fulghum의 글에서 일부를 발췌하기도 한다.[4] 학생들은 자신이 갖고 있는 많은 개념들이 루터, 링컨, 톨스토이, 아인슈타인은 물론 어린이, 전화 교환원, 변호사, 건설 노동자, 시인 등의 말을 통해 고스란히 울려 나오는 것을 듣고는 항상 알 만하다는 미소를 지으며 진지하게 생각에 잠긴다. 소그룹 토론에서 학생들은 자기들이 아주 다양한 개념을 갖고 있다는 사실을 발견한다. 또한 자신들의 개인적 견해가 시간의 흐름과 함께 변해왔으며 지금도 계속 발전하는 경우가 많다는 사실도 깨닫는다. 우리에게 언어와 상징이 필요한 것은 사실이지만, 그들은 기껏해야 방향을 가리키는 화살표일 뿐이다.

곁에서 천사들이 하프로 아름다운 음악을 연주하는 가운데 구름 속 커다란 옥좌에 앉아 있는 장대한 할아버지 같은 모습이 정말로 하나님의 모습인가? 이 이미지는 유대교와 기독교 가정의 많은 어린이들에게 지금도 인기 있는데, 아이들은 인지 발달 과정 중 특정 단계에 이르면 여러 가지 사물을 아주 구체적으로 개념화하는 경향이 있다. 그러나 성경의 필자들은 간단한 의인화에서 더 추상적인 개념으로 나아가는 것이 매우 중요하다는 사실을 잘 보여준다. 창세기 3장에서 하나님을 묘사하는 언어는 아주 인간적이다. 바삭바삭 이파리 밟는 소리를 내며 에덴동산을 걸어 나무 뒤에 숨은 아담과 이브를 부르는 것이다. 이사야가 환상 속에서 본 천상의 옥좌는 이제 곧 예언자가 될 그에게 경외 그 자체였다. 욥기는 인간이, 설사 지상에서 가장 정의로운 인간이라도, 결코 하나님을 눈곱만큼도 이해할 수 없음을 엄격히 일깨워주며 끝난다.

아브라함의 전통을 이어받은 종교는 전통적으로 하나님을 전지전능하고 어디에나 존재하는 분으로 묘사한다. 이런 특징 속에는 사람들이 쉽게 이해할 수 없는 수많은 의미가 암시되어 있다. 만약 하나님이 모든 것을 알고 무엇이든 할 수 있는 존재라면 악과 불의, 그리고 하나님 사이의 관계는 무엇인가? 신학자들은 악의 존재를 신의 섭리로 보는 '신정설神正說'을 가지고 이 문제와 씨름하고 있다. 하나님이 전능하다면 어째서 비행기가 세계무역센터와 충돌하는 것을 막지 않았을까? 일부 종교 지도자들의 말처럼 하나님이 9월 11일의 사건에 적극적으로 참여한 걸까? 오사마 빈 라덴과 고故 제리 폴웰Jerry Falwell*은 이런 주장에 동의하는 것 같다. 빈 라덴은 세계무역센터가 파괴되고 국방부 건물에 비행기가 추락한 것을 악에 대항하는 자신의 투쟁에 대한 하나님의 지지를 보여주는 상징으로 해석했다. 그리고 폴웰은 이 무시무시한 사건을 통해 하나님이 임신중절, 이교도, 여성주의자, ACLU**, '미국의 방식을 지지하는 사람들', 동성애자 등에 대한 불쾌감을 표현했다고 말했다.5 하나님은 이 세상에서 일어나는 모든 일에 어떤 식으로든 관련되어 있는가? 인간의 자유와 책임이란 과연 무엇을 의미하는가? 하나님이 "인간의 목에 있는 혈관보다 더 가까이 인간에게 계신다"(50:16)는 꾸란의 놀라운 말처럼 인간 생활의 온갖 시시콜콜한 일에 깊숙이 관여하는 걸까? 아니면 과거 미국의 많은 이신론理神論자들이 주장했듯이, 하나님이 이 세상을 창조한 다음 뒤로 한 발짝 물러나 있는 건가? 아니면 많은 힌두교도와 여러 종교의 신비주의자들이 주장하는 것처럼, 우주에 생기를 불어넣는 '현실'을 환기시키려는 제한된 인간적 노력의 측면에서 보았을 때 하나님(혹은 여러 신들)을 가장 잘 이해할 수 있는 것일까?

앞에서 언급했듯이 이슬람의 가르침은 철저한 일신교를 가장 먼저 내세운다. 그런데도 무슬림은 하나님에 대한 지식을 대하는 태도에서 상당한 유연성을 보인다. 그들은 우리가 인간으로서 한계를 지니고 있음에도 하나님에 대해 아주 많은 것을 알아낼 수 있다고 믿는다. 꾸란은 하나님을 지칭하는 99개의 이름 속에 드러난 하나님의 행동과 특징을 통해 하나님의 본질을 드러낸다. 전능

---

* 전통적인 도덕을 주장하는 미국의 목사.
** 미국시민자유연맹.

하신 분, 자비로우신 분, 모든 것을 보시는 분, 가장 높은 곳에 계시는 분, 거룩한 분, 정의로운 분, 평화의 수호자, 부활시키시는 분 등이 바로 그런 이름들이다.[6] 수피즘(신비주의)은 다수파인 수니파(정통파)의 가르침과 한데 얽혀 음악, 춤, 신성한 이름을 일정한 법칙에 따라 읊조리는 행위 등을 통해 하나님을 경험하는 길을 추구해왔다. 카렌 암스트롱Karen Amstrong의 뛰어난 연구서 『신의 역사A History of God』는 무슬림, 기독교도, 유대교도 등 아브라함의 자식들이 4천 년이 넘도록 하나님에 대한 자신들의 경험과 인식을 표현하는 과정에서 역동적인 상호작용이 일어났으며 그 상호작용이 폭발적인 성격을 띨 때도 많았다고 설명한다. 그보다 나중에 발표되어 퓰리처상을 수상한 잭 마일스Jack Miles의 『하나님의 전기God: A Biography』는 구약성서에 나타난 하나님의 이미지에 관한 통찰력 있고 도발적인 연구 결과를 제시한다. 『2000년의 하나님God at 2000』이라는 제목의 에세이집도 유용한 자료다. 다양한 종교의 저명한 지도자들과 학자들이 이 책에서 하나님에 대한 사람들의 사고방식이 지닌 중요성, 세월의 흐름에 따른 우리의 개념 변화(개인의 변화와 신앙 공동체의 변화 모두 포함)를 탐구한다.[7] 이 세 책은 모두 "우리가 말하는 '하나님'은 무엇을 의미하는가?"라는 질문에 더 사려 깊고 겸손한 자세로 대답해야 한다고 권고한다.[8]

특정한 개념이 경직된 교리와 하나님에 대한 독단적인 확신으로 발전하면, 중대한 문제가 발생할 가능성이 급속하게 증가한다. 우리는 종교 지도자를 자임하는 여러 인물들이 대담하게도 하나님을 대변한다고 말할 때 이런 현상이 불안할 정도로 자주 벌어지는 것을 보았다. 9월 11일의 비극적인 사건 이후 언론 플레이에 능한 여러 저명한 기독교 성직자들은 이슬람교의 사악한 본성을 공개해야 한다는 의무감을 느낀 듯했다. 제리 폴웰, 팻 로버트슨Pat Robertson, 빌리 그레이엄의 아들인 프랭클린 그레이엄Franklin Graham이 특히 눈에 띄는 인물이었다. 매번 조금씩 방법을 달리 해서 기독교에 대한 자신들의 지식이 진실이라고 주장하는 것만으로는 성에 차지 않았는지, 이들은 이슬람교가 거짓 종교이며 알라도 거짓 신이라고 선언했다. 부시 대통령을 비롯한 여러 정치 지도자들이 종교에서 영감을 얻었다고 주장하는 폭력적인 극단주의자들과의 싸움에 모든 선한 사람들을 동참시키려고 유대교, 기독교, 이슬람교의 여러 지도자들과 한 목소리를 내던 시기에 이런 공격을 한 것은 무서울 정도로 분열적인 행동이었다. 게다가 폴웰, 로버트슨, 그레이엄은 각자 발언을 통해 무지를 드러냈다.

알라는 하나님을 뜻하는 아랍어일 뿐이다. 아랍어를 사용하는 사람들(현재 중동에 살고 있는 1천 5백만 명 이상의 기독교인도 여기 포함된다)은 알라에게 기도한다. 프랑스어를 사용하는 사람들이 Dieu*에게 기도하는 것이나, 독일어를 사용하는 사람들이 Gott에게 기도하는 것이나 다 마찬가지다. 나는 수십 년 동안 이집트 레바논, 시리아, 요르단, 이스라엘/팔레스타인 등지에서 수많은 기독교 예배에 참석했다. 그 예배에서 우리는 항상 알라에게 기도한다. 그러나 이것은 단순한 언어의 문제가 아니다. 방송에서 이슬람교가 가짜 신을 숭배하고 있다고 주장하는 것은 무책임한 짓이다. 이런 행태는 저명한 기독교 지도자들이 얼마나 지독하게 무식

---

* 하나님을 뜻하는 프랑스어.

해질 수 있으며, 하나님에 대한 진리를 자신들만이 알고 있다는 경직된 주장에 얼마나 쉽게 얽매일 수 있는지 보여준다. 어쨌든, 불한당 같은 설교로 무지와 편협한 신앙에 불을 붙이는 것은 양심을 저버린 행위다.

이슬람교는 스스로를 더할 나위 없이 분명하게 이해하고 있다. 알라는 곧 유대교인과 기독교인이 숭배하는 하나님이라는 것이다. 꾸란과 그 뒤에 나온 무함마드의 가르침에 따르면, 하나님은 여러 예언자와 전령을 통해 인류에게 뜻을 전달했는데, 노아·아브라함·모세·다윗·세례 요한 등 성경 속의 인물들도 여기에 포함된다. 꾸란에서 예수는 가장 중요하고 눈에 띄는 존재 가운데 하나다. 이슬람의 경전인 꾸란에서 예수의 이름이 93번이나 언급될 정도다. 따라서 모든 것이 분명하다. 유대교인, 기독교인, 무슬림이 이야기하는 신은 모두 같다.

미국의 저명한 기독교 지도자들이 이슬람교를 비방하는 주장을 내놓은 것은 어제오늘의 일이 아니다.[9] 이 책의 뒷부분에서 우리는 그처럼 배타적으로 진리를 주장하며 신학적 확신을 품은 사람들 때문에 유대인을 상대로 끔찍한 만행이 저질러졌음을 살펴볼 것이다. 홀로코스트 이후 60년 동안 많은 기독교인은 우리 역사와 반유대주의가 낳은 결과에 대해 많은 것을 배웠다. 그러나 하나님이 유대교나 이슬람교 등 다른 종교와는 전혀 관계가 없다는 경직된 교리에 오만하게 매달려 있는 기독교인도 많다. 이 점과 관련해서 기괴하기 짝이 없는 사건이 1980년에 발생했다. 당시 미국 최대의 개신교파인 남부 침례교 총회의 의장이던 베일리 스미스Bailey Smith가 하나님께서는 유대교인의 기도를 듣지 않으신다고 발언한 것이 전국으로 보도되었던 것이다. 이 발언에 유대교인은 물론 기독교 지도자들도 분노했고, 스미스는 이들과 기자들에게 시달리다 지친 나머지 나중에 자신의 주장이 성경에 나와 있는 분명한 사실이라고 스스로를 변호했다. 하나님께서 유대교인의 기도를 듣기 싫어하시는 것이 아니라, 들으실 수가 없다는 것이 그의 주장이었다. 스미스는 예수님의 이름으로 드리는 기도가 아니면 결코 하나님의 귀에 닿지 못한다고 주장했다.

베일리 스미스는 궁지에 몰리자 하나님이 할 수 있는 일과 할 수 없는 일을 자기 마음대로 결정하고 단언했다. 슬프게도 이런 사람들이 수백만 명이나 된다. 과거에 하나님은 아브라함, 모세, 다윗의 기도를 어떻게 들었을까? 예수의 부활 이후 천국의 교환원이 '예수의 이름'이라는 꼬리표가 없는 모든 기도를 차단하기라도 했나? 만약 그렇다면, 하나님이 이스라엘 백성들과 계속 관계 맺고 있다고 강조한 바울의 장황한 설교(로마서 9~11장)를 스미스는 어떻게 해석할 생각인가? 사도행전 10장에도 이처럼 경직된 진리 주장을 밑에서부터 무너뜨리는 내용이 담겨 있다. 고넬료의 이야기는 하나님께서 이방인의 기도까지도 들으신다는 점을 분명히 밝혀줄 뿐만 아니라, 신학 교육이 영원히 끝나지 않는 작업임을 잘 보여준다. 이 이야기는 예수의 사도들 중 가장 유명한 인물이며 초기 교회의 지도자인 베드로의 모습을 매혹적으로 그려낸다. 베드로는 말년에 이르러 하나님에 대한 자신의 이해가 너무나 편협하다는 사실을 깨닫는다. 만약 계속 신학을 공부하는 것이 베드로에게 도움이 되었다면, 베일리 스미스나 팻 로버트슨, 프랭클린 그레이엄 같은 사람에게도 도움이 될 수 있을 것이다.

하나님에 대해 절대적인 진리를 알고 있다고 주장하는 사례는 많다. 때로는 사람들이 아주 놀라운 방식으로 스스로를 포장하기도 한다. 예를 하나 들어보자. 2007년 봄에 나는 텍사스주 오스틴에서 남부 침례교와 관련된 단체인 '텍사스 기독교 신앙생활 위원회' 연례회의에 초대받아 이슬람교와 미래의 기독교도-무슬림 관계에 대한 발표를 하게 되었다. 내 발표는 물론 그 뒤에 이어진 질의응답 시간에도 청중의 반응이 좋았다. 내 뒤를 이어 댈러스에서 온 저명한 무슬림 지도자가 발표할 때도 마찬가지였다. 그러나 그 회의가 끝나고 몇 주, 몇 달 동안 논란의 불길이 텍사스 일부 지역을 휩쓸었다. 많은 기사가 나오고, 텍사스주에서 발행되는 침례교 신문에는 몹시 감정적인 독자 의견이 실렸다. 침례교 단체 두 곳은 텍사스 침례교 연맹에 계속 남아 있어야 할지를 놓고 몇 달 동안 고민하기도 했다. 일부 사람들이 문제 삼은 것은, 침례교 목사인 내가 '기독교 신앙생활 위원회' 회의에 연사로 초대되었다는 점이었다. 한 독자 편지에 따르면, 나는 교리상 심각한 오류를 저질렀을 뿐만 아니라, 중동으로 보내버려야 마땅한 '테러리스트'라고 했다! 나는 계속 제기되는 문제들에 답하기 위해 여러 인터뷰에 응했다. 그러나 그때 그 소란에서 가장 충격적이었던 것은, 유대교도, 기독교도, 무슬림이 모두 스스로를 아브라함의 후손으로 생각한다는 나의 발언에 분노가 집중되었다는 점이었다. 사람들은 그것이 나의 가장 큰 '범죄'라고 했다. 그날 오스틴에서 나는 누군가에게는 논란거리가 될 수 있는 발언을 많이 했다. 그러나 아브라함이 '아브라함의' 종교인 유대교, 기독교, 이슬람교에서 모두 존경받는다는 사실은 평소 논란거리가 되지 않는다. 결국 진짜 문제는 하나님에 대해 자신만이 진리를 알고 있다는 주장과 관련되어 있었다. 텍사스의 일부 침례교인들은 세 종교가 아브라함을 공통의 조상으로 인정한다는 단순한 말을 곧 기독교와 이슬람교가 말하는 하나님이 같은 존재라는 뜻으로 받아들였다. 그들에게 이것은 상상도 할 수 없는 이단이었다. 이런 절대적인 사고방식 때문에 그들은 한 종교 안에서도 사람들이 초월자에 대해 다양한 방식으로 이야기하고 생각할 수 있다는 점을 인식하지 못하게 되었다.

하나님이나 초월적인 존재에 대해 진리를 알고 있다는 주장은 필연적으로 언어를 통해 전달된다. 그 언어가 굳어져 양보할 줄 모르는 교리가 되면, 사람들은 흔히 하나님을 변호하는 역할을 자임한다. 레바논, 구 유고슬라비아, 이스라엘/팔레스타인, 나이지리아, 인도네시아에서 최근에 일어난 일들만 살펴봐도 광신적인 사람들과 종교 단체들이 같은 아브라함의 자손들에게 틀림없이 사악한 행동을 저지르면서 얼마나 쉽게 그 행동을 정당화하는지 알 수 있다. 물론 이 나라들에서 벌어진 내전의 원인이 오로지 종교인 것은 아니다. 역사, 정치, 사회, 경제적 요인들 역시 이 복잡한 분쟁에서 상당히 중요한 원인이다. 그러나 자세히 살펴보면 신에 대한 편협한 진리를 주장하는 사람들이, 다른 사람들에 대해 위험한 거짓말을 퍼뜨리는 죄를 저질렀다고 심판을 내리거나 그들을 인간 이하의 존재로 여기는 것을 자주 발견하게 된다. 신자들이 신을 묘사하는 언어의 상징적인 본질을 놓치면, 종교는 쉽게 타락한다. 경직된 진리는 특히 분쟁이 벌어졌을 때 자신과 의견이 다른 사람들을 인간이 아닌 악마로 몰아붙이는 근거가 된다. 어떤 경우에는 특정한 경전에 대해 진리를 알고 있다는 주장을 옹호한다는 명분으로 그 경전이 가르치는 종교의 핵심적인 진리와 모순되는 행동을 정당화하기도 한다. 일본 불교의 니치렌日蓮 종파에서 벌어진 일은 그 위험을 잘 보여주는 예다.

경전의 악용

니치렌 종파의 창시자인 니치렌은 정국이 혼란스럽던 13세기 일본에서 불교도들 사이에 급속히 번져나가던 경전, 가르침, 종교적 관행 등에 대해 깊은 고민에 빠졌다. 그는 『묘법연화경妙法蓮華經』만이 정당한 경전이라는 절대적인 확신을 품고 있었다. 니치렌은 신란新鸞이나 호넨法然 등 정토종에 속한 사람들이 다르마, 즉 진정한 법을 훼손할 뿐이라고 생각했다. 니치렌은 글을 통해 법의 훼손을 금지하는 것이 국가의 안정과 온 세상의 평화를 지키는 최선의 방법이라고 주장했다. 그가 '금지한다'는 말의 뜻을 분명하게 정의하지는 않았지만, 다르마를 훼손하는 자를 죽이는 사람은 나중에 업보를 지지 않게 될 것이라고 공개적으로 선언했다. 니치렌은 부처가 사람을 죽이는 자는 모두 지옥, 아귀, 짐승의 영역으로 떨어질 테지만 다르마를 훼손하는 자의 경우에는 예외라는 말을 했다고 주장했다.[10] 일부 학자들과 불교 신자들은 니치렌의 글을 조금 다른 방식으로 해석한다. 니치렌이 활동하던 당시의 상황을 그들이 어떻게 바라보는가에 따라 해석이 달라진다. 그렇다 해도, 그가 불교 정토종의 주장과 관행에 거칠게 도전했다는 사실은 문제를 분명하게 보여준다.

경전의 내용에 집요하게 집착하며 다른 가르침을 신봉하는 사람을 죽인 자의 죄를 면해주는 것은 불교의 규범과는 거리가 멀다. 어떤 경전에 이처럼 집착하는 것은 인간이 처한 고통스러운 상황에 대한 불교의 기본적인 이해와 어긋난다.[11] 사람을 죽여도 업보를 지지 않는다는 주장은 또한 비폭력을 강조하는 보편적인 불교의 가르침과도 어긋난다. 이런 모순에도 불구하고 니치렌 종파는 깊게 뿌리를 내리고 수세기 동안 번성했으며, 지금도 소카 가카이創価学会라는 영향력 있는 신흥 종교의 기반으로서 생명을 유지하고 있다.

경전은 부침을 거듭하는 인생에서 지혜와 지침의 풍부한 원천이다. 강력한 힘을 지닌 모든 것이 그러하듯이, 경전 또한 그 경전을 신성시하며 일부만을 발췌해 해석하는 사람들에게 악용될 수 있다. 경전은 종교에서 가장 쉽게 악용되는 요소다. 일간신문과 방송에는 성경이나 꾸란의 구절을 선택적으로 인용해 수백만 명의 삶에 영향을 미치는 정책들을 옹호하는 종교 지도자와 정치 지도자의 이야기가 가득하다. 경전은 어떤 주장이나 대의를 홍보하는 데 쉽게 이용할 수 있으면서 권위도 갖춘 도구가 될 수 있다. 셰익스피어의 신랄한 발언이 아주 적절하다. "악마조차 자신의 목적을 위해 성경을 인용할 수 있다." 경전에서 자신에게 이로운 구절만 골라 이용하는 단순한 신학적 수사법에 쉽게 넘어가는 사람이 아주 많은 것이 유감이다. 경전을 이렇게 악용하다 보면 폭력적인 광신이 나타날 수 있다.

무슬림들의 자살 폭탄 공격은 이런 현상의 극단적인 예다. 점점 흔해지고 있는 이 전술은 1976년 레바논에서 시작된 여러 세력간의 내전에서 뿌리를 내리고 번성했다. 당시 레바논에서 승용차와 트럭을 이용한 폭탄 공격은 시가전의 무시무시한 특징 가운데 하나가 되었다. 그런데 1983년에 이슬람교를 믿는 10대 소년이 베이루트에 있는 미국 해병대 막사 앞에서 폭발물로 가득 찬 트럭을 폭발시키면서 이 전술이 새로운 차원으로 옮겨갔다. 이 폭발로 건물이 파괴되었고 239명의 미국인이 죽었다. 그로부터 며칠 되지 않아 레바논의 미군은 짐을 싸서 수륙양용 차량에 올라 레바논을 떠났다.[12] 나는 이 파괴적인 공격이 있은 지 몇 주 후 소규모 기독교 지도자 대표단의 일원으로 초청받아 베이루트로 가서 아민 제마엘Amin Gemayal 대통령 및 여러 종교 지도자, 정치 지도자와 만났다. 레바논 지도자들이 무너진 빌딩의 폐허로 우리를 데려갔을 때 내가 느낀 분노와 정신이 번쩍 드는 슬픔을 도저히 제대로 표현할 길이 없다. 4일에 걸친 방문 기간 동안, 나는 아말Amal(희망) 운동의 이슬람 시아파 지도자들, 헤즈볼라Hizbollah(신의 당), 그리고 여러 수니파 단체를 만났다. 우리 일행은 그들의 초청으로 그들이 사는 빈민가와 전쟁으로 엉망이 된 지역들을 둘러보았다. 자살 폭탄 공격자들이 어떤 환경에서 어떻게 만들어지는지 나는 거기서 알 수 있었다. 미국 해병대를 겨냥한 공격에 대해 사람들이 동의하든 그렇지 않든, 한 가지 의미만은 분명히 이해할 수 있었다. 폭탄을 실은 트럭을 몰고 자살 공격을 감행한 소년이 미국의 아킬레스건을 때리는 데 성공했다는 것. 테러리즘이 효력을 발휘한 것이다.

레바논과 이스라엘/팔레스타인의 분쟁은 물론 이란 인질 사태에도 직접 개입했던 경험 덕분에 나는 이슬람 극단주의자들이 엄청나게 좋은 장비를 갖춘 적과 싸우기 위한 더 효과적인 방법을 고안하고 있다는 사실을 30년 전에 이미 깨달았다. 헤즈볼라는 이스라엘의 군사점령에 대항하기 위해 자살 폭탄 전술을 갈고 다듬었다. 1982년에 남부 레바논의 시아파는 이스라엘 군대를 환영했지만, 전쟁과 점령 상태가 계속되자 결국 대부분의 시아파 주민들이 이스라엘의 가장 무서운 적으로 변했다. 10여 년의 세월 동안 7백여 명의 사상자가 발생한 끝에 이스라엘 군대를 레바논에서 몰아낸 것은 결국 헤즈볼라의 전사들과 자살 폭탄 공격자들이었다. 레바논에서 호전적인 이슬람 단체들이 성장하는 과정에 초점을 맞춘 BBC의 정직한 다큐멘터리 〈이슬람의 칼The Sword of Islam〉에는 눈에 띄게 흥분해서 혼란스러운 표정을 짓고 있는 이스라엘 총리 이츠하크 라빈Yitzhak Rabin의 인터뷰가 포함되어 있다. "이 테러리스트들은 우리 병사들을 죽이기 위해 자살도 마다하지 않는다. 그들은 자기들이 천국으로 곧장 올라갈 것이라고 믿는다. 지금까지 팔레스타인인들에게서 이런 현상을 본 적이 없다." 거의 20년이 흐른 지금, 이스라엘인들은 라빈 총리의 말을 고통스럽게 되새긴다. 팔레스타인의 이슬람 극단주의자들 사이에서 자살 공격이라는 현상이 급속히 성장하는 것을 그들은 이미 몸으로 경험했다.[13]

오사마 빈 라덴의 알카에다도 여러 가지 상황에서 이 전술을 이용했다. 1998년 케냐와 탄자니아의 미국 대사관에 대한 폭탄 공격, 2000년 예멘 근해에 있던 USS콜호에 대한 공격, 2001년 세계무역센터와 국방부 건물에 대한 공격 등이 그것이다. 대단히 강력하고 파괴적인 이런 현상이 생겨난 것은 꾸란의 일부 구절만을 선택해서 해석한 결과다. 자살 공격에 나설 자원자를 모집하기 위해 그들은 절대적인 진리에 대한 주장을 확립하고 이를 널리 퍼뜨렸다. 지난 20년 동안 3백 명이 넘는 이슬람 신자들이 어느 날 갑자기 잠에서 깨어 자살을 결심한 것은 아니다. 그들을 각각 포섭해서 하나님과 동포를 위해 뭔가 위대한 일을 할 수 있다고 설득한 세력이 있었다. 이렇게 위대한 일을 하고 나면 그들이 곧장 낙원으로 올라갈 것이며, 가족을 위해서도 천상의 자리를 확보할 수 있다고 했다.

꾸란은 세상이 끝날 때 위대한 심판의 날이 온다고 여러 번 언급한다. 이슬람 종말론은 다른 종교의 종말론과 마찬가지로 다양하지만, 각각의 사람들에게 책(그들 자신의 행동을 기록한 책)이 주어지고 곧 그들을 천국이나 지옥으로 보내는 결정이 내려진다는 것이 전통적인 견해다. 이 과정에서 하나님의 자비심이 여러 형태로 나타나지만, 현실적인 측면만 보자면 사람들은 지상에서 자신이 한 행동을 바탕으로 스스로를 심판한다.[14] 이 모든 것은 궁극적으로 하나님이 예언자, 전령, 꾸란을 통해 전달해온 계시와 지침을 이슬람 신자로서 어떻게 이해하는지와 연결되어 있다. 그러나 "하나님의 길에서 애써 노력하다가" 죽은 사람들에 대한 조항이 있다. 꾸란은 이러한 신자들이 곧장 낙원으로 올라간다는 사실을 분명히 한다. "하나님의 길에 쓰러진 사람들을 '죽은 자'라 부르지 마라. 그들은 살아 있다"(2:154). 이슬람은 예로부터 항상 이 구절과 그 밖의 관련 구절들(예를 들어 꾸란 3:169~171)을 순교자를 위한 약속으로 해석했다. 순교자들은 세상을 떠난 후 최후 심판의 날까지 중간 단계에서 기다리지 않고 천국의 가장 높은 곳인 일곱 번째 천국으로 곧장 올라간다. 일곱 번째 천국에는 예언자들도 살고 있다. 하지만 순교자의 요건을 누가 결정한단 말인가? 이슬람의 다수파인 수니파와 달리 시아파는 위계에 따라 조직된 성직 제도가 있다. 그리고 이미 인정받은 지도자들이 특정 상황에서 순교의 요건을 결정할 수 있다. 헤즈볼라의 극단주의 지도자들이 내린 것이 바로 그런 결정이다. 헤즈볼라의 여러 지도자들은 이스라엘인을 공격해서 죽이는 행위가 순교에 해당한다고 선언했다. 레바논과 팔레스타인의 이 극단주의자들은 또한 유대인 공격을 정당화하기 위해 꾸란에서 논란의 대상이 되는 구절 중 하나를 인용했다.

> 하나님을 위하여 그대들을 적대시하는 자와 싸워라. 그러나 불의를 행하여 도를 넘어서면 안 된다. 하나님께서는 도를 넘는 자를 좋아하시지 않으신다. 그러한 자들과 마주치면 어디서든 싸워라. 그대들이 추방된 곳에서 그들을 추방하라. 박해는 살해보다 더 나쁘다. 그들이 그대들에게 싸움을 걸지 않는 한 신성한 예배당 근처에서는 싸움을 하지 마라. 불신자에 대한 보답은 이와 같다.(2:190~191)

오사마 빈 라덴은 이 구절을 확대 해석해서 기독교인은 물론 자신의 대의를 지지하지 않는 무슬림까지 여기에 포함시켰다. 이 구절은 대단히 신랄하기 때문에 반드시 의미를 명확하게 짚고 넘어갈 필요가 있다. 대부분의 무슬림은 이 구절을 포함해 비슷한 내용이 담긴 구절들을 역사와 연결해 해석한다. 즉, 무함마드 시대에 무슬림을 공격하는 사람들에 맞서 싸우는 것은 정당한 대응이었다는 것이다. 그러나 무슬림과 신자가 아니더라도 꾸란을 연구한 사람들은 또한 유대인과 기독교인을 성서의 민족, 즉 무슬림과 마찬가지로 천국의 자리를 약속받은 민족으로 인정하는 수십 개의 다른 구절과 함께 이런 구절을 해석해야 한다고 지적한다.[15]

자살 폭탄 공격자로 포섭되는 사람들에게는 전형적인 특징이 있다. 가난하거나 별로 풍족하지 않은 집안 출신으로 교육을 많이 받지 못한 젊은 남자라는 점. 지금도 많은 사람들이 이런 특징을 갖고 있지만, 최근 몇 년 사이 나타난 새로운 추세가 있다. 여성 여러 명과 교육을 잘 받은 것으로 보이는 많은 남자들이 이 대열에 포함되어 있다는 점이다. 2007년 7월에 영국에서 불발로 끝난 테러 공격에 참가한 세 사람은 심지어 의사였다. 자살 폭탄 공격자들을 모집해서 훈련시키고 마지막 준비를 시키는 과정을 담은 동영상은 모두 미래의 샤히드(순교자)인 이 젊은이들이 하나님께서 자신과 가족에게 낙원을 약속하셨다는 단순한 말을 반복하는 모습을 보여준다. 일단 순교자가 되겠다고 맹세하고 나면 돌이킬 수가 없다. 폭탄이 터지지 않아 순교자가 되지 못하고 감옥에 갇힌 사람과의 인터뷰에서는 그처럼 엄숙한 약속을 깨뜨린 사람 앞에 지옥이 기다리고 있다는 믿음을 엿볼 수 있다.[16]

꾸란을 이처럼 편협하게 해석하는 사람들은 꾸란의 일부 구절들만을 특별히 선택해서 읽는다. 그들은 하디스가 모든 형태의 자살에 반대한다는 뜻을 여러 번 분명히 밝히고 있다는 사실을 완전히 무시한다. 그들은 또한 전시戰時에도 여자, 아이, 비전투원을 죽여서는 안 된다는 이슬람의 엄격한 규정을 간과해버린다. 9월 11일의 사건 이후 많은 이슬람 지도자들이 이 사건을 저지른 폭력적인 극단주의자들을 이슬람의 근본적인 가르침에 대해 무지해서 잘못된 신념을 가진 사람으로 비난한 것은 바로 이 때문이다. 하나님의 이름으로 극단적이고 폭력적인 행위를 지지하는 절대적 진리 주장을 분쇄하려면 이슬람교 내부에서 교육이 이루어져야 하고 소외된 사람들에게 대안을 제시해주어야 한다.

경전의 일부만을 발췌해 그 내용을 바탕으로 진리를 주장하다 보면 종교가 여러 방식으로 타락하게 된다. 이것이 곧장 폭력으로 이어지지는 않지만, 편협한 시각으로 절대적인 진리를 주장하는 것은 대개 파괴적인 결과를 낳는다. 많은 기독교인은 성경이 하나님에게서 직접 영감을 받아 만들어진 책이며, 성경의 모든 내용이 문자 그대로 진실이라고 주장한다. 별로 깊이 생각해보지도 않고 이런 주장을 받아들이는 사람이 수도 없이 많다. 그들은 인간의 성性에서부터 지구의 물리적 나이에 이르기까지 다양한 문제들에 대해 기독교의 입장을 정하는 권위 있는 종교 지도자의 말을 따른다. 종교 지도자가 자의적인 경전 해석을 바탕으로 진리에 대한 주장을 펴는 것이 해로운 결과를 낳을 수 있다는 말에 믿음이 가지 않는다면, 반유대주의의 역사나 노예 제도를 정당화한 논리, 혹은 여성에 대한 차별이나 동성애자에 대한 사고방식 등을 한 번 생각해보라.[17]

성경을 문자 그대로 받아들인다고 말하는 기독교인은 무지하거나 자기기만에 빠진 사람이다. 성경을 문자 그대로 받아들이는 사람은 아무도 없다. 어쩌면 애팔래치아 산맥에서 뱀을 다루며 살고 있는 오순절파의 신도들이 성경을 가장 문자 그대로 받아들이는 사람들인지도 모르겠다. 그들은 매주 마가복음 16장에 기록된 예수님의 말씀을 문자 그대로 따르기 위해 목숨을 건다. 그러나 성경을 문자 그대로 받아들이지 않는 사람들을 꾸짖는 기독교 지도자라도 마가복음 16장을 이 오순절파 신도들과 똑같이 해석하지는 않는다. 같은 맥락에서, 마가복음 9장 43~48절에 기록된 예수님의 말씀을 따른다며 스스로 몸을 훼손하거나 신명기 21장 18~21절의 내용대로 어른의 말에 순종하지 않는 아이를 처형하는 것을 옹호하는 사람이 있다는 얘기는 듣지 못했다.

성경이 번역되었다는 점을 생각하면, 성경을 문자 그대로 받아들여야 한다는 주장의 정당성은 더욱 무너진다. 원래 성경에 쓰인 언어는 히브리어와 그리스어다. 현재 거의 20여 종의 영어 번역본이 존재한다는 사실은 원전의 의미와 의도를 전달하는 것이 얼마나 어려운 일인지 잘 보여준다.[18] 일부 사람들은 1611년에 나온 『흠정 영역성서』를 지금도 선호하지만, 오늘날 영어권 국가에서 그 번역본과 같은 영어를 사용하는 사람은 하나도 없다. 반면 무슬림은 예로부터 항상 이 문제를 인지하고 있었다. 그들은 꾸란을 반드시 아랍어로 읽고, 아랍어로 인용해야 한다고 강력하게 주장한다. 번역이란 원래 해석이기 때문이다.

1974년부터 하버드의 메모리얼 교회 목사로 재직하고 있는 피터 곰즈Peter Gomes는 성경을 문자 그대로 받아들이는 것이 잘못이며 위험하다는 사실을 간결하게 표현했다.

성경을 문자 그대로 받아들이는 것이 위험한 이유는 두 가지이다. 첫째, 이런 태도로 인해 독자들은 선천적인 지성의 힘을 빌려 성경을 내용을 이해할 수 있으며, 따라서 성경에는 조리 있는 현명한 말들이 담겨 있다는 환상 속으로 빠져든다. 원전의 개념이나 저자의 의도에 무릎을 꿇는 사람들의 태도에도 불구하고, 의미는 독자가 책의 내용을 어떻게 이해하는가에 따라 결정된다. 그런데 독자는 이렇게 만들어진 의미를 저자의 것으로 치부한다. 따라서 독자의 생각이 단순한 독자의 의견이 아니라 신의 의지로 변신해서 온갖 도덕적 결과와 암시적인 의미가 들어 있는 권위를 낳는다. … 두 번째 위험은 독자가 경전에 적힌 내용에만 주의를 기울이는 바람에 그의 개인적 판단이 경전의 의미를 가려버릴 수 있다는 것이다. … 문자주의를 주장하는 사람들은 비유, 표식, 상징적인 해석을 피하고 타락하지 않은 순수한 말씀만을 보아야 한다고 생각한다. 문자주의는 경전의 내용이 비유나 해석의 인질이 되기를 원치 않지만, 문자주의 자체가 18세기의 환상에 인질로 붙잡혀 있는 신세다. 진리는 의미와 같은 것이며, 이들은 불변이기 때문에 이성과 상식을 통해 분간해낼 수 있다는 환상 말이다.[19]

근본주의자들이 절대적인 진리의 기반으로 삼는 논리는 대개 면밀한 조사와 시험을 견뎌내지 못한다. 이번에도 팻 로버트슨, 제리 폴웰, 프랭클린 그레이엄이 알라는 하나님이 아니라고 주장했던 사례에서 교훈을 얻을 수 있다. 이들의 주장은 요한복음 중에서 예수가 자신과 하나님 사이의 독특한 관계에 대해 이야기하는 장면의 일부 구절을 바탕으로 한 것이다.[20] 세 사람은 각각 공개적으로 자신의 주장을 밝히면서 우선 성경 속의 하나님이 예수님과 같은 존재라는 해석을 내놓았다. 따라서 예수님을 자신들과 같은 시각으로 보지 않는 이슬람교의 알라가 하나님과 같은 존재일 리가 없다는 것이다.

이 논리에는 두 가지 중대한 결함이 있다. 첫째, 이 세 사람이 일관성을 유지하려면, 유대교에서 이야기하는 하나님도 기독교의 하나님과 다르다고 해야 할 것이다. 베일리 스미스와 텍사스에서 내게 반대했던 사람들 중 일부는 어느 정도 이와 흡사한 주장을 펼쳤지만, 로버트슨, 폴웰, 그레이엄은 이에 반대했다. 둘째, 이들의 주장은 인간적인 논리, 즉 a가 진실이라면 b는 거짓이라는 논리를 바탕으로 하고 있다. 하지만 삼위일체나 그리스도가 인간의 육체를 빌려 태어났다는 이야기를 할 때는 이런 논리가 보이지 않는다. 하나님이 셋인 동시에 하나가 되는 것이 논리적으로 어떻게 가능한가? 예수를 완전한 인간인 동시에 완전한 신으로 보는 것이 어떻게 가능한가? 이 점에 대해서 로버트슨 등은 4세기와 5세기에 바티칸공의회에서 이런 문제들이 다뤄진 이후 대부분의 기독교인들이 그랬던 것처럼 삼위일체와 예수의 성육신을 '신비'라고 얘기한다. 만약 기독교 신학의 핵심에 인간의 논리로는 설명하기 어려운 하나님의 신비가 있다는 점을 인정한다면, 신학적인 내용이 풍부히 담겨 있는 요한복음 중 하나님을 설명한 단 한 구절에 대한 해석과 알라가 곧 성경의 하나님이라는 주장이 논리적으로 일치하지 않는다는 이유로 세계 인구의 5분의 1을 차지하는 무슬림이 알라에 대해 잘못 알고 있다고 어떻게 가벼이 단언할 수 있을까? 유대교인은 예수를 하나님과 동일시하지 않는데 어떻게

종교가 사악해질 때

그들이 기독교인들과 똑같은 하나님을 얘기한다고 볼 수 있을까? 약간의 명료한 사고와 정직성, 그리고 겸손함만 있으면 대중 매체를 쉽게 이용할 수 있는 종교 지도자들의 이러한 대담한 주장에 효과적으로 대응할 수 있다.

그러나 경전에 대해 명료한 사고와 정직성을 발휘하는 것은 쉬운 일이 아니다. 자신이 믿는 종교에 대해 중대한 의문을 품는 것이 바람직하지 않다고 배우는 사람들이 대부분이기 때문이다. 그러나 다른 시각에서 보면 문제가 또렷하게 드러나며, 비판적인 의문이 중요하다는 사실 또한 쉽게 알 수 있다. 누군가가 공항에서 꾸란을 들고 여러분에게 다가왔다고 가정해보자. 그 사람은 여러분에게 진리를 알려 여러분이 지옥에 떨어지는 것을 막기 위해 자신이 들고 있는 책이 하나님의 말씀을 문자 그대로 기록한 것이라고 말한다. 그 책에 인생의 모든 의문에 대한 답이 있으며, 이 책을 통해 하나님의 인도를 받을 수 있다는 것이다. 따라서 여러분이 이 가르침을 받아들여 실천한다면 천국에서 영생을 누릴 수 있다고 한다. 만약 여러분이 진지하고 헌신적인 이 전도자와 기꺼이 이야기를 나눌 의향이 있다고 가정한다면, 과연 여러분은 이 전도자의 말에 무슨 대답을 할까? "정말 굉장한 얘기군요!"라고 말할까? 그 사람이 주장하는 진리를 무비판적으로 받아들일까? 아니면 기본적인 질문을 몇 가지 던질까? 그것이 하나님의 말씀이라는 것을 당신이 어떻게 아느냐, 그 책은 어디서 온 것이냐, 내가 왜 당신의 말을 액면 그대로 다 받아들여야 하느냐…. 오랫동안 최고의 대학에서 뛰어난 학생들을 가르친 내 경험에 비춰보면, 대부분의 기독교인이 자라면서 경전에 대해 이런 기본적인 질문을 던지는 법을 배우지 못한다는 점을 더욱 분명히 알 수 있다. 대부분의 무슬림도 마찬가지다. 그러나 유대교에는 경전에 대해 깊이 생각해보고 그 내용을 사색적으로 해석해보는 오랜 전통이 있다. 유대교인도 경전에 대한 경직된 진리를 외치는 사람들로부터 자유로운 것은 아니지만, 오랫동안 지식을 바탕으로 비판적인 의문을 품어온 전통 덕분에 절대적인 진리를 주장하는 사람들의 위험성이 덜하다. 히브리어와 비교문학을 가르치는 저명한 교수인 로버트 앨터Robert Alter는 『성서 이야기의 예술The Art of Biblical Narrative』이라는 책에서 유대교에서는 의미가 경전의 부속물이 아니라 사람이 항상 힘겹게 탐색하면서 다시 정의해야 하는 것이라는 사실을 분명하게 보여준다.

실제로 고대 히브리 저술가들이 만들어낸 픽션이라는 혁신적인 테크닉의 기본 목표는 특히 모티브, 도덕적 성격, 심리 등에 대해 의미의 모호성을 만들어내는 것이었다. … 의미가(평범한 의미와 다시 한번 깨닫는다는 어원학적인 의미에서 모두) 계속적인 개정과 판단 보류, 다양한 가능성의 비교, 정보의 빈틈에 대한 심사숙고 등이 필요한 하나의 과정으로 이해한 것은 아마 설화 문학의 역사상 최초의 일일 것이다. 요셉의 이야기 중 창세기 37장에 나오는 자식의 배신과 창세기 38장에 나오는 며느리의 기만행위가 이 의미라는 과정의 하나로서 미드라시Midrash*에서처럼 생동감 있게 암시되기는 하지만 주제가 분

---

*   성서의 구절들을 개인의 상황에 적용시켜 해석하는 유대교의 성서 주석 방법.

종교가 사악해질 때

명하게 드러나도록 해석되는 법이 결코 없는 비유라는 간접적인 방법을 통해 나란히 제시된 것은 전적으로 옳은 일이다.[21]

기독교의 성경에는 거의 1천 년 동안 만들어진 66권의 복음서가 포함되어 있다(외경까지 합하면 더 많다). 여기에는 시도 있고, 산문도 있고, 우화, 기도, 연설문, 예언적인 말, 특정한 사람이나 상황에 맞게 작성된 편지, 종말론적인 문헌, 법률 문서 등도 있다. 이 경전이 하나님에게서 영감을 받은 사람들에 의해 만들어졌다는 말을 믿는다고 해도, 여러 면에서 경전의 내용을 해석할 필요가 있다. 다행히도 오늘날에는 단순한 문자주의의 시각으로 성서를 바라보지 않는 진지한 유대교도와 기독교도가 볼만한 자료가 많다.[22]

경전의 오용과 악용은 여러 가지 형태로 이루어진다. 그러나 이로 인해 경전이 많은 문화권에서 3천 년이 넘도록 항상 힘과 영감과 가르침의 원천이었다는 분명한 사실을 무시해서는 안 된다. 서구의 기독교인들은 100년 전만 해도 상상할 수 없었던 갖가지 방법을 통해 수억 명의 힌두교도, 불교도, 도교 신자, 무슬림 등이 소중히 간직해온 경전들의 번역본을 손쉽게 구할 수 있다. 대형 서점의 종교 서적 코너에 가보거나 인터넷에서 마우스만 몇 번 누르면 수십 종의 경전을 구해서 볼 수 있는 것이다. 그래서 오늘날에는 수백 년 동안 다른 사람들의 삶을 지탱해주던 깊은 우물 같은 여러 경전에서 기운을 북돋워주는 양식을 찾는 사람이 많다.[23] 또 다른 관점에서 보면, 경전은 비교종교학 연구에서 점점 더 중요한 초점이 되고 있다. 예를 들어 윌프레드 캔트웰 스미스는 마지막으로 집필한 중요한 저작에서 경전이 "궁극적으로 인간으로 살아간다는 것이 무엇을 의미하는지, 즉 지금까지 그것의 의미가 무엇이었으며, 그것이 어떤 의미를 지닐 수 있고, 또 어떤 의미를 지녀야 하는지에 대해 우리의 이해를 넓혀줄 수 있다"고 말했다.[24] 비교종교학의 접근 방법이 일부 사람들에게 자유로운 연구를 가능케 해주는 것은 사실이지만, 자신의 종교만이 진리를 독점하고 있다고 생각하는 사람들에게는 대단히 위협적으로 느껴진다. 특히 온 세상에 복음을 전파해야 한다는 사명을 종교의 일부로 이해하는 기독교도와 무슬림이 이런 연구 방법을 시도하는 데 커다란 어려움을 겪을 것이다.

선교를 중시하는 종교의
특별한 어려움

세상에 가장 널리 퍼진 두 개의 종교가 선교를 절대적인 명령으로 인식하고 있다는 사실은 결코 우연이 아니다. 독실한 힌두교도, 유대교도, 도교 신자, 신도神道 추종자와 달리 기독교도와 무슬림은 예수의 복음과 이슬람의 외침을 세계 구석구석까지 전달해야 한다. 두 종교의 신자들이 비록 하나님의 계시의 정확한 본질과 궁극적인 목표에 이르는 길에 대해서는 서로 의견을 달리하고 있지만, 자신들의 신앙에 선교라는 사명이 포함되어 있다는 사실에는 모두 동의한다. 그러나 두 종교에서 모두 선교에 대한 편협한 사고방식이 문화적 제국주의 및 군사력과 결합해서 하나님의 사랑과 자비를 경험할 기회를 파괴해버리는 경우가 너무 많았다.

선교와 관련된 힘의 남용 사례는 너무나 많다. 과거 유럽, 아시아, 아프리카, 아메리카 등지에 기독교와 이슬람교가 전파된 역사를 살펴보면 파란만장하기 그지없다. 아무 대륙이나 하나 골라서 이들 종교의 이름으로 그 대륙에 왔던 사람들의 행동을 조사해보라. 때로는 원색적으로 드러난 물리적 힘과 정복이 선교 과정을 완전히 지배하기도 했다. 물론 무력에 의한 개종의 역사 속에는 신앙과 용기로 자기 자신과 공동체를 긍정적으로 바꿔놓은 사람들의 감동적인 이야기가 많이 포함되어 있다. 선교사들이 보건, 교육, 경제 분야에서 사람들에게 더 좋은 기회를 제공함으로써 사람들의 인생을 바꿔놓는 기여를 한 것도 사실이다. 하지만 이렇게 긍정적인 면만 있었던 것은 아니다. 광신적인 선교사가 절대적인 진리를 주장하는 사람들에게 물들어 '구원받을' 사람을 결정하고, 해도 되는 행동이 무엇인지 멋대로 판단을 내리는 경우에는 종교의 전파 과정이 대개 불길한 분위기를 띤다.

후니페로 세라Junipero Serra 신부가 창설해서 발전시킨 캘리포니아의 선교 시스템(1769~1834)이 이런 문제의 좋은 예다. 인디언들에게 복음을 전파하겠다는 세라 신부의 신앙심·용기·헌신적 의지에 대해서는, 1988년에 그의 시복(로마가톨릭에서 어떤 사람을 성인으로 시성하기 위한 공식적인 단계 중 하나)을 옹호했던 사람들은 물론 그를 비판하는 사람들도 인정한다. 신학 교수였던 세라 신부는 1749년에 신대륙 선교를 위해 에스파냐를 떠났다. 1782년에 세상을 떠날 때까지 그는 멕시코와 캘리포니아 일대에서 약 3만 8,600킬로미터에 이르는 거리를 걸어서 돌아다니며 프란체스코 수도회 소속의 선교회 21개를 설립했다. 그러나 그의 의도가 아무리 숭고한 것이었다 해도, 그가 사용한 선교 방법과 에스파냐 정부 및 군인들과의 밀접한 협력 관계는 원주민들에게 잔인할 정도로 파괴적인 영향을 미쳤다. 그의 선교는 사실 식민화와 정복이라는 더 커다란 전략의 일부였다. 세라를 비롯한 여러 선교사들은 처음 신대륙으로 출발할 때부터 에스파냐 군대 파견단과 함께였으며, 분명히 자신을 신과 세속 정부의 대리인으로 생각했다.[25]

세라와 그 밖의 선교사들은 원주민들을 야만적인 이교도로 간주하고, 마치 아이를 다룰 때처럼 엄하게 교육해야 한다고 생각했다. 그러나 그들이 시행했던 교육이란 지금 같으면 캘리포니아법에 의해 아동학대로 간주될 만한 것이었다. 프란체스코회 소속의 이 수도사들은 원주민이 기독교로 개종하기에 앞서 그들의 문화를 먼저 바꿔야 한다고 확신했다. 그들은 독선적이고 단호한 태도로 "자기들이 보기에 뒤처졌다고 생각하는 인디언들의 전통적 삶의 방식과 사회구조, 관습, 가치관 등을 해체하는 작업에 나섰다." 선교사들은 마을을 파괴하고, 가족들을 떼어놓고, 노예 제도와 경제적 착취를 제도화하고, 종교의 이름으로 무자비한 강압 정책을 실시하고, 다양한 체벌을 가했다. 인디언 출신의 신학 교수이며 현재 덴버에서 루터교회와 감독교회 목사로 활동하는 조지 팅커George Tinker는 역사적으로 대단히 존경받는 지도적 선교사 세 명과 세라의 행적을 면밀히 조사한 끝에 그들이 너무 고지식해서 자기도 모르는 사이에 종족 말살의 공범이 되었을 가능성이 있다는 결론을 내렸다. 캘리포니아에 대한 선교 사업이 멕시코의 아스텍인을 비롯한 여러 원주민을 굴복시키면서 시작된 커다란 패

종교가 사악해질 때

턴의 일부였음은 의문의 여지가 없다. 프란체스코회, 아우구스티누스회, 도미니크회의 수도사들이 멕시코에서 북쪽으로 점점 세력을 넓혀 텍사스, 뉴멕시코, 애리조나, 캘리포니아까지 뻗어나간 것이다.²⁶

현재의 미국 남서부를 정복하는 과정에서 종교, 정치, 군사, 경제 영역과 선교 사업이 무비판적으로 뒤섞인 역사를 오늘날 관점에서 보면 불쾌하다. 이들의 선교 사업은 또한 교회와 국가가 분리되어야 한다는 소중한 원칙과 어긋나는 것이기도 했다. 이들의 행적은 7세기와 8세기에 이슬람이 군사적, 정치적, 종교적으로 세력을 확장했던 역사와 훨씬 더 비슷하다. 이들뿐만 아니라 아시아와 아프리카에서 실시된 선교 사업 역시 다른 시대의 낡은 세계관을 반영하고 있다. 기독교와 이슬람교 선교사들은 시대에 따라 각각 방법을 달리하기는 했지만, 항상 자기들의 문화와 종교가 더 우월하다는 주장 혹은 생각을 절대적인 진리로 믿고 거기에 의존했다. 그러나 이슬람의 세력 확장 초창기(이슬람이 북아프리카를 가로질러 팔레스타인과 아라비아만을 거쳐 에스파냐까지, 그리고 메소포타미아와 페르시아를 지나 인도까지 전파되던 시기)에는 여러 지역에서 칼을 들이대며 개종을 강요했다는 증거가 거의 없다는 점을 지적해야 하겠다. 이슬람 세계 내부의 '보호받는 민족'을 위한 조항들이 있었음에도, 이슬람 제국에 예속된 많은 사람들에게 경제적 기회가 제한되고 사회적 압력이 강했으므로 이들은 시간이 흐를수록 이슬람에 저항할 수 없었다. 사람들은 정복자인 무슬림과 마찬가지로 이슬람교의 가르침에 깊은 감명을 받아, 이슬람 문명이 세속에서 이처럼 극적인 성공을 거둔 것은 하나님께서 이들을 총애하신다는 신호라고 해석해버렸다.

물론 선교사들이 당시 시대적 배경을 초월하는 시야를 갖지 못했다고 나무라자는 것은 아니다. 우리가 생각해야 할 것은 현재와 미래다. 선교를 절대적 사명으로 인식하는 종교의 신자들이 오늘날 어떤 경우에 맹목적이 되는가? 건전하고, 건설적이며, 강압적이지 않은 방법으로 선교 사업을 할 수 있는가? 이런 의문들은 정치적·군사적으로 세계 최강국인 미국에서 기독교가 현저하게 힘을 발휘하고 있는 오늘날 커다란 의미를 지닌다. 엄청난 재력을 가진 상당수의 무슬림들이 이슬람 세계가 수백 년 동안 예속 상태에 있었으므로 탁월한 세계적 종교이자 문명으로서 이슬람의 역할을 다시 정립해야 한다고 믿는 지금 같은 세상에서 이런 의문들은 결코 단순한 수사학적 질문이 아니다.

피아를 분명하게 구분하는 절대적 진리를 신봉하는 사람들의 선교 사업이 지금도 세상의 틀을 결정하고 있다. 예를 들어 남부 침례교총회는 매년 각 종교의 가장 신성한 경축일에 미국 내의 유대교인, 힌두교도, 무슬림을 겨냥한다. 수만 명의 광신도들이 욤키푸르* 기간에는 유대교인을, 디왈리 기간에는 힌두교도를, 라마단 기간에는 무슬림을 개종시키려고 나서는 것이다. 모르몬교도와 크리스천 사이언스** 신도 등도 이런 영적인 전쟁에서 정당한 표적으로 간주된다. 이들의 조직적인 선교 캠페인은 짜증스러운 수준보다는 더하고 아직 대단히 불쾌한 수준에는 미치지 않는 정도라고 볼 수 있다. 내가 아는 대부분의 사람들은 성경 판매원이

---

* 유대교의 속죄일.
** 미국의 종교 단체.

종교가 사악해질 때

나 여호와의 증인 신도들이 대문을 두드리거나 저녁 식사 시간에 전화를 걸어오는 것을 별로 좋아하지 않는다. 부활절이나 크리스마스에 루이스 패러칸Louis Farrakhan의 '네이션 오브 이슬람Nation of Islam' 신도들이 선교를 하겠답시고 기독교 가정에 무작정 찾아온다면 많은 기독교인이 어떤 반응을 보일지 상상하기는 어렵지 않다. 남부 침례교회의 선량한 신도들도 황금률로 불리는 예수님의 말씀을 잘 새겨보는 편이 좋을 것이다. "그러므로 무엇이든지 남에게 대접을 받고자 하는 대로 너희도 남을 대접하라. 이것이 율법이요 선지자니라."(마태복음 7:12)

많은 이슬람 국가들은 우리보다 훨씬 더 강압적인 정책을 펴고 있으며, 시민들에게 심한 제재를 가한다. 예를 들어, 무슬림이 아닌 사람이 무슬림을 개종시키는 것도 불법이다. 이슬람 최대의 성지인 메카와 메디나를 지키고 있는 사우디아라비아에서는 다른 종교의 신자들이 공개적으로 예배드리는 것조차 금지되어 있다. 이집트를 비롯한 여러 나라에서는 무슬림이 기독교로 개종했다가 사형선고를 받거나 가족들에게 완전히 버림받았다는 비참한 이야기들을 들을 수 있다. 이 모든 일들은 하나님이 인간을 자유롭고 스스로 책임질 수 있는 존재로 창조하셨다는 이슬람교의 핵심적인 가르침과 어긋난다. 이처럼 엄격한 법률과 사회 정책으로 이슬람을 수호한다고 믿는 무슬림은 꾸란에서 가장 자주 인용되며 많은 존경을 받는 구절의 가르침을 무시하는 듯하다. "종교에 강요는 금물이다."(2:256). 이 구절은 각자가 스스로에게 책임진다는 사실을 인정한다. 공격적인 선교 전술로 진정한 신앙을 강요할 수도 없고, 자유로운 탐구를 금지하거나 규범에서 벗어나는 모든 사람들을 벌한다고 해서 진정한 신앙을 보호할 수 있는 것도 아니다.

앞으로 나아가는 길은 막혀 있지 않다. 기독교와 이슬람교는 각자 자기들이 생각하는 하나님의 복음을 인류와 함께 나눠야 한다는 중요한 약속을 버릴 필요도 없고, 버려서도 안 된다. 앞에서 암시했듯이, 그들은 다른 사람을 개종시키는 것이 자신들의 책임이 아니라는 사실을 잊지 말아야 한다. 가장 중요한 것은 선교가 신의 증인이 되는 것과 관련된 문제라는 점이다. 신의 증인이 되는 가장 좋은 방법에 대한 가르침은 이 두 종교의 핵심에 이미 자리하고 있다. 신약성서와 꾸란은 사람들이 서로를 대하는 태도에서 하나님의 사랑이 분명히 드러난다는 점을 강조한다. 두 종교 모두 심판의 날 사람들이 스스로에 대해 책임을 져야 한다고 가르친다. 심판의 기준에 대해 두 종교의 경전은 놀라울 정도로 비슷한 내용을 담고 있다. 예수님의 가르침에 따르면, 심판의 날 사람의 아들이 양떼와 염소떼를 가르듯이 사람들을 가를 때 깜짝 놀라게 될 것이라고 한다. 이렇게 사람들을 가르는 기준은 과거에 굶주린 사람과 목마른 사람, 이방인, 헐벗은 사람, 병에 걸린 사람, 감옥에 갇힌 사람을 각자가 어떻게 대했는가이다(마태복음 25:31~46).

심판의 날을 생생하게 묘사한 꾸란의 구절들 역시 각자의 인생이 완전히 드러날 것이며 지상의 부와 권력이 아무런 도움도 되지 못하리라는 점을 분명히 한다. "가난한 자에게 음식을 베푸는 일에도 성의를 보이지 않는" 사람들은 "…오늘에 와서 이곳에 그의 친구는 한 사람도 없다"(꾸란 69:34~35). 이 구절 전체에 드러나 있는 사회적, 윤리적 가르침은 가장 궁핍하고 소외된 사람들, 즉 과부·고아·가난한 사람들에 대해 측은지심을 갖는 것이 중요하다는 점을 강조한다. 신앙의 체계도 중요하지만, 결국 더 중시되는 것은 정통 교리보다 바른 행동이다.

선교 활동과 관련된 많은 문제들은 권력이라는 이슈와 관련 있다. 기독교인과 무슬림이 소수인 곳에서는 건전한 선교의 모델이 될 만한 활동들을 쉽게 찾을 수 있을 때가 많다. 1980년대에 미국 교회와 중동 교회가 함께 실시한 복음 사업은 예수님이 마태복음 25장에서 말씀하신 인간의 욕구들을 충족시키는 데 주로 초점을 맞췄다. 나는 이 두 교회 사이를 이어주는 연락관으로 활동하면서 서구의 기독교인들이 선교에 대해 레바논, 팔레스타인, 이집트의 기독교인들에게서 배울 수 있는 것이 많다는 사실을 깨달았다. 이들 지역의 교회들은 때로 적대적인 행위의 과녁이 되는 위험을 무릅써가며 전쟁 중에 어려움에 처한 사람들을 도우려 애쓴다. 또한 그들의 존재와 증언은 서구의 많은 기독교인들이 오늘날 거리에서 전파하는 복음보다 훨씬 더 강렬하다. 중동교회협의회Middle East Council of Churches는 미국 교회의 도움을 받아 레바논에서 벌어진 끔찍한 내전의 피해를 입은 사람들에게 오래전부터 음식, 피난처, 의약품, 옷 등을 제공해왔다. 중동교회협의회는 서로 싸우고 있는 기독교인, 무슬림, 드루즈인* 등이 신뢰하는 유일한 기관이었다. 레바논에서 나와 함께 일했던 기독교인들은 하나님과 이웃을 자기 자신처럼 사랑하라는 가르침을 아주 진지하게 받

---

* 시리아에 살면서 이슬람교 시아파와 관계가 깊은 드루즈교를 믿는 사람들.

아들였다. 그중에는 황금률을 실천하려고 눈에 띄게 노력하는 사람도 많았다.[27]

　미국 교도소에서 전도하는 무슬림들 역시 책임감 있는 선교 방식의 또 다른 모델을 보여준다. 여러 교파의 기독교 성직자들은 자기들처럼 교도소에서 전도를 하는 무슬림들이 약물 중독자와 재소자의 재활 프로그램에서 훨씬 더 커다란 성과를 올리고 있다는 점을 공개적으로 인정한다. 선교 활동의 하나로 절박하고 어려운 처지의 사람들에게 손을 뻗어 건전한 사회인으로 돌아갈 수 있도록 따스한 환경을 제공해주는 것은 강력한 효과를 발휘한다. 불행히도 무슬림이 아닌 대부분의 미국인들은 이슬람교의 이런 측면을 대중적인 책이나 영화를 통해서만 살짝 엿볼 수 있을 뿐이다. 사람들이 이슬람 선교 활동의 긍정적인 측면을 더 잘 이해하게 된다면 가장 폭력적이고 선정적인 측면에만 초점을 맞추는 언론 매체들의 영향을 상쇄하는 데 도움이 될 것이며, 이슬람이 미국에서도 2위의 종교로 급부상하는 이유를 무슬림이 아닌 사람들이 이해하는 데 도움이 될 것이다.

진리에 대한 인간적인 시각

진리를 주장하는 사람들은 어디서나 찾아볼 수 있지만, 진리가 무엇인지 정확히 파악하기는 쉽지 않다. 2000년 대통령 선거에서 플로리다의 투표 결과에 대한 진실은 과연 무엇인가? 이스라엘과 팔레스타인의 분쟁에서 가장 중요한 진실은 무엇인가? 정치적 사건들이 몇 주, 몇 달, 몇 년에 걸쳐 계속 분석의 대상이 되는 오늘날에도 성실하고 똑똑한 사람들은 서로 다른 진실을 분명히 밝혀내고 있다. 객관적인 입장을 유지하려고 아무리 노력해도, 복잡한 문제들에 대한 정보를 분류하고 처리하는 방식 자체가 늘 여러 요인들의 제한을 받는다.

종교적 진리와 관련한 사건들의 경우에는 앞의 두 사례보다 훨씬 더 자료가 불분명하다는 점을 명심해야 할 것이다. 사람들은 원래 주관적이며, 우리가 인식하든 인식하지 못하든 여러 방식으로 조건화되어 있다. 내가 제2차 세계대전 이후 베이비붐이 한창이던 1950년에 태어나 (유대교를 믿는 내 사촌들처럼 봄베이나 카이로나 도쿄나 보스턴이 아니라) 오클라호마주 털사에서 자랐다는 사실은 내 종교적 성향에 커다란 영향을 미치고 있다. 나의 성장 배경과 세계관이 내가 품는 종교적 의문들의 기반이 된다. 이건 잘못된 일이 아니다. 하나님에 대한 내 경험과 지식이 아무리 강력하고 내 삶에 아무리 많은 영향을 미쳤다 해도, 다른 경험이나 지식이 존재할 가능성은 항상 존재한다.

위험할 정도로 미래를 예측할 수 없는 이 행성에서 보잘것없는 삶을 이어나가며 조금이라도 확신을 얻기 위해 항상 같은 자리에 존재하는 태양 같은 진리를 원하는 심정은 이해할 만하다. 종교 지도자들이 절대적인 진리를 설교할 때, 그들의 주장을 쉽게 받아들이는 청중이 반드시 존재한다. 몇 시간만 종교 방송을 들어보면, 방송에 등장하는 모든 설교자들이 인생의 가장 골치 아픈 문제들에 대해 모든 해답을 갖고 있다고 강력하게 단언하는 것을 들을 수 있을 것이다. 이처럼 절대적인 진리에 대한 주장을 널리 퍼뜨리고 있는 것은 서구의 복음주의 개신교도들뿐만이 아니다. 전 세계에서 다양한 형태의 근본주의가 생겨나는 현상은 급속하게 변하는 세상에서 뭔가 분명한 지침을 얻고 싶다는 욕구와 연결되어 있다.

진리를 찾는 것보다는 진리를 아는 편이 훨씬 더 쉽다. 그러나 신앙생활은 여행과 같으며, 그 과정에서 우리는 교훈을 얻고, 과거에 배운 것을 버리고, 변화를 겪으며 성장한다. 종교적 진리는 대단히 어려운 문제라서 절대적 진리를 알고 있다는 주장으로 쉽게 정리되지 않는다. 종교적 진리의 탐구는 멈추지 않고 항상 계속되는 과정이다. 신학교, 주일학교, 성경 공부 모임, 설교, 묵상 등을 통한 기독교의 종교 교육은 모두 항상 더 배워야 할 것이 존재하며, 새로운 정보나 새로운 시각이 건전하고 좋은 것이라는 사실을 지적한다. 불변의 진리는 없다. 매일 공부와 교육에 시간을 바치는 사람들조차 끊임없이 변화하고 있다. 성직자에게 다음과 같은 질문을 한번 던져보라. 2년 전, 5년 전, 혹은 10년 전에 했던 설교를 꺼내 다시 읽어본 적이 있는가? 당신의 생각이 어떻게 바뀌었는가? 내가 아는 모든 성직자들은 이렇게 과거의 설교문을 읽어봄으로써 겸손해지는 법을 배웠다고 인정한다. 때로는 자신들이 미처 보지 못하고 지나갔던 보석 같은 통찰력을 발견하고 기쁨에 잠기기도 한다. 그러나 그보다는 계속 성장하면서 공부를 한 덕분에 지금은 여러 이슈들을 약간 다르게 정리할 수 있게 되었음을 깨닫는 경우가 더 많다. 앞으로 5년 후에도 상황은 마찬가지일 것이다. 초기 교회의 가장 위대한 복음주의자로서 수많은 복음서를 남긴 사도 바울은 온갖 종류의 이슈들에 대해 견해를 밝히는 것을 부끄러워하지 않았다. 그러나 그런 그도 인간적인 한계를 인정했다.

> 우리가 부분적으로 알고 부분적으로 예언하니 온전한 것이 올 때에는 부분적으로 하던 것이 폐하리라. 내가 어렸을 때에는 말하는 것이 어린아이와 같고 생각하는 것이 어린아이와 같다가 장성한 사람이 되어서는 어린아이의 일을 버렸노라. 우리가 이제는 거울로 보는 것 같이 희미하나 그때에는 얼굴과 얼굴을 대하여 볼 것이요, 이제는 내가 부분적으로 아나 그때에는 주께서 나를 아신 것 같이 내가 온전히 알리라.(고린도전서 13:9~12)

신약성서의 저자들은 하나님을 묘사할 때 대단히 상징적이고 비유적인 표현을 사용했다. '하나님은 영이시니'(요한복음 4:24), '하나님은 빛이시라'(요한1서 1:5), '하나님은 사랑이심이라'(요한 1서 4:8). 예수는 하나님과 창조물의 관계에 대해 자주 비유를 사용했다. 그러나 신약성서에는 적어도 표면적으로는 예수와 하나님의 관계에 대해 명확하고 배타적인 표현이 사용된 듯한 구절도 있다. 이런 구절 가운데 가장 자주 인용되는 것은 각각 요한복음과 사도행전에 나오는 구절이다. "예수께서 〔도마에게〕 가라사대 내가 곧 길이요 진리요 생명이니 나로 말미암지 않고는 아버지께로 올 자가 없느니라."(요한복음 14:6). "다른 이로서는 구원을 얻을 수 없나니 천하 인간에 구원을 얻을 만한 다른 이름을 우리에게 주신 일이 없음이니라 하였더라."(사도행전 4:12).

스리랑카 출신의 연합감리교 목사로서 제네바에 있는 세계교 회협의회World Council Churches에서 10년 동안 근무한 웨슬리 아리아 라자Wesley Ariarajah는 이런 배타적인 구절들과 절대적인 진리를 주 장하는 사람들의 문제를 언급한 적이 있다. 그는 믿음과 사랑의 언어를 구분하는 것이 열쇠라고 말한다. 그는 요한복음이 신자들 에게 예수의 의미에 대한 신학적 담론을 소개하기 위해 예수의 생 애에서 일어난 사건들을 의도적으로 이용한다는 점을 일깨운다.

그러나 이런 구절들은 모두 예수 그리스도에 대한 믿음을 진 술하고 있음을 명심해야 한다. 이들의 의미는 믿음이라는 맥 락 속에서 유래하며, 믿음의 공동체 밖에서는 아무런 의미도 지니지 못한다. 그들은 과거에 그랬던 것처럼 오늘날에도 기 독교인들에게 엄청난 의미를 지니고 있다.[28]

아리아라자는 다른 사람들도 인정할 수 있을 만큼 진리를 분 명하게 규정하지 않더라도 종교적 진리를 받아들여 인정하는 것 이 가능하다고 주장한다. 그는 우리가 절대적인 진리라는 개념을 믿음과 사랑의 언어로 표현된 고백적인 진술과 분리함으로써 앞 으로 나아가는 길을 찾을 수 있다고 말한다. 그리고 모든 부모들 이 금방 이해할 수 있는 비유를 들어, 복잡하게 얽힌 이 둘의 차이 를 다음과 같이 잘 설명한다.

우리 딸이 나한테 내가 세상에서 제일 좋은 아빠이며, 나 같은 아빠는 어디에도 없다고 말할 때, 그 아이의 말은 진실이다.

그 아이의 경험에서 우러난 말이기 때문이다. 그 아이는 아버지의 역할을 해주는 다른 사람을 알지 못하므로 그 아이 입장에서 이 말은 정직한 것이다. 그러나 다른 시각에서 살펴보면 이 말은 당연히 진실이 아니다. 우선, 내 주위에도 나보다 더 좋은 아빠라고 생각되는 친구들이 있다. 그러나 이보다 훨씬 더 중요한 것은, 바로 옆집에도 자기 아빠가 세계 최고라고 생각하는 딸이 살고 있다는 사실을 늘 인식해야 한다는 점이다. 그 옆집 아이의 생각 역시 옳다. 사실 이 두 아이와 아버지의 관계와 관련해, 두 아이의 발언을 비교해 진리를 가려낼 수 있는 사람은 아무도 없다. 두 아이는 절대적인 진리를 말한 것이 아니라, 믿음과 사랑을 표현한 것이기 때문이다. … 성경의 구절들 역시 믿음의 표현이다. … 우리가 믿음과 사랑의 언어로 표현된 이러한 고백을 절대적인 진리로 변화시킬 때 문제가 시작된다. 그리고 우리가 그것을 진리로 변화시킨 다음, 그것을 근거로 다른 진리, 혹은 다른 종교의 주장들을 평가하기 시작할 때 문제가 훨씬 더 심각해진다. 우리 딸이 옆집 친구에게 자기 아버지가 세계 최고이기 때문에 그 아이의 아버지는 절대 세계 최고가 아니라고 말할 수는 없다. 만약 그 아이가 그런 말을 한다면, 우리는 그것을 그냥 애들이 하는 말로 치부해야 할 것이다![29]

진리에 대한 인간적인 시각은 역동적이고 상대적이며, 종교를 믿는 사람들은 이런 시각 덕분에 말씀을 정적이고 절대적인 진술로 경직시키지 않아도 근본적인 진리를 받아들여 인정할 수 있게 된다. 이와 반대로, 절대적인 진리 속에 갇힌 종교적 신념을 가진 사람들은 자신이 하나님의 대리인이라고 쉽게 믿어버린다. 이처럼 대담한 생각에 사로잡힌 사람들은 종교의 이름으로 폭력적이고 파괴적인 행동을 저지를 수 있다.

3

맹목적인 복종

1995년 3월 20일 이전에는 옴 진리교의 창시자이며 교주인 아사하라 쇼코麻原彰晃에 대해 아는 사람이 거의 없었다. 아사하라와 그의 종교가 세계적인 주목을 끌게 된 것은 헌신적으로 그를 따르는 추종자들이 그날 오전 8시 직후에 도쿄 중심부의 지하철역 16군데에 치명적인 신경가스인 사린을 동시에 살포했을 때였다. 이 놀라운 사건이 일어나고 몇 분 되지 않아 일본의 TV 방송에서는 출근길 시민들이 지하철역에서 쏟아져 나와 우왕좌왕하며 기침을 하거나, 구토를 하거나, 쓰러지는 모습을 생중계했다. 이날의 사건으로 12명이 목숨을 잃고, 5천 명 이상이 부상했으며, 나라 전체가 충격에 빠져들었다.

　일본 경찰은 즉시 비교적 무명의 종교 집단이던 옴 진리교를 중심으로 전국적인 수사를 시작했다. 그 결과 1만여 명의 신도들이 일본 내의 25개 센터에 흩어져 있으며, 러시아에도 3만 명의 추종자가 있다는 사실이 드러났다. 일본의 신도들 중 핵심 인물 1247명은 사회생활을 포기하고 옴 진리교의 센터나 공동체에서 생활하고 있었다. 이 열성적인 신도들이 점점 발전하고 있는 아사하라의 가르침을 맹목적으로 받아들이는 핵심 세력이었다. 사린가스 살포 사건이 있은 후 두 달도 안 돼서, 경찰은 후지산 기슭의 한 마을에 있는 옴 진리교의 대규모 센터에서 현금과 금괴가 가득한 비밀 장소에 숨어 있던 아사하라를 찾아냈다.[1]

신생 종교를 연구하는 일본의 학자들은 지하철역 사건 이후 몇 달, 몇 년 동안 옴 진리교에 상당한 관심을 쏟았다. 옴 진리교는 1994년에 사린가스 때문에 6명이 사망하고 600명이 부상했던 사건과도 관련이 있는 것으로 밝혀졌으며, ‘협조적이지 않은’ 신도들을 여러 명 살해하기도 한 것으로 알려졌다. 자식들이 옴 진리교의 신자가 되는 바람에 당황한 부모들의 의뢰를 받은 변호사 등 신도가 아닌 사람들도 그들에게 살해되었다. 옴 진리교의 실체가 점점 드러나면서 이들이 유명한 사이비종교 집단들과 많은 공통점이 있음이 밝혀졌다. 옴 진리교는 불교, 힌두교, 기독교 등 기성 종교라는 깊은 우물에서 퍼 올린 지식들을 절충해 가르침을 펴던 카리스마적인 교주 주위에 사람이 모여들면서 1986년에 처음 생겨났다. 처음에 아사하라의 가르침은 이상주의에 빠진 젊은 추종자들의 가슴과 정신에 감명을 주었다. 그러나 10년도 되지 않아 아사하라는 자신의 파괴적이고 묵시록적인 비전에 무조건 헌신할 것을 요구했다. 사회생활을 포기하고 옴 진리교의 공동체에서 생활하던 사람들은 더 이상 스스로 생각할 필요가 없었다. 아사하라 교주의 생각만이 중요했으니까.

　　이것이 바로 종교가 사악해지는 중요한 전환점이다. 진정한 종교는 존재의 수수께끼와 불완전한 세상에서의 삶이라는 과제를 가지고 씨름하는 사람들의 지적인 면을 끌어당긴다. 그러나 맹목적인 복종은 종교가 타락했다는 확실한 징후다. 추종자들의 지적인 자유와 원래의 개성을 제한하려는 모든 종교를 경계해야 한다. 신도들이 개인적인 책임을 버리고 카리스마 있는 교주의 권위에 굴복하거나 특정한 사상 혹은 가르침의 노예가 되면, 종교는 쉽사리 폭력과 파괴의 온상이 된다.

사이비종교

사이비종교는 건강한 종교와 타락한 종교의 차이점을 관찰하고 분석할 수 있게 해주는 유용한 렌즈와 같다. 사이비종교는 대개 규모가 작기 때문에 교주를 비롯한 중요 지도자들과 핵심적인 교의를 집중적으로 살펴볼 수 있다. 또한 사이비종교는 이미 인정받은 종교에 대체로 나타나는 공통적인 패턴을 보여준다. 여기서 뿌리 깊은 편견을 반드시 짚고 넘어가야 할 것 같다. 대부분의 사람들은 사이비종교religious sects and cults라는 말에 부정적인 선입견이 있다. 그러나 이 용어 자체와 이 용어가 가리키는 집단들이 원래부터 불길하고 사악한 것은 아니다. 반주류 분파sect는 전통적인 신앙과 예배 방식을 지닌 대안적인 종교 집단일 뿐이며, 컬트cult는 새로운 신앙과 예배 방식 때문에 전통적인 종교에서 더욱 멀리 떨어져 나온 집단이다. 사회과학자들은 어떤 현상을 설명하기 위해 이 용어들을 사용하지만, 일반인들이 사용할 때는 경멸적인 의미가 담긴다. 특히 컬트의 경우가 그렇다.[2] 현재 이 용어가 부정적인 의미를 지니게 된 데는 사이비종교 때문에 뭔가가 크게 잘못된 사람과 집단의 모습이 언론 매체를 통해 전달된 것이 큰 역할을 했다. 옴 진리교의 경우가 전형적이다. 일본에는 수십 개의 신생 종교가 있으며, 그들 중 대다수는 일본 사회나 국민에게 눈에 띄는 위협이 되지 않는다. 여러 신생 종교의 신도들은 현재 일본 국민 중 약 10퍼센트를 차지한다. 그런데 옴 진리교라는 특정 종교와 아래에서 살펴볼 다른 종교들이 무슨 이유로, 그리고 어떤 과정을 거쳐서 밀교적인 불교 교리와 전통적인 금욕주의에서 벗어나 무차별적인 폭력을 저지르게 되었는지 밝히는 것이 열쇠다.

거의 모든 종교는 처음에 오늘날 우리가 사이비종교라고 부르는 종교 집단으로 출발한다. 처음에는 천재적인 재능과 통찰력을 지녔다고 생각되는 사람의 영도로 소수의 사람들이 모이기 시작한다. 이 지도자가 완전히 새로운 가르침을 내놓는 경우는 드물다. 오히려 이들의 가르침은 기존 종교의 잘못된 점을 바로잡거나 개혁한 것, 혹은 기존 종교를 더 깊이 통찰한 것에 가깝다. 이 집단이 갈라져 나온 기존의 주류 종교는 당연히 신생 종교를 위험하거나 이단적인 것으로 간주한다. 이런 패턴은 특정 종교 집단 내에서 상당한 세력을 지닌 집단은 물론 주요 종교의 형성 과정에서도 나타난다. 기독교는 1세기 팔레스타인에서 유대인들의 생활 속에 생겨난 새로운 운동이었다. 고타마 싯다르타, 즉 부처는 고전적인 힌두교 내부에서 등장했던 많은 영적 수행자 중 하나였다. 이슬람의 가르침 또한 무함마드가 창시한 것이 아니다. 무슬림들은 무함마드가 오래전부터 하나님의 말씀을 인류에게 전달해주던 예언자와 전령들 가운데 마지막 인물이라고 보고 있다. 감리교의 창시자인 존 웨슬리John Wesley는 개혁적인 지도자로서 영국 국교를 결코 떠난 적이 없다. 이런 예는 이 밖에도 많다.[3]

수많은 종교들이 처음에는 기존 종교의 분파거나 컬트였다. 이들은 대부분 번성하다가 몇 년 혹은 몇 세기만에 사라져갔다. 세계의 주요 종교로 성장한 종교들은 계속해서 새로운 분파를 낳고 있으며, 다양한 분파주의적 집단들을 커다란 틀 속에 통합하고 있다. 오늘날 기독교에 포함된 그리스정교, 가톨릭, 개신교의 교파는 수천 개가 넘는다. 이슬람에서도 수니파, 시아파, 수피즘의 다양한 분파들이 인정받고 있다. 불교에서도 소승불교, 대승불교, 밀교의 교파들이 전 세계에 수십 개나 된다. 서구 사람들이 힌두교로 통칭하는 종교에는 수백 개의 종교적 전통이 포함되어 있다. 또한 유대교 정통파, 보수파, 개혁파 안에도 많은 그룹들이 존재한다.

비교종교학이나 하나의 주요 종교, 혹은 역사상 특정 장소나 시대를 연구하는 학자들은 자신들이 연구 대상으로 삼은 그 분야 속에 얼마나 많은 분파와 컬트와 새로운 운동이 존재하는지 잘 알고 있다. 비전문가들은 특정 장소나 특정 종교 안에 얼마나 많은 교파가 존재하는지 잘 모르고 있다가 언론 매체가 특별히 기괴하거나 극단적인 사건에 초점을 맞출 때에야 비로소 이들의 존재를 깨닫는다. 그러나 이렇게 문제의 집단이 저지른 폭력적인 행동이나 혐오스러운 행동을 통해 이들을 바라보면, 아사하라 쇼코나 짐 존스Jim Jones*, 데이비드 코레시David Koresh**, 또는 이란과 레바논의 특정 시아파 지도자들의 가르침에 사람들이 어떻게 매력을 느낄 수 있는지 이해하기 어렵다. 그러나 이런 집단의 추종자들이 처음에 느끼는 매력은 우리가 위협적이지 않은 집단에게 느끼는 매력과 상당히 비슷한 경우가 많다. 특정 사이비종교를 면밀하게 조사해보면 카리스마 넘치는 지도자, 사회와의 교류를 끊고

---

*   1978년에 집단 자살로 끝을 맺은 사이비종교 인민 사원의 교주.
**   1993년에 미국에서 집단 자살극을 벌인 사이비종교의 교주.

싶다는 충동, 강렬한 사상과 가르침에 대한 변하지 않는 헌신 등이 한데 합쳐져서 신도들과 주위 사람들에게 재앙을 가져오게 되는 과정을 분명히 이해할 수 있다.

카리스마적 지도자

베이비붐 세대와 그 이전 세대의 북미 사람들 머릿속에서 짐 존스와 인민 사원은 사악하게 변한 종교의 대표적인 예로 자리 잡고 있다. 잔뜩 부풀어 오른 914구의 시체가 가이아나 존스타운의 정글 속 본거지에 널브러져 있는 끔찍한 모습은 사람들의 기억 속에 낙인처럼 새겨져버렸다. 그렇게 많은 사람들이 심지어 자식까지 데리고 차례로 줄을 서서, 종말론을 설교하던 이 종교의 마지막을 자살극으로 장식하기 위해 마련된 독약을 받아먹는 일이 어떻게 생길 수 있는가? 1978년 11월 18일의 이 집단 자살 및 살인극을 재촉한 원인에 대해 여러 상충되는 견해를 담은 책과 기사가 지금도 발표되고 있으며, 인민 사원을 이해하고 여기서 살아남은 사람들과 그때 죽은 사람들의 가족을 돕기 위해 개설된 웹사이트에서도 그런 설명들을 찾아볼 수 있다. 지금까지 확실하게 밝혀진 것을 꼽아보면 다음과 같다. 마지막이 가까웠을 때 짐 존스는 아주 불안정한 상태였으며 여러 가지 약물에 중독되어 있었다. 많은 신도들은 그의 명령에 따라 '혁명적인 자살'을 감행했지만, 일부 신도들은 그의 권위에 대한 확신을 점점 잃어가고 있었다. 대다수의 사람들이 자발적으로 목숨을 끊거나 강제로 독약을 마신 반면, 몇

명은 이 죽음의 장소에서 탈출했다.[4]

　제임스 워런 존스James Warren Jones는 대공황이 한창이던 1931년에 인디애나에서 태어났다. 그는 사회주의 서적 및 공산주의 서적을 읽으면서 접한 사회주의적 이상주의와 오순절파에서 큰 영향을 받은 것 같다. 존스는 1954년 9월 하나님의 성회Assemblies of God 소속인 인디애나폴리스의 로렐 스트리트 예배당에서 설교한 것을 시작으로 본격적인 목회 활동에 나섰다. 인종 통합을 내세운 그의 주장은 대부분의 신도들이 감당할 수 없을 만큼 진보적이었다. 1955년 4월에 존스는 예배당 신도 몇 명과 함께 교회를 떠나 '해방의 날개Wings of Deliverance'를 창설했다(이 이름은 나중에 인민 사원 완전 복음교회Peoples Temple Full Gospel Church로 바뀌었다). 이들이 인종 간의 평등과 사회 정의를 깊이 신봉했기 때문에 가장 자유주의적인 개신교 교파 중 하나인 그리스도의 교회Christian Church(그리스도의 사도들Disciples of Christ)가 1960년에 존스를 목사로 안수하고 인민 사원을 자신의 교파에 포함시켰다. 신학 교육을 제대로 받지 않은 사람을 목사로 인정하고 오순절파를 자신의 교파에 포함시킨 이 이례적인 행보는 일부 주류 개신교도들이 존스를 용기 있고 개혁적인 지도자로 보고 있었음을 보여준다.[5]

　인디애나 시절은 파란만장했다. 존스와 그의 신도들은 민권운동이 한창이던 당시 변화를 주장하는 다른 사람들이 그랬던 것처럼 수많은 위협을 받았으며 엄청난 적의에 직면했다. 존스는 인간의 자유, 평등, 사랑을 강조하는 사회적 복음을 전파했다. 그는 또한 설교를 할 때마다 세상의 종말을 가져올 핵 재앙이 임박했다는 얘기를 빠뜨리지 않았으며, 신앙으로 질병을 치유한다며 암부터 관절염에 이르기까지 여러 가지 질병을 가진 사람들을 치유했다고 주장했다. 1965년 무렵 존스는 인민 사원을 캘리포니아로 옮겨야 한다고 확신하고 있었다. 그곳에서는 인종 간의 평등이라는 주장이 더 쉽게 받아들여질 것이라는 믿음 때문이었다. 약 70가구의 사람들(절반은 흑인이고 절반은 백인이었다)이 존스를 따라 캘리포니아로 이주했다.[6] 이들의 운동은 분명히 독특했다. 그들은 종교 집단에 대한 헌신이 가정이나 직장에 대한 유대감을 넘어선다는 메시지를 설파했다. 인민 사원은 그 후 10년 동안 꾸준히 성장했고, 1972년에 신도들의 모임이 또 하나 생겨났다. 신도들은 종교적인 공동체에서 생활하면서 자신의 소득, 부동산, 보험금 등 자산을 사원에 바쳤고, 모든 사람이 그것을 공평하게 나눠 가졌다. 사회 개혁에 대한 존스의 사상은 점점 공산주의에 가까워지고 있었다. 그런데 불만에 찬 여러 신도들이 내분을 공개적으로 거론하기 시작하면서 심각한 문제들이 드러나기 시작했다. 사원 내에서 이루어지는 불법적인 활동을 비난하는 사람도 있었다. 인민 사원의 실체를 파헤치려는 대중과 언론의 공격은 가차 없었다. 존스는 이제 미국을 떠날 때가 되었다는 결론을 내렸다. 인민 사원은 1974년에 가이아나의 토지를 구입했고, 그로부터 채 3년이 되지 않아 문자 그대로 정글을 베어내고 만든 신앙촌인 인민 사원 농장에 50명의 사람들이 살고 있었다.

존스는 1977년 7월 31일에 가이아나에서 캘리포니아에 있는 신도들과 통화하면서 미국 사회에 대한 자신의 적의를 분명히 밝혔다.

종교가 사악해질 때

여러분 중에 싸우고 싶어 하는 사람들이 있다는 걸 압니다. 하지만 이 체제가 원하는 것이 바로 그것입니다. 저들은 우리를 희생양으로 이용하고 싶어 합니다. 우리에 대해 사람들이 무슨 거짓말을 떠들어대든, 여러분이 폭력에 굴복해서 이 함정에 빠지는 일이 없어야 합니다. 인민 사원은 미국에서 사실상 거의 모든 정치범들을 도왔습니다. 우리는 억압받는 모든 사람들에게 손을 내밀었습니다. 저들이 못마땅하게 생각하는 점이 바로 이것입니다. 우리는 가난한 사람들을 조직화해서 그들이 제 목소리를 낼 수 있게 만들었습니다. 이 체제는 지배 엘리트가 통일된 힘을 갖는 것에 개의치 않지만, 우리는 사상 처음으로 가진 것 없는 사람들에게 통일된 힘을 주었습니다. 이것이 저들에게는 용서할 수 없는 죄악입니다. 그리고 그것이 우리가 직면한 문제의 전모입니다.[7]

존스는 자급자족 공동체 안에서 자신의 정치적 권리를 모두 버렸으며, 성경을 따르는 기독교도 버렸다. 그는 성경이 거짓과 모순으로 가득 차 있다고 주장했다. 그는 존스타운에서 자신을 신격화하면서 '하늘의 하나님'을 공격했다.

여러분은 하늘의 하나님에게 기도했지만, 하나님은 여러분의 기도를 한 번도 듣지 않았습니다. 여러분은 하나님에게 고통받는 여러분을 도와달라고 부탁하고, 간청하고, 애원했지만, 하나님은 여러분에게 한 번도 음식을 준 적이 없습니다. 여러분에게 잠자리를 마련해준 적도 없습니다. 집을 마련해준 적

도 없습니다. 하지만 사회주의 운동가 신인 나는 여러분에게 이 모든 것을 주었습니다!⁸

존스타운에서의 생활은 매우 힘들었다. 사람들은 하루에 11시간씩 일을 하고, 밤이면 회의에 참석하거나 기타 임무를 수행해야 했으며, 주로 콩과 쌀로만 이루어진 최소량의 음식으로 만족해야 했다. 마지막 1년 동안 존스는 거의 모습을 드러내지 않았지만, 그의 장황한 설교는 스피커를 통해 자주 방송되었다. 그의 신학 이론에서 핵심을 차지한 것은 그가 '혁명적인 자살'이라고 부르는 행위였다. 그는 추종자들의 충성심과 헌신을 시험하기 위해 주기적으로 독이 들어 있다는 음료를 마시게 했다. 이런 경험 때문에 일부 신도들이 집단 자살이라는 현실에 대해 둔감해졌음이 틀림없다. 존스는 항상 세상의 종말이 임박했으며, 그때가 되면 미국에서 인종 전쟁과 계급 전쟁이 일어나고 대량 학살이 자행될 것이라고 주장했다. 그리고 바로 이 때문에 자신의 신도들이 '대의'를 위해 '궁극의 희생'을 해야 한다고 말했다.⁹

짐 존스는 외부의 공격이 두렵다며 신앙촌 주위에 무장 경비원을 배치한 것을 정당화했다. 정글을 베어내고 주택, 학교, 병원 등 여러 시설을 짓느라 몇 개월 동안 힘든 노동을 한 인민 사원 신도들이 신앙촌에 대한 공격이 있을지도 모른다는 말에 경계심을 품은 것은 충분히 이해할 수 있는 일이다. 그러나 경비원의 임무는 그것만이 아니었다. 그들은 존스타운의 신도들이 신앙촌을 떠나지 못하게 막는 역할도 수행했다. 신도들의 안전을 걱정하던 미국의 친척들은 흔히 존스타운을 강제수용소라고 부르곤 했다. 신

종교가 사악해질 때

도 가족과 친척의 압력이 점점 거세어지자 캘리포니아의 레오 라이언Leo Ryan 의원이 진상 조사를 위해 가이아나로 날아갔다. 11월 17일에 가이아나에 도착한 라이언 일행은 다음 날 임시 활주로에서 이륙 준비를 하다가 살해당했다. 그러고 나서 존스의 혁명적인 자살이 실행되었다. 자살극 현장에서 도망친 사람들의 증언에 따르면, 많은 사람들이 청산가리가 가득 든 자주색 액체를 자진해서 자식들의 입에 부어넣은 다음 자기들도 스스로 그 액체를 마셨다고 한다. 자살을 하지 않겠다고 저항한 사람도 많았지만, 그들은 무장 경비원의 총에 맞거나 강제로 독을 마셔야 했다. 나중에 이 끔찍한 현장에 도착한 조사관들은 집단 살인 및 자살극의 희생자들 중에서 어른 638명과 어린이 276명의 시체를 찾아냈다.

짐 존스는 인디애나에서 처음 설교를 시작한 지 약 23년 후, 48세로 세상을 떠났다. 그의 카리스마적 지도력과 사회·경제적 정의를 부르짖는 가르침은 많은 사람의 심금을 울렸다. 특히 경제적, 정치적, 사회적으로 가장 밑바닥 계층에 갇혀 있다고 생각하던 사람들이 커다란 영향을 받았다. 그는 희망과 치유를 원하던 사람들에게 희망의 메시지와 치유의 기회를 제공해주었다. 공산주의와 평등주의 성격이 강한 인민 사원의 생활방식은 1950년대 중반부터 1970년대 초까지 오늘날 사람들이 상상할 수 있는 것보다 훨씬 더 강력한 이상주의적 매력을 발휘했다. 존스의 사상은 사회주의와 공산주의의 정치 이론뿐만 아니라 초기 기독교 공동체의 경험에도 바탕을 두고 있었다. 기독교에서 파생한 많은 사이비종교 지도자들이 그러하듯이, 존스도 베드로의 지도하에 공동체 생활을 하며 자원을 공유하던 초기 교회의 모델에서 영감을 얻었다.

> 믿는 무리가 한마음과 한뜻이 되어 모든 물건을 서로 통용하
> 고 제 재물을 조금이라도 제 것이라 하는 이가 하나도 없더라.
> … 그중에 핍절한 사람이 없으니 이는 밭과 집 있는 자는 팔아
> 그 판 것의 값을 가져다가 사도들의 발 앞에 두매 저희가 각
> 사람의 필요를 따라 나눠줌이러라.(사도행전 4:32, 34~35)

이 구절은 아나니아와 삽비라에 대한 충격적인 이야기로 이어
진다. 부부 사이인 두 사람은 재산의 일부를 교회에 바치지 않고
거짓말을 했다가 세 시간도 못 돼 베드로의 발 앞에 죽어 쓰러진
다. 앞의 장에서 인용했던 다른 사례들과 마찬가지로 아나니아와
삽비라의 이야기와 베드로가 이끌던 초기 교회의 공동체적 성격
역시 대부분의 근본주의 기독교 목회자들이 묘하게 간과하고 있
는 부분이다. 성경을 문자 그대로 해석해야 한다고 주장하는 그들
은 실제로 성경을 읽고 곰곰이 생각해보는 사람이 사실 그리 많지
않을 것이라고 생각하는 모양이다. 사람들이 실제로 성경을 읽고
스스로 생각해본다면 이 사례처럼 자극적인 이야기들을 발견하
고 그에 따른 의문을 제기할지도 모른다.
　사도행전에 나오는 이 이야기는 상황을 설명하는 말로 끝난
다. "온 교회와 이 일을 듣는 사람들이 다 크게 두려워하니라."(사
도행전 5:11). 나라도 그랬을 것이다. 이 이야기가 사람들의 주목을
끄는 것은 분명하다. 대부분의 교회에서 사람들은 십일조를 내며
흐뭇한 기분을 느낀다.[10] 베드로의 교회에서는 "그 값에서 얼마를

감추매… 얼마를 가져다가 사도들의 발 앞에"(사도행전 5:2) 두는 사람들에게 비참한 결과가 기다리고 있었다. 성경에 나오는 이런 이야기가 짐 존스처럼 카리스마 있는 지도자의 손에 들어가면 강력한 도구가 된다.

마지막이 가까워질수록 짐 존스의 사상과 점점 더 변덕스러워지는 그의 행동에 당황하는 신도들이 늘어났다. 그러나 슬프게도 그들은 이미 조국에서 멀리 떨어진 곳에 거의 갇혀 있는 신세였다. 이 물리적인 거리 때문에 생겨난 격차를 메워보려고 진상을 확인하러 왔던 의회 조사단은 결국 재앙을 앞당기는 촉매 역할을 했다. 게다가 인민 사원의 많은 신도들은 마치 도살장으로 끌려가는 양처럼 행동했다. 그들은 자신의 지적인 능력을 이미 오래전에 창고에 처넣어 버리고 짐 존스의 생각을 무조건 따랐다. 그들은 카리스마적인 지도자에게 맹목적으로 복종했다. 신학적으로는 오순절파에서 '그리스도의 사도들'로 이어져 성경에 나오는 '하늘의 하나님'을 경멸하게 되고, 물리적으로는 인디애나에서 캘리포니아를 거쳐 가이아나의 정글까지 이어진 그 지도자의 여정이 외부인이 보기에는 소설이나 할리우드 영화로도 쓸 수 없을 만큼 비현실적이었는데도 말이다.

아사하라 쇼코와 그 추종자들의 행동과 가르침에도 비슷한 패턴이 분명히 나타난다. 일부 기자들은 아사하라를 망상에 빠진 정신병자나 돈과 권력을 원하는 사기꾼으로 묘사했지만, 생각이 깊은 학자들은 전체적인 맥락을 보면 그의 절충주의적 가르침이 어떻게 발전해왔는지 이해할 수 있다고 주장한다. 일본과 러시아에서 수만 명이 그의 주장에 끌린 것을 가볍게 무시해버릴 수는 없다는 것이다. 시마조노 스스무는 아사하라와 옴 진리교의 초창기 변화(1984~1987년)를 혹독한 요가 훈련과 마술적인 의식을 통해 업에서 자유로워지는 것, 스승이 제자에게 지식을 전달하는 훈련 시스템, 삶과 죽음을 초월함으로써 자유를 성취하는 것(이것은 절대적인 행복이자 절대적인 해방이다) 등 불교의 밀교적인 가르침 및 관행과 관련해서 살펴보고 있다.[11] 개인적인 해방(신도들은 스승에게서 영적인 힘을 받는 입문 의식에 의해 이런 해방이 훨씬 더 촉진된다고 믿었다)에 초점을 맞춘 아사하라의 사상은 인류의 구원에 대한 생각으로 확대되었다. 1980년대 말에 그는 샴발라Shambhala라는 전설적인 이상향을 기반으로 한 이상적인 사회를 건설할 수 있을 것이라는 낙관적인 희망을 자주 이야기했다.

> 샴발라는… 시바 신이 다스리는 곳이며 우주의 진실을 모두 꿰뚫은 영혼만이 들어갈 수 있는 세계다. 그곳에서 세상의 구원자들은 모든 영혼을 구해 해탈로 이끄는 것을 목적으로 삼는다. … 아사하라 교주는 메시아의 임무를 위해 그곳에서 인간 세상으로 다시 태어나셨다. 따라서 인간 세상 전역에 진리를 구현하려는 교주님의 노력은 시바 신의 위대한 의지와 일치한다. … 일본을 샴발라로 변화시키려는 계획은 온 세상을 샴발라로 변화시키기 위한 첫 단계다.[12]

이어 아사하라는 '연꽃 마을 계획'의 윤곽을 설명했다. '연꽃 마을 계획'이란 음식, 의복, 집, 종교 활동을 위한 장소, 교육, 의료 등 사람이 살아가는 데 필요한 모든 것이 제공되는 독자적인 공동체를 만들자는 것이었다. 이렇게 해서 일본 전역에 25개의 센터가 설립되었다. 아사하라의 가르침 속에는 또한 세기말에 아마겟돈 같은 전쟁이 일어날 것이라는 예언적인 말도 섞여 있었다. 아사하라의 생각은 1989년에 분명한 변화를 겪은 듯하다. 이때 아사하라는 아마겟돈이 불가피하며, 세계 인구의 4분의 1이 사라질 것이라고 믿었다. 그는 글에서 계시록을 언급했으며, 중동 분쟁을 종말의 분명한 징후로 인용했다. 그는 자신의 "구원 계획이 예정보다 늦어지고 있으며, 살아남을 사람의 비율이 점점 낮아지고 있음"[13]을 인정했다. 그는 앞으로 옴 진리교가 저지르게 될 일을 미리 암시하듯, 재앙을 막는 일에 주력하던 옛날과 달리 극한 상황에서의 생존에 점점 더 초점을 맞추기 시작했다. 그리고 이와 비슷한 시기에 옴 진리교가 공격적으로 새로운 신도들을 영입하고 자금을 모으는 것에 대해 부정적인 보도가 나오기 시작했다. 아사하라는 이제 시간이 얼마 남지 않았으며 세상의 미래가 위태롭다고 생각했다. 그가 그런 종말을 그리고 있었으므로 협박이나 폭력 등 모든 수단이 정당화되었다. 옴 진리교 신도의 가족들에게 의뢰받아 활동하던 한 변호사가 어느 날 갑자기 가족들과 함께 사라져버렸다. 이와 관련해 옴 진리교가 뭔가 나쁜 짓을 저질렀을 것이라는, 상당히 근거 있는 의심이 생겨나면서 다른 신도 가족들이 더욱 반대의 목소리를 높였다. 구원 계획을 실행할 시간이 얼마 남지 않았고 자신들의 종교 활동이 별로 효과를 거두지 못하고 있다고 생각한 옴 진리교 지도자들은 1990년 총선에 25명의 신도를 출마시키기로 결정했다. 그러나 이들은 모두 선거에서 패배했다. 이에 아사하라는 자신이 창설한 종교 내부로 관심을 돌리게 되었다. 샴발라를 건설하기 위한 연꽃 마을 계획이 1950년대와 1960년대에 많은 미국인들이 실행했던 방사성 낙진 대피 계획과 점점 더 비슷해지기 시작한 것이다.

1990년대 초부터 중반까지 아사하라의 가르침과 옴 진리교의 활동 중 일부는 틀림없이 폭력적이었다. 옴 진리교 신도들은 사람을 납치하고 강제로 약물을 주입하고 전기충격을 가하는 등 범죄를 저질렀으며 심지어 살인도 마다하지 않았다. 그들은 때로 옴 진리교에 가입할 생각이 전혀 없는 사람들을 강제로 센터에 데려와 강제로 약을 먹였으며, 교단을 떠나려 한 신도들을 오랫동안 가둬두기도 했다. 이들이 이처럼 공격적이고 폭력적인 행동을 한 것은 끔찍한 전쟁이 임박했다는 확신 때문이었던 것 같다.[14] 아사하라가 나중에 내놓은 가르침에는 폭력을 '연민에 의한 행위'로 옹호하는 내용이 포함되어 있었다. 마에카와 미치코는 아사하라의 교리인 '포아Poa'가 어떻게 해서 지하철 사린가스 살포 사건으로 이어졌는지 다음과 같이 설명했다.

옴 진리교〔신도들〕는 어떤 사람이 다음 생에서 반드시 해결해야 할 나쁜 업을 쌓지 못하도록 그 사람을 죽이는 것이 포아에 포함된다고 해석했다. 따라서 그것은 연민에 의한 행위였다. … 지하철에 가스를 살포한 사건은 이미 과거에 폭력을 저지르면서 적용했던 이 논리를 확대한 것에 불과했다. 폭력을 정당화하는 이 논리와 신앙에 빠져 있다가 벗어난 사람들은 모두 자신이 불교에서 가장 커다란 죄로 간주하는 살생을 저질렀다는 냉혹한 현실과 마주하게 되었다.[15]

종교가 사악해질 때

인민 사원을 세운 짐 존스의 경우와 마찬가지로, 이 짧은 설명은 아사하라 쇼코의 가르침과 옴 진리교의 발전에 대한 포괄적인 분석과 거리가 멀다. 그러나 몇 가지 충격적인 특징들이 분명히 드러난다. 우선 이 사이비종교의 중심에는 전적인 복종을 요구하는 카리스마적 지도자가 서 있다. 신도들은 아사하라가 이미 각성을 경험한 진정한 안내자라고 생각했다. 그를 신으로 생각하는 사람도 있었다. 종교 지도자가 무제한적인 권력과 완벽한 통제권을 지니게 되면 그 지도자를 존경하는 마음이 위험한 성격을 띠게 된다. 옴 진리교의 신도들에게는 독자적인 의견을 개진하거나 논쟁을 벌일 여지가 거의 없었다. 교주께서 모든 것을 알고 계시니까. 고타마 싯다르타가 그랬던 것처럼, 아사하라도 신도들에게 길을 여는 사람으로 받아들여졌다. 그러나 윤리적 훈련과 평생에 걸친 미덕의 실천을 강조하는 전통적인 불교의 특징이 옴 진리교에는 결여되어 있었다. 부처는 팔정도八正道에 대한 가르침을 통해 이정표를 제시해주었다. 자신이 가고자 하는 목적지와 수단이 서로 밀접하게 관련되어 있다는 것이었다. 그러나 아사하라에게는 이런 것이 없었다.

카리스마 있는 종교 지도자가 원래 나쁜 것은 아니다. 오히려 모든 종교에는 그런 지도자가 반드시 필요하며, 그들은 모든 종교의 핵심적인 특징이다. 20세기에 마하트마 간디와 마틴 루서 킹 목사가 어떤 기여를 했는지 생각해보라. 그들은 비범하고 카리스마 있는 지도자로서 자신의 조국과 세계를 변화시켰다. 그러나 그들은 인간이지 신이 아니었다. 그들은 모두 인간으로서 자신의 한계와 결점을 잘 알고 있었다. 그들은 자신이 깊이 간직한 신념과 가르침에 전적인 복종을 요구하지 않았다. 간디와 킹 목사는 각자 자신의 종교적 전통에 입각한 설교로 사람들의 양심에 호소하면서 숭고한 대의에 참여할 것을 권유했다. 그들이 벌인 운동은 추종자들의 심리를 체계적으로 조작하지도 않았고, 강압적이지도 않았다. 그들이 전파한 말과 행동이 진실하고 완전하다고 해서 그것을 지적으로 검토하고 살펴보는 것이 금지되지도 않았다. 오히려 그들의 지도 방식과 분명한 가르침은 사람들의 머리와 가슴에 모두 닿았다. 그들의 추종자들은 모두 자발적으로 따라나선 사람들이었으며, 원한다면 그들의 곁을 떠날 수도 있고 활동을 줄일 수도 있었다.

전적인 복종을 요구하거나 기대하는 지도자들도 기꺼이 자신을 따르는 추종자를 찾아낼 수 있다. 타락한 종교는 신도들을 통제하기 위해 고안된 강압적인 전술을 자주 사용한다. 어떤 경우에는 노골적인 심리 조작을 통해 신도들을 '모집'하기도 한다. 신생 종교 집단이 간혹 사용하는 세뇌 전술에 대해서는 여러 분석가들이 집중적으로 연구하고 있다. 1960년대 말과 1970년대에 사이비 종교가 우후죽순 생겨나면서 거기에 상응하는 산업, 즉 세뇌를 풀어주는 직업이 생겨났다. 하나님의 자식들Children of God이나 통일교 같은 종교 집단 신도의 가족들은 그들이 교활한 속임수와 세뇌에 당해 그 종교에 빠지게 되었다고 굳게 믿었다. 인민 사원과 옴 진리교를 포함한 일부 종교 집단들이 고립 전술, 굶기기, 집단 압박은 물론 심지어 약물까지도 사용했다는 증거가 많다. 따라서 신도들의 맹목적인 복종이 항상 자발적이기만 한 것은 아니다. 그것은 종교가 사악해지고 있다는 확실한 징후다.

위에서 살펴본 사례들이 극단적이기는 해도 전 세계의 많은 카리스마적 종교 지도자와 종교 집단이 대체로 이런 특징이 있다. 사람들이 무비판적으로 종교적인 권위자의 지시를 따를 때 커다란 위험이 생겨난다. 절대적인 진리를 주장하는 사람들을 다룬 앞 장에서 살펴보았듯이, 지도자를 자처하고 나서서 자신이 모든 해답을 알고 있다고 주장하는 사람들은 항상 존재한다. 자신이 하나님의 대변자라고 주장하는 사람도 적지 않다. 지금까지는 대중적으로 크게 드러난 인물들에게만 초점을 맞췄지만, 종교 지도자가 거의 제약을 받지 않고 지나친 권력을 휘두르는 곳에는 항상 똑같은 위험이 도사리고 있다.

현대의 이슬람교에서 이런 현상이 분명하게 드러난 것은 이란과 레바논에서 대규모 분쟁이 일어났을 때였다. 혼란스러운 상황에서 두드러진 활동을 보이면서도 대중적으로는 거의 알려져 있지 않던 종교 지도자들이 강력한 영향력을 발휘하고 있음이 분명해졌다. 수니파에는 엄밀히 말해서 성직자가 존재하지 않지만, 이슬람교의 소수파인 시아파에는 위계질서가 엄격한 성직 제도가 존재한다. 거기서 최고의 성직자가 아야툴라다.[16] 성직자가 이 자리에 이르기 위해서는 온갖 종류의 종교적 문제와 개인적 문제에 대한 조언을 구하는 신도들을 많이 거느려야 한다. 1978~79년에 벌어진 이란 혁명의 지도자 아야툴라 호메이니가 그런 경우였다.

호메이니는 놀라운 인물이었다. 그는 대중적인 지도자로서 팔레비 정권의 착취와 무도함에 시종일관 대담하게 도전했다. 그는 자신을 비롯한 많은 사람들이 경험한 불의에 맞서면서 오랫동안 커다란 대가를 치렀다. 그의 아들을 포함한 많은 추종자들이 고문을 당하거나 살해당했으며, 그 자신도 감옥에 갇혔다가 추방되었다. 대부분의 이란인들에게 호메이니는 원칙이 있고 도덕적인 이슬람 지도자였으며, 권위적인 정권을 제거하려는 운동의 구심점이었다. 나는 다른 미국인 여섯 명과 함께 1979년 크리스마스에 쿰에 있는 호메이니의 집을 찾아갔을 때, 부드러운 말씨의 할아버지 같은 인물과 맞닥뜨렸다. 그때 그는 80세였지만, 카리스마가 대단했다. 그의 눈은 생생하게 살아서 사람들의 마음을 끌어당겼다. 그 후 13개월 동안 도합 8주를 이란에서 보내면서 나는 그를 다시 직접 만나기도 했고, TV에 나온 그를 여러 번 지켜보기도 했다. 그래도 그를 처음 만났을 때 느낀 그 인상은 변하지 않았다. 나는 이란을 세 번 방문해서 다른 아야톨라 네 명을 직접 만난 적이 있다. 그들의 정치 참여도는 각각 크게 달랐지만, 모두 대단한 카리스마를 지닌 지도자들이었다. 그중 두 명은 따스하고 매력적인 사람이었으며, 내가 지금까지 만난 사람들 가운데 가장 흥미로운 사람들에 속한다. 나머지 두 명은 자신들의 강력한 지위를 분명히 인식하고 그것을 즐기고 있었다. 그 두 명 중 아야톨라 할칼리Khalkali는 오금이 저릴 만큼 무서운 사람이었다.

짐 존스나 아사하라 쇼코처럼 불길한 인물들을 살펴볼 때 이미 보았듯이, 단순한 분석으로는 강력하고 카리스마적인 지도자들을 제대로 파악할 수 없다. 그들의 가르침에는 긍정적이고 매력적인 측면이 많다. 아야톨라 호메이니의 경우에도 마찬가지였다(사실 내가 보기에는 그의 가르침이 훨씬 더 매력적이었다). 그러나 종교 지도자가 신도들에 대해 커다란 힘을 갖게 되면 항상 위험이 근처에 어른거린다. 그들이 추종자들에게 폭력적인 행동을 하라고 지시하고 추종자들이 무비판적으로 그 지시에 따른다면, 권력 남용의 가능성이 극단적으로 높아진다. 10년에 걸친 잔인한 이란-이라크 전쟁 기간 동안 아야톨라 호메이니는 이란의 10대 청소년들에게 "하나님이 가장 위대하시다"는 말을 외치면서 지뢰밭을 가로질러 돌격하라는 명령을 내렸다. 그러면서 그는 순교자들이 낙원에 갈 것이라고 약속했다. 이 지시를 얌전히 받아들인 수천 명의 청년들이 목숨을 잃었다. 살만 루시디Salman Rushidie의 책 『악마의 시The Satanic Verses』가 신성을 모독했으므로 그를 죽여야 한다는 호메이니의 저 유명한 파트와fatwa, 즉 법적인 판결로 인해 충실한 암살자 지망생들이 추적에 나섰고, 루시디는 영국에서 몸을 숨길 수밖에 없었다. 앞에서 언급했듯이, 레바논의 유명한 시아파 지도자 중에도 신도들에게 궁극적인 자기희생을 요구한 사람이 여러 명 있었다. 그들은 경전에 대한 나름의 해석을 바탕으로 신도들에게 자살 폭탄 공격이나 순교를 요구했고, 수백 명이 부름에 응했다.

강력한 사상이나 가르침은 카리스마적 지도자가 행사하는 영향력의 범위를 자주 초월해버린다. 심지어 파괴적인 가르침도 마찬가지다. 처음에 순교의 행위로서 자살 폭탄 공격에 나선 사람들에게 그런 생각을 불어넣은 것은 레바논의 몇몇 종교 지도자들이었다. 그런데 2010년대에 이스라엘과 팔레스타인의 분쟁이 격화되면서, 팔레스타인의 수니파 신도들도 매주 자살 폭탄 공격이라는 끔찍한 행동에 나서게 되었다.

교리의 노예

강렬한 종교적 사상이나 교리의 측면에서, 종교 지도자들을 지적으로 면밀하게 분석해보지 않을 때 생기는 위험도 현실이다. 짐 존스와 아사하라 쇼코는 아마겟돈이 다가오고 있다고 거듭 말했다. 불길한 묵시록적 교리는 그들의 종교관에서 핵심적인 요소다. 무조건적인 추앙을 받는 종교 지도자가 세상의 종말이 가까웠다고 말한다면, 그것만큼 중요한 문제가 어디 있겠는가? 세상의 종말에 비하면 평범한 일상생활의 모든 측면들은 그저 하찮게 보일 뿐이다. 이런 교리에 대한 대중의 비난이나 가족의 만류는 이 사악한 세상이 진리에 대해 적대적인 태도를 취하고 있으며 종말이 정말로 가까웠다는 생각을 더욱 강화해줄 뿐이다. 따라서 이런 종교 집단들은 대개 더욱 내향적으로 변해서 사회에서 더욱더 멀어진다.

그러나 이런 묵시록적 교리를 믿는 종교 집단에서 분명하게 드러나는 특징은, 자신들이 필연적인 재앙을 어떻게 해서든 줄일 수 있거나, 아니면 최소한 자기들만은 살아남을 수 있을 것이라는 믿음이다.[17] 짐 존스와 아사하라 쇼코는 종말이 코앞까지 다가왔다면서도 신도들에게 계속해서 어느 정도의 희망을 불어넣었다. 이것 역시 이런 종교 집단의 핵심적인 요소다. 필연적인 일을 가만히 앉아서 기다리는 대신[18] 교주가 신도들에게 할 수 있는 일과 반드시 해야 하는 일을 분명하게 구체적으로 알려주는 것이다. 따라서 교주가 요구하는 행동과 교리가 크게 변하는 와중에도 많은 신도들이 몇 달, 혹은 몇 년씩 얌전히 교주의 지시를 따르게 된다.

외부 사람의 눈에는 앞뒤가 다른 주장과 비난받아 마땅한 행동이 분명히 보이지만, 교주에게 맹목적으로 복종하는 신도들은 그것을 보지 못한다.

나는 웨이크 포리스트에서 '내세의 개념'이라는 제목의 강의를 하고 있다. 학생들도 다른 사람들과 마찬가지로 "사람이 죽으면 어떻게 되는가?" 하는 질문에 대해 개인적인 흥미를 갖고 있기 때문에 내 강의에 커다란 매력을 느낀다. 내 강의는 이 질문에 대한 주요 종교들의 다양한 태도와 임사 체험이라는 현상을 다루고 있다. 강의를 듣다 보면 학생들은 내세에 관한 의문이 존재의 의미에 대한 더 폭넓은 이해와 유기적으로 연결되어 있다는 것을 알게 된다. 또한 수없이 다양한 사상과 주장들 속에 놀라울 정도로 비슷한 점이 숨어 있다는 것도 알게 된다. 세상의 종말을 알리는 전쟁과 그때 등장하는 구세주, 혹은 존재의 순환에 대한 가르침은 많은 종교 속에 깊이 배어 있다. 여러 종교들은 불의에 관한 궁극적인 의문들에 답을 제시하고 앞으로 다가올 세상에서 더 좋은 미래를 맞을 수 있을 것이라는 희망을 지탱하기 위해 상징적인 방법들을 동원한다. 신도들이 이런 가르침을 곧 현실이 될 수도 있는 미래의 시나리오로 받아들일 때, 다른 사람들이 보기에는 기괴하기 짝이 없는 행동이 흔하게 나타난다. 이런 맥락에서 보면, 종교가 항상 사악하다기보다는 분별없고 파괴적인 성향을 띠는 경우가 많은 것 같다.

묵시록적 교리의 강렬한 매력은 종교 그 자체만큼이나 긴 역사가 있다. 기독교 천년왕국 신봉자와 중세의 신비주의적 무정부주의자들에 대한 노먼 콘Norman Cohn의 고전적인 저서 『천년

왕국 운동사『The Pursuit of the Millennium』는 메시아와 묵시록적인 사상을 내세워 수백 년 동안 유럽 전체를 쑥대밭으로 만든 수십 명의 사람들과 종교 집단들의 이야기를 기록한 것이다.[19] 극적인 변화가 임박했다는 신비주의적 가르침과 거짓 메시아는 유대교에도 파고들었다. 17세기에 가자의 나단Nathan of Gaza과 샤베타이 체비Shabbatai Zevi를 중심으로 소용돌이친 메시아 운동은 역사상 가장 유명한 사례 가운데 하나다. 1665년과 1666년에 나단은 메시아 열기를 부추기기 위해 놀라운 내용의 편지를 배포하고 체비에 대한 소문을 퍼뜨렸다. 그 결과 팔레스타인과 유럽의 여러 지역은 물론 심지어 멀리 동쪽의 이란까지 집단 히스테리가 일어났다. 체비는 1666년 6월 18일이 바로 구원의 날이라며 전통적인 가르침과 관습적인 율법들을 완전히 뒤집어버렸다. 랍비가 여기에 항의하면 체비는 그 랍비를 부정한 짐승으로 몰았고, 광신도들이 그 랍비의 집을 수시로 공격했다. 많은 사람이 가진 것을 모두 팔아 성지로 순례 여행을 떠났다. 유대교인들의 이런 광적인 행동은 무슬림 관리들을 긴장시켰다. 체비는 1666년 9월에 콘스탄티노플에서 체포되었는데, 당국은 그에게 이슬람교로 개종하는 것과 사형당하는 것 가운데 하나를 택하라고 했다. 체비는 개종을 선택해서 소액의 정부 연금을 받으며 여생을 마쳤다. 체비가 이처럼 개종을 했는데도 그를 메시아로 따르는 사람들의 믿음이 사라지지 않은 것은 정말 놀라운 일이다. 그의 추종자들은 체비가 교활한 작전을 꾸며 일부러 배신한 척했다고 생각했다. 이제 그는 이슬람 제국 안에 침투한 트로이의 목마 같은 존재였다. 유럽과 팔레스타인의 유대교인들 가운데 일부는 1세기가 넘도록 샤베타이 체비가 메시

종교가 사악해질 때

아라는 생각에 사로잡혀 있었다.[20] 그리고 이런 믿음은 20세기까지 명맥을 유지했다.

이런 교리에 엄청난 힘이 있다는 사실을 깨달은 종교 지도자들은 그동안 수없이 많았으며, 짐 존스와 아사하라 쇼코도 여기에 속한다. 이들이 내놓은 교리의 구체적인 내용은 시대와 종교에 따라 다양하지만, 재앙이 임박했으며 우리의 삶이 완전히 바뀔 것이라는 가르침은 사방에 퍼져 있다. 이것은 우리가 앞 장에서 보았던 절대적인 진리 주장의 또 다른 형태다. 사람들이 이런 주장을 받아들이고 나면, 그들의 두뇌가 기능을 멈춰버린 것처럼 보이는 경우가 허다하다. 그들이 더 이상 스스로의 판단력과 상식에 기대지 않기 때문이다. 다음 장에서는 이런 특징의 또 다른 측면, 즉 하나님을 도와 지상에 이상향을 건설하겠다고 애쓰는 사람들의 모습을 좀 더 자세히 살펴보겠다.

수사 당국은 묵시록이나 천년왕국에 대한 열기에 휩싸인 사람들이 위험하다는 것을 잘 알고 있다. 서기 2000년이 다가오면서 많은 사람들이 Y2K로 인해 컴퓨터가 대혼란을 일으킬까 봐 걱정하고 있을 때, FBI는 메기도Megiddo라는 프로젝트를 준비하느라고 여념이 없었다. 메기도는 이스라엘 북부에 있는 산 이름인데, 아마겟돈은 바로 이 이름에서 유래한 것이다. FBI는 새로운 천 년에 대한 기대 때문에, 혹은 새로운 천 년의 도래에 대한 반응으로서 미국 내에서 테러가 일어날 가능성에 대한 전략적 분석을 준비했다. FBI 보고서는 기독교인의 정체감, 백인 우월주의, 민병대, 흑인 히브리 이스라엘인, 묵시록적인 사이비종교 등 항목별로 중요 종교 집단의 교리와 행동을 간략하게 설명했다.[21] 한편 이스라엘 정부도 1999년 후반의 몇 달 동안 잠재적인 위험이 있는 수십 개의 종교 단체 지도자들을 구금하거나 추방했다. 미국과 이스라엘 정부가 소규모 광신도 집단의 위험에 대해 이토록 우려한 데에는 다 그럴 만한 이유가 있었다. 도쿄 지하철에서 벌어진 사린가스 살포 사건은 일종의 경종이었다. 그리고 세월이 흘러 2001년 9월 11일에 벌어진 사건은 결코 경계를 게을리 하지 말아야 한다는 주장을 정당화해주었다. 반드시 많은 사람을 동원해야만 대규모의 파괴 행위를 저지를 수 있는 것은 아니다.

묵시록적인 교리는 그보다 더 커다란 이슈를 백일하에 드러낸다. 대중적인 교리는 물론이지만 전통적인 교리 역시 무비판적으로 받아들이는 것은 결코 현명한 일이 아니다. 폭력적이고 파괴적인 행동을 장려하거나 요구하는 가르침의 경우에는 특히 더 그렇다. 때로는 이런 집단들이 너무나 충격적인 짓을 저지르는 바람에 여러 언어에서 사용되는 새로운 용어가 생겨나기도 한다. 예를 들어, 자객thug이라는 단어는 힌두교의 칼리 여신을 따르는 특정 집단의 '종교적인' 행위에서 온 말이다. 이 칼리 여신의 추종자들, 즉 새그thag는 1천 년이 넘도록 사람들에게서 물건을 빼앗은 다음 그 사람을 죽여 죽음과 파괴의 여신인 칼리에게 그 시체와 강탈물의 3분의 1을 바쳤다. 그들이 남자 피해자들을 처리하는 방법(여자를 죽여서는 안 되는 것으로 되어 있었다)으로는 독살, 물에 빠뜨리기, 산 채로 불태우기, 교살 등이 포함되었다. 종교적 행위인 살인에서 피를 흘리는 것은 허락되지 않았기 때문이다. 새그는 인도 북부와 중부에서 특히 활발하게 활동했다.

이들의 행동은 시아파의 한 분파였던 아사신파와 비슷하다.

아사신파는 11세기부터 13세기 사이에 시리아와 페르시아를 공포로 몰아넣은 집단이다. 아사신Assassin은 hashashin('해시시를 피우는 사람들')이라는 아랍어에서 유래한 말로, 시아파 중 이스마일파에 속하는 지극히 호전적인 집단인 니자르파의 또 다른 이름이다. 이 비밀스러운 집단은 시리아의 요새 여러 곳을 장악했으며, 사실상 왕국 안의 또 다른 왕국이었다. 그들은 테러리즘과 특정 정치 지도자들의 암살을 통해 적들의 가슴에 공포를 불어넣었다. 이들이 즐겨 쓰던 전술은 적들 가운데로 침투하는 것이었다. 암살자가 일단 적의 신뢰를 얻은 다음, 자신이 죽여야 할 사람의 몸에 칼을 찔러 넣는 것이다. 많은 정치적 반대 세력들이 공포 때문에 아사신파와 타협을 꾀했다. 아사신파는 1256년에 몽골의 침입이 있은 후 사라졌는데, 이들이 정말로 해시시를 피웠는지는 불분명하다. 이들에게 아사신파라는 이름이 붙은 것은 아마도 입문식에서 약물이 사용되었다는 이야기 때문이거나, 아니면 이들을 깔보고 헐뜯으려는 의도가 작용한 때문일 것이다.[22] 그러나 이름의 어원이야 어찌 되었든 십자군 병사들이 이 단어를 유럽까지 퍼뜨렸고, 그 후 이 단어는 라틴어·프랑스어·이탈리아어 등 여러 언어에 편입되었다.

문제가 되는 교리들을 잘 살펴보면 종교 집단이 무자비한 행동을 지지하는 가르침을 수용한 사례들이 견디기 힘들 정도로 분명하게 드러난다. 현대에 이르러 노예 제도나 남아프리카의 인종차별 정책을 지지한 '기독교' 설교들을 읽어보아도 이 점을 분명히 알 수 있다. 진정한 종교는 늘 신도들에게 의문을 갖고 곰곰이 생각해볼 것을 권고한다. 종교 집단의 지도자가 정직한 의문을 억압하거나 금지한다면, 분명 뭔가 잘못된 것이다. 비윤리적인 행위를 지지하는 교리에 대해서는 항상 이의를 제기해야 한다. 그러나 이것이 말처럼 쉽지는 않다. 믿음의 공동체 안에서 순응해야 한다는 사회적 압박이 강할 때에는 특히 더 그러하다. 이런 압박은 흔히 특정 종교 집단이 사회 전체와 자신을 대립 관계로 놓을 때 발생한다. 일부 집단들은 사회 전체가 타락했다며 물리적으로 사회와 멀어지기도 한다.

사회와 멀어지기

지금까지 인민 사원과 옴 진리교를 살펴본 결과 많은 사이비종교에서 공통적으로 나타나는 패턴이 분명히 드러났다. 이 종교 집단들은 처음에는 사람들을 구원하거나 사회적 문제들을 개혁하기 위한 훌륭한 프로그램들을 갖고 있었지만, 결국은 사회로부터 멀어지다 못해 심지어 스스로를 고립시키기까지 했다. 이 종교 집단의 신도들은 사회가 타락했으며, '구원받는' 것에 관심이 없다고 생각했다. 그리고 사회에 속한 여러 사람과 기관이 노골적으로 적의를 드러내고 있다고 주장했다. 인민 사원과 옴 진리교는 모두 사회와 물리적으로 거리를 두었다. 짐 존스가 다른 대륙의 정글 한가운데에 존스타운을 건설한 것은 그와 그의 신도들이 사회에 대해 얼마나 적의를 갖고, 사회를 얼마나 깊이 거부했는지 잘 보여준다. 수상쩍을 뿐만 아니라 심지어 범죄라고까지 할 수 있는 존스의 행동이 신도들의 이러한 행동에 얼마나 영향을 미쳤는지는 여기서 중요하지 않다. 신도들은 사회가 자신에게 적대적이라는 인식 때문에 사악한 '체제'와 자신들이 대립하고 있다는 주장을 더욱 굳게 믿었다. 존스는 사악한 체제가 가난한 사람들에게 힘을 주는 자신들의 행동을 '용서할 수 없는 죄악'으로 보고 있다고 말했다. 라이언 의원이 존스타운을 찾아온 사건은 존스에게 마지막 결정타였다.

어떤 의미에서는 모든 종교에 속한 거의 모든 집단이 사회와 어떤 관계를 맺는 것이 적절한지 반드시 고민해봐야 한다. 모든 종교는 인간의 삶에서 뭔가가 심각하게 잘못되어 있다고 가정한다. 인간이 처한 곤경의 본질에 대한 가르침과 원하는 목적지에 이르는 길에 대한 지침은 모든 종교의 핵심 요소다. 신도들은 이런 지식으로 무장하고서 대부분의 사람들이 자기와 같은 믿음을 갖고 있지 않은 세상에서 어떻게 하면 가장 잘 살아갈 수 있는지 반드시 생각해봐야 한다. 다시 말해서, 유대교인이든 힌두교도든 기독교도든 믿음을 가진 사람들이 세상에 섞여 살면서도 순응하지 않는 방법이 무엇인지 생각해봐야 한다는 뜻이다. 바로 이 딜레마 때문에 심각한 긴장이 생겨난다. 기독교인이 '구원'을 받는다고 해서 즉시 하늘나라로 올라가는 것은 아니다.[23] 불교도 역시 깨달음을 얻더라도 이 세상에 남아 있는 것은 마찬가지다. 더러운 연못에 아름다운 연꽃이 떠 있는 모습은 불교도들이 이승의 삶을 어떻게 인식하고 있는지 상징적으로 보여준다.

고전적인 힌두교에는 이 세상을 긍정하는 시각과 부정하는 시각이 동시에 포함되어 있다. 한편에서는 카스트 제도가 업과 환생의 법칙과 맞물려 이승의 삶을 신실하게 살아갈 수 있는 윤리적이고 체계적인 방법을 제공해준다. 사람이 이승을 살면서 자신의 분수(이는 각자의 업에 의해 결정된다고 여겨진다)에 맞는 행동을 한다면 영적인 면에서 점점 앞으로 나아갈 수 있는 희망이 있다는 것이다. 영적인 의식 속으로 좀 더 깊숙이 들어가 보면, 이 물질적인 세상은 궁극의 현실이 아니라 환상이 된다. 따라서 영적인 길의 마지막 단계에서 사람들은 산야신sannyasin, 즉 이승과의 모든 인연을 끊어버리고 방랑하는 고행자를 만나게 된다.

여러 종교의 서로 다른 집단들은 이런 긴장을 매우 다양한 방법으로 분류한다. 한쪽 극단에는 전반적으로 사회와 떨어져 살면서도 건전함을 유지하는 집단이 있다. 아미시 교도나 여러 종교의 수도원 등이 눈에 띄는 예다. 이보다 덜 극단적인 예로는 신도들이 직장에서 일을 하지 않는 모든 시간을 매주 교회에 바치도록 해서 사실상 별도의 공동체를 형성하는 종파가 있다. 오늘날 미국 전역의 많은 도시에 있는 초대형 교회들은 종교적인 활동과 예배 외에도 사람이 생각해낼 수 있는 온갖 종류의 운동 경기와 레크리에이션 프로그램, 그리고 갖가지 사교 활동과 교육 프로그램 등을 통해 자기들만의 공동체를 형성한다. 이들 중에는 자체적으로 사립학교를 설립해 운영하는 곳도 많다. 이런 공동체들은 심지어 헬러윈, 신년, 독립기념일 등을 기독교식으로 변형시켜 축하하기까지 한다.

가능한 한 외부의 간섭 없이 신도들을 돌보고 교육시키고 싶다는 충동은 흔하게 발견되며, 충분히 이해할 수 있는 일이다. 종교 집단이 사회에서 얼마나 동떨어져 있는지, 그리고 윤리적인 면에서 자체 지도자들에게 책임을 묻는 체제가 얼마나 효과적인지에 비례해서 심각한 문제가 일어날 가능성이 커진다. 우리가 앞에서 살펴본 사례들은 신도들이 사회에서 완전히 격리된 상태에서 교주 한 사람이 무한한 권력을 쥐는 것이 얼마나 위험한지 잘 보여준다.

대중적으로 널리 알려진 최근의 또 다른 사례로는 텍사스주 웨이코에서 데이비드 코레시가 이끌던 다윗파 사건을 들 수 있다. 다윗파는 제7일 예수 재림교의 한 분파다. 그들은 주류 사회의 간섭 없이 교주 빅터 하우테프Victer Houteff의 가르침을 따르기 위해 1935년에 텍사스주 웨이코 근처에 카멜산이라고 불리는 신앙촌을 설립했다. 1955년에 하우테프가 세상을 떠나자 그의 아내인 플로렌스가 교주를 맡았고, 그녀는 1959년 4월 22일에 새로운 시대가 시작될 것이라고 선언했다. 이 예언의 때를 기다리기 위해 미국 전역에서 9백여 명이 카멜산으로 거처를 옮겼다. 그러나 아무런 일도 일어나지 않자 대부분의 사람들은 환멸을 느끼며 신앙촌을 떠나기 시작했다. 결국 50여 명만이 웨이코에서 약 16킬로미터 떨어진 새로운 카멜산으로 거처를 옮겼다. 이 신생 단체는 무능한 교주 밑에서 간신히 목숨을 부지했는데, 1981년에 버넌 하월Vernon Howell이라는 인물이 이 단체에 들어왔다. 버넌은 입교한 지 몇 년 되지도 않아 교주가 되었으며, 자신이 하나님에게서 '하나님의 양'이라는 역할을 부여받았다고 선언했다. 그리고 1990년 자신의 이름을 데이비드 코레시로 바꿨다. 데이비드라는 이름은 메시아의 조상인 이스라엘 왕 다윗을 뜻하고, 코레시는 바빌로니아인들의 손에서 예루살렘을 해방시켜 구약성서에서 메시아로 칭송받는 페르시아의 왕 키루스Cyrus의 다른 표기였다.[24]

'신의 영감'을 받았다는 코레시의 가르침은 곧 다가올 아마겟돈에 집중되어 있었다. 그는 계시록 5장에 언급된 일곱 개의 봉인을 열고 그 안의 내용을 해석하는 것이 자신의 역할이라고 선언했다. 이렇게 봉인을 풀면 그리스도가 재림하신다고 했다. 코레시는 묵시록에 묘사된 일들이 이스라엘과 팔레스타인이 아니라 미국에서 벌어질 것이라고 믿었다. 그래서 식량과 무기를 비축하는 등 생존을 위한 준비를 시작했다. 또한 다윗의 가문을 세울 책임이 있다면서, '영적인 아내들'을 취하기 시작했다. 코레시는 성경의 일부 구절들을 골라, 하나님의 양의 씨앗만이 순수하므로 오로지 자신만이 카멜산의 모든 여자들과 성관계를 맺어야 한다고 해석했다. 신앙촌에 살던 모든 사람, 심지어 이미 결혼한 부부들까지도 이것이 하나님의 뜻이라고 받아들였던 것 같다. 비록 신학적으로는 맥락이 다르지만, 카리스마적 종교 지도자가 성적인 권리를 갖는 것은 많은 사이비종교에서 흔히 나타나는 패턴이다. 짐 존스와 아사하라 쇼코에게도 역시 이런 면이 있었다. 신도들이 교주의 이런 행동을 기꺼이 받아들인다는 것은 그들이 교주에게 맹목적인 복종을 바치고 있으며 독립적인 생각을 거의 하지 못하고 자신의 양심에도 눈을 돌리지 않는다는 확실한 증거다.

1993년 4월 19일에 카멜산에서 발생한 대화재에 대해 많은 사람들이 여러 엇갈린 설명을 한다. 사람들은 주류·담배·화기 단속국과 FBI가 이 종교 집단과 분쟁을 일으키는 바람에 화재가 발생해 어린이 21명이 포함된 신도 75명과 코레시가 목숨을 잃었다며 날카롭게 비판한다.[25] 다윗파에 대해 별로 관심이 없던 많은 미국인들도 미국 정부가 다윗파에 대해 부당한 간섭을 했다며 크게

종교가 사악해질 때

분노했다. 그로부터 2년 후 티모시 맥베이가 오클라호마시티의 연방정부 건물에서 폭탄을 실은 차를 폭발시켜 168명(어린이 19명 포함)이 사망하고 500여 명이 부상한 사건은 이때 사람들이 느낀 분노가 얼마나 컸는지를 여실히 보여주었다.

종교의 자유는 미국인들이 소중하게 간직해온 삶의 초석이다. 그런데 다윗파에게는 왜 그 권리를 보장해주지 않았는가? 성경의 예언에 대한 나름의 생각을 전파하는 것이나 성인들이 서로 동의하에 성관계를 갖는 것이 연방법으로 처벌해야 할 범죄인가? 이 사건에서 정부는 두 가지 혐의를 바탕으로 다윗파의 활동에 개입했다. (불법 무기를 포함한) 무기의 구입 및 비축, 그리고 신앙촌 내의 아동 학대가 그것이었다. 이 두 가지는 사회가 마땅히 관심을 가져야 하는 문제였다. 자신들이 진리를 알고 있다며 묵시록을 믿는 사람들이 무장을 갖춘다면 사회 전체에 확실한 위협이 된다. 게다가 국가는 어린이나 스스로 보호할 수 없는 사람을 보호할 권리와 의무가 있다. 예를 들어 사회복지를 담당한 관청은 법원의 판결에 따라 어린이를 학대하는 부모에게서 떼어놓을 수 있다. 종교의 자유가 있다면 종교로부터의 자유 또한 있다는 것을 반드시 명심해야 한다. 정부가 나서서 크리스천 사이언스 신도의 자식들이 반드시 의료 서비스를 받게 한 사례나 사립 기독교 학교의 심한 체벌을 경감시킨 조치 등은 정부가 개입해야 할 곳과 개입하지 말아야 할 곳을 구분하기가 매우 어렵다는 점을 다시 한번 일깨워준다. 이는 다윗파의 비극적인 사건에서도 마찬가지였다.

종교 단체들은 필연적으로 자신이 사회 전체보다 우월하다고 여기거나, 사회와 어느 정도 긴장 관계를 형성한다. 종교 단체가 사회에서 아무리 동떨어져 있다 해도, 권위와 책임이라는 문제가 항상 핵심적인 이슈로 등장하기 마련이다. 어느 한 사람이나 소수의 사람에게 권력과 권위가 집중될수록, 그 힘을 남용할 가능성이 커진다. 이 종교 집단이 자유의지로 그 단체에 가입한 성인들 이외의 다른 사람들에게는 전혀 위협이 되지 않는다면, 외부의 간섭 없이 종교 생활을 영위할 자유가 그들에게도 보장되어야 할 것이다. 어쩌면 그들의 행동이 기괴할 수도 있고 심지어 자기파괴적일 수도 있지만, 종교가 아닌 다른 분야에서도 그런 행동은 항상 볼 수 있다.

이런 이야기를 하다 보니 마셜 애플화이트Marshall Applewhite가 이끌던 천국의 문이 일으킨 기묘한 사건이 떠오른다. 1997년 3월 천국의 문에 속한 남녀 39명이 3일에 걸쳐 자발적으로 '자신들의 육체를 떠났다.' 이들은 샌디에이고에서 호화로운 주택을 한 채 빌려 육체를 떠나기 위한 세심한 준비를 했으며 수면제와 보드카, 그리고 비닐봉지를 이용해 조직적으로 목숨을 끊었다. 아마도 헤일밥 혜성의 도착 시기에 맞춘 듯하다. 다른 종교 집단과 달리 천국의 문 사건에서는 성적인 추문이 없었다. 이들은 오히려 성관계를 금지했다. 남자들 중 18명은 집단 자살극을 벌이기 훨씬 전에 수술을 통해 이미 거세한 상태였다. 비록 슬프고 기묘한 사건이기는 하지만, 천국의 문은 자발적으로 이 단체에 들어간 것처럼 보이는 신도들을 제외한 다른 사람들에게는 전혀 위협이 되지 않았다. 그들이 샌디에이고 교외에서 빌린 주택 근처의 이웃들도 집단 자살 소식을 듣고는 다른 사람들 못지않게 충격을 받았다. 나중에 나온 보도에 의하면, 이 독실한 신도들 중에 매우 똑똑한 사람이 많이 포함되어 있었다고 한다. 어쩌면 이것이 사실일지도 모른다. 그러나 집단 심리라는 것은 때로 대단히 강력한 힘을 발휘한다.

대부분의 사람들은 아주 어렸을 때 부모에게서 스스로 생각하는 법, 특히 주위 사람들의 압력에도 굴하지 않고 스스로 생각하는 법을 배운다. 어떤 일을 하고 싶어서 "다른 애들도 모두 하는 일"이라며 부모를 설득하려고 애써보지 않은 사람이 어디 있겠는가? 이럴 때 부모들은 대개 이런 대답을 하기 마련이다. "다른 애들이 모두 한다고 해서 그것이 옳은 일이 되지는 않아. 다른 사람이 모두 절벽에서 뛰어내린다면, 너도 따라 뛰어내릴래? 네 머리로 스스로 생각하는 법을 배워!" 지성의 자유, 개인적인 완전성, 상식은 진정한 종교에서도 필수적인 요소다. 사회와 거리를 두는 종교 집단은 사람들이 스스로 생각해서 중요한 결정을 내릴 수 있게 확실히 보장해주어야 한다. 사회에서 분리되어 생각하고 결정을 내리는 일을 어느 한 사람이나 소수의 사람에게만 맡겨놓은 집단에 묵시록적인 가르침까지 가미된다면 반드시 재앙이 일어난다.

인간의 책임

여러 종교들은 궁극적인 의미가 이승에서의 물리적 삶과 연결되어 있는 동시에 또한 그것을 초월한다고 가르친다. 그러나 기본적인 인식은 같은지 몰라도, 그것을 가르치고 실천에 옮기는 형태는 서로 크게 다르다. 거의 보편적으로 받아들여지는 두 가지 핵심적인 요소가 이번 장의 주제와 직접 연결되어 있다. 하나는 인간이 자신의 행동에 대해 궁극적으로 책임져야 한다는 것이다. 사람이 이승에서 하는 일들은 존재에 대한 더 커다란 이해와 연결되어 있다. 힌두교와 불교에서는 각자 자신의 행동으로 인한 업보를 스스로 짊어져야 한다. 이슬람교에서는 심판의 날 신도들이 자신의 행동이 가득 적힌 책을 건네받을 것이라고 믿는다.

주요 종교들은 또한 이상에 미치지 못하는 이 세상에서 책임감 있게 살아가기 위한 정보가 인간에게 주어져 있다는 희망적인 메시지를 전달한다. 비록 구체적인 내용은 다를지라도, 이들의 가르침은 기본적으로 똑같다. 인간은 어둠 속에서 목표도 없이 비틀거리도록 혼자 남겨진 존재가 아니라는 것이다. 우리가 반드시 알아야 하는 진실은 우리 내면에 있을 수도 있고, 외적인 현상을 통해 나타날 수도 있으며, 이 두 가지 속에 모두 존재할 수도 있다. 또한 비록 여러 가지 개념으로 표현되어 있을지언정, 인간이 알아야 할 지식과 지침도 신도들이 원한다면 얼마든지 구할 수 있다. 예수는 자신의 삶과 행동을 통해 길을 보여주었다. 예수가 한 가지 또는 그 이상의 요점을 설명하는 수수께끼 같은 이야기, 즉 비유를 자주 사용했다는 사실에는 시사하는 점이 많다. 그는 맹목적인 복종을 요구하는 독재자가 아니라 랍비이자 스승이었다. 예수는 정직한 질문을 환영했다. 그것은 부처도 마찬가지였다. 그 역시 추종자들과 대화를 나눌 때 비유를 자주 사용했다. 사실 부처가 설법을 할 때 가장 즐겨 사용한 방법은 사람들의 질문에 답하는 것이었다. 하디스의 자료를 보면 무함마드 역시 모든 것에 대한 의문을 환영했음을 알 수 있다. 유대교도 오래전부터 가장 근본적인 가르침에 대해 의문을 던질 뿐만 아니라 심지어 하나님과 논쟁을 벌이기까지 하는 전통이 있다.

종교가 발전할수록 재능 있는 지도자와 핵심적인 교리가 매우 중요해진다. 그러나 이런 지도자와 교리는 기껏해야 '토기 속에 담긴 보물'일 뿐이다. 사람들은 카리스마적인 지도자나 강렬한 사상에 감정적으로 휩쓸리기 일쑤다. 개인이나 교리에 대한 맹목적인 복종은 결코 현명한 일이 아니다. 그런 행동은 개인이 감당해야 할 책임을 사실상 포기하는 것으로, 앞에서 살펴보았듯이 아주 위험한 결과를 초래할 수 있다.

맹목blindness의 반대말은 보기sight이다. 모든 감각 중에서 시각은 지식과 가장 밀접하게 관련되어 있다. 어떤 사람이 뭔가를 '본다'는 것은 그것에 대해 '지식'을 얻는 강력한 방법이다. 법정에서도 가장 강력한 증언을 하는 사람은 바로 '목격자'다. 목격자가 없어도 정황증거만으로 사건을 성립시킬 수는 있지만, 문제의 사건이 일어나는 것을 직접 '본' 사람은 그저 소리를 듣거나 냄새를 맡거나 감촉을 느낀 사람보다 훨씬 더 분명하게 사실을 '알고' 있다. 장님 네 명이 각자 코끼리를 한 번씩 만져보고 코끼리가 어떤 생물인지 설명하는 내용의 저 유명한 얘기를 한번 생각해보라. 그들은 각자 코끼리의 몸통, 귀, 다리, 꼬리를 만지고서 서로 완전히 다른 설명을 내놓는다. 이처럼 감촉은 잘못된 결론을 이끌어낼 수 있다. 그러나 눈이 우리를 속이는 것은 뭔가 속임수가 작용했을 때뿐이다. 우리가 일상적으로 사용하는 관용구에서도 시각과 지식의 관계가 잘 드러난다. 사람들은 누군가 다른 사람이 하는 말의 요점을 이해했을 때 "당신 말이 무슨 뜻인지 알겠다I see what you mean"고 말한다. 뭔가를 깊이 이해하고 있는 사람에게는 통찰력insight이 있다고 한다. 뭔가 실수를 저지르거나 커다란 실패를 겪은 후에 사람들은 대개 이렇게 한탄한다. "지금 되돌아보니 어디서 잘못을 저질렀는지 알겠어Looking back, I see now where we made the wrong turn" 우리는 또한 미래에 대한 '비전vision'을 지닌 사람이나 이미 정확한 '선견지명foresight'을 지닌 사람을 우러러본다.

모든 종교에서 보편적으로 발견되는 빛의 은유에서도 비전과 시각이라는 단어는 당연히 지식이나 진리와 연관되어 있다. 모든 종교에서 빛은 어둠을 물리치고 사물의 모습을 드러내며 깨달음을 향한 길을 열어준다. 그러나 앞 장에서 말했듯이, 진리를 포착하거나 고정하는 것은 쉬운 일이 아니다. 특정한 시대 혹은 장소에서는 의문의 여지없는 진리처럼 보이는 주장일지라도 시대와 장소가 달라지면 그것이 정말 진리인지 애매해 보일 수 있다. 예를 들어, 여성이 목사가 될 수 있다는 생각은 교회 역사상 비교적 최근에 등장했다. 몇몇 사람들이 이 문제는 물론 고정된 진리처럼 보이는 다른 문제들에 대해서도 교회 지도자들의 지배적인 생각에 의문을 던질 만큼 용기를 냈다는 사실이 고마울 뿐이다. 기독교 일각에서는 여성이 완전히 동등한 자격을 갖춘 목사가 될 수 있다는 주장을 여전히 생각조차 할 수 없는 일로 여긴다.

영적인 탐구라는 영역에서 내가 독립을 선언했던 때가 생생하게 기억난다. 나는 오클라호마 주립대학 2학년 때 경영대학에서 회계사라는 유망한 직업을 얻기 위한 과정을 밟고 있었다. 나는 또한 거의 교회에 버금가는 조직으로 학생들 사이에 인기가 있던 '그리스도를 위한 캠퍼스 십자군 운동'이라는 단체에도 가입해

종교가 사악해질 때

활발하게 활동했으며, 영 라이프라는 단체 및 털사와 스틸워터에 있는 침례교회의 일에도 깊이 간여하고 있었다. 나는 캠퍼스 십자군 운동의 친구들과 지도자들이 추천해준 자료와 책을 거의 모두 읽은 후 문과대학의 종교 강의를 들어야겠다고 결심했다. 그런데 당시 내가 알고 있던 종교 지도자와 친구들이 대부분 나를 말리고 나섰다. 그들은 내게 이렇게 경고했다. "거기 교수들이 여러 가지 질문과 의문들로 너를 혼란에 빠뜨려 네 신앙을 무너뜨리려 할 것이다. 그들은 성경이 진리라고 믿지 않는 사람들이다." 그들의 압박이 강하기는 했지만 저항할 수 없는 정도는 아니었다. 난 그때 열아홉 살이었으며, 다른 종교는 고사하고 내가 믿는 종교에 대해서도 아직 모르는 것이 많다는 사실을 알고 있었다. 이 사람들은 도대체 뭘 그렇게 무서워하는 걸까? 정직한 의문들이 왜 내 신앙을 무너뜨린다는 건가? 그들이 나를 말리는 모습을 보면서 나는 오히려 나의 본능적인 선택이 옳다는 확신을 얻었다.

나는 '신약성서 개론'을 수강 신청했다. 이 강의를 맡은 젊은 조교수 제임스 커비James Kirby 박사는 한 학기 동안 신약성서로 통하는 문을 내게 활짝 열어주었다. 그뿐만 아니라 그는 내 스스로 비판적인 사고를 하는 법도 가르쳐주었다. 처음으로 용기를 내서 커비 박사의 연구실을 찾아갔을 때, 나는 연합감리교의 목사 안수 증명서가 벽에 걸려 있는 것을 보고 말을 잃었다. 나는 그가 목사라는 사실을 전혀 모르고 있었다. 그때 내가 그에게 우리가 수업 중에 다룬 비판적인 의문들에 대한 그의 개인적인 생각을 물었던 기억이 난다. 그는 이렇게 대답했다. "찰스, 네게 중요한 건 그 의문들에 대한 네 생각이다. 난 네가 제대로 된 의문을 던지는 법을 배우고 스스로 해답을 찾는 방법을 익히게 도와주고 싶을 뿐이야. 최후의 날에 네 행동에 대해 책임을 져야 하는 것은 바로 너 자신이다." 그날 집으로 돌아오면서 나는 들뜬 기분과 전율을 동시에 느꼈다. 나는 커비 박사의 말이 옳다는 것을 알고 있었다. 누군가 다른 사람이 내게 이래라 저래라 하는 것은 원하지 않았다. 내 삶의 다른 측면에서와 마찬가지로 종교 생활에서도 내 생각과 말과 행동에 책임을 지는 것은 바로 나 자신이었다. 나는 내 신앙과 올바른 교리가 위험에 빠졌다고 걱정하던 캠퍼스 십자군 운동의 친구들을 생각해보았다. 그날 오클라호마 주립대학의 아름다운 캠퍼스를 가로질러 집으로 돌아가는 동안 어머니의 현명한 말씀이 새로운 생명을 얻었다. "네 머리로 스스로 생각하는 법을 배워!"

기독교인으로서 나는 길을 밝혀줄 빛을 찾기 위해 나의 내면과 바깥세상을 모두 바라본다. 내가 지금도 남부의 침례교인(이제는 이 말이 남부 침례교인과 동의어가 아니다)으로 남아 있는 이유 가운데 하나는, 이 교파가 하나님 앞에서 개인의 자유와 책임을 인정한다는 점이다. 모든 신자가 다 성직자라는 교의는 침례교처럼 자유로운 교회를 지향하는 교파의 초석이다.[26] 그러나 위험은 항상 가까운 곳에 도사린다. 이들 교파에는 개인 또는 신도를 위한 견제와 균형의 장치가 거의 없다. 누구든 성직자로 '부름'을 받았다고 느끼는 사람은 교회에서 그 '부름'을 확인받아 성직자가 될 수 있다. 여기서 신학 교육은 성직자가 되기 위한 공식적인 요건이 아니다. 그 사람이 지도자가 되기에 적절한지 판단하기 위해 모종의 검사를 하거나 심리 테스트를 실시하는 경우도 별로 없다. 각각의 성직자들은 신학적으로 어떤 입장이든 설교와 가르침을 펼 수 있으며, 실제로도 그렇게 하고 있다. 미국 전역의 현황을 한번 둘러보면, 침례교가 매우 다양한 사람들로 이루어졌다는 사실을 금방 알게 될 것이다.[27] 각종 위원회와 신도 집단의 의사결정 과정을 통해 공동체를 위한 안전장치가 마련된다. 그러나 카리스마적 지도자들에게 책임을 물을 장로회나 주교가 없으면, 그들이 엄청난 권력과 영향력을 갖게 되는 경우가 흔하다. 따라서 기독교를 기반으로 한 많은 사이비종교들이 침례교와 오순절파에서 생겨나는 것이 그리 놀랄 일은 아니다.

맹목적인 복종은 문제가 생겼다는 확실한 징후다. 개인에게 생각할 자유가 보장되고 정직한 의문이 장려된다면 종교가 사악해질 위험이 크게 줄어든다. 부처는 임종 직전에 인간의 책임을 강조하며 빛의 은유를 사용했다. 그는 제자들에게 마지막으로 다음과 같은 매서운 말을 남겼다.

남에게서 들은 얘기를 그대로 받아들이지 말고, 전통을 그대로 받아들이지 말며, 책 속에 있는 말이라거나 너희들의 믿음과 일치한다거나 너희 스승의 말이라고 해서 어떤 말을 그대로 받아들이지도 말라. … 너희가 스스로 등불이 되어라. … 지금이든 내가 죽은 후든 자신만 의지하며 자신이 아닌 다른 사람의 도움을 구하지 않는 사람, 바로 그런 사람이 가장 높은 곳에 이르게 될 것이다.[28]

아사하라 쇼코와 그의 신도들이 부처의 이 마지막 말씀을 가슴으로 받아들였다면 얼마나 좋을까.

4

'이상적인'
시대의 확립

1984년 1월 26일 밤, 예루살렘의 바위의 돔과 알아크사 모스크 근처에 배치된 팔레스타인 경비병들은 강력한 폭탄이 가득한 가방 여러 개를 든 유대인 극단주의자 두 명과 마주쳤다. 이스라엘 경찰이 나중에 밝혀낸 사실에 의하면, 이 극단주의자들은 이슬람의 신성한 건물들을 폭파하기 위해 자세한 계획을 짜놓았으나 이날 팔레스타인 경비병들을 만나는 바람에 실패했다고 한다. 두 사람의 체포는 시작에 불과했다. 경찰이 가장 먼저 찾아낸 것은 엄청난 양의 무기와 종교적인 낙서가 벽을 뒤덮은 기괴한 은신처였다. 그리고 이스라엘인 비행사를 고용해 군대의 제트기를 훔쳐서 바위의 돔에 폭탄을 떨어뜨릴 예비 계획까지 세워둔 광범위한 무장 지하조직이 이스라엘 내부에 존재한다는 사실이 드러났다. 이 계획의 주모자로서 1985년에 기소되어 징역 20년을 선고받은 예후다 에트시온Yehuda Etzion은 진술서에서 자신의 목표를 시인했다. "나는 4년 전부터 템플 마운트를 무슬림의 손아귀에서 빼앗아 정화해야 한다고 생각했다."[1]

유대인 극단주의자들이 이 성지를 '정화'하려고 시도한 것은 그때가 처음이 아니었다. 바위의 돔과 알아크사 모스크를 파괴하거나, 유대교인과 무슬림이 모두 신성시하는 곳에서 무슬림을 살상하려는 시도가 지금까지 열두 번 있었다.[2] 이유가 무엇일까? 이런 폭력의 동기가 무엇일까? 이슬람 건물을 제거하는 것은 이들이 곧 시행하려던 일의 첫 단계였다. 그들이 하나님의 명령이라고 믿었던 계획의 핵심은, 무슬림이 하람 아시샤리프haram ash-sharif(고귀한 성소)라고 부르는 자리, 즉 현재 이슬람의 소중한 건물들이 점령하고 있는 그 자리에 유대교 성전을 다시 짓는 것이었다.[3]

여러 유대인 단체들과 광대한 네트워크를 형성하고 있는 기독교 근본주의 단체들은 신성한 템플 마운트 지역에 유대교 성전이 세 번째로 솟아오를 날이 곧 다가온다는 생각을 지금도 계속 품고 있다. 이들의 이러한 희망은 메시아의 시대에 관한 몇몇 성경 구절의 특정한 해석을 바탕으로 한 것이다. 일부 정통파 유대교인들은 세 번째 성전의 건축이 오랫동안 기다려왔던 메시아의 도래를 알리는 신호가 될 것이라고 생각한다. 성경의 내용과 현재 이스라엘/팔레스타인 지역에서 벌어지는 일들이 그리스도의 재림과 아마겟돈의 전투, 그리고 그 후 이어질 1천 년간의 평화와 관련된 종말론적인 계획의 일부라고 믿는 기독교인들도 수백만에 이르는데, 개신교도가 대부분이다.[4] 사람들이 이런 생각을 얼마나 진지하게 확신을 갖고 받아들이는지 분명하게 보여주는 일들이 여럿 있다. 오늘날 예루살렘에서 독실한 유대교 신자들로 이루어진 작은 단체가 성전이 다시 지어진 후 성직자들이 입게 될 제의를 바삐 준비하고 있다. 또한 예루살렘 구시가지에 있는 최고 성직자 대학 학생들은 그 성전의 성직자로 일하게 될 미래를 기대하며 15년에 걸친 과정을 밟고 있다.

지난 세기 동안 복음주의 기독교인들 사이에서는 당시를 천년 왕국 도래 이전의 시대로 보는 시각이 지배적인 위치를 차지했다. 이 해석에 따르면 시간이 분명하게 구분된 여러 시대로 나뉘는데,

종교가 사악해질 때

그중 마지막 시대 바로 앞에 오는 것이 대재앙이다. 따라서 우리는 마지막 시대 '이전'의 시대를 살고 있다는 것이다. 대중적인 설교자들의 설교와 전 세계에서 벌어진 갖가지 사건들(전쟁, 자연재해, 기근)은 적그리스도의 지도 아래 사탄의 군대가 세상을 지배하는 7년간의 대재난이 빠르게 다가오고 있다는 생각에 한층 더 기름을 부었다. 이들의 해석에 따르면, 대격변과 고통이 세상을 휩쓰는 시기가 끝난 후 예수가 재림해서 아마겟돈의 싸움에서 선의 군대를 이끌 것이라고 한다. 예수가 악의 군대의 발을 묶고 새로운 예루살렘에서 천년왕국의 왕이 된다는 것이다. 이 천년왕국은 인간의 역사가 정점에 이르고 심판의 날이 도래하기 전의 마지막 시대다. 따라서 그들은 커다란 재앙과 역사의 종말, 그리고 천년왕국에 아주 가까이 다가왔다고 경고한다.

1967년의 6일 전쟁은 이런 주장이 퍼져나가는 데 촉매 역할을 했다. 베스트셀러가 된 핼 린지Hal Lindsay의 책 『생명을 잃은 위대한 행성 지구 _Tha Late Great Planet Earth_』는 현대의 많은 사건들을 성경의 특정 구절들과 연결시켜 지금이 천년왕국 도래 이전의 시대라는 생각을 널리 퍼뜨렸다.[5] 이스라엘이 1967년에 결정적인 승리를 거둬(린지는 이 승리가 기적이었다고 했다) 예루살렘 전역을 물리적으로 장악한 것은 적그리스도의 출현을 위해 반드시 필요한 퍼즐 조각들이 제자리를 찾아 들어간 사건으로 해석되었다. 린지는 1980년대 초에 이슬람 건물들에 여러 차례 공격이 가해지자 다음과 같이 말했다.

수세기 동안 성경의 예언을 연구하는 선한 학자들이 당대의 사건에서 예수의 재림이 가까웠다는 징후를 발견하려고 노력해왔다. 그러나 과거에 발견된 징후들은 잘못된 것이었다. 이스라엘이라는 국가의 재탄생이 예언 실현의 열쇠였기 때문이다. 따라서 1948년 이전에는 그리스도의 재림과 관련해서 의미를 부여할 만한 것이 하나도 없었다. … 우리는 앞으로 고대 유대인의 성전을 재건하기 위한 움직임들을 주의 깊게 찾아봐야 한다.[6]

옛날 같으면 그리스도가 재림할 날짜와 시간을 정확하게 알고 있다고 주장하는 소규모의 비주류 집단에게서나 볼 수 있던 강한 확신이 여기에 반영되어 있다. 교회가 처음 생겨났을 때부터 많은 기독교인들은 예수의 재림이 임박했다는 기대를 갖고 있었다. 바울이 데살로니가인들에게 보낸 두 번째 편지는 아마도 신약성서 중에서 가장 먼저 작성된 축에 속할 것이다. 그런데 이 편지에서 바울은 1세대 기독교인들이 예수의 재림이 임박했다고 확신한 나머지 아무 일도 하지 않는다는 얘기를 하고 있다. 앞에서 언급한 린지의 책은 1천 5백만 부 이상 팔렸으며, 종교 방송들도 그의 견해를 자주 다뤘다. 그런데 린지가 1967년 이후 내놓은 견해는 수세기 동안 '선한' 기독교인들이 갖고 있던 생각을 잘못된 것으로 치부해버린다. 성경과 역사에 대한 이런 시각이 급속히 성장하며 널리 퍼져나가고 있다는 사실은, 비록 허구의 이야기지만 성경을 바탕으로 하고 있음이 분명한 팀 라헤이Tim LaHaye의 『뒤에 남은 자Left Behind』 시리즈가 엄청나게 팔려나간다는 사실에서도 잘 알 수 있다. 현재 여러 대중적인 영화들이 이런 시각을 바탕으로 삼

종교가 사악해질 때

고 있으며, 전 세계에서 TV로 매일 방영되는 설교 프로그램 중에도 이런 시각을 전파하는 프로그램의 비중이 매우 높다.[7]

물론 이런 시각을 받아들인 대부분의 기독교인들이 바위의 돔과 알아크사 모스크를 무력으로 파괴하는 행위를 노골적으로 지지하지는 않는다. 성전의 재건을 고대하는 정통파 유대교인들 중에도 무력 사용에 강력하게 반대하는 사람이 대다수다. 전통적으로 하레딤Haredim(떨고 있는 사람)과 하시딤Hasidim(경건한 사람)은 세 번째 성전이 신의 섭리로 하늘에서 떨어질 것이라고 믿는다. 그러나 하나님께서 그 목적을 달성하기 위해 자신을 도구로 사용하실 것이라고 확신하는 사람들도 있다. 일부 기독교인들 역시 이런 생각에 쉽게 빠질 수 있다. 1984년의 그 사건 이후 진행된 수사에서 이스라엘 관리들은 미국, 남아프리카, 오스트레일리아의 근본주의 기독교 단체들과 유대인 극단주의자들이 서로 직접적으로 연결되어 있으며 재정적으로도 상당한 유대를 맺고 있음을 밝혀냈다.[8]

그러나 서구의 기독교인들이 이처럼 노골적인 음모에 직접적으로 재정 지원을 하지 않는다 해도, 극단주의자들 때문에 손에 잡힐 듯 분명한 다른 결과가 초래되고 있다. 많은 복음주의 기독교인과 근본주의 기독교인들은 현재의 이스라엘을 앞에서 언급한 성경의 해석과 연결시켜 이스라엘을 무조건 지지해야 한다는 확신을 갖게 되었다. 이스라엘 정부의 수장이 아리엘 샤론Ariel Sharon이든, 에후드 바라크Ehud Barak든, 이츠하크 샤미르Yitzhak Shamir든, 이츠하크 라빈Yitzhak Rabin이든, 시몬 페레스Shimon Peres든, 메나헴 베긴Menachem Begin이든, 베냐민 네타냐후Benjamin Netanyahu든, 아니면 다른 사람이든 그들에게는 달라질 것이 전혀 없다. 반면 이스라엘인과 팔레스타인인에게는 이것이 큰 차이를 만들어낸다. 이스라엘인들(유대인과 아랍인 모두) 사이의 격렬한 정치적 논쟁은 천년왕국을 믿는 많은 기독교인에게는 거의 존재하지 않는 것과 마찬가지다. 수백만 명의 사람들이 신학적으로 그처럼 색안경을 쓰고 세상을 바라본다면, 중동의 지속적인 평화나 효과적인 군축을 위해 미국을 비롯한 여러 나라의 노력을 이끌어낼 유인이 거의 없다. 어떤 사람들은 심지어 자기들이 기대하는 대재앙의 도래 가능성이 줄어든다며 평화를 위한 적극적인 노력을 노골적으로 방해하기까지 한다. 미국의 복음주의자와 근본주의자 사이에 이런 성향이 얼마나 폭넓게 퍼져서 영향을 미치고 있는지가 뚜렷하게 드러난 것은 2006년 2월에 샌앤토니오의 텔레비전 설교자 존 해지John Hagee가 '이스라엘을 위한 기독교 연합'이라는 단체를 조직했을 때였다. 5개월 뒤인 2006년 7월 그는 워싱턴에서 3500명(주로 성직자)이 넘는 사람들의 집회를 이끌었다. 또한 이때 백악관에 초대되어 조지 W. 부시 대통령을 직접 만나기도 했다.[9] 신학적으로 절충주의적인 이런 견해에 광적으로 집착하다 보면, 자신을 쉽사리 잊어버리고 위험한 일을 저지를 수 있다. 이런 사람들은 예수가 산상수훈에서 한 말씀을 귓등으로 흘려버린다. "화평케 하는 자는 복이 있나니 저희가 하나님의 아들이라 일컬음을 받을 것임이요."(마태복음 5:9).

종교가 사악해질 때

'이상적인 시대'에 대한
충동적인 욕구

긍정적인 시각으로 본다면, 더 희망적인 미래를 원하는 욕구의 원동력이 되는 충동은 정상적이며 좋은 것이다. 이 충동은 모든 종교의 특징적이고 기본적인 가정 가운데 하나, 즉 뭔가가 크게 잘못되어 있다는 생각과 연결되어 있다. 모든 종교는 뭔가가 잘못되었다는 생각을 바탕으로 한다. 우리가 살고 있는 시대는 '이상적인' 시대가 아니라는 것이다. 인간이 이런 궁지에 처하게 된 이유는 각 종교마다 다양하다. 기독교에서는 인간이 오만과 죄 때문에 에덴동산에서 추방되었다고 하고, 힌두교와 불교에서는 현실의 본질에 대한 무지 때문에 함정에 빠진 인간들이 미망으로 가득 찬 현실 세계로 떨어지게 되었다고 한다. 또한 태어날 때부터 하나님을 안다는 무슬림들은 인간의 망각과 오만 때문에 생명의 원천에서 세속으로 시선을 돌리게 된다고 한탄한다. 각 종교가 단기적인 목표와 궁극적인 목표를 위해 제시하는 길도 다양하다. 이런 길들은 흔히 사람들이 사회 속에서 영위하는 삶에 대한 깨달음과 연관되어 있다. 이상적인 세계가 무엇인지 파악해서 그런 세상을 위해 어떤 노력을 기울여야 하는지 깨닫는 것이 바로 인간의 과제다.

이상적인 시대에 대해서는 다양한 개념이 존재한다. 어떤 종교는 이 세상에서 성취할 수 있는 것이 제한되어 있다고 본다. 이들의 궁극적인 목표는 대개 천국, 열반, 모크샤moksah* 등 내세에

---

* 인도 철학에서 윤회로부터의 자유를 의미하는 말.

대한 희망과 관련되어 있다. 그러나 내세에 도달할 때까지 인간은 이 세상에서 신실하게 살아가는 방법을 찾아내야 한다. 거의 모든 종교에서 일부 사람들은 이것을 주류 사회와 분리된 공동체 생활을 해야 한다는 뜻으로 해석하기도 한다. 수도를 목적으로 하는 여러 단체, 아미시 교도, 브루클린이나 예루살렘의 특정한 동네에 사는 정통파 유대교인이 좋은 예다.

일부 종교 공동체는 이승에서의 희망을 크게 강조하기도 한다. 이상이 실현되던 과거를 돌아보며 다시 그때와 같은 상황이 되기를 갈망하는 경우도 있을 것이다. 그들이 생각하는 이상이 실제로 존재했는지 여부는 별로 중요하지 않다. 한편 그 밖의 사람들은 앞에서 살펴본 것처럼 이상이 아직 지상에 도래하지 않았다고 말한다. 사람들이 희망하는 이상이 특정한 종교의 세계관과 연결되고, 비전을 실행하고 싶어 하는 사람들이 하나님의 생각을 안다고 확신한다면, 재앙이 일어날 조건이 갖춰진 것이다.

이슬람 국가?

이슬람교는 강한 폭발력을 지닌 이런 상황에 특히 취약하다. 아프가니스탄에서 탈레반(이슬람의 '학생')이 강요한 이슬람 국가의 모습은 그 땅에서 태어난 불운한 사람들뿐만 아니라 전 세계 사람들까지도 위험해질 수 있다는 사실을 잘 보여준다. 진정한 이슬람의 수호자를 자임하는 탈레반은 5년 동안 극단적이고 경직된 이슬람 율법을 강제로 시행해 나라에 파괴적인 영향을 미쳤다. 또한 탈레반 지도자들은 오사마 빈 라덴과 알카에다 조직에 안전한 은신처를 제공해주기도 했다. 탈레반은 사악하게 변한 종교를 보여주는 분명한 예다. 무슬림이 대부분을 차지하는 나라들조차 아프가니스탄 정권의 성격을 분명히 위험한 극단주의로 보았다. 2001년 9월 11일 이전에 탈레반 정권을 아프가니스탄의 합법적인 정부로 공식 인정한 나라는 파키스탄, 사우디아라비아, 아랍에미리트 겨우 세 곳뿐이었다.

탈레반의 지원을 받은 알카에다 지도자들은 전통적으로 이슬람을 믿던 땅에 이슬람 국가 혹은 이슬람 사회를 건설하려고 했다. 그들의 독설과 폭력은 도저히 손을 쓸 수 없을 정도로 타락했으며 미국의 통제까지는 아닐망정 미국의 지원을 받는다고 여겨지는 정부들을 겨냥한 것이었다. 엄청난 테러에 놀란 미국 언론 매체들은 9월 11일 이후 한 가지 의문을 거듭 제기했다. 저들이 왜 우리를 증오하는가? 그러나 이것은 잘못된 의문이었다. 우선 이 의문은 '우리'와 '그들'을 단선적으로 구분하고 있었다. 기껏해야 피상적인 의문에 지나지 않는 것이다. 간결한 말로는 그토록 다층적이고 복잡한 현실을 설명할 수 없을 것이다. 이를 설명하기 위해서는 훨씬 더 심오한 사고와 분석이 필요하다. 비행기를 납치한 범인 19명과 그들을 지원한 조직을 거듭 '악인'으로 칭한 부시 대통령의 발언에는 진실의 울림이 있었다. 그러나 오늘날 많은 이슬람 국가의 기본적인 의식을 형성하는 강력한 현실을 이해하려면, 미래를 위한 건설적인 대안을 마련하고자 한다면, 범인들에 대한 낙인찍기 이상의 대처가 필요하다.

전통적으로 무슬림은 이슬람을 종교 이상의 것으로 생각한다.

이슬람은 영적인 면, 사회적인 면, 경제적인 면, 정치적인 면, 군사적인 면을 모두 포함하는 포괄적인 삶의 방식이다. 무함마드는 최후의 예언자로 간주된다. 그는 또한 최초의 무슬림이 서기 622년에 메카를 떠나 북쪽의 메디나로 가서 설립한 새로운 움마(공동체)의 정치적·군사적 지도자였다. 예언자 무함마드가 이끌던 메디나는 모범적인 이슬람 국가의 모습을 이론적으로 제시해준다. 꾸란의 구절들과 결합된 메디나의 율법과 여러 권에 이르는 무함마드의 언행록(하디스)은 이슬람 사회를 구성하는 자원이다. 수백년 동안 무슬림은 다양한 환경 속에서 이론적인 이상을 참고삼아 정부, 사회, 율법, 경제 체제를 확립하고자 했다.

그러나 이 이상이 오랫동안 훌륭하게 실행된 예를 찾기 어렵다. 1세대 무슬림들 사이에서 심한 불화와 분쟁은 물론 심지어 내전까지 벌어졌다는 사실은 이상과 현실이 얼마나 동떨어져 있는지를 단적으로 보여준다. 이슬람교에서 대표적인 두 종파인 수니파와 시아파가 갈라지게 된 것은 서기 632년에 무함마드가 세상을 떠난 직후 공동체를 누가 이끌 것인가를 놓고 벌어진 분쟁 때문이었다. 무함마드의 사위이자 사촌인 알리의 열성적인 지지자들(시아)은 무함마드가 알리를 정치적 후계자로 점찍어 두었다고 믿었다. 그러나 그들은 표결에서 패배했고, 아부 바크르Abu Bakr가 초대 칼리프caliph로 선택되었다. 알리가 4대 칼리프(서기 656~661년)가 되기는 했지만, 그가 세상을 떠나면서 세속적인 권력은 무함마드 가문의 손을 떠났다. 우마이야Umayyad 일족이 다마스쿠스를 기반으로 1세기에 걸쳐(661~750년) 왕으로서 이슬람 세계를 통치하기 시작했던 것이다. 680년에 일단의 시아파 신도들이 현

종교가 사악해질 때

재의 이라크 남부인 카발라에서 학살당하고 무함마드의 손자인 후세인이 전장에서 목이 잘리자 이슬람 세계 내부의 분쟁이 최악으로 치달았다.[10] 이슬람의 여러 분파들이 정당한 지도자의 자격과 율법에 대한 해석을 놓고 벌인 오랜 분쟁의 시작이었다.

서구 사람들은 흔히 이슬람교를 세련되지 못하고 지적인 것을 배척하는 종교로 생각하지만, 이슬람 역사를 조금만 조사해봐도 이런 이미지가 금방 사라진다. 오늘날과 같은 서구 사회가 형성되는 데 이슬람 문명이 크게 기여했다는 점을 생각하면, 이슬람교에 대한 서구의 시각은 대단히 역설적이다. 유럽이 암흑시대를 겪으며 시름시름 앓고 있을 때 이슬람 문명은 에스파냐부터 인도에 이르기까지 너른 지역에서 번성하고 있었다. 무슬림은 수백 년 동안 수학, 화학, 의학, 철학, 항해술, 건축, 원예술, 천문학 등의 분야에서 세계를 이끌었다. 무슬림은 지금도 자신들의 역사와 문명을 자랑스럽게 여긴다. 그런데 중간에 일이 꼬였다.[11] 16세기부터 20세기까지 무슬림이 대다수를 차지하는 대부분의 나라가 외부 세력에게 무릎을 꿇은 것이다.

이슬람의 역사는 다른 위대한 문명의 역사와 궤를 같이 한다. 이슬람의 역사 속에도 다른 사람보다 더 유연하고 인정 많은 정치 지도자들이 존재했다. 무슬림의 통치를 받으며 여러 종교의 신도들이 함께 어울려 살던 에스파냐나 바그다드, 예루살렘 등지에서 우리는 관용과 협동의 미덕을 보여주는 훌륭한 사례들을 찾아볼 수 있다. 그러나 이런 사례는 일반적인 현상이라기보다는 예외에 가깝다. 이슬람 제국이 많은 놀라운 업적을 이룬 것은 사실이지만, 세계의 권력자들에게서 예상할 수 있는 온갖 결점들, 힘을 내세운 정치 게임, 내분, 무자비한 만행 역시 이슬람의 역사에도 존재한다.

많은 무슬림은 이슬람교가 자기들 사회의 미래를 위한 지침이 되어줄 수 있을 것이라는 희망을 여전히 품고 있다. 그들은 지난 70년 동안 새로운 나라들이 많이 생겨나는 것을 보며 새로운 시대가 돌아올 것이라는 희망을 품었다. 과거의 식민지들이 독립하던 시대에 많은 무슬림은 이슬람 사회의 현대적인 부활을 꿈꾸며 노력했지만 거듭 좌절을 맛보면서 울분을 느꼈다. 현재 많은 이슬람 국가들이 독립을 누리고 있지만, 국민에 의해 직접 선출된 통치자는 거의 없다. 그보다는 무력으로 권력을 쥐고 유지하는 군사 지도자나 왕이 다스리는 곳이 많다.

이들 국가는 지금까지 정치 개혁 운동을 무시하거나 짓밟아왔다. 많은 이슬람 국가의 인권 상황이 비참한 수준이라는 사실도 울분을 더한다. 자세한 사정은 나라마다 다르지만 전체적인 패턴은 너무나 익숙하다.[12] 경제적 불평등과 자신들이 착취당하고 있다는 의식 역시 정치 불안을 더하고 있다. 소수의 사람들(대개 통치계급에 속한 엘리트들)이 엄청난 부를 누리고 있는 데다 서구 세계의 풍요로움을 보여주는 이미지들이 사방에 널려 있기 때문에, 나라가 여전히 외세에 휘둘리고 있다고 주장하는 사람들은 이를 지나치게 단순화해서 강력한 증거로 내세우고 있다. 이슬람주의자들은 흔히 자기들 사회의 문화적 가치관이 눈에 띄게 무너져버렸다고 한탄한다. 겉으로는 무해한 것처럼 보이지만 쾌락적이고 때로는 외설적이기까지 한 서구 문화가 이슬람 국가에서 상당한 우려의 대상이 되고 있음은 의심의 여지가 없다. 그러나 카이로

종교가 사악해질 때

와 암만뿐만 아니라 심지어 테헤란에서도 여러 문화의 영향을 볼 수 있다. 서구의 상품, 음악, 오락 프로그램들이 전통적인 생활방식이나 관습과 한데 얽혀 있는 것이다. 일부 사람들이 서구의 영향을 위협으로 보는 것은 사실이지만, 미국이나 유럽 여러 나라의 관광비자와 유학비자를 받기 위해 대사관 앞에 줄을 서는 사람도 많다. 럿거스 대학의 문화와 민주주의 정치학 센터Center for The Culture and Politic of Democracy 소장인 벤자민 바버는 이 문제를 세계주의와 부족주의를 향한 움직임 사이의 갈등으로 보고 있다.[13] 오늘날 많은 나라의 국민들이 전통적 가치관을 붕괴시키는 것처럼 보이는 외부의 세계화 세력과 자신들이 처한 환경에 울분을 느끼고 있다. 대다수의 무슬림은 알카에다와 같은 폭력적인 극단주의를 배척하지만, 이런 조직의 원동력이 되는 울분을 함께 간직한 사람들이 적지 않다.

무슬림이 대다수인 많은 나라의 국민들은 기존의 정치, 경제, 사회 체제가 실패했다고 생각하는 경향이 있다. 정치 변화를 꾀할 수 있는 대부분의 길이 막혀버렸다고 생각되면 점점 더 많은 사람과 단체들이 혁명적인 이슬람주의 운동에 매력을 느끼게 된다. 나는 지난 30여 년 동안 중동 지방의 교회들과 함께 일을 했고 공공정책을 옹호하는 작업에도 참여했다. 그 과정에서 나는 헤즈볼라, 지하드, 하마스, 이란의 혁명 지도자 등 저명한 이슬람주의자들과 만날 수 있었다. 이들의 복잡한 움직임을 깊이 이해하고 싶다면, 그때그때 상황에 맞는 역사·정치·사회·경제 배경을 분석해봐야 한다. 이 단체들을 이어주는 개략적인 주제를 대체적으로 이해하고 나면, 많은 무슬림이 이슬람이 미래를 위한 기초가 되어줄 것이라는 희망을 품는 이유를 조금 알 수 있다. 그러나 이슬람이 사회의 기틀이 되어줄 것이라는 공통적인 생각이 있음에도, 과연 어떤 것이 진정한 이슬람 국가인지에 대해서는 전혀 공감대가 형성되어 있지 않다. 나는 수십 명의 이슬람 학자, 정치 지도자, 전문가, 활동가들에게 어떤 이슬람 국가를 건설하고 싶으냐는 질문을 던져보았는데, 그때마다 항상 다른 대답을 얻었다. 현대의 무슬림이 이슬람 국가를 건설하고자 할 때 그들의 행동 패턴이 일관성을 보여주지 못하는 것은 이처럼 서로의 생각이 다르기 때문이다.

이란은 1979년의 혁명을 통해 이슬람 공화국이 되었다. 언론 매체들이 이란의 인질 사태와 수수께끼 같은 인물인 아야툴라에게만 초점을 맞췄기 때문에, 서구에서는 이란이 주로 서구의 의회민주주의 모델을 기반으로 정부의 틀을 짰다는 사실을 눈치 챈 사람이 거의 없었다. 처음부터 분명하게 이슬람 국가를 세울 목적으로 만들어진 유일한 국가인 파키스탄은 50여 년 동안 바람 잘 날 없는 세월을 보냈다. 그들의 목적이 무엇이었든, 그들의 실험이 만들어낸 결과는 매력적이지 못했다. 내가 아는 그 어떤 무슬림도 파키스탄을 본받아야 할 모범으로 보지 않는다. 수단에서도 하산 알투라비Hassan al-Turabi가 이슬람의 정치사상을 기반으로 이슬람 국가의 설립을 시도했지만 성과를 거두지 못했다. 수단은 이슬람 이데올로기 중에서도 외부에 대해 관용적이고 개방적인 사상을 받아들였는데도 100여 개 이상의 서로 다른 언어를 사용하는 수많은 종족들 사이의 내전과 서로 역사를 달리하는 여러 부족들 때문에 고전하고 있다. 알제리의 이슬람주의 운동 단체인 FIS Islamic Salvation Front(이슬람 구국 전선)는 1992년 초에 선거에서 승리하기 위해 단단히 준비했지만 선거가 취소되면서 지도자들이 감옥에 갇히고, 이미 일촉즉발이던 정세는 몇 년에 걸친 혼란스러운 내전으로 이어졌다.[14]

1990년대에 수단, 알제리, 아프가니스탄에서는 각각 완전히 다른 형태의 이슬람 통치가 이루어졌다. 그리고 이들의 정치 이데올로기는 가진 것 없고 불만에 찬 일부 무슬림의 심금을 울렸다. 그러나 많은 무슬림이 이슬람 국가를 설립하는 방법에 대해 이들에게 한 수 배우고 싶어 하는 것 같지는 않다.

종교적 이미지와 수사법을 이용하는 모든 정치 지도자가 실제로 이슬람을 근간으로 삼으려 하지는 않는다는 점을 반드시 이해해야 한다. 세계 어디서나 정치 지도자들은 지지를 확보하기 위해 대중적인 종교 감정을 의도적으로 이용한다. 1991년 걸프전 당시의 사담 후세인이 좋은 예다. 후세인은 분명 종교 지도자가 아니다. 그는 자신의 목적을 위해 '종교를 취한' 세속의 잔인한 지도자일 뿐이다. 그는 철저한 계산 하에 냉소적인 방식으로 종교적 수사를 이용했다. 지하드(이 말은 흔히 '성전'으로 번역된다)의 필요성을 거듭 외친 것이나 이라크 국기에 '하나님이 가장 위대하시다Allahu akbar'는 말을 넣은 것, 사우디아라비아가 수많은 '이교도'를 아라비아반도로 끌어들여 이슬람의 성지를 모독했으므로 사우디 정부가 정당성을 잃었다는 말을 거듭 언급한 것, 예루살렘을 해방시키겠다고 맹세한 것 등이 그런 예다.[15] 후세인은 자신이 호소하고자 하는 계층의 성향에 따라 각각 다른 수사법을 사용해야 한다는 것을 알고 있었다. 2001년 후반에 방송을 통해 공개된 오사마 빈 라덴의 인터뷰에서도 후세인과 같은 특징을 많이 볼 수 있다. 특정한 지도자나 단체가 자신의 종교에 얼마나 진심으로 의지하고 있는지 항상 쉽게 가려낼 수 있는 것은 아니다. 간략한 분석밖에 내놓지 못하는 서구의 언론 매체들은 각각의 지도자나 단체 사이의 이러한 차이를 구분하려는 노력조차 하지 않는 경우가 태반이다.

많은 무슬림이 이런저런 형태의 이슬람 국가를 원하지만, 다른 목적을 추구하는 사람들도 있다. 다원적이고 상호의존적인 현대 사회에서 일부 무슬림은 세속적인 민주국가야말로 미래를 위한 최고의 모델이라고 주장한다. 내가 아는 많은 이슬람 신자들은 종교적인 편협성, 소수에 대한 박해, 여성 차별 등 이슬람 사회의 현실적인 문제들 때문에 깊이 고민하고 있다. 그들은 오늘날 국가가 생명을 이어나가려면 종교의 자유와 인권이 반드시 보장되어야 한다고 생각한다. 찰스 커즈먼Charles Kurzman이 최근에 내놓은 문집에는 영향력 있는 이슬람 학자와 정치 운동가가 신정 반대, 민주주의, 여성의 권리, 비이슬람 신자들의 권리, 사상의 자유, 진보 등의 주제에 대해 쓴 글 32편이 실려 있다.[16] 그런데도 이슬람의 지배를 받는 나라에서는 이런 주제들에 대한 공개적인 논의가 억압되는 경우가 너무 흔하다. 미래를 위해 현실적이고 대안적인 사회구조와 정치구조를 놓고 공개적으로 논의하는 문제와 관련해서 서구 민주주의 국가에 사는 무슬림의 역할이 매우 중요하다 하겠다.

위의 모든 문제들을 생각하다 보면 의문이 생긴다. 21세기에 이슬람 국가를 만들어내는 것이 정말로 가능한가? 아마 2010년대가 되면 그 답을 알 수 있을 것이다. 종교와 정치가 교차하는 중

종교가 사악해질 때

동에서 많은 시간을 보낸 나는 이슬람 국가의 건설에 아주 회의적이다. 국민의 권리와 지위가 특정 종교와 연결된 나라에서는 국민 중 일부가 2급이나 3급의 지위로 떨어지게 될 것이다. 권력의 '보호'를 받는 국민들에게 권력자들이 어떤 의도를 갖고 어떤 수사법을 동원하더라도 현실은 심각한 문제를 제기한다. 이스라엘의 독특한 상황을 자세히 살펴보면 그 딜레마가 무엇인지 알 수 있다.

특별한 사례 이스라엘

1987년 봄 미국 NBC 방송은 황금시간대에 〈6일 그리고 20년: 꿈이 죽어간다Six Days Plus Twenty Years: A Dream Is Dying〉는 제목의 1시간짜리 다큐멘터리를 방영했다. 톰 브로코Tom Brokaw가 진행을 맡은 이 놀라운 프로그램은 이스라엘이 결정적인 승리를 거둔 1967년 6월의 6일 전쟁 20주년을 맞아 기획된 것이었다. 이 프로그램은 먼저 두 가지를 보여주었다. 이스라엘이 요르단강 서안과 가자지구를 계속 점령하고 있는 가운데 고통 받는 팔레스타인 주민들의 모습과 이로 인해 민주적인 유대인 국가를 건설하려는 이스라엘의 꿈 또한 파괴되고 있는 모습이었다. 이 다큐멘터리는 구시 에무님Gush Emonim(정부의 후원을 얻어 점령지에 불법적인 정착지를 건설하려고 적극적으로 애쓰고 있는 광신도들) 같은 집단들의 정치적 힘이 점점 비정상적으로 커져가는 현상과 점령지에 대한 이스라엘의 정책 변화를 분명하게 보여주었다. 정착지 건설에 나선 사람 중에는 이스라엘 국적과 미국 국적을 모두 지닌 사람이 많으며,

이들은 의심의 여지가 없는 종교적 수사를 이용하고 있다. "하나님께서 우리에게 이 땅〔이스라엘과 점령지를 뜻함〕을 주셨을 뿐만 아니라 아브라함이 대가를 지불하기까지 했다."[17]

이 다큐멘터리에 대해 이츠하크 샤미르 총리가 이끄는 이스라엘 정부는 즉각 부정적인 반응을 보였다. 이스라엘 정부가 다큐멘터리 내용의 정확성을 문제 삼은 것은 아니었다. 미국의 주요 방송사가 이스라엘 내부의 근본적인 불화와 중대한 딜레마를 다룬 프로그램을 사상 최초로 황금시간대에 내보냈다는 사실에 이스라엘 정부 관리들이 불쾌감을 표시한 것이었다. 대부분의 이스라엘 국민들은 점령지에 계속 군대를 주둔시킴으로써 생겨난 내적인 모순을 잘 알고 있었다. '안보'라는 이름으로 정부 정책을 조용히 받아들이는 것을 못마땅해 하는 이스라엘 국민들도 점점 늘어나고 있었다. 이스라엘이 1982년에 레바논을 침공해서 점령한 후(이 작전은 '갈릴리를 위한 평화'라고 명명되었다) 이스라엘 국민과 평화운동 단체들은 방송이 나가기 5년 전부터 사상 유례없는 반대 운동을 벌이고 있었다. 또한 6일 전쟁 20주년이 다가오면서 이스라엘 국민들 사이에 공개적인 논란도 벌어졌다. 1987~88년에 이스라엘에서는 데이비드 그로스먼David Grossman의 『황색 바람The Yellow Wind』이 베스트셀러가 되었다.[18] 그로스먼은 팔레스타인 수용소와 유대인 정착촌, 유치원과 군사법정 등을 돌아본 후 쓴 이 책에서 점령으로 인해 피점령자는 물론 점령자들조차 수치와 피해를 당하고 있음을 훌륭하게 묘사했다. NBC 방송도 뉴스를 통해 비슷한 이야기를 전달했다. 그리고 얼마 지나지 않아 《뉴요커》에는 『황색 바람』의 발췌문이 길게 실렸다. 이스라엘의 괴로운 딜

종교가 사악해질 때

레마가 만천하에 공개된 것이다. 게다가 1987년 말에 팔레스타인의 인티파다intifada(봉기)가 시작되면서 모순이 더욱 더 부각되었다. 2005년 6월에는 30년 동안 이스라엘의 유명한 뉴스 앵커로 활약하면서 '미스터 텔레비전'이라는 별명으로 널리 알려져 있던 하임 야빈Haim Yavin이 직접 제작한 5부작 뉴스 시리즈에서 다음과 같은 결론을 내렸다. "1967년 이후로 우리는 다른 민족을 억압하는 사나운 정복자, 점령자였다."

1967년 이후로 유엔 결의안 242호는 이스라엘-팔레스타인의 평화협상을 위한 기반이 되었다. 이 결의안이 핵심적인 이슈들을 모두 다루지는 않았지만, 평화의 대가로 땅을 내놓는다는 필수 조건은 분명히 명시하고 있다. 이스라엘은 지속적인 평화를 보장받는 대신 점령지를 돌려주어야 한다는 것이다. NBC의 다큐멘터리, 『황색 바람』, 하임 야빈의 보도, 그리고 여러 가지 다양한 서적, 기사, 방송 프로그램과 사건 등은 이스라엘 내부에서 대단히 강력한 세력을 형성하고 있는 정착촌 건설 지지자들이 땅과 평화를 맞바꾸자는 원칙을 기반으로 한 평화협상의 가능성을 효과적으로 무너뜨리고 있음을 잘 보여주었다. 게다가 현실을 더 자세히 조사해본 결과 그동안 노동당 정권이든 리쿠드당 정권이든 역대 이스라엘 정부는 정착촌 건설 과정을 격려했으며 보조금까지 지불했다는 사실이 드러났다.[19] 그러나 이와 동시에 이스라엘의 역대 정부들은 점령지를 합병해 이스라엘 영토로 만들려는 의도를 뚜렷하게 드러낸 적이 없었다. 왜 그랬을까? 영토를 합병하면 점령지 주민들에게 이스라엘 국적을 주어야 했다. 정치적 신념과 상관없이 모든 이스라엘인은 이런 일이 현실화되는 경우 인구 분포가 자신들에게 불리해진다는 것을 알고 있었다. 요르단강 서안과 가자지구에 사는 팔레스타인 무슬림과 기독교인들, 그리고 이스라엘 국적을 가진 아랍인들(1948년에 이스라엘에 남아 이스라엘 국적을 취득한 아랍인들로 이슬람 신자도 있고 기독교 신자도 있다)이 몇 년 만에 이스라엘 국적을 가진 유대인의 수를 넘어설 터였다. 이스라엘은 민주국가이므로 팔레스타인의 아랍인들이 멀지 않은 장래에 선거를 통해 정권을 잡게 될지도 모르는 일이었다. 그렇게 되면 유대인 국가라는 이스라엘의 근본적인 특징이 사라지고 팔레스타인 지역의 세속적인 민주 국가가 생겨나는 셈이다. 팔레스타인해방기구의 목적이 달성되는 것이다!

이스라엘은 20년 동안 유대인 국가의 필요성과 민주주의에 대한 흔들림 없는 신념을 동시에 주장해야 하는 어색한 처지였다. 캠프 데이비드 협상이 처음 시작됐을 때 의제 중에는 이스라엘과 이집트 사이의 영구적인 평화를 위해 시나이 반도를 이집트에 돌려준다는 내용이 포함되었다. 이 때 메나헴 베긴 총리가 이처럼 한발 양보를 한 것에 대해 정착촌 건설 지지자들 중 일부가 폭력적인 방법까지 동원해 강렬하게 반발하고 나선 것은 1980년대 초반 이스라엘 내부의 분열이 얼마나 깊은지 잘 보여주었다.[20]

당시 이스라엘은 무엇을 어떻게 할 생각이었을까? 대다수의 사람들은 형세를 관망하고 있었지만 이스라엘의 우파에 속하는 여러 저명한 종교 지도자들은 이 딜레마에 대해 기가 막힐 정도로 솔직한 의견들을 쏟아냈다. 가장 시끄럽고 눈에 띄는 지도자 가운데 한 사람인 랍비 메이르 카하네Meir Kahane는 구시 에무님의 많은 구성원들은 물론 자신이 이끄는 KACH 운동의 대변자로 나섰다.

그는 문제를 분명히 꿰뚫어보고 수사학적인 질문을 통해 해결책을 제시했다. 어떻게 하면 이스라엘이 유대인 국가이자 민주국가이면서도 유대와 사마리아(1967년에 이스라엘이 점령한 영토를 가리키는 성경 속의 지명)에 대한 통제권을 계속 유지할 수 있을까? 그는 이 두 가지를 한꺼번에 이룩할 수는 없다고 주장했다. 따라서 카하네를 비롯해 그와 생각을 같이하는 사람들은 둘 중에 유대인 국가를 우선시해야 한다며 조금도 미안한 기색 없이 유대와 사마리아의 아랍인들이 그 땅을 떠나야 한다는 의견을 내놓았다. 카하네는 먼저 그들에게 뭔가 대가를 제시해서 떠나게 만드는 방법을 시도해봐야 한다고 주장했다. 그 방법이 효과를 거두지 못한다면, 이스라엘은 다른 방법을 찾아서라도 그들을 강제로 몰아내야 했다. 이렇게 해서 아랍인의 수가 줄어들면 이스라엘이 점령지를 영구적으로 합병해도 된다는 것이 그의 주장이었다. 수백 년 동안 그 땅에서 살아온 아랍인들에게 국가를 세울 권리가 전혀 없다고 생각하느냐는 질문에 대해 카하네는 항상 재빨리 이렇게 반박했다. 그들에게는 이미 요르단이라는 국가가 있다.[21]

대다수의 이스라엘인들은 카하네의 극단적인 주장을 배척했다. 그러나 그의 지지자도 적지 않아 그는 국회의 의석을 차지할 수 있었다. 그의 주장이 몹시 공격적인데도, 내가 아는 대부분의 팔레스타인인과 이스라엘에 사는 많은 사람들은 점령지에 대한 이스라엘 정부의 공식적인 정책이 카하네나 구시 에무님의 목표와 사실상 일치한다는 의심을 품고 있었다. 사실 현실을 대충 살펴보기만 해도, 정착촌이 급속하게 늘어나고 팔레스타인 지도자들이 추방되고 수천 명의 사람들이 구금되며, 한정된 천연자원에 대한 착취가 계속되고, 학교와 기업은 물론 심한 경우에는 마을 전체가 시도 때도 없이 오랫동안 폐쇄되는 등 여러 가지 집단적인 형벌이 가해지는 상황에서 원래 팔레스타인에 살던 사람들이 고통 받고 있음을 분명히 알 수 있었다.

나는 지금까지 점령지에서 많은 시간을 보냈다. 그곳에 있는 난민 캠프도 가봤고, 정착촌도 가봤다. 그곳에서 나는 극단주의와 훌륭한 무기로 무장한 정착촌 주민들이 팔레스타인인들에게 일상적으로 굴욕을 안겨주고 신체적인 학대를 자행하는 모습을 자주 목격했다. 이런 대우에 반발한 일부 팔레스타인인이 자신을 모욕하고 학대한 사람은 물론 무고한 이스라엘 민간인에게까지 폭력으로 맞대응하면서 폭력이 끊이지 않는 비극적인 악순환이 계속되고 있다. 이스라엘/팔레스타인에서 함께 일했던 대다수의 유대인, 기독교인, 무슬림과 마찬가지로 나 역시 어느 쪽이든 폭력을 휘두르는 것이 정당하다고 생각하지 않는다. 종교 단체와 봉사 단체는 물론 많은 개인들도 이 끔찍하고 비생산적인 악순환을 끊어버리기 위해 지칠 줄 모르고 열심히 노력하고 있다. 비록 지금까지의 상황이 끔찍했지만, 그토록 견디기 힘겨운 곳에서도 이성을 잃지 않는 주민들이 더 많다는 사실에 대해 나는 항상 놀라움을 금할 수 없다.[22]

이스라엘-팔레스타인과 이스라엘-아랍 사이의 분쟁의 역사가 너무 복잡하게 얽혀 있기 때문에 간단한 분석만으로는 실체를 파악할 수가 없다. 또한 국가 안보, 오랜 기간에 걸친 고통과 희생, 적대 세력에 대한 비인간적인 대접, 상충되는 의견으로 혼란을 가중시키는 지도자들, 지나치게 커다란 영향력을 발휘하는 극

종교가 사악해질 때

단주의자들, 끊임없이 바뀌는 관련 강대국들의 정치적·경제적·군사적 우선순위 등 많은 요인들이 상황을 한층 더 복잡하게 만든다. 나는 이 슬프고 고통스러운 분쟁에 대해 특정한 해결책을 옹호할 생각이 없다.[23] 우리가 관심을 갖는 것은 지금의 현실 속에 내재한 근본적인 딜레마와 일촉즉발의 긴장이다. 종교가 파괴적인 일에 이용되어 폭력적이고 사악한 목적을 위한 수단으로 쉽게 변질될 수 있다는 문제를 조사할 때, 광신적인 유대인 정착촌 주민들의 행동을 간과해서는 안 된다. 이스라엘과 팔레스타인의 분쟁은 지금도 세계에서 가장 위험한 화약고 중 하나다. 성경에 기록된 대로 반드시 모든 땅을 다 차지해야 한다는 주장과 정치적으로 강력한 힘을 발휘하는 유대인 극단주의자들은 폭약이 가득 찬 방에 던져진 불붙은 성냥개비와 같다.

지중해 동쪽 끝에서 종교를 구실 삼아 상황을 한층 복잡하게 만드는 것은 유대인 광신도들뿐만이 아니다. 지난 20년 동안 이슬람 저항 운동HAMAS과 지하드에 속한 팔레스타인의 이슬람주의 극단주의자들이 중요한 세력으로 떠올랐다. 이 단체들은 야세르 아라파트Yasser Arafat와 이츠하크 라빈이 1993년 9월 13일에 백악관 잔디밭에서 평화원칙에 서명한 후 악수를 한 모습과 오슬로 협정으로 상징되는 평화협정 및 PLO의 지도력을 거부한다. 하마스와 지하드의 지도자들은 이 평화협정이 해방을 위한 자신들의 투쟁을 배신했다며 이스라엘에 대한 성전을 계속하겠다고 맹세했다.[24] 이들은 팔레스타인에 이슬람 국가를 세워야 한다고 주장한다. 이들 단체와 관련된 사람들 중 일부는 폭력적인 테러 공격과 자살 폭탄 공격으로 국제적인 주목을 끌었다. 그들의 격렬한 발언과 폭력적인 행동은 거의 매주 이스라엘과 팔레스타인 사이에서 벌어지는 폭력 사태에서도 비슷한 역할을 한다. 2장에서 우리는 자살 폭탄 공격자들에 대해 이야기한 바 있다. 앞으로 나올 6장에 서는 성전과 관련한 더 커다란 이슈들을 다시 한번 다루겠다.

그런데 특정한 종교를 신봉하는 나라는 이보다 더 힘든 딜레 마에 봉착하게 된다. 1967년 이전의 이스라엘 국경선 안에 살고 있는 사람들의 사정을 살펴보면 이 딜레마가 어떤 것인지 분명하게 알 수 있다. 이스라엘의 인구의 15~20퍼센트를 차지하는 아랍계 이스라엘인은 이스라엘 점령지나 레바논과 요르단의 난민 캠프에 살고 있는 팔레스타인인 형제들보다 분명히 훨씬 더 많은 권리와 특권을 누리고 있다. 그러나 이스라엘 안에서 그들은 여전히 2급이나 3급 시민일 뿐이다.[25] 그동안 이스라엘에 살고 있는 아랍인들이 정부에서 어떤 차별을 경험하고 있는지 자세히 묘사한 연구 결과, 책, 기사 등이 많이 쏟아져 나왔다. 장기적으로 봤을 때 이스라엘에서 안정과 안전이 일상이 되면, 이런 문제를 반드시 더 단도직입적으로 다뤄야 할 것이다. 이스라엘의 민주주의가 살아남을 수 있을 것인지 여부가 여기에 달려 있다.

미국을 기독교 국가로

20세기의 마지막 20년 동안 '성경을 믿는다'고 자임하는 기독교인들이 미국 정계에서 강한 세력을 형성했다. 제리 폴웰 목사가 이끄는 '도덕적 다수Moral Majority'와 팻 로버트슨 목사가 설립한 기독교연합Christian Coalition은 '새로운 종교 우파New Religious Right'에 참여하는 여러 단체 중에서도 가장 눈에 띈다. 이 단체들은 서로 다른 구조를 갖고 있으나, 대개 '가족의 가치'라는 기치 아래 임신 중절 반대, 동성애 반대, 총기 규제 반대, 각급 학교에 기도 시간 신설, 학교 바우처 제도school voucher*, 사형 제도 찬성 등 여러 이슈에서 힘을 모아 협력하는 편이다.

　새로운 종교 우파에 참여한 기독교 단체들은 성경의 이상에 따라 법률과 정부의 구조를 고치는 데 힘을 모으고 있다. 앞에서 살펴본 이슬람 단체나 유대인 단체와 마찬가지로 이 기독교 단체 역시 허공에서 불쑥 나타난 것이 아니다. 20세기에 보수적인 복음주의 개신교도와 근본주의 개신교도는 대체로 정치를 피하는 경향을 보였다. 그러나 1960년대에 사회가 급변하고 세속적인 인본주의가 위협으로 인식되면서 이들이 행동에 나서기 시작했다.[26] 대법원이 임신중절의 권리를 인정하고 교회와 국가가 확실하게 분리된 것도 이들에게 구심점의 역할을 했다. 새로운 종교 우파에 참여한 단체들의 문헌 자료와 발언에는 우리가 잃어버린 이상적인 시대(대개 이 시대는 왠지 미국의 건국자들과 관련된 것으로 묘사된다)에 대한 향수가 드러나 있으며, 이 나라가 계속 하나님에게 등을 돌릴 경우 엄청난 위험을 맞이하게 될 것이라는 경고도 담겨 있다.

　공교육은 서로 대립하는 양편이 분명하게 갈리는 주제다. 학교에서 (수업 중에, 미식축구 경기가 시작되기 전에, 졸업식 때 등) 학생

---

* 질이 떨어지는 공립학교 대신 사립학교나 종교학교에 자녀를 보내는 학부모에게 일종의 교육 할인권을 지급하자는 안.

들에게 기도를 하게 하는 것, 진화론과 창조론을 가르치는 것, 십계명을 붙여 놓는 것, 사립학교에 바우처를 지급하는 것 등이 적절한지를 놓고 거의 20년 동안 수천 명에 이르는 각급 학교 이사회 관계자들은 물론 연방의회와 주의회까지 나서서 논쟁을 벌여왔다. 오랫동안 이 문제들을 연구하면서 새로운 종교 우파 지도자들과 공개 토론을 벌여온 나는 그들이 미국의 건국자들에 대한 일반적인 인식이나 대법원이 '1963년에 하나님을 학교에서 추방해버렸다'는 인식만으로 주장을 펼치는 경우가 많다는 사실을 깨닫고 마음이 편치 않았다. 하나님의 권능과 존재가 대법원의 판결에 의해 정의된다는 주장은 신학적인 견지에서 참으로 이상한 주장이 아닐 수 없다. 나는 공립학교에서 공식적인 기도 시간이 없어지는 것을 두려워하는 사람들에게 이렇게 설명했다. 학교에서 수학 시험이 치러지는 한 학생들은 항상 기도를 할 것이라고.[27]

이런 문제들에 대한 논쟁이 후끈 달아올랐지만, 중동 등 세계 여러 지역에서 종교를 빌미로 발생하는 폭력 사태와는 거리가 먼 것처럼 보인다. 그러나 이 둘을 이어주는 직접적인 접점이 있다. 자기들이 생각하는 이상적인 시대가 사라져버렸기 때문에 국가라는 기관을 통해 그 시절을 되돌려야 한다는 종교적 확신이 바로 그것이다. 미국에서 연방정부가 됐든 공교육 시스템이 됐든 나라 체제를 뜯어고치겠다는 사람들은 기독교라는 종교에 대한 특정한 해석을 바탕으로 계획을 마련한다. 미국을 기독교 국가로 만들자는 운동에서 가장 강력한 힘을 발휘하는 팻 로버트슨과 기독교연합을 자세히 살펴보면, 이러한 신학적 성향에 내재한 위험이 무엇인지 알 수 있다.

종교가 사악해질 때

팻 로버트슨은 신학적인 면에서 나라를 뜯어고치자는 개혁적인 입장이다. 이런 성향을 지닌 사람들은 국가 체제에 도전하며 삶의 모든 부분을 하나님의 지배 아래 두려고 한다.

개혁주의자들에게 하나님의 지배를 벗어난 중립적인 활동 구역은 존재하지 않는다. 삶의 모든 측면에서 하나님을 따르든지 아니면 하나님을 아예 따르지 않는 것, 둘 중의 하나밖에 없다. 하나님의 정치에 참여하든지 아니면 지금 우리 가정·학교·교회를 위협하는 불경스러운 구조에 참여하는 것, 둘 중의 하나밖에 없다. … 천년왕국 이전의 형제들처럼 개혁주의자들은 역사의 극적인 변화를 기다리고 있다. 그러나 그들이 마냥 기다리기만 하는 것은 아니다.[28]

개혁주의자들은 "하나님의 율법이 지배하는 세상을 만들기 위해 하나님의 율법에 대한 정치적, 제도적 장벽들을 제거하려" 한다.[29] 로버트슨의 주장은 자세히 기록되어 있다. 그는 정부와 국가를 변화시키겠다는 포부를 안고 1988년 공화당 대통령 예비선거에서 후보로 출마했다. 많은 학자들은 그가 아이오와 코커스와 뉴햄프셔 예비선거에서 뒷심을 발휘하며 공화당의 대다수 후보들보다 오랫동안 살아남는 것을 보고 깜짝 놀랐다. 그러나 공화당의 대통령 후보로 지명될 가능성이 점점 희박해지자 로버트슨은 전열을 재정비했다. 가장 높은 자리에서 개혁을 추진하는 정치 전술 대신 기독교연합의 도움을 받아 밑에서부터 개혁을 추진하는 방법을 선택한 것이다. 로버트슨은 소수의 헌신적인 기독교인들이 학교 이사회와 시의회를 문자 그대로 점령하고 공화당이 우세를 점한 여러 주의 선거구들을 장악할 수 있음을 어렵지 않게 보여주었다.[30]

1990년대 전반에 기독교연합이 정치적인 기술을 세련되게 다듬으면서 급속한 성공을 거둔 것은 정말로 놀라운 일이었다. 기독교연합은 학교 이사회와 시의회를 지배했을 뿐만 아니라, 20개 주에서 공화당 지지자들에 대해 효과적으로 정치적인 힘을 발휘했다.[31] 정당의 강령과 각 교육구의 정책에 이들의 입장이 반영되자, 그들이 과녁으로 삼은 많은 사람과 단체가 로버트슨의 신학적 토대를 더 자세히 살펴보기 시작했다. 굳이 어렵게 한참 조사할 필요도 없었다. 로버트슨이 매일 TV에서 진행하는 〈700 클럽The 700 Club〉과 그의 저서들에 분명히 나와 있기 때문이다. 그는 사법제도와 교육제도, 그리고 미국 정부가 사실상 사탄의 지배를 받고 있다면서 이 땅에 하나님의 통치를 확립하기 위해 철저한 개혁이 필요하다고 주장했다.

사탄이 확실한 본거지를 구축했다. 우리 사회의 중요 분야들이 사탄의 목표다. 그는 교육 시스템을 공격해서 성공적으로 점령해버렸다. ACLU 등 여러 단체를 통해 이루어진 법조계에 대한 공격도 성공적이어서 사법제도의 상당 부분을 사탄이 점령했다. 사탄은 또한 우리 정부도 예전처럼 자유로운 기업 활동을 보장하는 체제가 아니라 사회주의 복지국가 같은 형태로 바꿔버렸다. 사탄은 가족과 교회 등도 공격했지만 다른 분야에서만큼 성공을 거두지는 못했다. 그러나 사탄은 지금도 공격을 계속하고 있다. 지금까지 그가 공격한 곳은 이 사회를 지배하는 분야들이다. … 사탄이 군대까지 자기편으로 만들었는지는 알 수 없지만, 그가 시도했던 것은 확실하다. … 사탄은 사람들을 증오한다. 그는 사람들을 파괴하고 싶어한다. … 우리는 영적인 전쟁을 벌여야 한다.[32]

로버트슨은 종교전쟁과 정치적 전쟁을 위한 계획에서 미국 전역의 교회와 관련된 다양한 공동체 운동 단체들과 기독교연합의 공동 투쟁을 구상했다. 이 단체들은 미국 국세청 규정 501(c)(3)항에 의해 세금을 면제받고 있으며, 이들이 예산에서 정치적 활동에 쓸 수 있는 돈의 비율도 극히 제한되어 있다. 공직에 출마한 후보자에 대한 찬반 의견을 밝히는 것 등 정치 활동에 참여하는 데에도 제한이 많다. 그런데 이 단체들은 속이 뻔히 보이는 '유권자 안내서' 수백만 부를 배포해 금지된 활동을 벌였다. 이 안내서는 각 지역, 주, 전국 규모의 공직에 출마한 후보자들에 대해 8~10개의 쟁점별로 순위를 매겨놓았다(틀린 평가를 내린 경우가 많았다). 이 안내서는 교회 주보에 끼워 넣기에 딱 알맞은 크기로 제작되어 투표일인 화요일 직전인 일요일에 수천 군데 교회에서 신도들에게 배포되었다. 이러한 전술은 커다란 성과를 거뒀지만, 뻔뻔스러울 정도로 기만적이었으며 법적으로도 문제가 될 가능성이 많았다. 그러나 이들에게 감히 도전장을 던진 공직자는 거의 없었다. 다들 '종교' 단체를 공격하는 것처럼 보이기 싫어서 몸을 사렸기 때문이다.[33]

나는 이 운동을 이끄는 랠프 리드Ralph Reed 등 여러 지도자에게 그들의 활동이 법 규정을 어기는 것은 아닐망정 어쨌든 법 정신에 위배되는 것은 아닌지 분명하게 설명해달라고 여러 번 요청했다. 유권자들에게 영향을 미치려는 목적으로 후보자들에 대해 때로는 잘못되고 오해의 소지가 있는 정보를 고의적으로 퍼뜨리는 게 아닌가? '은밀한' 후보, 즉 당선돼서 체제를 바꿔놓을 수 있는 자리에 설 때까지 일부러 본심을 숨기는 사람들을 후보로 출마시키는 전략을 적극적으로 장려하지 않았는가? 이런 전술이 책임 있는 기독교인의 자세나 세금을 면제받는 현재의 지위와 어떻게 어울릴 수 있는가? 그들은 예상했던 대로 난해한 법률 용어로 가득 찬 빈약한 답변을 내놓았다. 그러나 로버트슨의 발언에는 항상 이보다 더 깊은 의미를 지닌 메시지가 들어 있었다. 그는 지금의 싸움을 선과 악의 싸움으로 보았다. 사탄의 세력이 지배하는 권력자들에게 맞서 하나님의 힘이 반드시 승리를 거둬야 한다는 것이다. 사실상 목적이 수단을 정당화한다는 주장이다.

1997년 미국 국세청이 기독교연합에 대한 면세 조치를 재검토하고 연방 선거위원회가 선거운동과 관련된 기독교연합의 활동을 조사하는 와중에도 팻 로버트슨은 국가 기관의 최고 지도자 100명에게 보낸 녹음테이프에서 자신의 목적을 분명히 밝혔다. 그는 자신의 이야기를 듣게 될 사람들을 "기존의 질서를 뒤집어엎고 자유주의자 일당에게서 권력을 빼앗아 이 나라를 사랑하는 사람들에게 주려는 위험한 시도를" 하고 있는 "급진주의자 동료들"[34]이라고 부르며 익살을 떨었다. 로버트슨은 이 나라의 미래를 구상하는 데 있어 자신이 어떤 역할을 할 것인지, 그리고 자신이 "미국의 다음 대통령을 선택"하고 공화당 지도자들 모두의 주목을 받게 되기를 얼마나 기대하고 있는지 분명히 밝혔다.

> 우리는 그 사람들에게 이렇게 말할 것입니다. "이봐요, 우리가
> 1994년에 당신들을 권좌에 앉혀줄 테니 잘해주기 바랍니다.
> 우리는 미봉책에 지쳤습니다. 당신들에게 다른 생각이 있다는
> 소리는 하지 마십시오. 올해 우리는 우리 생각대로 밀고 나갈
> 테니. 당신들이 계속 고집을 부린다면 우리가 당신들을 불길
> 속에 잡아둘 겁니다."[35]

기독교에 대한 편협한 인식, 하나님, 그리고 조국이 한데 뒤섞여 이 강력한 운동의 중심에 자리 잡고 있다. 공화당의 또 다른 대통령 후보였던 팻 뷰캐넌Pat Buchanan이 1993년의 기독교연합 전국회의에서 일부러 자신의 입장을 분명히 밝힌 것도 놀라운 일이 아니다. "우리가 기독교를 믿기 때문에 우리 문화가 더 우월합니다. 이것은 사람을 자유롭게 해방시켜주는 진실입니다." 미국을 기독교 국가로 만들겠다는 사람들이 이런 생각을 아무리 깊이 품고 있다 해도, 이를 위해 그들이 해야 할 일이 아직도 많이 남아 있는 것 같다. 8년 후 9·11 직후의 혼란 속에서 제리 폴웰은 로버트슨의 〈700 클럽〉에 출연해 우리가 2장에서 이미 살펴본 자신의 신념을 밝혔다. 이교도, 임신중절 찬성자, 여성주의자, 동성애자 때문에 이런 테러가 일어났다는 것이다. 팻 로버트슨도 맞장구를 쳤다. "저도 전적으로 동의합니다."

　따로 떨어진 점들을 연결해보면 전체적인 그림이 시야에 들어오기 시작한다. 미국 기독교 개혁주의자들의 생각은 하나님의 승

인을 받았다는 구체적인 이슬람 국가 건설 계획이나 이스라엘에 성경 속의 나라를 더욱 크게 재건하겠다는 사람들의 생각과 겨우 종이 한 장 차이다. 게다가 이들이 이슬람을 비난하고 임신중절 시술을 하는 병원들을 공격하는 부분에 이르면 종이 한 장만 한 틈마저 좁아지기 시작한다. 로버트슨이나 폴웰 같은 지도자들이 미국판 아야툴라나 미국판 탈레반이라는 비난을 듣는 것이 놀랍지 않다.

종교와 국가

신정神政이 오랫동안 제대로 효과를 발휘했던 적은 한 번도 없다. 다윗 왕과 솔로몬 왕 치하에서 이스라엘의 힘이 정점에 이르렀을 때에도 이 나라의 체제와 지도자들은 이상과 거리가 멀었다. 성경은 그 후 이 나라가 정신없이 추락을 거듭하다가 기원전 587년 마침내 바빌로니아가 예루살렘을 파괴할 때까지 400년에 걸친 역사를 묘사한다. 이 기간 동안 나단에서 예레미야에 이르기까지 여러 선지자들은 종교의 핵심적인 인물이었다. 그들은 권력자들에게 진리에 대한 자신의 생각을 역설하면서 정치 지도자들과 종교 지도자들에게 이기적이고 위선적으로 국민들을 억압하고 착취하는 정책을 버리라고 촉구했다. 예언자들의 관심은 교리가 아니라 정의, 정직, 연민, 겸손 등 기본적인 원칙에 집중되어 있었다.

초기 기독교인들은 정부를 장악하지 못했다. 오히려 정부로부터 잔인하게 박해를 받은 경우가 많았다. 그런데 4세기에 콘스탄

종교가 사악해질 때

티누스 황제가 기독교를 로마제국의 공식적인 종교로 선포하면서 모든 것이 달라졌다. 이런 극적인 반전과 정치권력의 부도덕한 영향이 낳은 부정적인 결과들에 대해서는 다음의 두 장에서 다룰 것이다. 교회 역사를 읽어 보면 기독교 정부를 세우려는 많은 실험들이 지면을 채우고 있다. 오늘날 소수의 개신교도들이 칼뱅의 사상이나 뉴잉글랜드 청교도들의 본을 따르려고 애쓰기는 하지만, 교회가 지배하는 국가를 세우자는 주장에 열광하는 사람은 거의 없다. 사실 오늘날 유럽의 일부 지역에 남아 있는 신정 모델의 잔재에 속한 '공식적인' 교회들은 사실상 활동을 정지한 상태다.

무슬림은 무함마드가 메디나에서 10년간 통치했던 시대(서기 622~632년)와 올바른 인도를 받은 칼리프들Rightly Guided Caliphs의 시대(서기 632~661년)를 모범으로 삼아야 할 황금시대로 자주 내세운다. 이때의 체제는 당시의 시대와 장소에 잘 맞았다. 그런데도 메디나에는 유대인의 처우 문제와 전쟁 등 심각한 문제가 많았다. 무슬림은 이런 문제를 자신들의 맥락 안에서 설명한다. 그러나 지금의 상황은 당시 상황과 엄청나게 다르다. 이 정부 모델이 오늘날 얼마나 효과를 발휘할 수 있겠는가?

사회, 정치, 경제의 기반이 되는 제도적 틀은 시대와 장소에 따라 극적으로 달라진다. 어떤 체제가 다른 체제보다 더 효과를 발휘하는 경우가 있기는 하지만, 그 어떤 체제든 갖가지 문제점과 불평등이 가득하다. 부당하고 억압적이라고 생각되는 정부와 사회에 도전하는 것은 대부분의 종교에서 강제적인 규정은 아닐망정 정당한 일로 간주된다. 그러나 아브라함의 자손들 사이에는 어떻게 도전하는 것이 최선이며 무엇을 목적으로 삼아야 하는지에 대해 공감대가 형성되어 있지 않다.[36] 신앙을 가진 선한 사람들은 반드시 기본 원칙과 변화하는 상황에 맞는 제도를 만들기 위해 가장 적절하고 건설적인 방법이 무엇인지 끊임없이 고민해야 한다. 성경의 예언자들이 제시한 모델은 지금도 강렬하게 다가온다. 가난한 사람, 과부, 고아 등 사회의 약자에 대한 연민과 사회·경제적 정의를 강조하는 꾸란의 내용에서도 흡사한 모델을 발견할 수 있다. 아브라함의 전통을 따르는 예언자들은 불의와 억압에 대해 사람들의 주의를 환기시키며, 공동체 안의 삶에 대한 대안과 희망을 제시한다. 마틴 루서 킹 박사와 민권운동가들의 예언자적인 발언들이 이를 잘 보여준다.

현대는 국민국가의 시대다. 각 나라들 사이에 국경선이 확고하며, 국민으로서의 정체감은 사람의 정체감을 구성하는 중요한 요소다. 그러나 토머스 프리드먼의 비유를 빌린다면, 우리들 각자의 올리브나무를 지탱해주고 영양분을 공급해주는 뿌리가 국가뿐인 것은 아니다. 우리가 위에서 살펴본 광신도들조차 자신들이 국경을 초월하는 커다란 공동체(유대교, 기독교, 이슬람교 공동체)의 일원이라고 생각한다. 오늘날 각국 정부는 국민국가들 사이의 상호의존적인 역학과 자국 내의 다원주의에 동시에 대처해야 하는 과제를 안고 있다. 신정은 오늘날의 국민국가가 오랫동안 유지할 수 있는 모델이 아니지만, 몇몇 나라에서는 가까운 미래에 국가의 기본적인 틀에 종교를 공식적으로 연결시켜야 할지도 모른다.

유대인의 과거 역사와 강인함은 이스라엘이 현대적인 국가라고 주장하는 사람들에게 강력한 근거가 되고 있다. 적대적인 행위가 지금도 계속되고 있으므로 유대인들을 위한 안전한 피난처

종교가 사악해질 때

가 반드시 필요하다. 그러나 이스라엘의 안보는 반드시 이웃 나라와의 평화적인 공존과 정치·경제적 협동을 기반으로 이루어져야 한다. 이스라엘이 내적으로 힘을 갖고 있는 것은 이 나라의 민주주의가 튼튼하게 확립되어 있기 때문이다. 회기 중에 이스라엘 의회를 방문해보면 이스라엘이 얼마나 단호하게 민주주의를 실천하는지 알 수 있다. 앞으로 이스라엘인과 이스라엘을 지지하는 사람들은 이스라엘이 상당수의 국민이 유대인이 아닌데도 유대인 국가를 자처하면서 동시에 민주주의까지 유지하려고 애쓰는 과정에서 반드시 불거지게 되어 있는 긴장과 더 정면으로 맞서야 할 것이다.

이슬람 국가들 역시 수많은 복잡한 과제를 안고 있다. 그러나 이슬람이 국민국가를 위한 기반을 제공할 수 있을 것이라는 희망을 가볍게 포기할 수도 없고, 그렇게 해서도 안 된다. 종교, 정치, 경제, 사회 등 삶의 모든 측면을 하나로 통합하는 것은 지금도 무슬림의 생각 속에 깊이 자리 잡고 있는 목표다. 그러나 많은 나라에 퍼진 다양한 문제 때문에 사람들이 좌절감을 느끼는 것도 이해할 만하다. 국민의 의사를 제대로 대변하지 못하는 억압적인 정권의 지배를 받는 무슬림들이 분노해서 변화를 요구하는 것은 어느 모로 보나 정당한 일이다. 이슬람 세계의 인권침해 상황과 경제적 전망의 부재를 생각해보면 여러 지역에서 분란이 이는 것도 무리가 아니다. 이슬람이 앞으로 나아가기 위한 사회적 틀을 제공해줄 수 있을 것이라는 희망은 사람들의 가슴 속에 깊이 자리 잡고 있지만, 앞에서 지적했던 것처럼 이슬람 국가가 실제로 어떤 형태를 취하게 될지는 불투명하기 그지없다.

최선의 방법은 좌절감을 불러일으키는 가장 커다란 원인을 처리하고 그 과정에서 기존의 정부 구조를 바꾸기 위해 다들 힘을 합쳐 진지하게 노력하는 것이다. 손쉬운 해결책이나 빠른 해결 방법은 없다. 정부의 의사결정 과정에 참여하고 자결권을 행사하기 위한 운동을 벌이는 것이 중요하다. 서구에 일반적으로 퍼져 있는 이미지와 달리, 이슬람교는 민주주의와 양립할 수 있다. 국민국가를 넘어 세계의 기준에 맞는 민주적 제도로 나아가고 싶다는 벤자민 바버의 말이 어쩌면 방향을 제대로 짚은 것인지도 모른다. 그러나 이것은 지금도 먼 꿈으로만 남아 있다.[37]

머지않아 이슬람 국가들도 틀림없이 민주화와 국민들의 자결권 보장을 향해 나아가기 위한 실험을 하게 될 것이다. 이를 통해 생명력을 지닌 새로운 틀이 만들어졌으면 하는 심정이다. 이처럼 긍정적인 잠재력을 가진 실험 사례로 이란 이슬람 공화국을 들 수 있다. 이란 정부는 기본적으로 서구의 의회민주주의 체제를 따라 공화국의 형태를 취하고 있다. 대부분의 이슬람 국가 국민들과 달리 이란인들은 대통령과 국회의원들을 직접 선출한다. 이란 혁명은 이 나라를 무함마드나 칼리프 알리의 시대로 돌려놓지 않았다. 오히려 혁명으로 인해 전통을 존중하면서도 지금의 상황에 적응하려고 노력하는 새로운 형태의 정부가 만들어졌다. 이란이 순수한 민주주의 국가는 아니다. 시아파 지도자들이 정부 내에서 분명하고 강력한 역할을 수행한다. 1979년의 혁명 이후 30년 동안 이란인들은 비교적 온건하고 진취적인 사람들을 마즐리스majlis, 즉 국회의 의원과 대통령으로 선출했다. 많은 외부인들은 혼란스러웠다. 무함마드 카타미가 대통령을 두 번 연임한 뒤인 2005년에

종교가 사악해질 때

새로 대통령에 취임한 마흐무드 아흐마디네자드는 논란의 여지가 많고 도발적인 지도자였다. 이란 혁명수호위원회는 온건한 사람들이 선출되는 것을 막으려는 듯, 일부 국회의원 후보들의 출마를 금지하는 조치를 주기적으로 시행했다. 그래도 이란을 면밀히 주시하던 많은 사람들과 나는 이제 민주주의가 이 이슬람 공화국에 깊이 뿌리 내렸다고 믿는다. 인구 중 대다수가 혁명 이후 태어난 사람들인 만큼, 표현의 자유와 민주적인 절차를 억누르려는 시도는 앞으로 이란 내에서 강력한 반발에 부딪칠 것이다.[38]

지금까지 '이상적인' 시대를 건설하려는 노력을 살펴보면서 절대로 효과를 발휘할 수 없는 방법이 무엇인지 확실히 알 수 있었다. 국가의 이상적인 모습을 편협하게 정의하고 자기들이 하나님의 대리인으로서 신정을 확립해야 한다고 믿는 사람들은 위험하다. 이런 상황에서 종교는 쉽게 타락해버린다. 인간이 실행해야 할 정치적 청사진을 만들면서 하늘의 명령을 기반으로 삼는 사람과 단체를 주의해야 한다.

5

목적은
모든 수단을
정당화한다?

2002년 3월 1일자 《뉴욕타임스》에는 세계에서 두 번째로 인구가 많은 나라의 북부 지방에서 벌어진 끔찍한 사건의 시작을 알리는 기사가 실렸다. '힌두교도 폭도들이 인도에서 무슬림 60명 살해.' 미쳐 날뛰는 폭도들과 슬픔에 잠긴 어머니들의 생생한 사진은 인도와 파키스탄을 전쟁으로 몰아가는 종교 분쟁의 현장을 사람들의 머릿속에 각인시켰다. 그날 벌어진 일을 목격한 사람들의 증언에 따르면, 힌두교도들이 집에 있거나 자동차에 타고 있던 무슬림을 산 채로 태워 죽였으며, 식당과 가게에 불을 질렀다고 했다. 인도에서 또다시 벌어진 잔혹한 분쟁은 이처럼 끔찍했다. 2002년 전반기에 인도에서는 이런 일들이 많이 발생해 1천여 명이 목숨을 잃었으며, 분쟁의 대상이 된 카슈미르의 국경선에서 여러 차례 작은 군사적 충돌이 있었다.

폭동이 시작되고 3개월 동안 인도와 파키스탄 국경선 양편에 1백만 명 이상의 병사가 집결했다. 세계적인 지도자들은 여러 차례에 걸쳐 전쟁을 막기 위해 나섰다. 미국의 콜린 파월Colin Powell 국무장관과 도널드 럼스펠드Donald Rumsfeld 국방장관도 이 지역을 방문했다. 많은 분석가들은 인도와 파키스탄이 전쟁을 벌인다면 급속히 핵전쟁으로 확대될지 모른다고 예측했으며, 미국 국방부 관리들은 핵폭탄이 폭발하는 순간 1천 2백만 명이 목숨을 잃을 수 있다고 추정했다. 그 뒤 핵폭발의 여파로 피해를 입을 사람들

의 숫자가 얼마나 될지는 헤아릴 수 없었다.[1]

　신문에 실린 사진들과 전쟁의 결과에 대한 예측은 섬뜩하고 너무나 현실적이다. 성지를 둘러싼 논란 때문에 발생한 이 분쟁은 격렬한 적의를 불러일으켜 위험한 성격을 띠기 시작했다. 여기서 우리는 종교가 악의 세력이 된 사례를 분명히 볼 수 있다. 왜 그렇게 되었을까? 어떻게? '종교를 믿는' 사람들의 그런 행동을 어떻게 정당화할 수 있을까? 타락한 종교로 인한 이 위험하고 비극적인 상황을 설명하려면 배경 정보가 반드시 필요하다.

　인도에서 다수를 차지하는 힌두교도와 소수 집단인 무슬림의 분쟁은 2002년에 시작된 것이 아니다. 오랫동안 남아시아에서 공존해오면서 그들은 서로를 크게 불신했으며, 때로 노골적으로 적의를 드러내기도 했다. 아카데미상을 수상한 대작 영화 〈간디Gandhi〉는 힌두교도와 무슬림 사이에 오래전부터 존재해온 긴장과 분노의 깊이를 잘 보여주었다. 이들의 분노는 인도가 독립을 추구하는 과정에서 폭발하듯 터져 나왔다. 그때나 지금이나 이들이 단지 종교 때문에 분쟁을 벌이는 것은 아니다. 언제나 그렇듯이 정치, 경제, 사회적 요인들이 그동안 여러 가지 역할을 하면서 분쟁의 틀을 형성했다. 그러나 점점 강도가 높아져가는 이 비극에서 항상 정중앙에 자리한 것은 바로 종교였으며, 전쟁을 예감하게 했던 2002년의 사건들도 종교에 깊이 뿌리박고 있었다. 이 사건들은 종교가 타락하는 흔한 과정을 보여준다. 목적이 모든 수단을 정당화할 때 종교가 악의 세력이 되며, 심한 경우 전 세계에 악영향을 미칠 수도 있다는 사실 말이다.

　인도의 힌두교도와 무슬림은 수십 년 전부터 아요디야Ayodhya

　　　　　　　　　　　　　　　　종교가 사악해질 때

시의 성지를 둘러싸고 분쟁을 벌여왔다. 그런데 이 분쟁과 관련된 한 끔찍한 사건이 2002년의 폭력 사태를 촉발하는 도화선이 되었다. 2월 27일 힌두교 광신도들이 힌두교 비슈누신의 화신인 라마Ram왕의 출생지로 숭배되는 지역에서 사원을 건설하는 임무를 마치고 고향 구자라트로 돌아오고 있었다. 그들이 탄 열차가 고드라Godhra의 역에 도착했을 때, 기차에서 욕설을 퍼부어대던 힌두교 광신도들과 플랫폼에서 물건을 팔던 무슬림 상인들 사이에 싸움이 벌어졌다. 그리고 누군가가 객차 한 량에 불을 질러 힌두교도 58명이 목숨을 잃었다. 그 후 며칠 동안 인도 북부 30개 마을의 힌두교도들은 지독한 공격에 나서 무슬림 600여 명을 살해했다.

힌두교 극단주의자들은 상대가 먼저 자신들을 도발했다고 주장했지만, 그것이 사실이라 해도 그들의 행동은 인도에서 종교 생활의 근본이 되는 가장 기본적인 진리와 정면으로 어긋나는 것이었다. 힌두교는 원래 다양성을 존중하며 관용적이다. 힌두교에는 체계화된 위계질서도 없고, 유일한 경전도 없으며, 매주 정해진 날에 예배를 드려야 한다는 규정도 없다. 인도 사람들이 다양한 종교를 믿는다는 사실은 사람들의 적성과 기질이 매우 다양하므로 각자에게 맞는 여러 가지 길이 있다는 생각이 널리 퍼져 있음을 증명해준다. 그러나 힌두교라는 강에서 갈라져 나온 수많은 지류들을 관통하는 공통적인 주제는 존재한다. 그중 가장 으뜸인 것은 우주에 존재하는 단 하나의 본질, 즉 브라만에 대한 인정과 업과 윤회라는 불변의 법칙이다. 이 환상의 세계 속에서 브라만은 진정한 실재를 의미한다. 최후의 심판에서 각자의 영혼의 정수인 아트만은 브라만의 일부로 간주된다. 힌두교도들은 환생을 통해 윤회를 겪는 것이 바로 아트만이라고 믿는다. 윤회는 영혼이 해방되어 브라만과 완전히 재결합할 때까지 계속된다. 최종적인 목표인 모크샤, 즉 해탈에 이르는 방법은 여러 가지가 있을 수 있으며, 여기에는 반드시 지상에서의 행동에 대한 높은 도덕 기준과 윤리 기준이 포함된다. 행동에는 결과가 따른다는 업의 법칙은 이러한 세계관을 바탕으로 한 윤리 체계에 생명을 불어넣는다.

기본적으로 힌두교는 우리가 모든 진정한 종교의 핵심적인 특징이라고 설명했던 것, 즉 초월적인 것을 추구하는 성향을 지지하는데, 초월적인 것은 이 세상의 다른 사람들에 대해 측은지심을 갖고 건설적인 관계를 맺는 것과 불가분의 관계다. 힌두교의 가르침 속에는 예수가 강조한 두 가지 커다란 명령(신을 사랑하라는 것과 이웃을 자기 자신처럼 사랑하라는 것)이 훌륭하게 결합되어 있으며, 힌두교 세계관의 핵심에 자리한 일원론과 범신론적 긴장이 특징적이다. 창조물에 생기를 불어넣는 신성한 본질은 모든 생물 속에 존재하는 신성한 본질과 하나도 다르지 않다. 힌두교도들이 손을 포개고 고개를 숙여 인사하는 것은 상대방의 신성한 본질을 인정한다는 뜻이다. 이런 기본적인 원칙에서 비폭력의 교리가 생겨났다. 마하트마 간디는 힌두교의 이러한 근본적인 가르침을 구현한 인물이었다.

다른 종교는 물론 힌두교에서도 종교의 궁극적인 목적(해방이나 구원)을 이승에서의 삶과 분리할 수 없다. 건전하고 진정한 종교에서 목적과 수단은 항상 서로 연결되어 있다. 그러나 신자들은 궁극적인 목적을 쉽게 잃어버리고 대신 종교의 한 가지 요소에만 초점을 맞추기 쉽다. 종교의 한 가지 요소가 두드러지게 부각되어

종교가 사악해질 때

사실상의 목적이 되어버리면, 신자들 중 일부는 그 목적을 보호하거나 달성하는 데 온통 마음을 빼앗겨 버린다. 그런 경우 특별히 부각된 그 요소는 절대적인 진리가 되어버리고 광신도들은 맹목적으로 그것을 지키려고 나서게 된다. 앞으로 보게 되겠지만, 종교가 이런 식으로 타락하는 데에는 여러 형태가 있다. 그러나 타락의 패턴은 항상 뚜렷하게 나타난다. 종교의 한 가지 요소만을 지키겠다고 나선 사람들은 자신들의 목적을 모든 수단을 정당화하는 구실로 이용하는 경우가 많다.

이런 타락의 징후가 가장 분명하게 나타나는 것은 다른 사람들에 대해 측은지심을 갖고 건설적인 관계를 맺는다는 원칙이 폐기되는 경우다. 라마왕의 탄생을 기념하는 아요디야의 사원에서 사람들은 성지를 지킨다는 구실로 무슬림에 대한 형언할 수 없는 폭력을 정당화했다. 이처럼 신성하다고 생각되는 것을 지키는 과정에서 종교가 타락하는 경우가 너무나 많다는 것은 유감스러운 일이다.

성지 수호

모든 종교는 성과 속을 구분한다. 각 종교에 전해져 내려오는 신성한 이야기의 내용에 따라 장소, 시간, 물건, 사람 등이 서로 구분되어 다른 대접을 받는 것이다. 우리는 앞에서 성지에 대한 강한 애착을 살펴보았다. 앞으로는 이것을 성전聖戰과 관련해서 다시 한번 살펴볼 것이다. 신앙심 깊은 무슬림들이 하루에 다섯 번씩 살라트, 즉 기도를 위해 메카를 향할 때마다 이슬람에서 성지의 역할이 무엇인지 분명히 드러난다. 성지는 힌두교에서도 눈에 띄는 자리를 차지하는데, 매년 성지를 순례하고 성스러운 강에서 목욕을 하는 힌두교도가 수백 만 명에 이른다. 따라서 성지는 종교 생활의 핵심적인 요소다.

아브라함의 전통적인 무덤은 요르단강 서안의 헤브론(아랍어로는 알칼릴)에 있다. 이곳이 성지로 취급되는 것은 족장들의 동굴Cave of the Patriarchs과 이브라힘(아브라함의 아랍식 이름) 사원 때문인데, 유대교인·기독교인·무슬림이 모두 이곳을 성지로 여긴다. 지난 60년 동안 이곳에서는 주기적으로 분쟁과 긴장이 격화되곤 했다. 1994년 2월 25일 이 성지는 대학살극의 무대가 되었다. 그날은 압제자의 손에 절멸될 위기에 처해 있던 유대인들이 해방된 것을 축하하는 퓨림절이었다. 수백 명의 팔레스타인 무슬림 남자들이 기도를 위해 사원으로 모여들 때 근처의 유대인 정착지 키르야트 아르바에 살던 미국인 의사 바루크 골드스틴Baruch Goldstein이 이스라엘 병사로 변장하고 사원으로 들어왔다. 그리고 사람들을 향해 마구 총을 쏘아대 29명을 죽이고 수많은 사람들에게 부상을 입힌 후, 자신이 죽이고자 했던 사람들의 손에 목숨을 잃었다. 이 정신 나간 광신도의 구역질나는 이야기가 이것으로 끝이었다면 내가 이 책에서 이 이야기를 인용하지도 않았을 것이다. 모든 종교의 많은 신자들이 지금까지 끔찍한 폭력을 저지른 바 있다. 그러나 슬프게도 그것으로 끝이 아니다. 유대인 정착촌의 일부 극단주의자들과 운동가들이 보기에 골드스틴은 영웅이었다. 그의 무덤은 가로등과 보도, 사람들이 모임을 가질 수 있는 광장, 기도서와 양초가 보관된 벽장까지 완벽하게 갖춘 순례지가 되었다. 그의 무덤에 있는 대리석 명판에는 "유대인, 토라, 이스라엘 민족을 위해 목숨을 바친 거룩한 바루크 골드스틴에게"라고 적혀 있다. 그가 사원에서 총격을 가한 지 6년이 되던 날 BBC 방송은 "군복에 의사 가운을 입고 가짜 턱수염을 붙여 골드스틴처럼 분장한" 극단주의자들이 그의 무덤에 모여 축제를 벌이고 있다고 보도했다. 기자는 6년 동안 약 1만 명이 그의 무덤을 찾았다는 말로 보도를 끝맺었다.[2]

이스라엘에 사는 유대인들 중 절대다수는 다른 선한 사람들과 마찬가지로 골드스틴의 행동과 그를 숭배하는 사람들을 불쾌하게 생각한다. 그러나 정착촌의 극단주의자들은 무시무시한 종교적 광기를 드러낸다. 이건 내가 그런 사람들을 직접 만나본 적이 있기 때문에 하는 소리다. 많은 이스라엘인들은 이런 광기가 팔레스타인과의 평화협상에 가장 장애가 되는 커다란 걸림돌 중 하나라는 것을 알고 있지만, 이스라엘 정부가 정착촌에 매년 3억 달러 이상의 보조금을 지급하기 때문에 점령지의 정착촌은 성장을 거듭하고 있다.

키르야트 아르바 정착촌은 팔레스타인인이 많이 모여 사는 지역 한가운데에 자리 잡고 있다. 바로 이곳이 아브라함 및 족장들과 관련된 성지이기 때문이다. 골드스틴은 랍비 메이르 카하네의 열렬한 추종자였다. 골드스틴은 이스라엘(그가 유대와 사마리아라고 불렀던 점령지도 포함)을 유대인의 성지로 생각했다. 그는 이 땅에서 팔레스타인인을 강제로 몰아내야 한다는 주장을 공개적으로 지지했으며, 이 목적을 위해 자신의 생명을 바쳤다. 그가 선택한 수단은 유대인과 무슬림이 모두 조상으로 섬기는 인물의 무덤에 기도하기 위해 모여든 무슬림을 살해하는 것이었다.

골드스틴의 이러한 행동과 오늘날 대학의 유대교 단체들이 이름을 지을 때 즐겨 이용하는 1세기의 저명한 랍비 힐렐Hillel의 유명한 가르침만큼 뚜렷한 대조를 이루는 것도 없을 것이다. 예수가 질문을 받을 때와 흡사한 상황에서 한 이교도가 힐렐에게 다가와 이렇게 말했다. "내가 한 발로 서 있는 동안 당신이 내게 토라를 모두 가르칠 수 있다면 내가 유대교 신자가 되겠소." 힐렐은 이렇게 대답했다. "당신이 싫어하는 일을 이웃들에게 하지 마시오. 이것이 토라의 전부요. 나머지는 주석이지. 가서 공부하시오."[3] 힐렐의 이 황금률에는 레위기 19장 18절의 분명한 명령이 그대로 반영되어 있다. "이웃 사랑하기를 네 몸과 같이 하라."

성지를 지키기 위해 폭력이 동원되면 대개 정치적 음모 또한 여기에 끼어든다. 예루살렘에 있는 바위의 돔과 알아크사 모스크를 파괴하려던 시도에서 이미 이런 특징이 드러난 바 있다. 어떤 경우에는 극단주의자들이 정치적·종교적 목적으로 먼저 상대를 도발하기도 한다. 성지에 대한 강렬한 애착을 크게 의식하는 정치 지도자들은 많은 경우 광신도들의 감정을 일부러 자극해서 성지 수호라는 명분을 한껏 고양시킨다. 정치적 편법으로 뻔뻔하게 종교를 악용하는 행위는 개탄스럽지만 효과를 발휘하는 경우가 많다. 남의 말에 쉽게 속아 넘어가는 신자들이 종교를 이용한 미끼를 덥석 물지 않는다면 정치가들도 종교적 감정을 이용해 국민들을 조종하려 하지 않을 것이다.

2000년 9월 28일의 사건이 그러했다. 이날 이스라엘 야당 리

종교가 사악해질 때

쿠드당의 당수인 아리엘 샤론은 템플 마운트를 방문하기로 했다. 샤론은 상대를 도발할 의도가 전혀 없다고 주장했지만 그의 말을 믿은 사람은 거의 없었다. 그는 자신의 방문 계획을 며칠 전에 발표하고 언론사 기자들을 불러들였으며 전투복을 갖춰 입은 수백 명의 경찰을 템플 마운트로 함께 데려갔다. 샤론은 유대인에게 템플 마운트를 거닐 권리가 있음을 대담하게 선포할 의도로 그 방문 계획을 세웠다고 시인했다. 대부분의 랍비들은 템플 마운트가 신성한 곳이라 유대교인들이 그곳에 올라서는 안 된다고 믿고 있으므로, 샤론의 방문은 종교적인 순례가 아니었다. 대부분의 이스라엘인과 팔레스타인인은 그의 행동을 정치적인 도발로 보았다. 사람들의 감정을 휘저어놓기 위해 두 종교가 모두 신성하게 생각하는 장소를 이용한 행동으로 보았던 것이다. 이 계획은 성공을 거뒀다. 리쿠드당의 우파 강경론자들 사이에서 입지가 강화된 샤론은 베냐민 네타냐후 전 총리의 힘이 점점 강해지는 것을 저지할 수 있었다. 그의 행동은 또한 팔레스타인인의 분노를 불러일으켜 폭력적인 '봉기'를 촉발했다. 그가 요란하게 템플 마운트를 방문한 지 이틀도 안 돼서 팔레스타인인 100여 명이 봉기를 진압하러 나선 이스라엘 군대에 의해 목숨을 잃었다. 상황이 악화되자 점점 두려워진 이스라엘인들은 팔레스타인에 강경 입장을 취하고 있는 샤론의 손을 들어주었다. 그가 이스라엘의 새 총리로 당선된 것이다.

성지를 이용해서 국민들의 종교적인 감정을 노골적으로 조작하는 정치적 술책은 아요디아에서 벌어진 힌두교도와 이슬람교도 사이의 충돌에서도 나타났다. 1991년 힌두 민족주의를 선전하는 정치단체와 종교 단체가 힘을 합쳐 전통적으로 라마왕의 성지로 간주되는 곳에 사원을 세우기 위한 도발적인 캠페인을 벌였다. 몇 달 동안에 걸친 캠페인 덕분에 광기에 휩쓸린 힌두교도들은 1992년에 아요디야로 가서 1520년부터 문제의 장소에 서 있던 바브리 모스크를 파괴했다. 이슬람교도들은 즉시 무시무시한 보복을 시작했다. 그 결과 벌어진 싸움에서 양측을 모두 합쳐 1천 1백 명 이상의 사망자가 발생했다. 그 후로도 주기적으로 충돌이 일어나 서로의 상처가 치유될 틈이 없었기 때문에 1990년대 내내 종교적인 감정을 선동하는 사건들이 줄을 이었다.

1991~92년에 모스크를 무너뜨리고 사원을 짓자는 운동의 선봉장은 L. K. 아드바니Advani였다. 아요디야가 위치한 인도 최대의 주 우타르프라데시에서 아드바니가 이끄는 힌두 민족주의 정당의 지지집회가 열린 것은 고의로 계획된 일이었다.[4] 아드바니의 정당은 세계힌두교협회Vishva Hindu Parishad와 제휴해서 전통적으로 카스트 제도를 기반으로 한 여러 정당과 그들의 주요 라이벌인 국민회의당Congress Party이 나눠 가졌던 지지 세력을 결합했다. 2002년에 아드바니는 인도의 권력 서열 2위인 내무장관이 되어 있었다. 세계 최대의 민주주의 국가인 인도의 권력 정점에 오르기 위해 아드바니의 정당은 라마왕의 사원을 짓자는 주장을 버리고 대신 정치적 연합을 꾀했다. 대부분의 무슬림은 예측했던 대로 힌두 민족주의에 편승해 권력의 자리에 오른 지도자를 경계했다. 2002년 2월 말 폭동이 일어났을 때 정부가 소수 집단인 무슬림을 보호하기 위해 군대를 보내는 데 늑장을 부렸다고 비난하는 사람도 많다. 많은 힌두 극단주의자들도 아드바니의 정당이 라마왕 사

원 건립에 대한 지지를 철회한 것에 분노했다. 그러나 성지의 탈환이라는 목적은 이제 스스로 생명을 얻어 움직이고 있었다.

신앙을 가진 사람들은 자기 종교의 신성한 이야기들과 관련된 장소를 직접 접해보고 싶어 한다. 성지는 종교 생활의 중요한 요소이며, 목표를 향해 더 쉽게 나아갈 수 있게 해주는 여러 수단 가운데 하나다. 그러나 어떤 대가를 치르고라도 성지를 수호해야 한다는 생각이 다른 요소들을 지배해버리면 무서운 결과가 생길 수 있다. 정당한 대의를 위해 이웃에게 폭력을 휘둘러야 한다는 주장이 들려오면, 틀림없이 뭔가가 크게 잘못된 것이다. 결국 사람은 자신의 행동에 책임을 져야 한다. 우리가 앞에서 살펴본 사례들에서도 정치적 조작, 민족주의적 주장, 집단 정체감 등이 성지 수호 주장과 한데 얽혀 있다. 집단 정체감을 유지하거나 강화하는 것은 목적이 모든 수단을 정당화한다는 주장으로 쉽게 변질될 수 있는 종교 생활의 또 다른 요소다.

외부 세력에 맞서
집단 정체감을 강화하는 것

자신이 속한 종교 공동체의 안녕을 걱정하는 것은 정상적인 일이다. 그런데 집단 정체감이 분명하게 규정되는 과정에서 공동체 외부의 사람들을 인간으로 보지 않게 되면, 즉 외부인을 사람이 아니라 위협적인 대상으로 인식하게 되면 원래 긍정적이던 이 충동이 폭력적이고 부정적으로 변할 수 있다. 일단 이런 변화가 자리를 잡고 나면 전에는 생각도 할 수 없던 행동들이 집단 정체감을 강화하고 보호하기 위한 수단으로 정당화된다. 인종청소와 같은 끔찍한 사건들도 이런 과정을 거쳐 발생했다고 볼 수 있다. 외부인을 인간으로 보지 않은 사례 중에서도 가장 극단적이고 지독한 사건이 바로 홀로코스트다. 히틀러가 지배하던 나치 독일에서 실행된 이 체계적인 절멸 계획으로 유대인 6백만 명 이상이 목숨을 잃었다. 나치 독일의 정책이 공식적으로 기독교를 표방하지는 않았지만, 기독교인이 오랜 옛날부터 개탄스러운 태도로 유대인을 대했던 역사가 이런 사건을 낳은 것은 사실이다.

기독교도들의 정체감은 처음부터 유대교 전통과 밀접하게 관련되어 있었다. 예수도 유대인이었고, 그의 사도들도 유대인이었다. 1세기에 가장 커다란 성공을 거둔 전도자 바울은 그때 막 태동한 기독교 운동을 위협으로 인식하는 유대교 광신자였으나, 다마스쿠스 근처에서 극적인 경험을 한 후 기독교로 개종했다. 예수의 시대로부터 20~70년 후에 만들어진 신약성서는 유대교의 여러 파당과 팔레스타인에서 등장한 새로운 종교 공동체 사이의 상호작용에 대해 많은 이야기를 들려준다. 역사가인 제임스 캐럴James Carroll은 기독교 교회와 유대교 사이의 이러한 상호작용에 대한 포괄적인 연구서 서두에서 매우 혼란스러운 이들 관계의 부정적인 측면과 긍정적인 측면을 모두 언급했다. 가장 초창기의 문서인 바울의 편지 속에는 그의 내적 갈등이 반영되어 있다. 바울은 유대인의 '노력'을 기독교 '신앙'과 대조하고, 유대교의 '율법'과 기독교의 '자유'를 언급한다. 그런데도 그는 하나님이 결코 유대 민족을 버리신 게 아니라는 점을 분명히 한다(로마서 9~11장).

종교가 사악해질 때

캐럴은 광범위한 학술적 자료를 이용해 복음서의 내용이 유대교와 관련된 기독교도들의 정체감 변화 과정을 보여주고 있다고 주장한다. 정전正典에 포함된 복음서 중 가장 마지막으로 작성된 요한복음을 보면, 유대인을 가혹하게 비판한 여러 구절을 통해 두집단 사이의 갈등이 점점 커지고 있었음을 알 수 있다. 많은 기독교인들은 수 세기 동안 이런 구절들을 근거로 삼아 유대인 전체를 악마로 몰았다. 앞에서 이미 보았듯이, 경전의 일부 내용만을 바탕으로 자기들이 절대적인 진리를 알고 있다고 주장하는 것은 종교가 타락했다는 징후인 경우가 많다.[5]

커다란 긴장과 분쟁이 있었음에도 기독교도와 유대인들은 4세기 이전까지 다양한 방면에서 긍정적인 상호작용을 주고받았다. 그런데 4세기에 "예수의 십자가가 콘스탄티누스 황제의 손에 들린 칼이 되었다." 이처럼 기독교가 국가 권력과 결합하게 되자 기독교도는 유대인에게 점점 더 못된 태도와 행동을 보여주기 시작했다. 신약성서의 일부 내용에 분명하게 드러난 적의가 "그 후 수백 년 동안 더욱더 악의적인 수사법으로 변질되었다."[6]

4세기에 안티오크의 주교 요하네스 크리소스토무스Johannes Chrysostomus나 밀라노의 주교 암브로시우스Ambrosius 같은 저명한 기독교 지도자들이 규정한 기독교도의 정체감은 유대교와 날카로운 대조를 이뤘다. 신학자 로즈메리 래드퍼드 루서Rosemary Radford Ruether의 훌륭한 연구서 『신앙과 형제 살해Faith and Fratricide』는 그들이 유대인을 신랄하게 비난하는 바람에 유대교 회당들이 습격당한 당시 상황을 잘 설명하고 있다. 요한 크리소스토무스는 여덟 번에 걸쳐 연속적으로 행한 '유대인에게 반대하는 설교'에서 유대교 관습을 계속 포용하는 기독교인과 유대인들을 모두 꾸짖었다.

> 나는 유대인을 높게 평가하고, 현재 그들의 삶의 방식을 존중할 만하다고 생각하는 사람이 많다는 것을 알고 있다. 이 위험한 생각을 내가 서둘러 뿌리 뽑으려 하는 것은 바로 이 때문이다. … 유대교 회당은 매춘굴일 뿐만 아니라 … 도둑과 야생동물의 소굴이기도 하다.[7]

암브로시우스는 유대교 회당이 "그리스도를 부정하는 곳 … 불신자들의 소굴, 불경한 자들의 본거지, 미친 사람들의 은신처이며 하나님이 직접 저주를 내리신 곳"이라고 선언했다.[8] 상황은 그 후로 훨씬 더 악화되었다. 파란만장한 역사 속에는 서기 1000년까지 기독교 세계 도처에서 유대인과 유대교 회당이 악의적인 공격을 받은 사례들이 산발적으로 등장한다. 유대인들이 번영을 누린 시기도 있었다. 이슬람교가 부상한 후 많은 유대인들은 이슬람의 영토와 기독교 세계를 자유로이 오갈 수 있는 상인들로서 좋은 시절을 구가했다. 이슬람이 지배하던 에스파냐에서 2세기 넘게 계속된 황금시대에 유대인들은 정부의 일에도 참여하고, 한창 꽃을 피운 과학과 예술 분야에서도 한몫을 했다. 그러나 불길한 변화들도 함께 일어나고 있었다. 유대 민족이 그리스도의 죽음에 책임이 있다는 주장이 단단히 자리를 잡기 시작한 것이다. 직업, 거주지는 물론 때로는 의복에 대해서까지도 규제가 이루어지면서 앞으로 기독교인들이 유대인에게 보여줄 개탄스러운 태도와 행동을 예고해주었다.

다음 장에서 살펴볼 십자군 운동이 시작되면서 유대인과 유대인 사회에 대한 잔인한 공격이 유럽 전역에서 조직적으로 이루어졌다. 종교 사회학자인 로드니 스타크Rodney Stark는 독일, 프랑스, 영국, 에스파냐에서 발생한 반유대주의적 집단행동 사례 수십 건을 정리해두었는데, 이런 집단적인 습격으로 인해 중세에 유대인 수만 명이 사망했다고 기록되어 있다.9 이제는 이미 친숙하게 알려진 행동 패턴이 수백 년 동안 다양한 형태로 계속 나타났다. 서구의 많은 기독교인들은 유대인이 왠지 기독교인의 정체감을 위험에 빠뜨린다는 데에 공감했다. 그들이 위협으로 받아들인 것의 정체가 무엇이든, 그것이 현실적인 위협이든 상상으로 만들어낸 위협이든, 아니면 이슬람의 위협이든 기독교 세계 내부의 위협이든, 유대인은 항상 손쉬운 과녁이었다. 내가 들어가는 말에서 언급했듯이, 유대인이던 내 증조부모는 1백여 년 전 러시아의 지배를 받던 폴란드에서 학살을 피해 도망쳤다.

유대인들을 사람으로 보지 않던 기독교의 오랜 역사는 홀로코스트에 이르러 절정에 이르렀다. 나치 독일까지 이어진 과거의 역사가 없었다면 그런 엄청난 폭력은 발생할 수 없었을 것이다. 많은 기독교인들의 적극적인 참여와 공감, 그리고 상대적인 무관심이 없었다면 그런 일은 일어나지 않았을 것이다.10 당시의 인종 대학살은 너무 끔찍해서 도저히 이해할 수 없을 정도다. 유대인과 기독교인, 그리고 그 밖의 사람들이 그때 일을 "절대 잊어서는 안된다"고 거듭 외치는 것은 백 번 옳은 일이다. 그리스도를 따르는 사람들은 독일이나 폴란드의 강제수용소, 혹은 예루살렘이나 워싱턴의 홀로코스트 기념관에 가보면 도무지 머릿속을 떠나지 않는 의문을 갖게 된다. 사랑을 강조하는 기독교의 복음과 이토록 증오스럽고 사악한 일이 한 번만 일어난 것도 아니고 수세기 동안 지속적으로 일어났다는 사실을 어떻게 연결시켜야 할까?

우리는 지금 종교가 사악해질 때의 징후들을 중점적으로 다루고 있다. 기독교가 유대인에게 적의를 갖고 그들을 학대한 역사를 대충만 훑어보아도 우리가 앞에서 살펴본 여러 가지 징후들이 드러난다. 하나님과 특정한 경전의 의미에 대해 절대적인 진리를 알고 있다는 주장, 영향력 있는 지도자에 대한 맹목적인 복종과 아무도 의문을 제기하지 않는 교리, 외부인에게 맞서 집단 정체감을 강화하거나 지키려는 잘못된 노력 등이 그것이다. 홀로코스트 이후 60년 동안 많은 유대인과 기독교인이 공통의 관심사를 갖고 서로 협력할 수 있는 건설적인 방안을 찾고, 서로의 간격을 메우고, 서로를 이해하기 위해 열심히 노력해왔다. 그러나 반유대주의의 잔재가 지금도 눈에 띈다. 기독교인들이 지금도 자신들을 유대인보다 우월하다고 생각하기 때문이다.

30년 전 빌리 그레이엄 목사가 리처드 닉슨Richard Nixon 대통령과 나눈 개인적인 대화의 녹음테이프가 2002년 3월 초에 대중에게 공개된 적이 있다. 그레이엄은 대통령에게 유대인들이 언론의 "목을 조르고" 있으므로 그들을 저지해야 한다고 말했다. 그들이 "이 나라를 망치고 있다"는 것이었다. 닉슨은 이렇게 대답했다. "정말로 그렇게 생각하십니까?" "예, 각하." "오, 이런. 나도 그렇습니다. 이 말을 절대 입 밖에 낼 수는 없지만 난 정말로 그렇게 생각해요." 이 말을 들은 그레이엄의 대답은 이랬다. "그렇지요.

하지만 각하께서 재선에 성공하신다면 우리가 뭔가 할 수 있을지도 모릅니다." 그레이엄은 또한 닉슨에게 이런 말도 털어놓았다. "제 절친한 친구들 중에도 유대인이 많습니다. … 그 친구들은 제가 이스라엘에 우호적이라는 것을 알고 있지요. 하지만 〔유대인들은〕 자기들이 이 나라에 하고 있는 짓을 내가 어떻게 생각하는지 모릅니다. 게다가 저한테는 그 사람들을 처리할 힘도 방법도 없습니다." 닉슨은 이렇게 대답했다. "그 사람들에게 당신 속내를 들키면 안 됩니다."[11] 빌리 그레이엄은 이 테이프를 듣자마자 즉시 사과문을 발표하고, 자기가 쉰세 살 때 그런 말을 한 기억이 전혀 없다고 말했다.

나는 이 이야기를 듣고 그때까지 내가 직접 들었던, 고정관념으로 유대인을 바라보면서 그들을 인간이 아닌 존재로 취급하는 말들을 떠올렸다. 내 친구인 랍비 밸포어 브리크너Balfour Brickner가 15년 전 나와 함께 어떤 상원의원의 사무실을 나서면서 했던 신랄한 말도 생각났다. 우리는 그때 외교위원회에 속한 상원의원들을 만나러 다니면서 중동 분쟁과 관련해서 모두에게 최선이라고 생각되는 정책에 대한 지지 의견을 밝히던 중이었다. 저명한 랍비와 전국교회협의회 중동국장인 우리 두 뉴요커가 함께 적극적으로 의견을 밝히는 것을 보면서 상원의원들이 미국의 정책과 종교를 믿는 유권자들에 대해 새로운 시각에서 생각을 해볼 것이라고 믿었다. 우리가 어떤 의원의 사무실에서 나와 신성한 의회 복도를 함께 걷고 있을 때, 밸이 갑자기 걸음을 멈추고 내게 말했다. "자네랑 함께 이 일을 하고 있다는 게 기쁘군. 우린 서로 주파수가 통하니까 말이야. 저 상원의원들은 틀림없이 우리 얘기를 다시 생각해볼 거야. 하지만 찰스, 나한테는 이게 쉬운 일이 아니라는 걸 좀 알아주게. 우리 유대교인은 대부분의 기독교인을 완전히 신뢰하기가 어려워. 상대가 좋은 의도에서 이런 일을 하는 거라고 우리가 확신할 때조차 그래. 기독교인이 2천 년 동안 보여준 '사랑'을 우리 유대교인들이 참아내기 어려웠다는 걸 알아줘."

힐렐의 가르침처럼 예수의 가르침도 진정한 종교를 위한 믿을 만한 지침이 된다. 하나님을 사랑하고 이웃을 너 자신처럼 사랑하라. 네가 대접받고 싶은 대로 남을 대접하라. 그런데 이 핵심적인 교의를 지키지 못한 서구 기독교인이 너무나 많다. 그들은 다른 사람들, 특히 유대인과 유색인종을 인간이 아닌 존재로 취급함으로써 자신들의 종교 공동체를 분열시켰다. 그들은 "우리가 추구하는 목표가 무엇인가? 내가 믿는 종교의 핵심적인 가르침과 요구에 어긋나지 않게 그 목표를 실현하려면 어떻게 해야 하나?"라는 질문을 자주 잊어버린다. 그러나 다행히도 변화는 항상 가능하며, 실제로 지금도 변화가 일어나고 있다. 오랜 행동 패턴은 반드시 바뀌어야 하며, 바뀔 수 있다.

내부로부터 집단 정체감 강화하기

이웃을 자신처럼 사랑하라는 황금률을 현실에서 실천하지 못하는 것은 외부적인 문제만이 아니다. 종교 공동체들은 때로 집단 내의 차별과 비인간화를 통해 집단 정체감을 강화하거나 기존의 체제를 보호한다. 이런 행태는 대개 인종차별, 계급차별, 성차별

종교가 사악해질 때

의 형태로 나타난다. 최근 몇십 년 동안 여성학의 커다란 발전, 특히 유대교와 기독교 내부에서 일어난 발전 덕분에 종교 생활에서 오랫동안 어둠 속에 잠겨 있던 측면들이 밝은 곳으로 나오게 되었다. 이런 문제에 관심을 가진 신자들이 여성들을 차별하는 수단으로서 종교가 어떻게 이용되고 있는지 분명히 밝히고 이런 현실을 효과적으로 개선하려면 아직 해야 할 일이 많이 남아 있다. 이슬람교와 힌두교에서 발견되는 타락한 종교의 징후들은 이 문제를 잘 보여준다.

아프가니스탄 여성들에 대한 가혹하고 억압적인 정책이 언론을 통해 집중적으로 보도되면서 심각한 이슈들이 더 넓은 공론의 장으로 나오게 되었다. 탈레반이 시행하는 극단적인 이슬람 율법에 의해 아프가니스탄 여성들은 집 밖에서 항상 부르카를 완전히 뒤집어쓰고 있어야 했다. 공적인 장소에서 몸을 '제대로' 가리지 않은 여자는 이슬람의 수호자를 자처하는 사람들에게 거리에서 매를 맞았다. 예외는 전혀 허용되지 않았다. 계속 일을 하는 소수의 여의사들은 심지어 수술을 할 때도 눈을 가린 그물눈 사이로 환자를 보아야 했다. 그렇게 하면 시야가 제한되는데도 말이다. 여성의 교육 기회는 크게 줄어들었고, 책은 압수되었으며, 바깥세상으로 나가는 길은 대부분 차단되었다. 남녀를 막론하고 많은 무슬림이 이런 극단적인 정책에 반대했지만, 다른 이슬람 국가에서도 정도의 차이만 있을 뿐 기본적으로는 같은 이슬람 율법이 시행되고 있었다. 특히 석유가 풍부하게 매장되어 있는 아라비아만의 유명한 나라들이 그러했다.

나는 사려 깊고 박식한 비무슬림은 물론 이슬람교를 믿는 남녀들과도 이 문제에 대해 개인적으로 많은 이야기를 나누어보았다. 꾸란과 하디스의 가르침이 무엇이며 오늘날 그 가르침을 해석해서 실행에 옮기는 최선의 방법이 무엇인지 이야기를 하기 위해 무슬림 1백 명을 한 방에 모은다면, 아주 다양한 의견을 듣게 될 것이다. 많은 사람들은 하나님 앞에서 남자와 여자가 절대적으로 평등하지만 서로의 역할과 책임이 다르다고 주장할 것이고, 일부 사람들은 여성에게 적용되는 구체적인 지침들이 검소한 옷차림에 초점을 맞추고 있다는 점을 지적할 것이다. 이런 기본적인 사항들은 현재 너무나 다양한 형태로 실천되고 있다.[12] 무슬림이 인구의 98퍼센트 이상을 차지하는 북아프리카의 튀니지에는 눈에 띄는 규제가 거의 없다. 여자들도 얼마든지 교육을 받을 수 있고, 투표권도 있으며, 아이를 낳는 문제에 대해서도 자신의 의사를 밝힐 수 있다. 그러나 사우디아라비아에는 규제가 많다. 여자들은 남자 친척과 동행하지 않으면 밖에 나갈 수 없고, 차도 운전할 수 없으며, 투표권도 없다. 이란 여성들이 이웃의 많은 이슬람 국가 여성들보다 더 많은 자유와 기회를 누린다는 사실을 알면 깜짝 놀랄 서구인이 많을 것이다. 1979년의 이슬람 혁명 이후 처음으로 치러진 선거에서는 세 명의 여성이 이란의 국회인 마즐리스majlis의 의원으로 당선되기도 했다.

중요한 것은 여성을 차별하는 '종교적' 정책과 법률을 변화시킬 수 있는 합법적이고 진정한 방법들이 존재한다는 것이다. 모든 종교가 현재 시행하는 관습은 여러 가지 역사적 요인과 문화적 요인에 의해 형성된 것이다. 몇 가지 사례들을 살펴보면 이 문제가 얼마나 심각한지, 그리고 자기들 종교 내에서 여성들을 희생시켜

종교가 사악해질 때

이슬람 공동체의 완전성을 지키고 있다는 일부 무슬림 남성들의 주장이 구체적으로 어떤 것인지 잘 알 수 있다.

아마도 가장 터무니없는 사례는 '여성 할례', 즉 여성의 성기를 훼손하는 관습일 것이다. 이 끔찍한 관습은 기독교나 이슬람교가 생겨나기 훨씬 전에 중앙아프리카에서 시작된 것으로 보인다. 일부 기독교인과 부족 문화를 유지하고 있는 사람들도 여전히 여러 가지 형태의 여성 할례를 시행하지만, 이슬람 문화권에서는 이 관습이 훨씬 더 널리 퍼져 있다. 이 고통스러운 관습은 아직 사춘기에 이르지 않은 어린 여자아이들을 대상으로 시행된다. 성기의 훼손 정도는 지역에 따라 다르지만 대개 음핵을 일부 혹은 전부 긁어내며, 때로는 음순까지 긁어내는 경우도 있다. 전 세계의 대다수 무슬림은 이런 관습을 시행하지 않거나 인정하지 않지만, 아프리카 일부 지역을 비롯한 여러 곳에서는 지금도 이것이 이슬람교의 신성한 관습으로서 흔하게 시행되고 있다. 사람들이 이 관습의 근거로 내세우는 주장은 다양하다. 그러나 대개 이 관습은 여자들이 성적인 충동을 쉽게 억제하지 못한다는 믿음과 관련되어 있다. 이 관습은 여자들에게 베일을 씌우고 격리하는 관습과 더불어 여성을 스스로의 욕망에서 보호하고 남자들의 명예를 지키는 방법이라고 정당화된다. 이 원시적인 시술을 받은 여성들은 흔히 신체적으로 오랫동안 심한 고통을 받는다. 특히 성행위와 출산 때 문제가 가장 두드러진다. 이 시술이 심리적으로 얼마나 파괴적인 영향을 미치는지 정확하게 가늠하기는 어렵지만 상상하기는 어렵지 않다. 이 관습을 연구하며 반대 의견을 밝혀온 많은 사람들은 이 관습이 이슬람교와는 전혀 관계가 없으며, 성적 쾌감을 강화하고 여성을 지배하려는 남자들의 의도가 오히려 더 커다란 역할을 하고 있다고 생각한다. 오늘날 "이슬람교를 믿는 소녀들 다섯 명 중 한 명이 이슬람교 지도자들이 여성 할례를 정당화하는 사회에서 살고 있다"고 추정된다.[13]

때로는 여성과 그 가족들의 '명예'를 지키기 위해 정말로 터무니없는 일들이 벌어지기도 한다. 2002년 3월 11일에 메카의 한 여학교에서 화재가 발생했을 때 벌어진 일도 그런 사례에 속한다. 당시 남자 소방관들과 구급요원들이 현장에 도착했으나 종교경찰에게 저지당해 건물 안으로 들어가지 못했다. 안에 있는 소녀들 중 일부가 공개적인 장소에 나서기에는 적절하지 못한 옷을 입고 있다는 이유로 구조를 막은 것이다. 그 화재로 소녀 15명이 목숨을 잃었다. 이 일이 사우디아라비아 내부에서 강렬한 반발을 불러일으키자 파드 국왕은 여학생들의 교육에 대한 감독권을 다른 곳으로 이양한다는 결정을 내렸다.

남녀의 성별과 관련된 관습들은 여러 면에서 여성들을 효과적으로 차별하는 역할을 하며 때로는 무서운 결과를 낳기도 한다. 숫자를 정확히 알아내기는 어렵지만 매년 '명예 살인'이라는 이름 아래 가족의 손에 죽임을 당하는 무슬림 여성의 숫자가 수백 명에 이른다. 이슬람 율법에는 혼외 성관계를 엄격하고 가혹하게 처벌하는 조항이 많은데, 그중에는 당사자가 간통을 고백하거나 네 명의 남자가 간통을 목격했다고 증언하면 간통을 저지른 사람을 사형에 처한다는 규정도 있다.[14] 가족의 명예가 더럽혀졌다고 생각하는 아버지나 남자 형제들이 법적인 절차를 무시하고 직접 나서서 '정의의 심판'을 내리는 경우도 있다. 대개 살인자는 경찰이 수사에 나설 가능성을 줄이기 위해 여성의 죽음을 화재나 사고사로 위장한다. 이 관습은 주로 가난하고 외진 곳에서 시행되지만 항상 그런 것은 아니다. 1977년에 영국 BBC 방송과 미국 공영방송이 사우디 공주가 명예 살인을 당한 사건에 대한 다큐멘터리를 〈공주의 죽음Death of Princess〉이라는 제목으로 방송하겠다고 발표하자 엄청난 논란이 일었다. 나는 이슬람교를 믿는 친구에게서 1970년대 초에 바그다드 거리에서 그가 직접 목격한 명예 살인에 대한 이야기를 들었다. 그때 그는 커피를 마시고 있다가 젊은 여자가 거리를 달려오며 비명을 지르는 소리를 들었다고 한다. 그가 고개를 들어보니 열아홉이나 스무 살쯤 된 여자가 칼을 든 중년 남자에게 쫓기고 있었다. 나중에 그 여자의 아버지로 밝혀진 그 남자는 여자의 머리채를 잡고 칼로 목을 그은 다음 그대로 숨이 끊어지도록 거리에 팽개쳐버렸다. 내 친구는 그 소름끼치는 광경에 속이 메스꺼워지는 것을 참으며 다른 사람들과 함께 그 젊은 여자를 도우려고 애썼다. 그러나 이미 늦은 뒤였다. 내가 그 살인자는 어떻게 됐느냐고 물었더니 그는 이렇게 대답했다. "아무 일도 당하지 않았어. 그건 명예 살인이었으니까."

구 유고슬라비아의 전쟁이 끝난 후 미국 국무부는 전쟁 범죄와 만행에 대한 광범위한 보고서들을 발표하기 시작했다. 여기에는 강제 추방, 약탈, 방화 등에 대한 보고서와 함께 수천 건에 달하는 '조직적이고 체계적인 집단 강간'과 즉결 처형에 대한 기록이 포함되어 있었다. 여자와 아이들을 비롯한 비전투원들을 대상으로 어떻게 그토록 잔인하게 강간과 살인을 저지를 수 있었는지 도저히 이해할 수 없다. 인간이 어떻게 다른 인간을 그토록 물건처럼 취급할 수 있을까? 더구나 수십 년 동안 한동네에서 산 이웃들인데. 무슬림 여성들이 그 뒤에 당한 또 다른 고통에 대한 이야기는 더욱 비극적이다. 세르비아 병사들에게 강간당한 많은 여성들은 '더럽혀졌다'는 이유로 나중에 자기편 사람들에게서조차 버림받았다. 피해자들이 또다시 피해를 당한 것이다.[15]

너무나 끔찍한 이런 이야기들은 신학자 하비 콕스Harvey Cox가 『많은 저택들Many Mansions』에서 묘사한 장면을 떠올리게 한다. 다른 신앙과 만났을 때의 이야기를 담은 이 책에서, 콕스는 인도의 신성 도시 브른다바나Vrndavana에 갔다가 뒷골목의 초라한 집에서 비참하게 살고 있는 과부들이 이 도시 인구의 4분의 1을 차지한다는 사실을 알게 되었다. 그들은 남편의 죽음과 함께 모든 복을 잃어버렸기 때문에 그곳에 와서 살게 되었다. 인도 전통에 의해 과부들은 세상을 떠난 남편을 화장할 때 그 불 속에 자발적으로 뛰어들어야 복을 계속 유지할 수 있었다. 이것이 수티Suttee라고 불리는 관습이다. 인도에서 이 관습은 맨 처음 영국 식민정부가 불법화했으며 지금도 불법이다. 콕스는 이 가난한 과부들의 비참한 생활이 제기하는 이슈들을 가지고 씨름하다가 "신화와 종교적 관습(이 경우에는 힌두교의 관습)을 통제하는 가부장제가 여성들의 삶을 비참하게 만들었다"[16]는 결론을 또다시 내렸다.

이 책에 제시한 사례들이 다른 종교 신자들은 물론 많은 무슬림과 힌두교도의 종교적 감성과 도덕적 감성에도 거슬린다는 점을 반드시 강조해야겠다. 다른 종교들도 여성을 굴종시키거나 인간 이하의 존재로 취급함으로써 때로는 노골적으로, 때로는 미묘하게 집단 정체감을 강화시키거나 기존 체제를 유지한다. 내가 위

종교가 사악해질 때

의 사례들을 언급한 것은 두 가지 주장을 하기 위해서다. 첫째 모든 종교의 신자들은 전통으로 받아들여지는 목표를 달성하기 위해 끔찍한 수단을 동원할 수 있으며 실제로도 그렇게 하고 있다. 여기서 이들이 달성하고자 하는 목표는 궁극적인 목적이 아니라 의도적으로든 비의도적으로든 신성한 것으로 떠받들여지는 목표들을 말한다. 이로 인해 자기와는 다른 사람(여기서는 같은 종교를 믿는 여성들)을 인간으로 보지 않는 행동 패턴이 나타난다면 뭔가가 틀림없이 잘못된 것이다.

내가 얘기하고자 하는 두 번째 주장은 희망에 관한 것이다. 변화는 가능하다. 2천 5백여 년 동안 이어져온 인도의 카스트 제도는 이제 불법이 되었다. 힌두교의 전통은 아직 생생하게 살아서 21세기의 세상에 적용해가고 있다. 성차별과 여성에 대한 오랜 인식과 관련된 중요한 변화들이 모든 종교에서 일어나고 있다. 통신 수단이 계속 발전하고 세계가 점점 더 서로에게 의존하게 되면 종교의 이름으로 황금률에 어긋나는 행동을 정당화하기가 점점 더 어려워질 것이다. 신앙을 지닌 사람들은 종교가 특정한 사람들을 억압하고 멸시하는 수단으로 사용되는 것을 막기 위해 이미 오래 전부터 벌어졌어야 할 투쟁의 선봉에 설 수 있으며, 반드시 그렇게 해야 한다.

체제 수호

사람들은 종교적인 체제와 가르침이 위험에 처해 있다는 생각이

들면 그것들을 보호한다는 명분을 내세워 모든 수단을 정당화한다. 체제와 핵심적인 교리는 오랫동안 생명을 유지해온 모든 종교의 필수 요소다. 종교를 전파하고 새로운 세대의 신도들을 키워내려면 이 두 가지가 반드시 필요하기 때문이다. 체제와 권위 있는 가르침은 종교 공동체들이 목표를 향해 나아가는 데 도움이 되는 틀을 제공해준다. 기독교의 경우 제도화 과정이 본격적으로 시작된 것은 예수가 세상을 떠나고 한참 뒤였다. 예수가 세상에 있을 때는 추종자들이 온갖 문제에 대해 그의 가르침을 구할 수 있었다. 예수의 제자들과 사도들이 새로 생겨나는 기독교 공동체에서 가장 중요한 지도자 역할을 맡았지만 시간이 흐르면서 더 훌륭한 틀이 필요해졌다. 신약성서 사도행전을 보면 제도화 과정이 형태를 갖춰가는 것을 볼 수 있다.

그때에 제자가 더 많아졌는데 헬라파 유대인들이 자기의 과부들이 그 매일 구제에 빠지므로 히브리파 사람들을 원망한대 열두 사도가 모든 제자를 불러 이르되 우리가 하나님의 말씀을 제쳐놓고 공궤를 일삼는 것이 마땅치 아니하니 형제들아 너희 가운데에서 성령과 지혜가 충만하여 칭찬 듣는 사람 일곱을 택하라. 우리가 이 일을 저희에게 맡기고 우리는 기도하는 것과 말씀 전하는 것을 전무하리라 하니 온 무리가 이 말을 기뻐하여 믿음과 성령이 충만한 사람 스데반과 또 빌립과 브로고로와 니가노르와 디몬과 바메나와 유대교에 입교한 안디옥 사람 니골라를 택하여 사도들 앞에 세우니 사도들이 기도하고 그들에게 안수하니라. (사도행전 6:1~6)

종교가 사악해질 때

이 짧은 구절에는 많은 이야기가 들어 있다. 초기 교회에는 아람어를 사용하는 신자들인 '히브리파'는 물론 그리스어를 사용하는 유대교인, 즉 그리스의 관습을 받아들인 유대교인인 '헬라파'도 포함되어 있었다. 우리는 앞에서 아나니아와 삽비라의 놀라운 사례를 예로 들면서 공동체가 자원을 공유했다는 얘기를 이미 한 바 있다. 그런데 위의 구절을 읽어보면 매일 분배되는 음식이 불공평하게 분배된다며 투덜거리는 사람들이 있었음을 알 수 있다. 기독교라는 신생 종교가 성공적으로 성장하면서 사도들의 힘이 달리게 되었고, 따라서 사도들은 '기도하는 것과 말씀 전하는 것'에 전념하면서 복음을 선포하기 위해 '시중을 들기에' '좋은 위치에 있는 사람' 일곱 명에게 안수를 해주겠다는 의견을 내놓는다. 모두들 이 계획을 좋아했으므로 기도를 하고 머리에 손을 얹는 안수식을 통해 권위가 상징적으로 이전되는 간단한 절차가 시행된다.

이 구절은 초창기 예수의 추종자들이 가장 중요한 임무를 더욱 열심히 수행하기 위해 제도적인 틀을 갖춰나가는 모습을 보여준다. 그들은 이제 그냥 예수님을 찾아가서 어떻게 하면 좋겠느냐고 물을 수가 없었다. 그러니 점점 커져가는 공동체의 요구를 충족시키고 복음을 더욱 전파할 수 있게 하는 계획을 짤 수밖에 없었다. 신약성서 중 나중에 작성된 부분들에서는 교회 내부의 구조가 더 세련되게 변해 있다. 초기 기독교 공동체가 성장을 거듭하면서 주로 로마제국이 채택했던 정부 구조의 틀을 따라 교구와 주교관구라는 시스템이 생겨났다. 그리고 시간이 흐르면서 로마의 주교가 수백 명의 주교들 중에서도 가장 높은 지위를 지닌 자로 인정받게 되었다. 이렇게 형성된 기본적인 구조가 발전해 오늘날 수천 개에 이르는 기독교 단체 중에서 가장 커다란 규모를 자랑하는 로마가톨릭교회가 되었다.

종교마다 제도적 틀이 크게 다르기는 하지만, 의사결정의 권한을 가진 사람과 종교적인 사업을 수행할 수단을 확립할 필요가 있다는 점만은 모든 주요 종교의 공통적인 특징이다. 대개 먼저 가르침을 펴는 스승이 등장했다가 그가 죽으면 그의 말이 권위의 기초가 된다. 불교에서 고타마 싯다르타의 첫 번째 제자들은 처음 45년 동안 의문이 있을 때 스승에게 접근할 수 있었다. 예수가 제자들과 함께 지낸 시간은 겨우 몇 년밖에 되지 않았으므로 제자들은 앞에 언급된 것과 같은 권위의 위계질서를 확립해야 했다. 무슬림은 22년 동안 종교, 정치, 경제, 사회와 관련된 문제들에 대해 무함마드에게 직접 가르침을 구할 수 있었다. 앞에서도 언급했듯이 무함마드의 말과 행동은 이슬람 율법 체계의 원천으로서 꾸란에 이어 두 번째로 중요한 자료가 되었다. 이 세 종교는 모두 방법은 각각 달랐지만 점점 시간이 흐를수록 권위를 인정받는 가르침과 관습이 무엇이며, 이 가르침과 관습의 변형 가운데 받아들일 수 있는 것이 무엇인지를 제도적으로 분명하게 밝힐 방법을 찾아야 했다.

제도는 구성원들에게 실질적으로 필요한 것, 즉 종교적, 정치적, 경제적, 군사적으로 필요한 것과 여가 활용에 필요한 것 등을 충족시키는 방향으로 발전한다. 필요한 것이 변하면 제도 역시 바뀌어야 한다. 그러나 이런 제도적 변화가 쉽게 일어나는 경우는 많지 않다. 한 종교의 체제를 지키는 것은 때로 목적을 위한 수단

종교가 사악해질 때

이라기보다 모든 수단을 정당화해주는 목적이 되어버린다. 종교가 이렇게 타락하면 부정적인 결과가 반드시 뒤따른다.

지난 20년 동안 가톨릭교회에서 이런 징후를 보여주는 불안한 사례가 나타났다. 1985년부터 1993년 사이에 못된 사제들이 어린이를 성적으로 학대했다는 충격적인 이야기들이 많이 밝혀졌다. 안 그래도 부글부글 끓던 이런 추문들이 폭발하듯 터져나온 것은 2002년 1월에 보스턴의 존 조건John Geoghan 신부와 관련한 여러 사건이 밝혀졌을 때였다.《보스턴 글로브》지는 기사에서 조건 신부가 적어도 세 곳의 교구에서 어린이들을 학대했다는 사실이 대교구의 지도자들에게 알려진 뒤인 1980년대에 계속 다른 교구로 발령받아 돌아다녔다고 암시했다. 이 기사는 조건 신부를 상대로 제기된 약 50건의 소송을 무마하기 위해 대교구가 1천만 달러 이상의 돈을 썼다고 폭로했다.[17] 그로부터 며칠 되지 않아 또 다른 사례들이 보스턴, 시카고, 로스앤젤레스 등지에서 물밀 듯이 보도되기 시작했다. 6월까지 나온 기사들에 의하면, 조건 신부가 200건 이상의 범죄를 저질렀고, 보스턴 지역에서 그처럼 혐의를 받고 있는 사제들이 그를 포함해 모두 12명이나 되었다. 30년 동안 상부의 이동 명령으로 여러 교구를 돌아다니며 어린이들을 성적으로 학대했다고 알려진 폴 샌리Paul Shanley 신부는 캘리포니아에서 체포되어 어린이 성폭행 혐의로 매사추세츠주에 인도되었다.

언론 매체들은 몇 달 동안 이 문제에 뜨거운 관심을 보였다. 수백 건의 신문 기사와 TV 보도, 토크쇼 등이 점차 실체가 밝혀지는 이 추문의 다양한 측면을 다뤘다. 미국의 추기경들과 전국 가톨릭주교회의 지도자들은 로마 교황청으로 소환되어 교황 요한 바오로 2세 및 교황청의 여러 추기경들과 만났다. 두 달 후인 6월 중순, 미국의 가톨릭 주교들은 텍사스주 댈러스에서 모임을 갖고 과거의 사건들과 앞으로 일어날 사건들에 대해 일관된 정책을 채택하기로 의견을 모았다. 그들은 또한 성적 학대의 피해자들에게 보내는 공개 사과문도 발표했다. 5개월 동안 28개 주와 워싱턴에서 미성년자 성추행 혐의를 받던 사제 177명이 자리에서 물러나거나 보직해제되었다.[18] 또한 사제 두 명이 자살했으며, 한 사제는 그에게 성범죄를 당한 피해자라고 주장하는 사람에 의해 살해되었다.

혐의자들에 대한 법적인 절차가 진행되고 가톨릭교회 내부에서 개혁 움직임이 일어나면서 몇 년에 걸쳐 각각의 사건에 대한 지저분한 사실들이 계속 드러났다. 전국적인 대중 매체에 가장 많이 등장한 곳은 보스턴과 로스앤젤레스 대교구였다. 처음 추문이 밝혀지고 5년 뒤 교회 내에서 벌어진 추악한 행동들이 충격적인 실체를 모두 드러냈다. 2007년 7월에 로스앤젤레스 대교구는 500명이 넘는 성폭력 피해자들에게 약 6억6천만 달러를 지불하기로 합의했다. 성직자들 중에 어린이 추행범이 있다는 사실이 너무나 괴로운 것은 분명하다. 그러나 그것이 상상조차 할 수 없는 일은 아니다. 성범죄자들의 직업이 다양하다는 사실은 누구나 알고 있다. 또한 성직자들의 성범죄가 어제오늘 일도 아니다. 사제든 누구든 어린이를 성적으로 학대하는 사람들은 단순한 범죄자가 아니라 환자이므로 당장 치료를 받아야 한다. 그들을 어떻게 처벌하고 어떻게 치료하든, 한 가지는 분명하다. 어린이를 성적으로 학대한다고 알려진 사람들이 순진한 어린이들에게 손을 뻗칠 수 있는 직업을 갖지 못하게 해야 한다는 것. 따라서 가톨릭 성직자들의 성추문과 관련해서, 문제를 일으킨 것으로 알려진 177명(어쩌면 실제 숫자는 이보다 더 많을지도 모른다)의 사제들이 일했던 여러 교구의 지도자들에 대해 더 심각하고 괴로운 의문들이 제기되었다. 주교, 대주교, 추기경 들이 그렇게 많은 신부들을 자꾸만 다른 교구로 이동시키면서 사법제도의 도움 없이 이 문제를 해결하려한 이유가 도대체 무엇일까? 그것은 단순한 업무 태만이었을까? 아니면 치료 프로그램을 과신했던 걸까? 일부 사례에 이런 요인들이 관련되어 있던 것은 분명한 사실이다. 그러나 그들이 아무리 변명하고 설명한다 해도, 가톨릭교회의 행동 패턴은 더 커다란 문제, 그들이 무엇보다 소중하게 생각하는 문제, 즉 그들이 비밀주의와 표리부동한 행동은 물론 심지어 범죄에 해당될 정도로 심한 업무 태만을 저지르더라도 모두 정당화할 수 있는 절대적인 '목적'이 있음을 보여준다.

가톨릭교회가 이런 행동 패턴을 보여준 것은 교회의 체제 수호를 무엇보다 중요하게 생각하기 때문이다. 교회의 설명을 주의 깊게 들어보고 관련 문서들을 찬찬히 읽어보면 이들의 목적이 분명히 드러난다. 많은 교회 지도자들은 성범죄와 관련한 추문이 교구 내의 많은 훌륭한 성직자들에게도 피해를 입힐까 봐 전전긍긍했다. 사람들이 사제에게 아이를 믿고 맡길 수 없다면 도대체 교회에서 누구를, 그리고 무엇을 믿을 수 있단 말인가? 따라서 가톨릭교회는 비밀주의의 장막을 뒤집어쓴 채 문제를 일으킨 사제들을 다른 교구로 이동시키고, 피해자들이 제기한 소송을 조용히 처리했다. 종교가 이렇게 타락함으로써 헤아릴 수 없이 많은 사람들이 피해와 상처를 입었다. 그러나 가톨릭교회도 그 가증스러운 사건들이 밝혀졌을 때 정직하게 진실을 밝히고 행동에 나서는 대신 오랫동안 사건 은폐를 기도함으로써 훨씬 더 커다란 피해를 입었다. 사건과 관련된 사제들의 숫자가 비교적 적은 것은 사실이지만, 책임 있는 자리의 교회 지도자들이 비양심적인 결정을 내렸다는 사실은 지금도 사람들에게 커다란 충격으로 다가온다. 미국에서 가장 규모가 큰 기독교 교파인 가톨릭교회가 자신들이 보살피고 신앙으로 성장시켜야 할 어린이들보다 교회의 체제 수호를 먼저 생각한 지도자들로 인한 피해에서 회복하는 데는 앞으로 오랜 세월이 걸릴 것이다.

권위 있는 자리에 앉은 사람들은 역사를 통틀어 종교적인 체제와 핵심적인 교리를 위협에서 보호하려고 여러 가지 방법들을 동원했다. 교회가 후원한 이단재판이 가장 눈에 띄는 예다. 서유럽의 교회 관리들은 자신들의 목적을 달성하기 위해 이제는 전설이 되어버린 갖가지 끔찍한 방법들을 6백 년이 넘도록 사용했다. 그들의 표면적인 목적은 두 가지였다. 영원한 저주에서 사람들을 '구원'하는 것과 이단적인 교리로 인한 여러 위협에서 교회를 보호하는 것.

종교재판소가 활동을 시작한 것은 교황 인노켄티우스 3세가 1215년 4차 라테란공의회에서 이단자들을 처벌하기 위한 지침을 발표했을 때였다. 교황의 지침 발표로 교회가 이단자 색출에 나서면서 종교재판관들이 특정 지역의 이단 혐의자들에 대한 정보를 은밀히 수집하기 시작했다. 이단 판결을 내리는 데 확실한 증거는 필요하지 않았으며, 누가 그랬다더라는 식의 풍문만으로도 충분했다. 이탈리아, 프랑스, 독일, 에스파냐, 포르투갈 등 종교재판이 가장 활발히 벌어진 나라들과 시대에 따라 다양한 규칙이 적용되었다. 그러나 그들의 패턴은 놀라울 정도로 흡사했다. 일단 혐의를 받은 용의자들에게는 이단적인 신앙을 버릴 수 있는 기회가주어졌다. 신앙을 포기하지 않는 사람들은 호된 처벌을 받아야 했다. 이단으로 기소된 사람들 중에는 자신의 혐의가 무엇인지 모르는 사람도 있었다. 자신의 혐의에 대한 짐작만으로 '자백'을 한 사람들이 많았다. 고문은 '진실을 알아내기 위한' 수단으로 받아들여졌다. 팔다리를 잡아 늘리는 고문, 물고문, 주리 틀기 등이 가장효과적인 고문 방법이었다. 용의자들의 '자백'률은 90퍼센트 근처를 맴돌았다. 이런 상황에서는 아무나 데려다가 무엇이든 자백하게 만들 수 있었다. 이단적인 신앙을 포기한 사람은 공개 태형을 당하거나, 벌금을 물거나, 자신의 죄를 나타내는 표식으로서뚜렷이 구분되는 옷(대개 앞뒤에 커다란 노란색 십자가가 그려진 옷)을 입어야 했다. 미리 정해진 심판의 날에 유죄가 인정된 사람들은 대부분 화형대에서 천천히 불에 타 죽었다. 또한 그들의 재산이 모두 몰수되었기 때문에 그 가족도 심한 고통을 겪었다.

많은 사람들은 종교재판이라는 말을 들으면 페르난도 국왕과이사벨 여왕의 치세를 생각한다. 두 사람은 1492년에 모든 유대인에게 4개월 안에 기독교로 개종하거나 에스파냐를 떠나라는 명령을 내렸다. 당시 유대인 인구의 절반인 약 4만 명이 에스파냐를떠났고, 나머지 절반은 '개종'했다. 그러나 이것은 종교재판과 관련한 여러 중요한 사건들 가운데 하나에 불과하다. 종교재판은 프랑스에서 발도파Waldenses나 카타리파Cathari처럼 체제에 반대하는집단이 탄압의 대상이 되면서 시작되었다. 그 후 수백 년 동안 종교재판은 마녀사냥의 형태를 띠었다.[19] 개신교 개혁가와 갈릴레오 같은 창조적인 사상가들에 대한 공격은 수백 년에 걸친 종교재판의 또 다른 측면을 보여준다. 페르난도 왕과 이사벨 여왕의 치세가 끝나고 1백 년 뒤 에스파냐의 종교재판은 주로 개종자들, 즉 박해받지 않으려고 가톨릭으로 개종한 유대인을 주로 겨냥했다. 종교재판관들은 개종자들이 몰래 유대교 관습을 실천하고 있다고 주장했다. 나중에는 무어인들, 즉 협박 때문에 어쩔 수 없이 기독교를 받아들인 무슬림에게도 비슷한 혐의가 적용되었다. 무슬림들에게 강제로 개종하든지 에스파냐를 떠나라는 명령이 내려지고 약 1백 년이 흐른 1609년에 정부는 무슬림이 진심으로 개종할 수 있는 사람들이 아니라는 결론을 내리고 모든 무어인들을 추방해버렸다. 16세기 에스파냐 종교재판소는 유대인 개종자들에 대해서도 비슷한 확신을 갖고 있었다. 종교재판소는 공식적으로는 사람들을 지옥에서 구원하고 이단으로부터 교회를 보호하는 것이 목적이라고 주장했지만, 대개 다른 의도가 있는 경우가 많았다. 페르난도 국왕의 경우 종교재판은 많은 유대인 상인들이 축적해놓은 재산을 몰수하기 위한 수단이었다. 또한 그는 종교재판을 통해 자신의 함대에서 일할 노예도 확보할 수 있었다. 그는 많은 이단 혐의자들에게 사형 대신 갤리선의 노예가 되라는 선고를 내렸다.

19세기에는 종교재판소의 악명 높은 취조 방법들도 대부분 사라졌지만, 종교재판소는 교황 바오로 6세가 2차 바티칸공의회에서 종교재판소를 '믿음의 교리를 위한 신도회'로 바꾼 1965년까지 존속했다. 1998년 10월 교황 요한 바오로 2세는 희년禧年 중에

종교가 사악해질 때

"사상 유례가 없는 양심의 검토"를 위해 많은 학자와 교회 지도자를 불러들였다. 그는 특히 종교재판을 "교회 역사에서 고통스러운 측면"이라고 지칭하면서 고통스럽더라도 자세히 되돌아볼 것을 주장했다. 그리고 이를 위해 교황은 학자들이 자료를 검토할 수 있도록 바티칸의 비밀 서고를 개방하라고 명령했다.[20]

수단과 목적 사이의
연결성을 지키는 것

이번 장에서 제시한 모든 사례에는 한 가지 공통적인 위험 징후가 나타나 있다. 특정한 목적이나 목표를 가장 중요한 것으로 떠받들고, 그 목적을 지키기 위해 사람들이 측은지심을 갖고 이웃과 건설적인 관계를 맺어야 한다는 가르침을 무시하는 것이다. 사람을 대상으로만 보거나 인간 이하로 취급하는 사람들을 보면, 그들이 내세운 목적에 대해 즉시 의심을 품어봐야 한다. 모든 종교에서 그 종교의 탄생에 기여한 인물들은 우리가 다른 사람에게 사랑과 존경 어린 대접을 받고 싶어 하듯이 우리도 다른 사람을 사랑과 존경으로 대해야 한다고 분명히 가르치고 있다.

종교 생활에는 성지와 성스러운 시대, 공동체의 정체감, 제도적 틀 등 없어서는 안 되는 다양한 요소들이 있다. 그러나 그런 요소들이 종교 생활의 목적은 아니다. 그들은 공동체 내에서 신앙생활을 하는 데 도움이 될 뿐이다. 예수는 십계명 중의 하나에 반항함으로써 이를 극적으로 보여주었다. 그리고 그의 이러한 행동에 율법의 문구를 중시하는 사람들은 섭섭한 감정을 드러냈다. 예수는 안식일에 이삭을 자르고(마가복음 2:23~28) 사람들을 치료했다(누가복음 13:10~17). 이 두 가지 행동은 모두 일로 간주되었으므로 십계명 중 "안식일을 거룩히 지키라"는 조항을 위반한 셈이다. 종교계의 권위자들이 이를 문제 삼자 예수는 이렇게 응수했다. "안식일이 사람을 위해 만들어진 것이지 사람이 안식일을 위해 만들어진 것은 아니다." 다시 말해서, 거룩한 안식일이란 그 자체로서 목적이 되는 것이 아니라 사람이 더 쉽게 종교 생활을 할 수 있도록 마련된 수단이라는 뜻이다. 예수는 사람에게 이로운 것을 가장 먼저 생각했다. 그리고 이 원칙은 성지나 성스러운 물건에도 마찬가지로 적용된다. 이슬람 율법과 마찬가지로 유대교 율법은 간통을 저지른 사람을 돌로 쳐 죽이도록 규정했다. 그러나 예수는 창녀처럼 연민과 치유의 손길이 필요한 사람들에게 거듭 손을 내밀었다. 간통을 하다가 들켜서 돌에 맞을 운명이 된 여자에 대한 저 유명한 이야기에서 예수는 사람들에게 이렇게 말한다. "너희 중에 죄 없는 자가 먼저 돌로 치라"(요한복음 8:1~11).²¹

요즘 많은 복음주의 기독교인들은 WWJD라는 글자가 눈에 잘 띄게 새겨져 있는 천 팔찌를 차고 다닌다. '예수님이라면 어떻게 하실까?What Would Jesus Do'의 약자인 이 글자는 예수의 가르침을 바탕으로 자신의 행동을 끊임없이 되돌아봐야 한다는 사실을 일깨우기 위한 것이다. 예수님을 따르는 모든 사람이 잠시 자신을 돌아보면서 이 간단한 질문을 스스로에게 던져본다면, 너무나 중요하다고 여겨졌던 목적들 상당수가 다르게 보일지도 모른다. 또한 사람들이 하나님을 사랑하고 이웃을 자기 몸처럼 사랑하라는

종교가 사악해질 때

가장 기본적인 가르침에 훨씬 더 주의를 기울이게 될지도 모른다.

이슬람교에서도 타락한 징후들이 많이 나타나면서 이슬람이 변해야 한다는 사실을 일깨워주고 있다. 오늘날 많은 무슬림은 무함마드가 여성의 지위를 상승시키고 여성의 권리를 보호하기 위해 많은 애를 썼다고 자신 있게 주장한다. 특히 7세기에 아라비아를 지배하던 관습을 생각해볼 때 그런 결론을 내릴 수 있다는 것이다. 예를 들어, 무함마드는 원하지 않은 여자아이가 태어났을 때 그 아이를 산 채로 모래 속에 묻어버리는 잔인한 관습인 여아 살해를 금지했다. 꾸란과 하디스에는 과부, 고아, 빈궁한 자들에게 필요한 것을 마련해주는 것이 무슬림의 절대적인 의무임을 강조하는 구절이 많다. 이슬람의 다섯 기둥은 사람이 가진 모든 것은 하나님에게서 나온 것이며 타인에 대한 관대함, 특히 궁핍한 사람에 대한 관대함이 이슬람교의 핵심임을 신자들에게 일깨워준다. 최후 심판의 날 사람들은 자신의 삶이 기록된 책을 한 권씩 받을 것이다. 많은 무슬림은 명예 살인이나 강간 피해자 기피, 혹은 이슬람의 이름으로 행해지는 여성의 성기 훼손에 대한 끔찍한 이야기들을 들었을 때 침묵하는 것이 그 책에 긍정적인 행동으로 기록될 것이라고 정말로 생각하는 것일까?

오랫동안 유지되어온 생각이나 관습이 이런 다양한 행동 패턴에 배어 있다. 변화는 쉽지도 않고, 고통 없이 이룰 수 있는 일도 아니다. 그러나 불가능한 일도 아니다. 꾸란에 분명하게 명시되어 있는 가르침일지라도 그 가르침을 다른 방식으로 이해하는 것은 분명히 가능한 일이다. 예를 들어 꾸란은 이슬람교를 믿는 남자들에게 최대 네 명의 아내를 허락한다. 이 관습은 이슬람 세계 일부에서 지금도 지켜지고 있지만, 일부 이슬람 국가에서는 불법이다. 이 관습에 반대하는 사람들은 한 명 이상의 아내를 가진 남자가 모든 아내들을 공평하게 대우해야 한다는 조항을 반대의 근거로 가장 많이 내세운다. 나는 수십 명의 생각이 깊은 무슬림이 이두 번째 조항이 네 명의 아내를 가져도 된다는 조항을 사실상 무효화한다는 결론을 내리는 것을 보았다. 그 어떤 남자도 두 명, 세명, 네 명의 아내들을 절대적으로 공평하게 대우할 수 없기 때문이라는 것이다. 여기서 중요한 것은 이슬람교의 전통 안에 21세기를 맞아 분명히 바뀌어야 할 가르침과 관습들을 수정할 수 있는 유연성과 근거들이 포함되어 있다는 점이다. 이슬람교를 믿지는 않지만 이슬람교를 공부하는 학자들은 물론 이슬람교를 믿는 많은 여성과 남성도 꾸란이나 하디스 등 중요하다고 인정되는 자료들을 다시 살피면서 여성혐오의 관습이 너무나 분명하게 드러나 있는 종교적 전통을 새로운 방식으로 이해해서 변화시키려 노력하고 있다.

미래의 역사가들은 20세기의 놀라운 사건들을 되돌아보면서 가장 높은 탑처럼 두드러진 인물, 즉 가난하고 연약한 간디라는 인도 남자에 대해 많은 생각을 하게 될 것이다. 간디는 신앙심이 독실한 성자였으며, 여러 면에서 기존의 정치 체제와 종교 체제에 도전했다. 그는 종교적 진리에 대한 자신의 깨달음을 바탕으로 영국의 식민통치에 반대하는 비폭력 혁명을 이끌었으며, 힌두교의 카스트 제도를 거부하고 그 제도의 폐지에 기여했다. 그의 삶과 그가 남긴 글에 대해 지금보다 더 널리 더 많은 연구와 토론이 이루어져야 한다.

그 이유가 무엇일까? 간디는 자신의 목적을 분명하게 밝혔다. 즉, 자신이 추구하는 많은 일들에 대해 분명한 목표를 정해놓고 있었다는 뜻이다. 그러나 그는 이런 목적을 달성하기 위해 목적과 상충되는 수단을 택하는 것을 허락하지 않았다. 그는 무엇보다도 비폭력적인 '영혼의 힘', 즉 사티아그라하satyagraha가 제시하는 원칙을 확고하게 받아들였다. 그는 하나님의 진리가 승리하리라는 것을 믿고 다른 사람들, 심지어 자신에게 반대하는 일부 무슬림과 영국인까지도 사랑과 연민의 감정으로 대했다.

1930년 3월 26일 간디가 공동체 내의 관계에 대해 연설을 하고 있을 때 이슬람교 신자인 한 청년이 독립투쟁에 위협이 되고 있는 힌두교와 이슬람교 사이의 심각한 문제들에 대해 질문을 던졌다. 간디는 이렇게 대답했다.

나는 내 노력만으로, 혹은 힌두교도들의 도움만으로 승리를 거둘 수 있을 것이라고 꿈꾼 적이 없습니다. 내게는 무슬림, 파르시교도[조로아스터교도], 기독교도, 시크교도, 유대교인, 그리고 그 밖의 모든 인도인들의 도움이 필요합니다. 심지어 영국인의 도움도 필요합니다. 하지만 나는 하나님의 도움이 없다면 이들이 모두 힘을 합해 나를 돕는다 해도 아무 소용이 없다는 사실 또한 알고 있습니다. 하나님의 도움이 없다면 모든 것이 헛됩니다. 또한 하나님께서 우리의 투쟁에 함께하신다면 다른 도움은 필요 없습니다. 그러나 이 투쟁에서 하나님의 도움과 인도를 깨달으려면 여러분의 축복, 모든 사람들의 축복이 필요합니다. 이번 행진에 참가한 모든 단체들의 남녀 수천 명이 내게 준 축복은 이번 투쟁에 하나님께서 함께하신다는 분명한 징조입니다. … 이 질문을 던진 분은 강력한 이해관계를 대변하는 무슬림이었습니다. 그러나 파르시교를 믿는 어린 소녀가 겨우 수십만 명의 파르시교도를 대신해 이 질문을 던졌더라도 나는 똑같은 대답과 함께 이런 말을 했을 것입니다. "파르시교도의 도움이 없으면 '자치'는 불가능합니다."[22]

6

성전 선포

많은 서구인들에게 오사마 빈 라덴은 9·11 이후의 세상에 존재하는 종교적 악의 상징이 되었다. 텔레비전, 신문, 라디오 등 여러 언론 매체들은 미국과 이스라엘은 물론 이 두 나라를 지지하는 '이단적인' 이슬람 지도자들에 대해 '성전'에 나설 것을 촉구하는 빈 라덴의 모습을 자주 보도해왔다. 사우디아라비아 출신으로 알카에다를 이끄는 그가 세계무역센터와 미국 국방부 건물에 대한 '성공적인' 공격을 이야기하면서 밉살스럽게 웃는 모습을 담은 혐오스러운 비디오테이프는 우리 마음속에서 비행기가 쌍둥이 건물과 충돌하고 쌍둥이 건물이 결국 무너지던 그 끔찍한 모습과 항상 나란히 자리하고 있다. 미국 정부가 이 테러를 저지른 것이 빈 라덴과 알카에다라는 사실을 확인하자마자, 조지 W. 부시 대통령은 그를 '악인the evil one'이라고 불렀고, 그가 이끄는 조직은 '사악한 자들evildoers'이라고 불렀다. 이 두 단어는 역사적으로 사탄과 그의 명령을 따르는 자들을 부를 때 사용되던 말이다. 오사마 빈 라덴과 그의 테러조직을 이처럼 악마로 묘사하는 것에 대해 공개적으로 반대 의견을 표명한 사람은 거의 없었다. 2001년 말과 2002년 초에 걸쳐 나타난 이런 움직임들로 인해 선과 악, 우리와 그들로 세상을 나누는 추세가 단단히 굳어져 오랫동안 지속되었다. 그래서 어떤 일들이 벌어졌을까?

미국은 빈 라덴이 주장한 '성전'에 '테러와의 전쟁'으로 응수하며 우선 아프가니스탄을 공격했다. 그러나 미국이 주축이 된 이 군사 작전의 이름(무한 정의 작전Operation Infinite Justice)은 다른 것으로 바뀔 수밖에 없었다. '무한'이라는 말이 어떤 개인이나 한 국가가 입에 담기에는 너무 주제넘다고 생각하는 사람이 많기 때문이다. 그들은 오로지 하나님이나 업의 법칙만이 무한 정의를 시행할 수 있다고 생각했다. 또한 부시 대통령은 2002년 연두교서에서 이라크, 이란, 북한을 '악의 축'이라고 부름으로써 악마를 지칭하는 단어를 개별 국가들에게까지 확대 적용해 국내외에서 많은 반대에 부딪혔다.

2002년 초에 이스라엘 방위군IDF, Israel Defense Forces과 팔레스타인인이 매일 격렬한 싸움을 벌이자 '선한' 세력과 '악한' 세력을 가르는 선이 한층 더 불분명해졌다. 이스라엘의 아리엘 샤론 총리는 요르단강 서안과 가자에 살면서 테러를 저지르는 팔레스타인 '테러리스트들'에 대한 호된 군사 행동을 변호하기 위해 테러와의 전쟁을 분명하게 선포한 부시 대통령의 발언을 거듭 들먹였다. 유월절을 맞아 식사를 즐기던 20여 명이 목숨을 잃은 대규모 폭발을 비롯해 자살 폭탄 테러가 빈발하면서 샤론의 입장은 더욱 공고해졌다. 부시 행정부는 단호하게 이스라엘 편을 들었지만, 여기에서도 선의 세력과 악의 세력이 분명하게 구분된다는 식의 논리는 받아들여지지 않았다. 콜린 파월 국무장관은 점점 심각해져가는 위기 상황을 누그러뜨리고 분쟁을 해소하기 위해 관련자들과 직접 협상을 벌였다. 양측은 이 분쟁으로 인해 물리적으로나 심리적으로나 오랫동안 엄청난 피해를 입었다.

한편, 파키스탄과 인도는 카슈미르에서 계속 충돌하고 있는

종교가 사악해질 때

무슬림과 힌두교도 때문에 몇 번이나 전쟁 직전의 상황에 몰렸다. 세계적인 지도자들이 핵무기를 보유한 두 나라 사이에 거듭 개입하는 와중에도 힌두교도와 무슬림은 서로에게 만행을 저질렀다. 이 지역에서 양측 사이의 적의가 얼마나 깊은지는 이미 분명하게 드러나 있다. 이들의 분쟁으로 인해 핵전쟁이 일어날 수도 있다는 점을 생각해보면, 가장 최근에 싸움을 건 쪽이 어느 쪽이며 특정한 사건에 대한 보복 공격이 합법적인지를 따지는 것은 금세 무의미한 일이 되어버린다.

　전 세계 신문 1면에는 이런 사건들에 대한 보도가 연일 등장한다. 그리고 3면이나 4면을 펼치면, 나이지리아나 필리핀에서 기독교도와 무슬림이 충돌해 사상자가 발생했다는 기사들이 자주 눈에 띈다. 언론 매체는 세르비아의 기독교 지도자들이 구 유고슬라비아에서 보스니아의 무슬림 민간인들에게 자행한 만행으로 재판받고 있는 전범재판에 대해서도 주기적으로 새로운 소식들을 전해준다. 객관적인 독자라면 종교와 전쟁이 떼려야 뗄 수 없는 관계라는 결론을 내릴 법도 하다. 또한 싸움을 벌이는 양측이 분명하고 선명하게 구분될 때도 있고, 그렇지 않은 경우도 있다는 것을 깨닫게 될지도 모른다. 그러나 지금까지 나타난 패턴은 분명하다. 전 세계에서 벌어지는 전쟁의 틀이 종교의 영향을 받아 선과 악, 우리와 그들을 나누는 세계관에 의해 결정되며, 그 세계관을 빌미로 전쟁이 벌어지고 있다는 것이다.

　인류 역사상 종교의 이름으로 치러진 전쟁이 가장 많고, 종교의 이름으로 살해된 사람이 가장 많으며, 종교의 이름으로 자행된 악행이 가장 많다. 이 슬픈 진실은 오늘날에도 여전히 이어지고 있다. 종교 지도자들과 직접 싸움에 참가하는 전사들은 각각 조금은 다른 방식으로 자신들의 전쟁이 거룩한 대의라고 계속 주장한다. 그러면서 그들은 앞서 세상을 살았던 사람들의 커다란 실수를 더욱 심화시키고, 자기들이 수호하고 있다는 종교의 핵심을 왜곡한다. 전쟁을 '거룩하다'고 선포하는 것은 종교가 타락했다는 확실한 증거다. 사실 진정한 종교의 핵심에는 항상 평화의 약속이 자리하고 있다. 신자들의 내적인 평화에 대한 약속, 그리고 다른 창조물들과 평화로운 공존을 꾀해야 한다는 가르침이다.

때로는 위험한 상황 때문에 무력을 사용하거나 집중적인 군사행동을 벌이는 것이 정당화될 수도 있다. 그러나 그런 행동을 종교의 언어로 포장하거나 종교의 이름으로 정당화해서는 안 된다. 내가 보기에, 9월 11일의 테러와 앞으로 테러 때문에 학살될 사람들을 생각하면 신속하고 결정적인 행동이 필요했다는 데에는 의심의 여지가 없다. 많은 사람이 죽고 다치는 문제부터 경제적·정치적 불안으로 인한 고통에 이르기까지, 금방이라도 재앙이 일어날 가능성이 있다는 사실은 그때나 지금이나 현실적인 위협이다. 국제 사회에서 집단적인 군사행동을 정당화하는 근거들은 존재하지만, 종교에 호소하는 것은 그런 근거가 될 수 없다. 게다가 무시무시한 대량 살상 무기가 점점 증가하고 있는 세상에서 성전을 선포하고 실제로 수행하는 것은 단순히 종교가 타락했음을 의미하는 것만이 아니라, 우리 모두의 자살 행위가 될 수도 있다.

기독교인과 무슬림 모두 자기들 종교의 핵심이 평화라고 주장한다. 그러나 기독교와 이슬람교는 각자 거룩하다고 선포된 대의를 위해 파란만장한 싸움을 벌여온 오랜 역사가 있다. 이런 분쟁

종교가 사악해질 때

중에는 기독교와 이슬람교가 서로 싸운 경우가 많았다. 두 종교는 세계에서 가장 규모가 크고 지리적으로도 가장 널리 퍼진 종교일 뿐만 아니라, 자신들의 종교를 자신 있게 전쟁과 연결시킴으로써 앞장서서 종교의 핵심을 타락시킨 세력이기도 하다. 어떻게 이런 일이 벌어진 걸까? 어떻게 하면 파괴를 향한 이들의 독선적인 행군의 방향을 되돌려놓을 수 있을까?

평화주의에서 정의로운 전쟁까지

기독교 역사를 살펴보면 전쟁과 평화에 대해 뚜렷하게 구분되는 세 가지 시각이 발견된다. 평화주의, 정의로운 전쟁의 원칙, 그리고 십자군 전쟁이 그것이다. 이 세 가지 시각을 잠깐 살펴본다면 특히 신앙 공동체가 외부 세력의 위협을 느낄 때 종교적 이상이 얼마나 쉽게 변질되고, 그 이상과 정면으로 반대되는 행동이 어떻게 정당화되는지 알 수 있을 것이다.

　신약성서에는 예수의 모범과 1세대 기독교인의 신념 및 행동을 설명한 구절들이 많다. 예수는 많은 광신도들이 기다리던, 그리고 그의 추종자가 되려던 사람들이 그에게 강요한 군인 같은 구세주를 거부했다. 사실 예수의 가르침은 다른 방향을 향했다. 산상수훈은 팔복八福에 대한 가르침으로 시작된다. 여기에는 평화를 추구하는 사람들이 축복을 받을 것이라는 내용이 들어 있다. 진심으로 평화를 이룩하려고 애쓰는 사람은 '하나님의 아들'(마태복음 5:9)이라고 일컬어지리라는 것이다. 예수는 사도들에게 "너회 원수를 사랑하며 너희를 핍박하는 자를 위하여 기도하라"(마태복음 5:43)고 가르침으로써 일반적인 상식에 도전장을 던졌다. 예수가 겟세마네 동산에서 체포될 때 추종자 중 한 명이 칼을 뽑아 대제사장의 종을 공격하자 예수는 즉시 그에게 이렇게 말했다. "네 검을 도로 집에 꽂으라. 검을 가지는 자는 다 검으로 망하느니라."(마태복음 26:52) 바울의 편지에는 사랑이 가장 중요하며 화해를 도모해야 한다는 점이 자주 언급되어 있다. 로마의 기독교인들에게 쓴 편지에서 바울은 그들의 책임을 강조했다. "아무에게도 악으로 악을 갚지 말고 모든 사람 앞에서 선한 일을 도모하라. 할 수 있거든 너희로서는 모든 사람으로 더불어 평화하라. … 악에게 지지 말고 선으로 악을 이기라."(로마서 12:17~18, 21)

예수의 추종자들이 서기 3세기까지 평화주의자였음을 보여주는 증거들이 압도적으로 많다.[1] 많은 초기 교회 지도자들과 당시의 기록들은 비폭력에 대한 흔들림 없는 의지를 강조한다. 군대에 복무하는 기독교인이 처음으로 살짝 언급된 것은 서기 170년에서 180년 사이였다. 산발적인 기록으로 판단하건대, 4세기 이전에 병사로 근무한 기독교인은 소수였던 것 같다.

기독교와 전쟁은 양립할 수 없는 존재였다. 기독교인은 군대 복무와 공직을 거부함으로써 로마제국을 무너뜨리려 한다는 비난을 받았다. 그들은 자신들에게는 인간의 생명이 신성하며 … 평화에 몸을 바쳤고, 하나님께서 아무리 정당한 명분이 있더라도 절대 살생을 금하셨으며, 기독교인의 무기는 기도와 정의와 고행이라고 대답했다.[2]

종교가 사악해질 때

그런데 4세기 초에 콘스탄티누스 황제가 권좌에 앉으면서 교회 역사에 커다란 전환점이 찾아왔다. 로마제국 내에서 옥좌를 차지하기 위해 여러 세력들과 다툼을 벌이던 콘스탄티누스는 "이 표식 안에서 네가 정복하리라"라는 말이 그리스어로 적힌 하얀 십자가를 환상 속에서 봤다고 알려진 다음날 결정적인 전투에서 승리를 거뒀다. 로마제국이 두 번에 걸쳐 실시한 최악의 박해 때문에 어둠 속에 숨어 있던 기독교는 갑자기 로마제국의 공식적인 종교로 나서게 되었다. 이런 극적인 변화는 콘스탄티누스가 지배권을 강화하면서 20년 동안 일어난 것이다.[3] 이렇게 기독교가 국가 권력과 관계를 맺게 되면서 상황이 역전되었다. 국가에 대한 위협은 곧 교회에 대한 위협이 되었다. 평화주의 전통이 완전히 사라지지는 않았지만, 대부분의 교회 지도자들이 국가 내에서 기독교인의 역할과 책임을 다시 정의하려 애쓰는 과정에서 크게 억압당했다.

초기의 일부 저술가들은 철저한 헌신이 요구되는 성직자와 시민으로서 군대에 복무할 의무 또한 지고 있는 평신도를 구분하기 시작했다. 4세기 말 암브로시우스가 나중에 정의로운 전쟁의 원칙으로 발전한 이론의 바탕을 처음으로 제공했다. 전쟁이 반드시 정당하게 수행되어야 하며 수도사와 사제는 반드시 삼가야 한다는 것이었다.[4] 그 후 커다란 영향을 끼친 사상가이자 많은 글을 남긴 저술가인 아우구스티누스(354~430년)가 자신의 신학적 지식은 물론 플라톤Platon과 키케로Cicero의 사상을 기반으로 전쟁 규칙의 여러 요소들을 발전시켰다. 아우구스티누스의 저작에는 죄악과 처벌, 이 세상에서 살면서 아직 하나님의 도시에 들어가지 못한 사람들의 과제, 그리고 폭풍처럼 몰려오는 야만인들의 지극히 현실적인 위협에 대한 그의 견해가 반영되어 있다. 역사가인 롤랜드 베인튼Roland Bainton은 아우구스티누스의 사상을 다음과 같이 요약했다.

전쟁의 의도는 반드시 정당한 것이어야 한다. 즉 평화의 회복이 목적이어야 한다. … 자신에게 부상을 입힌 자에게 복수하기 위한 전쟁은 정당한 것으로 규정될 수 있다. … 전쟁의 성격은 반드시 정당해야 한다. 즉 기독교적인 사랑을 바탕으로 해야 한다는 뜻이다. … 사랑은 선의의 엄격함을 배제하지 않으며, 연민의 감정 때문에 실시되는 징벌도 배제하지 않는다. … 〔전쟁은〕 반드시 통치자의 권위 하에서만 실시되어야 한다. … 전쟁은 반드시 정당하게 수행되어야 한다. … 적과 반드시 신의를 지켜야 한다. 아무 이유 없이 폭력을 휘두르거나, 성전을 모독하거나, 약탈하거나, 학살하거나, 불을 질러서는 안 된다. 기습은 허용되지만 복수·잔혹 행위·보복적인 강탈은 배제되었다.[5]

그 후 암흑시대로 불린 수백 년 동안 전쟁과 평화에 대한 기독교의 시각은 전혀 앞뒤가 맞지 않았다. 다양한 문헌, 포고문, 서약서 등이 서로 충돌하는 주장들을 보여준다.[6] 어떤 경우에는 사람들이 신약성서의 가르침과 피를 흘렸을 때 참회해야 한다는 규칙을 분명히 따랐음을 알 수 있다. 전투에서 명령에 따라 적을 죽인 병사들조차 이 규칙을 따라야 했다. 그러나 전체적으로는 이 시기

종교가 사악해질 때

가 제국의 변방에 사는 서고트족, 반달족, 프랑크족, 색슨족, 북구 사람들, 슬라브족, 베르베르족 등 여러 민족들을 상대로, 혹은 때로 그들과 힘을 합쳐 치러진 전쟁들에 다양한 종교적 견해들이 얽힌 혼란한 시대였다는 인상을 받게 된다. 유럽은 수백 년 동안 대규모 전쟁과 국지적 분쟁에 휩싸여 있었다. 때로 사람들이 초기 교회의 사상과 관습을 완전히 역전시킨 경우도 있었다. 프랑크족의 군사 영웅인 클로비스Clovis는 예수의 십자가 처형에 대해 "나와 나의 프랑크족이 그 자리에 있었다면 그런 일은 결코 일어나지 않았을 것이다!"고 말하기도 했다. 클로비스와 프랑크족은 기독교로 개종한 후에도 무자비한 행동을 멈추지 않았다. 당시 기독교인의 호전성을 보여주는 사례는 많다. 지금까지 알려진 가장 오래된 게르만 시 가운데 하나는 베드로가 겟세마네 동산에서 예수를 지키기 위해 검을 들었다며 그를 칭송한다. 색슨족의 개종에는 무력이 동원되었다. 샤를마뉴Charlemagne는 교황의 축복 속에 '이교도와 불신자들'에 맞서 싸웠다. 많은 성직자들도 전투에 참가했다.[7]

이 복잡한 역사 속에서 기독교인은 기독교인이 전쟁에 참가하는 기준을 다시 다듬으려고 애썼다. 12세기 중반에 정의로운 전쟁이라는 개념을 법적인 담론 속에 끌어들인 사람은 그라티아누스Gratianus라는 수도사로 알려져 있다. 전쟁의 본질과 전투원의 지위에 관한 기준을 발전시켜 다듬은 사람들도 있다. 정의로운 전쟁의 원칙이 최종적으로 확정된 것은 16세기의 일이었다.

네 가지 기본적인 기준이 있었다. (1) 반드시 합법적인 당국이 선포한 전쟁이어야 한다. (2) 전쟁의 명분이 정당해야 한다.

(3) 전투원들이 선을 증진시키거나 악을 피한다는 올바른 의도가 있어야 한다. (4) 적과 싸울 때 반드시 적절한 수단을 동원해야 한다. 때로 이 밖의 기준들도 발견된다. (5) 반드시 죄 있는 자들에게 조치를 취해야 한다. (6) 무고한 사람들에게 고통을 주어서는 안 된다. (7) 전쟁은 반드시 최후의 수단이 되어야 한다. (8) 합리적으로 봤을 때 승리할 가능성이 있어야 한다.[8]

역사가 존 퍼거슨John Ferguson은 이 원칙이 세속적인 권력자와 교회 안의 권력자들을 뒷받침해주는 역할을 했다고 지적한다. 그들을 향해 폭력을 휘두르는 것이 당연히 부당한 일로 취급되었기 때문이다. 어떤 전쟁이 정당한지 효과적으로 판단할 수 있는 길은 없었다. 그저 당국이 그 전쟁을 정당하다고 선포하면 정당하다고 여겨질 뿐이었다. 이 원칙에는 또한 기독교 신앙과의 분명한 연관성이 없다.

이 주장은 … 신약성서의 가르침을 그리스 철학이나 로마의 법률로 바꿔놓은 것이다. 그 결과물에 뚜렷한 기독교적인 특징은 하나도, 문자 그대로 정말 하나도 없다. 그런데도 이 주장은 교회 역사 대부분의 기간 동안 대다수 기독교인들의 생각을 지배해왔다.[9]

이 초기 교회 시절에 나온 수많은 주장들 가운데에는 이교도, 이단, 불신자가 사실상 하나님의 율법에 반대하는 자들이라는 주

종교가 사악해질 때

장도 있었다. 전통적인 법이나 유연하다고 여겨지던 규범도 교회의 적으로 간주되는 사람들을 자동적으로 보호해주지 못했다. 기독교 세계에서 통용되던 이런 주장들은 많은 기독교인의 행동이 예수의 가르침이나 모범과 더할 나위 없이 멀어져 있던 시대, 즉 수백 년에 걸친 십자군 운동의 시대에 강력한 무기가 되었다.

십자군 운동

1095년 3월 교황 우르바누스 2세는 투르크족과의 전쟁을 도와달라는 알렉시우스*의 요청을 받았다. 당시 투르크족은 비잔틴제국의 수도인 콘스탄티노플을 공격할 수 있는 거리까지 와 있었다. 알렉시우스의 이 요청은 곧 연쇄반응을 일으켜 결국 1차 십자군 운동의 계기가 되었다. 그해 11월 말, 프랑스의 클레르몽에서 열린 회의에서 교황은 정열적인 연설을 통해 프랑크족에게 비잔틴제국이 투르크족을 물리치도록 도와주고 예루살렘을 무슬림의 손에서 해방시키기 위해 동쪽으로 진군하라고 요구했다.

여러분에게는 하나님으로부터 완전히 소외되어 있으며 저주받은 종족의 위협을 받고 있는 동방의 형제들을 구원해야 할 의무가 있습니다. 우리 주님의 성스러운 무덤이 부정한 민족의 더러운 손에 오염되었습니다. … 사악한 종족에게서 그 땅을

---

* 비잔틴제국 황제.

빼앗아 여러분의 것으로 만들기 위해 성스러운 무덤으로 출발
하십시오.[10]

이날 연설은 강렬한 반향을 일으켜 군중들은 "하나님께서 그
것을 원하신다!"고 소리쳤다고 한다. 그 후 몇 달 만에 교황의 메
시지는 강론, 교황의 편지, 입소문 등을 통해 프랑스와 이탈리아,
그리고 독일의 일부 지역으로 퍼져나갔다. 왕이 선포한 정의로운
전쟁과는 거리가 멀었던 십자군 운동은 교회가 선동한 전쟁이었
다. 알렉시우스도 우르바누스도 대중이 그런 반응을 보일 것이라
고는 예상하지 못했을 것이다. 1096년 여름으로 예정된 출정 때
까지 수많은 가난한 사람들이 지체 없이 교황의 부름에 응했다.
그리고 많은 사람들이 준비도 거의 하지 않고 보급품도 제대로
갖추지 못한 채 십자가를 내걸고 예루살렘으로 행군하기 시작했
다. 이 '농민들의 십자군 운동'에서는 처음부터 독선적인 광신 때
문에 끔찍한 만행이 자행되었다. 일부 십자군은 독일을 떠나기 전
에 그리스도의 적이라고 판단되는 유대인을 대량 학살했다.[11] 맨
처음 이렇게 십자군 운동에 나섰던 대다수의 사람들은 굶주림과
험한 생활과 질병으로 죽어갔으며, 예루살렘과는 한참 떨어진 곳
에서 벌어진 전투 때문에 목숨을 잃기도 했다. '공식적인' 1차 십
자군 운동에서는 조직을 갖춘 여러 집단들이 콘스탄티노플을 향
해 각각 다른 길로 출발해서 결국 예루살렘을 목적지로 삼았다.

　BBC에서 방송된 4시간짜리 다큐멘터리는 "하나님에게서 신
성한 임무를 받았다고 확신한 야만적인 광신도들"의 충격적인 만
행을 추적한다. 옥스퍼드 대학의 크리스토퍼 타이어만Christopher

Tyerman은 전쟁에 대한 이 새로운 시각이 얼마나 극적인 변화를 가져왔는지 다음과 같이 설명했다. "1066년에 헤이스팅즈에서 싸운 병사들은 사람을 죽인 것에 대해 참회를 해야 했지만, 1차 십자군 운동에서는 살육 그 자체가 참회의 행위로 여겨졌다." 십자군들은 흔히 무슬림의 머리를 창에 꽂거나 그 창을 다른 무슬림 포로에게 억지로 들려 부대로 돌아오곤 했다. 십자군이 안티오크에 가까워졌을 무렵에는 야만성이 한층 도를 더해서 심지어 식인 행위까지 벌어졌다. 이를 목격한 샤르트르의 플레처Fletcher of Chartres는 사라센인의 살을 먹는 십자군 병사들의 이야기를 쓸 때 "덧문을 닫아걸었다"고 한다. 또한 캉의 라둘프Radulf of Caen는 "우리 군대가 이교도 어른들을 냄비에 넣고 끓였다. 이교도 어린이들은 꼬챙이에 꿰어 불에 구워 먹었다"[12]고 설명했다. 예루살렘까지 가는 동안 내내 십자군들은 유대인과 많은 그리스정교회 신자들 또한 공포로 몰아넣고 학살했다.

1차 십자군 운동은 외견상으로는 투르크족을 예루살렘에서 몰아내기 위해 시작되었다. 그러나 십자군이 목적지에 도착했을 무렵에는 더 이상 투르크족이 예루살렘을 지배하고 있지 않았다. 유대교인, 기독교인, 무슬림 등 10만 명이 다양한 문화가 공존하는 환경에서 아무 문제없이 살아가던 그 도시의 지배자는 이집트였다. 그런데도 1099년 7월 15일 십자군은 예루살렘의 방위선을 뚫고 들어가 무자비한 살육을 시작했다. 그들은 유대교인이 피난해 있던 유대교 회당에 불을 질러 그 안의 사람들을 산 채로 태워 죽였다. 무슬림 수천 명이 금요일의 기도를 위해 모여 있던 고귀한 성소(템플 마운트)에도 쳐들어갔다. 알아크사 사원으로 도망친 무슬림들은 안전 보장을 조건으로 엄청난 돈을 지불했다. 그러나 소용없는 일이었다. 다음 날 그들은 모두 학살당했다. 아질의 레몽Raymond of Agiles은 이 '승리'의 장면을 다음과 같이 요약했다.

> 우리 측 사람들 일부(이들은 비교적 자비로운 사람들이었다)가 적들의 머리를 잘랐고, 다른 사람들은 화살로 적을 쏘아 탑 아래로 떨어뜨렸다. 또 다른 사람들은 적을 불 속에 던져 더 오랜 고통을 주었다. 도시의 거리 여기저기에 머리, 손, 발이 쌓여 있었다. 길을 가려면 사람과 말의 시체를 넘어가야 했다. 그러나 평소 예배가 열리는 장소인 솔로몬의 성전에서 벌어진 일에 비하면 이건 아무것도 아니었다. 그곳에서 무슨 일이 일어났느냐고? 내가 진실을 말한다면 여러분은 도저히 믿지 못할 것이다. 그러니 솔로몬의 성전과 현관에서 사람들이 무릎과 말고삐 높이까지 고인 핏속에서 말을 타고 돌아다녔다고만 해두자. 정말이지, 이곳이 불신자들의 신성모독 때문에 오랫동안 고통 받았으므로 그들의 피가 이곳을 가득 채운 것은 하나님의 정의롭고 훌륭한 심판이었다. 이제 도시를 빼앗았으므로, 성스러운 무덤에서 순례자들이 예배를 드리는 광경을 보기 위해 우리가 그토록 고난과 수고를 마다하지 않은 것은 가치 있는 일이었다. 그들이 얼마나 들떠서 기쁜 마음으로 아홉 번째 찬송가를 주님께 바쳤는지.[13]

이 섬뜩한 묘사가 레몽이 염두에 둔 독자들조차 '믿지 못할' 정도라면, 오늘날에는 상상하기조차 어려운 일이다. 예수가 자기

방어를 위해 칼을 쓰는 것조차 분명하게 거부하며 "검을 가지는 자는 다 검으로 망하느니라"라고 경고를 한 지 거의 1천 1백 년 후에 광신적인 신의 전사들은 피에 흠뻑 젖은 거리를 헤치고 다니며 조각난 시체를 넘고 유대교 회당의 불탄 잔해를 지나 예수의 무덤 앞에서 기쁨에 들떠 노래를 불렀다. 그리스도의 왕국을 위해 극단적인 폭력을 사용한 그들은 자신의 행동을 '성전'으로 이해했다. 권위적이고 카리스마적인 지도자, 절대적인 진리를 알고 있다는 믿음, 그리고 목적이 모든 수단을 정당화한다는 주장이 한데 합쳐져 끔찍한 결과를 낳은 것이다.

예루살렘이 이렇게 함락되자 십자군에게 반대하는 운동과 새로운 십자군 운동이 일어나 수백 년 동안 계속되었다. 에스파냐부터 중부 유럽과 지중해 동쪽 끝에 이르기까지 여러 지역에서 무슬림과 충돌이 벌어지자 성지에 초점을 맞춘 조직적인 움직임 외에도 이보다 질이 떨어지는 다양한 십자군 부대들이 각각 다양한 지역으로 출발했다. 로마가톨릭교회는 이 역동적인 움직임에 깊숙이 간여하면서 십자군을 조직하고, 그들에게 면죄부를 약속하며 의욕을 불어넣었다.[14] 이 복잡한 역사는 정치적 요인과 경제적 요인이 종교적 동기와 뒤얽혀 있어서 단순한 분석으로는 실체를 알아낼 수 없음을 보여준다.[15]

십자군은 전쟁과 평화에 대한 기독교인의 세 번째 시각을 상징한다. 정의로운 전쟁과 그때까지 지속되던 평화주의 전통을 결합한 시각을 말한다. 정의로운 전쟁의 원칙은 4세기부터 17세기 사이에 발전했는데, 일부 기독교인은 지금도 이 원칙을 전쟁의 정당성에 대한 근거로 받아들인다. 같은 기간 동안 초기 교회의 평화주의 전통은 억압을 받았지만, 그렇다고 완전히 사라지지는 않았다. 평화주의 전통은 특히 일부 수도원에서 수백 년 동안 계속 유지되었다. 특히 프란체스코 수도회의 평화주의 전통이 가장 두드러진다. 아시시의 성 프란체스코는 빈곤한 삶을 스스로 선택한 후 평화주의를 지켰고, 그의 추종자들은 십자군 운동이 복음을 전파하는 적절한 방법이라는 주장을 배척했다. 중세 후기에 발도파, 후스파, 그리고 존 위클리프John Wycliffe의 일부 추종자들 사이에서 여러 평화주의 단체들이 등장했다. 16세기, 17세기, 18세기에는 저명한 인물들이 평화주의적인 입장을 옹호했으며, 재침례교(오늘날에는 주로 메노파로 알려져 있다), 형제단, 퀘이커교 등 역사적으로 유명한 평화주의 교파들도 나타났다.

지금까지 십자군 운동을 간단히 살펴보면서 긴 십자군 시대의 폭력적이고 야만적인 모습을 보았다. 그러나 서구의 기독교인은 십자군 운동이 남긴 이 기분 나쁜 교훈을 결코 완전히 이해하지 못했다. 바로 이 점이 중요하다. 서구에서 자란 대부분의 기독교인에게 십자군 운동은 그저 역사의 일부일 뿐이다. 그들은 『캔터베리 이야기The Canterbury Tales』라는 대중적인 렌즈를 통해 남의 일처럼 십자군 운동을 바라본다. 그러나 무슬림, 유대교인, 일부 동방교회 신도, 그리고 대부분의 그리스정교 신자에게는 그렇지 않다.[16] 그들은 십자군 운동을 생생하게 기억하고 있으며, 그것을 옛날 일로 생각하지도 않는다. 지난 30년 동안 이들과 접촉하면서 나는 많은 무슬림, 유대교인, 중동의 기독교인이 십자군 운동을 마치 최근 일처럼 이야기하는 것을 보고 매번 충격을 받았다. 역사는 지금도 깊게 뿌리박고 있고, 서구의 강력한 '기독교'

종교가 사악해질 때

국가들에 대한 불신도 깊다. 중동에서 십자군 운동은 유럽 강대국의 식민지 지배 및 2차 대전 후 강대국들의 지배와 한 덩어리로 취급된다. 이런 역사적 배경이 현재의 분쟁을 인식하는 기반이 된다. 1990~91년의 걸프전은 전쟁과 평화에 대한 미국 기독교인들의 시각을 엿볼 수 있는 렌즈 역할을 해주었다. 그리고 이 전쟁을 통해 중동 일부 진영의 행동과 생각이 어느 정도 분명해지기도 했다.

1990~1991년의 걸프전

1991년 1월 16일, UN이 정한 이라크의 쿠웨이트 철수 시한이 24시간도 남지 않았을 때, 미국이 이끄는 군대가 이라크와 쿠웨이트에 대규모 공습을 시작했다. 이제 그날은 전쟁 보도와 바그다드의 모습으로 가득 찬 TV 앞에 홀린 듯 앉아 있던 수많은 미국인들의 마음속에 단단히 각인되어 있다.

걸프전은 종교가 바탕이 된 전쟁이 아니었다. 이 전쟁에 가장 큰 역할을 한 것은 정치적, 경제적 요인이었다. 그렇다 해도 종교는 이 전쟁의 배경과 이 전쟁을 지지하거나 반대하는 사람들에게 여러 면에서 커다란 영향을 미쳤다.[17] 조지 H. W. 부시 대통령은 처음부터 자신의 정책 결정에 대한 국민의 지지를 모으기 위해 종교적인 언사를 사용했다. 그는 1990년 8월 8일 이 지역에 군대를 배치하기로 했다고 발표하면서 다음과 같이 말을 맺었다.

이 나라 전역의 교회에서 미국의 이익을 지키겠다고 약속한 사람들을 위해 기도해주시기 바랍니다. 우리의 원칙을 지키지 위해 일어서는 것은 미국의 전통입니다. … 감사합니다. 미합중국에 하나님의 축복이 내리기를 바랍니다.[18]

국민들의 기독교적 감정에 호소한 부시 대통령의 발언은 4장에서 살펴봤던, 자신의 이익을 위해 이슬람교를 이용한 사담 후세인의 발언보다는 덜 노골적이었다. 그래도 대통령의 의도가 뻔히 보이는 것은 사실이었다. 그는 연설할 때마다 거의 매번 "미합중국에 하나님의 축복이 내리기를 바란다"는 말로 끝을 맺었다. 일요일을 전국적인 기도의 날로 정하고 교회에서 종을 울리게 한 적도 여러 번이었다. 또한 1991년 1월 15일에는 대단한 유명 인사인 빌리 그레이엄 목사가 대통령의 초청으로 백악관에서 하룻밤을 묵었다.

부시 대통령과 행정부 관리들은 이 전쟁이 침략과 독재를 막기 위한 수단이라며 전쟁의 도덕적 근거를 수없이 강조했다. 전쟁 이전의 몇 주 동안, 그리고 실제로 전쟁이 벌어지는 동안 대통령은 선과 악, 옳은 것과 그른 것, 도덕적인 힘의 사용, 미국에 대한 하나님의 축복을 열정적으로 말하곤 했다. 몇몇 시위자들이 "석유를 위해 피를 흘려서는 안 된다"고 외칠 때 정부는 이들의 주장을 인정하면서도 사담 후세인이 사우디아라비아와 인접한 곳에 유전을 갖고 있는 쿠웨이트를 점령함으로써 발생한 경제적 위기의 의미를 깎아내렸다.

많은 저명한 교회 지도자와 기독교 단체는 전쟁이 시작되기

종교가 사악해질 때

전부터 6주간에 걸친 미국의 공격이 끝난 직후까지 눈에 띄게 활발한 활동을 보였다. 거의 모든 사람들이 사담 후세인의 침략이 만행이므로 그를 막고 상황을 원래대로 돌려야 한다는 데 동의했다. 논쟁의 초점은 그를 막아야 할 것인지 여부가 아니라 그를 막기 위한 최선의 방법이 무엇인지였다. 기독교인들은 전쟁과 평화에 대한 그동안의 세 가지 시각을 모두 드러냈다. 한편에서는 종교 방송국들이 거대한 미국 국기 앞에 수많은 TV 설교자들을 앉히고 방송을 했다. 그 방송에 등장한 국기는 대개 외국 자동차 판매상들이 상점에 내거는 국기와 같은 크기였다. 이처럼 위압적인 배경 앞에서 성전을 지지하는 현대의 설교자들은 미국의 정책을 거의 무비판적으로 옹호했다. 교회와 국가는 사실상 혼연일체였다.[19] 많은 복음주의 개신교도와 근본주의 개신교도는 아마겟돈 시나리오에 초점을 맞춰 여러 가지 작은 정보들을 세상의 종말을 의미하는 성경 속의 퍼즐 조각으로 해석하기 위해 온 힘을 기울였다.

그러나 개신교, 그리스정교, 가톨릭의 많은 지도자들은 놀라울 정도로 다른 시각을 보였다. 그들은 서로 힘을 합쳐 대규모 군사력 증강과 전쟁을 비난했다. 그들의 강력한 주장은 때로 논란을 불러일으키기도 했다. 일반 국민들 사이에 전쟁을 지지하는 분위기가 강하게 자리 잡고 있기 때문에 특히 더 그러했다. 그토록 많은 교회 지도자들이 왜 걸프전에 반대했을까? 첫째, 교회 내부의 많은 인사들이 무장 분쟁을 분쟁 해결의 수단으로 받아들이는 시각에 대해 도덕적인 면에서 근본적인 이의를 제기했다. 역사적으로 평화를 표방한 종파들뿐만 아니라 로마가톨릭교회와 많은 개신교 종파에서도 평화주의가 분명하게 드러났다.

평화주의에 대한 확신이 덜한 다른 기독교 지도자들은 도덕적·실용적 견지에서 폭력은 폭력을 낳는다는 주장을 펼쳤다. 그들은 남아프리카 문제와 관련해 외교적 수단과 정치적 수단(불매운동이나 제재 등)을 강구해야 한다는 주장을 펼칠 때도 같은 논리를 내세웠다. 그들은 이렇게 물었다. 미국을 비롯한 여러 나라들이 이번 일에서 그토록 신속하게 군사력을 꺼내 들어야 하는 이유가 무엇인가? 연합군의 군사 작전이 성공을 거뒀다고 해서 이것이 이라크의 침공에 맞서는 유일한 방법이라거나 최선의 방법이라는 증거는 되지 못한다. 많은 사람들은 군사적 승리가 이미 위험하게 얽혀 있는 종교적 감정을 중장기적으로 더 복잡하게 만들고 더 악화시킬 것이라고 걱정했다. 20세기의 역사는 전쟁을 통해 중동의 지속적인 평화와 안정을 확보할 가능성이 크지 않다는 사실을 암시하고 있다. 걸프전이 끝나고 10여 년이 흐른 지금 이 전쟁이 이라크를 비롯한 중동 지역에 남긴 결과를 보면 당시 이들의 우려가 떠오른다.

미국의 가톨릭 주교들과 많은 개신교 지도자들은 정의로운 전쟁의 원칙에 규정된 구체적인 요건에 논의의 초점을 맞추려고 했다. 1990년 11월 중순, 미국 가톨릭 주교회의는 이라크와의 전쟁이 정의로운 전쟁의 기준에 맞는지 구체적으로 질문을 던진 성명서를 발표했다. 주교들은 비례의 문제 등 여러 가지 문제에 대해 의구심을 표명했다. 나중에 밝혀진 사실이지만, 그들의 의구심에는 충분한 근거가 있었다. 연합군 측의 사상자는 처음 국방부의 예측보다 훨씬 적었던 반면, 이라크 쪽에서는 15만 명 이상의 사망자가 발생했고 쿠웨이트인도 수천 명이나 목숨을 잃었다. 전쟁 이후 10년 동안 민간인 사상자의 숫자는 이보다 훨씬 더 많았다. 전쟁이 끝나고 6개월 후, 언론 매체의 조사로 전쟁 중에 다양한 정보교란 행위가 있었다는 사실이 밝혀지자, 기자들은 국방부의 피트 윌슨Pete Wilson 대변인에게 이라크 군인 약 8천 명이 지상전 도중 산 채로 땅 속에 파묻혔다는 보도에 대해 물었다. 윌슨은 이 보도를 부인하지 않았으며, "사람을 죽이는 데 멋있는 방법은 없습니다"[20]라는 말로 이것이 끔찍한 일이라는 사실을 시인했다.

원래 의도가 옳은 것이었느냐는 문제도 도마 위에 올랐다. 만약 사담 후세인이 쿠웨이트 사람들을 노골적으로 침략한 것이 전쟁의 이유라면 미국은 이라크 남부의 시아파 교도들과 북부의 쿠르드족이 필사적으로 도움을 요청했을 때 왜 군대를 보내 돕지 않았는가? 그들도 사담 후세인의 군대에 의해 분쇄되고 있었는데 말이다. 부시 행정부 관리들은 그들은 이라크 국민들로, 이라크 민간인들의 비극은 이라크 사람들이 해결해야 할 '내부' 문제라고 대답했다.

미국이 전쟁을 최후의 수단이 아니라 가장 먼저 사용해야 할 수단으로 보고 서둘러 전쟁을 일으킨 것에 강력한 이의를 제기한 사람도 많았다. 전쟁을 선택하기 전에 모든 방법을 다 써보았는가? 많은 국회의원들과 전직 국방장관, 전직 국군장성은 물론 많은 교회 지도자들도 1990년 가을의 의회 증언을 예로 들면서 그렇지 않다고 주장했다. H. 로스 페로H. Ross Perot와 패트릭 뷰캐넌Patrick Buchanan 등 보수파 저술가와 지도자도 군사 공격이 가장 우선적인 방법으로 검토된 과정에 대해 뜻밖의 반대 의사를 표명했다. 일이 이미 일어난 뒤에는 교회 지도자들이 정의로운 전쟁의 원칙을 바탕으로 의회에서 강력한 지지를 얻었다는 사실을 잊어버리기가 아주 쉽다. 미국 상원이 1991년 1월 12일에 결정적인 결의안들을 표결에 부쳤을 때, 상원의원 46명이 제재를 조금 더 실시해보자는 쪽에 표를 던졌고, 이에 반대한 의원은 53명이었다. 그리고 무력 사용 승인에 반대한 의원은 47명인 반면, 찬성한 의원은 52명이었다.

교회 지도자들이 걸프전에 반대하는 데 영향을 미친 또 하나의 중요한 요인은 세계 기독교 운동의 성장이었다. 개신교, 가톨릭, 그리스정교의 지도자들은 중동의 기독교 단체들과 밀접한 관계를 맺고 있었는데, 중동 기독교인[21] 중 대다수가 그들에게 평화를 위해 적극적으로 나서달라고 요구했다. 부시 대통령과 제임스 베이커James Baker 국무장관이 다니는 감독교회의 담임목사이자 우파에 속하는 에드몬드 브라우닝Edmond Browning 목사 등 많은 사람들이 이들의 요구에 응했다. 브라우닝은 키프로스, 요르단, 이라크를 방문하고 돌아와서 대통령 및 국무장관과 거의 한 시간 동안 밀담을 나누며 자신의 생각과 우려를 전했다.[22] 이 만남 이후 대통령은 "자신의 담임목사가 자신에게 반대하는 것을 보니 너무 싫었다"고 말했다.

전쟁이 한창 진행되고 애국적 열정이 한껏 고조되었을 때에도 개신교, 가톨릭, 그리스정교의 여러 교파에 속한 교회 지도자 1백여 명이 발표한 '교회에게 보내는 외침'에는 다음과 같은 말이 포함되어 있었다. "우리 교회가 연민의 정을 발휘하여 가족을 잃고, 불구가 되고, 집을 잃은 중동 사람들을 포옹합시다. … 우리 교회

종교가 사악해질 때

가 대화의 정신에 입각해 손을 내밀고 무슬림, 기독교인, 유대인 등을 한데 모아 우리의 두려움, 우려, 평화의 희망을 논의할 방법을 찾읍시다."[23]

걸프전은 종교전쟁이 아니었지만, 소용돌이처럼 휘몰아친 사건들 속에서 종교가 중요한 역할을 했다. 미국의 주요 기독교 지도자 가운데 어느 누구도 앞으로 나서 사담 후세인을 변호하지는 않았지만, 많은 지도자들은 어떻게 해서든 "전쟁은 해답이 아니다"는 말을 하려고 했다. 바로 여기에 희망이 있다. 많은 기독교 지도자들이 애국적 광기에 맞서 우리 모두 함께 살아갈 수 있는 더 좋은 방법을 찾아야 한다고 말한 것이다. 기독교인들은 과거에서 교훈을 배우고 평화와 화해를 추구하라고 명령한 신약성서 등 최고의 가르침을 바탕으로 삼아야 할 뿐만 아니라, 앞으로 결정을 내릴 때에는 이 지구에서 함께 살아가는 다른 사람들과 더불어 논의해보아야 할 것이다.

이슬람: 평화의 종교

9월 11일 이후 많은 이슬람교 지도자들은 뉴욕과 국방부 건물에 대한 공격이 이슬람교의 교리에 어긋나는 행위라고 비난했다. 언론 매체들은 "이슬람교는 평화의 종교"라고 말하는 무슬림의 모습을 자꾸만 내보냈고, 조지 W. 부시 대통령도 이슬람이 훌륭하고 평화로운 종교라고 확언함으로써 이 말에 힘을 보탰다. 기독교와 이슬람교의 오랜 반목, 이란의 인질 사건, 비행기 납치, 자살 폭탄 테러, 이슬람교에서 영감을 얻었다고 주장하는 폭력적인 극단주의자 등이 이슬람에 대해 전혀 다른 이미지를 갖게 했음은 분명하다. 그렇다면 이슬람이 평화의 종교라는 말은 무슨 뜻인가? 이 말이 영어로는 '성전'이라고 번역되는 지하드와 어떻게 연결되어 있는가?

아랍어를 조금만 배우면 이 수수께끼를 푸는 데 도움이 된다. 아랍어는 히브리어와 마찬가지로 자음을 뿌리로 둔 셈어에 속하며 대부분의 단어는 한 가지 혹은 그 이상의 기본적인 개념을 내포한 세 개의 자음에서 유래한다. 예를 들어 k-t-b는 글을 쓴다는 개념과 관련되어 있다. 여기에 각각 다른 모음, 접두사, 접미사 등이 덧붙으면 뜻이 다르면서도 글을 쓴다는 개념과 관련된 단어들이 만들어진다. 따라서 kataba는 '그가 썼다'가 되고, kitab은 '책'을 의미하며, maktabah는 '도서관'을 의미한다. 아랍어에서 s-l-m의 기본적인 의미는 '하나님의 의지에 복종' 및 '평화'와 관련되어 있다. 여기서 우리에게 친숙한 세 개의 단어가 유래했다. salam, Islam, Muslim이 그것이다. salam은 '평화, 안녕'을 의미하는데, 우리에게 친숙한 히브리어 단어 shalom과 어원이 같다.[24] 이스라엘의 유대인들은 서로 인사를 나눌 때 전통적으로 shalom 이라는 단어를 사용하며, 아랍인들은 이와 같은 문구인 salam alaykum(당신에게 평화가 함께하기를)을 사용한다. Islam이라는 단어는 문자 그대로 '하나님에 대한 복종'과 '평화'를 의미한다. 이 두 가지 개념은 하나님에 대한 복종이 평화를 가져온다는 의미로 연결된다. 하나님에게 복종하는 사람들은 'Muslim'이라고 불린다. 그들은 처음부터 '평화로운' 사람들이다. 이슬람교에서 '평화'

종교가 사악해질 때

는 하나님의 의지를 알아 행하려는 무슬림Muslim 개개인이 누릴 수 있는 내적인 상태를 의미하기도 한다.

사람이 하나님의 의지를 어떻게 알 수 있는가? 앞에서 지적했듯이 하나님의 계시를 담은 책 꾸란이 그 출발점이다. 이슬람의 이 경전에는 사랑, 정의, 연민 등 하나님의 마음과 가까운 미덕들이 많이 언급되는데, 무슬림은 이런 미덕을 갖춰야 한다. 꾸란의 모든 장surah은 한 곳만 제외하고 모두 "자비롭고 인정 많으신 하나님의 이름으로"라는 구절로 시작된다. 공개적인 강연, 설교, 발표 등을 시작하기 전에 이 구절을 읊조리는 무슬림이 많다. 사람은 하나님 앞에서 책임을 져야 하며 인간들 사이의 모든 상호작용에는 높은 기준이 적용된다.

무슬림이 공동체 내부뿐만 아니라 공동체 외부에서도 '평화'를 추구해야 한다는 가르침에는 가능한 한 분쟁을 피해야 한다는 뜻과 평화와 정의로 규정되는 안정적인 사회질서를 확립해야 한다는 훨씬 더 어려운 과제가 포함되어 있다. 꾸란의 여러 구절들은 무슬림이 이슬람에 대한 공격에 맞서 싸우는 것을 허용한다. 어떤 경우에는 그런 싸움을 요구하기도 한다. 또한 평화를 추구할 때의 요건들을 밝혀놓은 구절도 있다. "만일 그들 쪽에서 화평으로 기운다면, 너희도 그쪽으로 기우는 것이 좋다. 그리고 모두 하나님께 맡기고 말씀드려라"(꾸란 8:61). "만일 하나님께서 원하신다면 그들을 너희보다도 우세하게 만드시어 반드시 너희들에게 싸움을 걸어오도록 하시는 것도 어렵지 않다. 그렇지만 만일 그들이 몸을 움츠리고 너희에게 싸움을 걸지 않고 화평을 제의해온다면 그것은 하나님께서 이미 너희들에게 그들을 공격하는 것을 열어주시지 않고 있는 것이다."(꾸란 4:90). 무슬림, 유대교인, 기독교인 사이의 관계를 분명하게 다룬 구절들도 많다. 이슬람 측에서는 이 세 종교가 모두 하나님께서 여러 예언자와 전령을 통해 밝히신 똑같은 계시의 직접적인 결과라고 이해한다. 꾸란은 성서의 민족에게 무슬림과 나란히 설 것을 명령하며 "성전聖典의 백성이여, 우리들과 너희들과의 사이에 아무런 차별이 없는 말씀에 이르도록 하는 것이 좋겠다. 우리들은 하나님 이외의 자를 숭배하지도 않으며"(꾸란 3:64)라고 확언한다. 꾸란의 많은 구절들은 예수를 하나님의 예언자들 중 가장 위대한 자로, 심지어는 둘도 없는 존재로까지 칭송한다.[25] 그러나 꾸란에는 또한 예수의 신성과 삼위일체를 믿고 예수를 따르는 자들에 대한 가혹한 비판도 포함되어 있다. 비록 교리상의 오류에 대해 이처럼 진지하게 경고하기는 하지만, 꾸란은 계시로 만들어진 종교들이 신도들을 구제해준다고 말한다. "진실로 믿음을 가진 사람들과 유대교도·기독교·사바인 등 누구든지 하나님과 최후의 심판 날을 믿고 좋은 일을 행하는 자들은 그들의 주로부터 보상을 받을 것이며, 두려움도 없고 슬픔도 없을 것이다"(꾸란 2:62, 5:69).

　서로 다른 종교 공동체들은 서로 사이좋게 공존할 수 있으며, 또 반드시 그렇게 되어야 한다. 무슬림은 반드시 다른 사람들에게 이슬람을 받아들이도록 권유해야 하지만, 꾸란의 유명한 한 구절은 이렇게 선언한다. "종교에 강요는 금물이다"(꾸란 2:256). 사실 서로 다른 종교 공동체들은 하나님의 계획 중 일부로 간주된다. 다양한 종교 공동체들은 이곳 이승의 삶에서 개인이 행한 행동에 대한 책임을 강조하는 일종의 시험이다. "하나님께서 원하신다면 단일의 백성으로 만들 수 있는 것인데. 그러나 너희들에게 주신 것이니까 너희들을 시험하려고 하셨다. 그렇다면 서로 경쟁해서 여러 가지 좋은 일을 하는 너희들 모두가 돌아갈 곳은 하나님의 곁이다. 그렇게 되었을 때 하나님께서는 너희들이 논쟁하고 있는 문제에 대해 일일이 가르쳐주실 것이다 ”(꾸란 5:48).

국제적으로 유명한 이슬람 학자이자 저술가인 세예드 호세인 나스르Seyyed Hossein Nasr는 새로 발표한 책『이슬람의 심장The Heart of Islam』에서 이슬람교와 평화가 불가분의 관계로 연결되어 있음을 자세히 설명한다.

무슬림에게 있어 하나님을 거부하면서 평화롭게 산다는 것은 완전히 터무니없는 얘기다. 오로지 하나님만이 사람의 영혼 속에 있는 혼돈과 다툼에 질서를 잡아줄 수 있기 때문이다. 내면의 평화가 없으면 외적으로도 평화가 없다. 이슬람의 가르침에는 평화의 확립이라는 목표를 가지고 사람과 국가 사이의 분쟁을 해결하기 위한 지령들이 많이 포함되어 있다. 그러나 이슬람의 가장 고귀한 목표는 사람들이 덕성 있는 삶을 살도록, 그리고 천국의 도움으로 내적인 조화를 확립하도록 이끌어서 영혼을 '평화의 거주지'로 이끄는 것이다. 모든 진정한 종교가 다 그렇듯이, 이슬람의 종교적 목표는 사람들이 덕성 있는 삶을 살며 '평화롭게' 살다가 죽을 수 있도록 사람의 영혼을 구원해서 결과적으로 사회에 정의와 평화를 확립하는 것이다. 평화롭게 산다는 말을 깊숙이 들여다보면 천상의 평화를 경험할 수 있게 해주는 축복 받은 상태의 삶을 의미한다.**26**

평화롭고 정의로운 사회를 이룩해야 한다는 가르침은 이슬람의 종교적, 정치적, 경제적 틀의 전제 조건이 된다. 따라서 무슬림은 다른 사람들이 하나님의 말씀을 듣고 정의롭고 평화로운 사회질서의 확립이라는 고귀한 임무에 동참하도록 이슬람의 메시지를 전달해야 한다.

지하드의 의미

지하드를 문자 그대로 해석하면 '투쟁' 또는 '하나님의 길 안에서 투쟁'이 된다. 모든 무슬림은 지하드에 참여해야 한다. 서구의 언론 매체와 일부 무슬림이 널리 사용하는 '성전'이라는 단어는 이 의무가 널리 전파된 여러 방법들 중 하나를 의미한다. 그러나 이 것이 이슬람 역사를 통틀어 많은 의미를 담고 있는 이 단어에서 가장 중요한 의미는 아니다. 무슬림이 아닌 사람들은 주의해야 할 필요가 있다. 지하드의 기치 아래 비열한 행동을 요구하거나 그런 행동을 하는 무슬림 가운데 폭력적인 극단주의자가 많이 있지만, 이들은 이슬람의 변방에 존재하는 소수집단일 뿐이다. 언론 매체가 항상 가장 극적이고 선정적인 사건에 중점을 둔다는 점을 반드시 기억해야 한다. 언론 매체의 이런 성향 때문에 사람들이 극단주의자의 행동이라는 편협한 렌즈를 통해 종교 전체를 판단해버릴 위험이 있다. 30년 동안 이슬람교를 연구하고 무슬림과 직접 교류한 경험을 바탕으로, 나는 대다수의 무슬림은 대부분의 기독교인이나 유대교인, 힌두교도나 불교도, 그리고 종교를 믿지 않는 사람들과 마찬가지로 폭력적인 극단주의자들의 행동에 경악과 혐오를 느낀다고 주저 없이 말할 수 있다.

2002년 하버드 대학 졸업식은 지하드를 편협하게 해석한 '성전'이라는 단어가 대중의 머릿속에 얼마나 깊이 박혀 있는지를 분명하게 보여주었다. 생의학 공학과 4학년이며 하버드 이슬람회Harvard Islamic Society의 회장을 지낸 자예드 야신Zayed Yasin의 졸업 기념 연설의 제목이 '미국의 지하드'로 발표되자 격렬한 항의가 빗발친 것이다. 미국의 지적 자유와 문화적 다양성의 보루인 하버드의 많은 졸업반 학생들은 즉시 대학 당국에 그의 연설문을 미리 읽고 평가하게 해달라는 청원서를 제출하기 시작했다. 그들은 또한 야신에게 "지하드의 이름으로 폭력을 공개적으로 비난"하라고 요구했다. '보수 정치를 위한 유대인 모임Jews for Conservative Politics'의 회장인 한 4학년 학생은 "이 연설 내용이 우리가 자랑스러워할 만한 것임을 하버드 측이 보장해달라"고 요구했다. 이런 항의 물결에 대해 야신은 다음과 같은 설명을 내놓았다.

> 이슬람 전통에서 지하드는 옳은 일을 하기 위한 투쟁을 상징한다. 내 연설은 전쟁으로서의 지하드나 9·11 테러, 혹은 이스라엘과 팔레스타인의 문제나 정치에 관한 것이 아니다. 나는 이 투쟁의 개념을 이용해 하버드의 졸업반 학생으로서 그동안 믿을 수 없을 만큼 커다란 축복을 누렸던 우리에게 불의에 대항해 싸우고 사회적 정의를 위해 투쟁할 의무와 책임이 있다는 말을 하고 싶었다.[27]

자예드 야신의 말이 옳다. 지하드는 근본적으로 미덕과 도덕을 갖추기 위한 끊임없는 투쟁, 즉 다른 사람을 대신해서 더 나은 사회를 만들기 위해 좋은 일을 하려는 끊임없는 투쟁을 의미한다. 무함마드가 말했다고 전해지는 한 유명한 구절은 지하드의 군사적 의미와 비교해 이 의미를 강조한다. 무함마드는 전투를 마치고 돌아오는 길에 무슬림들에게 자신들이 '낮은 단계의 지하드'에서 '더 위대한 지하드'를 향해 돌아가고 있다고 말했다. 이슬람을 지키기 위한 외적인 투쟁은 이슬람의 가장 커다란 과제가 아니다. 더 위대한 지하드는 사람들로 하여금 옳다고 믿는 일을 못하게 하는 이기적이고 죄스러운 욕망을 극복하기 위한 내적인 투쟁을 의미한다.

세계의 종교들을 다룬 인기 있는 비디오 시리즈인 〈오랜 탐색The Long Search〉에는 하나님을 기쁘게 하는 선한 일들 속에 나타난 지하드를 놀라울 정도로 분명하게 보여주는 사례들이 묘사되어 있다.[28] 이 비디오 시리즈의 진행자는 이슬람에 관한 기본적인 사실들을 차근차근 살펴보면서 카이로에서 의사로 활동하는 부부에게 상당한 시간을 할애한다. 한번은 아내가 문자 그대로 위대한 피라미드의 그림자 속에 자리 잡은 무료 진료소로 진행자를 데리고 갔다. 이곳은 압딘Abdeen 박사를 비롯한 여러 사람들이 심각한 만성 심장병을 앓는 어린이들을 위해 설립한 자선 기관이었다. 아내는 부드럽게 자신을 드러내지 않으면서도 매우 감동적으로 더 나은 사회를 만들기 위해 아이들을 돕는 이것이 바로 자신의 지하드라고 설명한다. 그녀는 남에게서 찬사를 받거나 특별히 인정받고 싶은 생각이 없음을 분명히 했다. 이런 모습은 그녀에게

종교가 사악해질 때

"하나님께서 우리의 의도를 알고 계신다"는 믿음과 "하나님께서 아이들에 대한 이 자비의 행위를 사랑하신다"는 확신이 있음을 보여준다. 나는 세계 종교 강의와 이슬람 개론 강의를 할 때 이 비디오를 자주 교재로 이용한다. 그리고 학기 말이 되면 나는 학생들을 종교 단체로 내보내 우리가 공부하는 종교를 믿는 사람들을 찾아가 인터뷰를 해오라고 한다. 그들이 이 인터뷰를 통해 알아낸 것들을 수업시간에 발표할 때, 그들의 얘기를 통해 우리 주위의 다양한 모습들이 드러난다. 언제나 여러 명의 학생들이 압딘 박사와 비슷한 무슬림을 만난 후 깊은 감동을 안고 돌아오곤 한다.

우리가 폭력과 극단주의에 대한 언론 매체의 강렬한 관심을 무시할 수 있다면, 이슬람을 인간적인 관점에서 바라보게 된다면, 대다수의 무슬림들이 성전이 아니라 마음과 혀와 손의 지하드를 생각하며 살아가고 있다는 사실을 알게 된다.

또한 지하드는 군사적인 의미의 두 가지 투쟁, 혹은 자기 노력을 의미하기도 한다. 꾸란과 하디스는 무슬림이 이슬람을 지키기 위해 무기를 들 수 있으며, 때로는 반드시 그렇게 해야 한다는 점을 분명히 한다. 그러나 그렇지 않은 경우에는 전략적인 후퇴, 즉 히즈라hijra(도주)가 더 나은 방법이다. 세계적으로 유명한 이슬람 연구자인 존 에스포지토John Esposito는 이슬람 역사에서 다양한 형태의 공격에 대해 이 대안이 이용되었던 사례를 밝힌다. 무함마드와 무슬림의 첫 공동체가 이 행동 패턴의 모범 사례다. 그들은 메디나로 후퇴했다가 나중에 자신들을 박해하는 메카 사람들과 싸웠다.[29] 꾸란은 전쟁이 '혐오스러운' 것일 수도 있지만, 때로는 반드시 필요한 것이기도 하다는 점을 분명히 한다.

무법한 일을 해서 싸우는 사람들에게는 그것은 허락되어 있다. 하나님께선 이렇게 사람들을 돕는 능력을 가지고 계시다. 즉 이것은 오직, '우리들의 주는 하나님이시다'고 말한 것으로 부당하게 고향을 쫓겨난 사람들의 일. 만일 하나님께서 사람들을 시켜 서로 견제시키지 않으셨다면, 수도원도, 교회도, 회당도, 하나님의 이름이 빈번히 불리는 예배당도 모두 파괴되었을 것인데, 하나님께선 당신 자신을 돕는 자를 도와주신다. 진실로 하나님께선 강하시고 위대하신 분이시다.(꾸란 22:39~40)

꾸란에는 전투를 허용하거나 무슬림에게 적극적으로 싸울 것을 요구하는, 이른바 칼의 구절이 많다. 이런 구절들은 수백 년 동안 여러 방식으로 해석되었다. 일부 무슬림은 이런 구절들이 다루는 구체적인 정황을 먼저 보고 그 구절의 내용을 현재에 적용할 수 있는지 조심스러운 결론을 내리고자 한다. 그러나 이런 구절에서 불신자라고 생각되는 모든 사람을 공격해도 좋다는 구실을 발견한 사람들도 있다. 오사마 빈 라덴은 후자의 경우에 속하는데, 이슬람의 역사나 오늘날의 무슬림 중에서 빈 라덴만 그런 해석을 따른 것은 아니다.

지하드가 군사적으로 적용되는 두 번째 경우는 이슬람의 세력 확장과 관련 있다. 무함마드와 최초의 움마(무슬림의 공동체)는 삶의 종교적, 정치적, 사회적, 경제적, 군사적 차원을 한데 합친 모델을 제시해주었다. 기독교 세계에서는 종교와 국가의 결합이 4세기에 이루어진 반면 이슬람 세계에서는 종교와 국가가 항상 서로 얽혀 있었다. 선교를 중시하는 종교의 추종자로서 무슬림은 선언문, 외교, 군사적 팽창 정책 등을 통해 자신들의 말씀과 사회 체제를 널리 퍼뜨리려 했다. 여기서 우리는 안정적이고 정의로운 사회 질서와 관련된 평화라는 개념, 즉 하나님의 의지에 대한 복종이라는 개념과 다시 맞닥뜨린다. 따라서 이슬람의 세력 확장은 하나님의 통치를 확립하는 것으로 이해되었다. 그리고 이슬람교가 무함마드의 사망 이후 100년 안에 북아프리카를 지나 서쪽의 에스파냐까지, 북쪽으로는 팔레스타인에서 아라비아만까지 펼쳐진 비옥한 지역 너머까지, 동쪽으로는 티그리스와 유프라테스 계곡을 지나 페르시아와 인도 북부까지 빠르게 퍼져나간 것은 세계 역사상 유례가 없을 만큼 놀라운 현상이었다. 대부분의 기독교인에게 이슬람의 등장과 놀라운 성공은 분명한 위협이었으며, 무슬림에게는 하나님이 자신들을 총애하신다는 틀림없는 표식이었다.

무함마드에게서 뻗어 나온 많은 종파들은 전투에서 허용될 수 있는 행위와 그렇지 못한 행위에 대한 지침들을 내놓고 있다. 여자와 어린이, 그리고 비전투원의 안전이 무엇보다 중요하다는 규정이 좋은 예다. 신도들을 하나로 결합해주는 성직자들의 위계구조가 없는 수니파의 여러 율법학자들은 시대에 따라 특정한 이슈가 등장할 때마다 거기에 걸맞은 규칙과 견해를 밝혔다. 플로리다 주립대학의 비교윤리학 교수인 존 켈지John Kelsay는 이들의 변화를 추적하여 이슬람의 "전쟁 규칙과 서구의 정의로운 전쟁의 원칙 사이의" 형식적 유사성이 "놀라울 정도다. 정당한 대의, 올바른 의도, 능력 있는 지도자, 승리를 거둘 수 있을 것이라는 전망, 평화를 목표로 삼는 것 … 목표물에 차별을 두는 것"[30] 등이 그러하다는 결론을 내렸다. 기독교와 이슬람의 역사를 다른 각도에서 비교해보면, 규칙에 별로 신경을 쓰지 않는 지도자와 병사들이 많이 등장한다는 점이 또 비슷하다. 무슬림에게 칭기즈칸은 과거 클로비스Clovis*와 프랑크족이 저질렀던 짓을 훨씬 더 대규모로 행한 존재였다. 또한 무슬림들 사이에서도 권력을 차지하기 위한 야만적인 공격과 잔학한 음모가 자주 발생했다. 폭력적인 극단주의나 종교적 테러를 자행하는 집단은 무함마드 사후 이슬람교의 초기 역사에도 등장한다. 광신적인 극단주의는 시리아의 아사신파를 거쳐 안와르 사다트를 암살하고 이집트에서 테러를 벌인 이슬람 지하드 같은 단체들까지 이어졌다.[31] 이슬람의 이름으로 벌어진 이런 성전이 가장 눈에 띄게 드러난 사례가 바로 2001년 9월 11일의 사건이다.

재생과 오늘날의 이슬람 혁명 운동

이슬람 세계에서 개혁 운동은 새로운 것이 아니다. 다른 종교의 역사와 마찬가지로 이슬람 역사에도 재생과 개혁이 끊임없이 반복되고 있다. 카리스마 있는 지도자, 수피 스승, 박식한 학자 등 많은 사람들이 이슬람이 쇠퇴하던 시기에 공동체를 새로이 재생시키고 핵심적인 가르침이나 가치관으로 돌아가려는 운동을 이끌곤 했다. 내 개인적인 경험은 오늘날 이슬람 세계의 여러 지역

---

* 프랑크 왕국의 초대 국왕.

에서 재생을 위한 운동이 점점 힘을 얻고 있다는 전체적인 느낌을 확인해준다. 오랫동안 중동의 여러 나라를 여행하고 때로는 그곳에서 살기도 하면서 나는 많은 변화의 징후를 발견했다. 이슬람 전통 복장을 입는 여성들이 늘어난 것, 라마단 기간 중에 단식하는 사람들이 늘어난 것, 이슬람이 다양한 사회 문제에 대한 해답을 제공해준다는 이야기가 공개적으로 더 많이 논의되기 시작한 것 등이 그 예다.

정치적인 면에서도 여러 나라가 분명한 변화를 겪고 있다. 무슬림이 국민의 대다수를 차지하는 나라는 현재 50개국이 넘는다. 그리고 이 중 많은 지역에서 정치구조, 경제구조, 사회구조가 실패했다는 판단을 내리고 커다란 좌절감을 느낀 사람들이 행동에 나서고 있다. 국민들이 경제적 불평등과 착취, 인권 침해, 문화적 가치관 붕괴, 지도자가 국민을 제대로 대표하지 못하는 체제에서 정치적 소외 등을 경험하는 많은 나라에서는 집단적인 분노가 금방이라도 끓어 넘칠 기세다. 변화를 요구하는 이슬람 단체들은 이런 환경 속에서 눈에 띄게 활발한 활동을 펼치며 힘을 얻고 있다. 미국 주요 신문이나 BBC 방송의 뉴스를 면밀히 살펴보면 알제리, 아프가니스탄, 레바논, 파키스탄, 이집트, 인도네시아, 사우디아라비아, 필리핀, 수단, 이스라엘/팔레스타인 등 여러 나라가 종교적, 정치적으로 심각한 사회 불안을 겪고 있음을 알 수 있다.

변화를 강력하게 요구하는 이슬람 단체들 중에는 정치 체제 안에서 운동을 펼치려는 곳도 있고, 폭력적인 수단으로 혁명을 이룩하자고 노골적으로 주장하는 곳도 있다. 이런 단체의 지도자들은 자신들의 명분을 정당화하기 위해 성전을 선포했다. 걸프전 때 사담 후세인의 외침처럼 이렇게 감정적으로 행동에 나설 것을 호소하는 외침들은 대부분 공허하게 들리지만, 존 에스포지토의 훌륭한 저서 『신성하지 않은 전쟁Unholy War』은 일부 극단주의자들이 효과적으로 상당한 지지자를 확보하고 있음을 보여준다. 우리는 앞에서 이슬람 세계의 자살 폭탄 공격자들에 대해 이야기하면서 이처럼 왜곡된 형태의 지하드가 특히 가난하고 쉽게 남의 영향을 받는 젊은이들 사이에서 왜 그토록 매력을 발휘하는지 이미 설명한 바 있다.

이슬람 지도자들은 반드시 앞으로 나서서 성전의 건설적인 대안을 분명하게 밝혀야 한다. 또한 현재 여러 나라에서 테러리스트를 길러내는 온상 역할을 하고 있는 진정한 문제들을 밝히고 이를 해결하기 위해 열심히 노력해야 한다. 영국의 마거릿 대처Margaret Thatcher 전 총리는 9월 11일의 사건이 일어난 후 이슬람 지도자들이 비교적 침묵을 지키는 것을 개탄하며 모든 형태의 테러리즘을 비난하라고 그들에게 요구함으로써 엄청난 논란을 불러일으켰다. '온건한' 무슬림들이 침묵하고 있다는 대처의 지적은 미국에서도 여러 자리에서 여러 사람의 목소리로 계속 되풀이되어 2010년대 내내 뉴스의 헤드라인을 장식했다. 2001년부터 200곳이 넘는 대학, 학회, 교회에서 강연한 경험이 있는 나는 이 문제가 지금도 끈질기게 남아 있다고 분명히 말할 수 있다. 거의 모든 곳에서 이 문제는 다양한 형태로 등장한다. 이슬람교의 가르침에서 영감을 얻었다고 주장하며 극단적인 폭력을 저지르는 자들 앞에서 항의하는 무슬림의 목소리가 거의 들리지 않는 것처럼 보이는 이유가 무엇이냐는 이 중요한 의문에 답할 때 나는 오랜 세월에 걸친

종교가 사악해질 때

내 경험뿐만 아니라 미국과 중동 전역에서 많은 무슬림들과 나눈 대화도 참고로 삼는다. 세상에 영향을 미치고 사람들의 인식을 형성하는 데에는 여러 요인이 작용한다.

많은 무슬림들은 언론이 온건하고 진취적인 이슬람 지도자들과 단체들이 내놓는 성명과 여러 조직적인 시위를 취재하지 않는 것이 잘못이라고 주장한다. 폭력적인 극단주의에 반대하는 이슬람 지도자들이 여러 나라에서 매우 힘들고 때로는 목숨이 위험해질 수도 있는 상황에 직면하고 있음을 지적하는 목소리도 자주 들을 수 있다. 일리 있는 주장이다. 서구의 언론 매체들은 대개 신중하게 정리된 종교적 발표문을 뉴스로 생각하지 않는다. 예를 들어, 걸프전 때 종교적 정당성을 확보하려는 사담 후세인의 노력은 언론의 주목을 받았지만, 그를 비난한 많은 이슬람 지도자들의 목소리는 뉴스에 거의 등장하지 않았다. 이 문제가 분명히 드러난 것은 2005년 7월에 150명이 넘는 무슬림 이맘들과 학자들이 요르단 암만에 모여 강력한 성명을 발표했을 때였다. 그들은 이 성명에서 극단주의자들이 이슬람교의 이름으로 활동하며 저지르는 폭력을 비난했다. 이들의 회의와 성명을 아주 다양한 종교 지도자들이 지지했다는 사실을 감안할 때, 정말 놀라운 성명이었다. 지지의 뜻을 표한 종교 지도자들 중에는 이라크에서 가장 영향력이 큰 시아파 지도자인 대大아야툴라 셰이크 알리 알-후세이니 알-시스타니, 이집트 알아자르 모스크와 대학의 영향력 있는 수니파 지도자인 대大이맘 무함마드 사이드 탄타위, 사우디아라비아와 터키의 가장 강력한 종교 단체 지도자 등이 포함되었다. 이 유례 없는 회의와 강력한 공동성명을 계기로 전 세계에서 많은 논의가 벌어졌지만, 미국 대중 매체에는 거의 보도되지 않았다. 무슬림들이 종교를 근거로 저지르는 폭력을 다른 무슬림들이 이처럼 공개적으로 거부한 뒤 6개월 동안 나는 청중들에게 혹시 이 일에 대해 아느냐고 물어보았다. 스무 번이 넘는 강연의 청중들 중 이 소식을 뉴스에서 조금이라도 보았다고 대답한 사람은 겨우 대여섯 명뿐이었다.

일부 무슬림들은 폭력적인 극단주의를 거부하고 불의로 여겨지는 것을 교정하기 위한 수단으로서 비폭력적인 방법을 선호하는 이슬람 지도자들이 몇몇 나라에서 개인적으로 엄청난 위험을 감수하고 있음을 지적한다. 국민들의 분노와 좌절감이 깊은 곳에서는 이슬람교에 대한 혁명적인 해석에 의문을 제기하는 사람들이 폭력의 집중적인 목표가 될 수 있으며, 실제로도 간혹 그런 현상이 벌어진다. 그렇다 해도 대처의 주장에는 일리가 있었다. 극단주의자들이 만들어놓은 이미지 앞에서 무슬림 지도자들은 원칙에 입각한 지도력을 소리 높여 누구나 볼 수 있게 드러낼 방법을 계속 찾아봐야 한다. 이것이 그 어느 때보다 지금 절실히 필요하다. 그들은 스스로 이슬람교의 핵심이라고 인정하는 평화의 메시지를 작성하는 데서 그치지 않고, 절대다수의 무슬림들이 매일 실천하는 비폭력적인 이슬람교의 가르침에 사람들의 시선을 끌어올 더 효과적인 방법들을 찾아내야 한다. 이는 궁극적으로 그들이 살고 있는 나라의 미래와 이슬람교의 완전성이 걸린 문제다. 인구의 대다수가 무슬림인 나라들의 정치적 불안정은 개방적이고 민주적인 나라에서 살고 있는 무슬림들의 어깨 위에 분명하고 용기 있는 지도력을 발휘해야 한다는 짐을 하나 더 얹어놓는다.

미국에는 그런 지도력이 드러난 사례들이 많다. 뉴욕 세계무역센터가 있던 자리 인근의 알-파라 모스크를 이끄는 이맘 페이잘 압둘 라우프, UCLA 법학 대학원의 유명 교수인 칼레드 아부 엘 파들 박사, 시카고를 기반으로 활동하는 '종교간 청소년 코어'의 이사인 에부 파텔 박사 같은 지도자들의 글, 강연, 인터뷰, 건설적인 사회 활동이 좋은 예다.[32] 폭력적인 극단주의자들에게 도전하는 사람들은 물론 위험에 노출된다. 여러 나라에서 칼의 길을 거부하는 일부 무슬림 지도자들이 어쩌면 커다란 대가를 치르게 될지도 모른다. 이미 우리가 잘 알고 있듯이, 마하트마 간디와 마틴 루서 킹 목사는 모두 암살당했다.

무슬림이 아닌 사람들에게도 이슬람 내부의 폭력적인 극단주의 단체들의 위험한 도전에 맞서야 할 책임이 있다. 세계 초강대국인 미국 정부의 행동이 전 세계 사람들의 일상에 커다란 영향을 끼치는 경우가 많기 때문에 미국인들 역시 특별한 책임이 있다. 민주 국가에서 정부는 국민을 대표한다. 민주주의의 건전성을 좌우하는 것은 국민들이 얼마나 많은 정보를 알고 있는지 여부다. 다시 말해서, 우리는 우리 이름으로 행해진 행동에 대해 책임을 져야 한다는 뜻이다. 9월 11일의 사건이 우리에게 전달해준 분명한 메시지 가운데 하나는 미국이 많은 무슬림에게 커다란 분노의 대상이라는 사실이다. 무차별적인 폭력을 정당화해주는 것은 하나도 없지만, 테러리즘이 아무것도 없는 허공에서 생겨나지는 않는다. 서구에 맞선 지하드를 요구하는 폭력적인 극단주의자들이 이슬람 세계의 변방에 위치하고 있는지는 몰라도, 상당수의 무슬림들이 극단주의자들의 동력원인 깊은 좌절감에 공감하고 있다.

"저들이 왜 우리를 증오하는가?"라는 질문에 대해 우리는 TV 토크쇼에서 광고 중간에 등장하는 5분짜리 정치 선전을 믿지 말고 건설적인 답변을 찾아내기 위해 계속 노력해야 한다.

이슬람과 광포한 세력이 서로 연결되어 있다는 주장에 대해 진실을 분명히 밝히는 것은 세계의 시급한 과제다. 상황을 분명히 파악하려면 무슬림들 사이에 널리 퍼져 있는 열망을 제대로 인식하고 복잡하게 얽힌 상황 속에서 열심히 노력하는 자세를 가져야 한다.[33] 또한 관련 국가들 각각에 대한 미국 정부의 정책을 냉정하게 평가해볼 필요도 있다. 미국 정부는 건설적인 정책을 많이 추진하고 있지만 때로는 대부분의 미국인들이 믿고 있는 이상에 어긋나는 근시안적인 정책을 펴기도 했다. 유감스럽게도 많은 미국인들은 미국 대외정책의 모순에 별로 신경 쓰지 않는다. 그러나 그런 정책의 영향을 직접 느끼는 다른 나라 국민들은 미국의 대외정책을 예의 주시하고 있다.

9월 11일 이후의 언론 보도에서 걸프전 때 미국의 군사 작전을 지휘했던 노먼 슈워츠코프Norman Schwarzkopf 장군은 미국이 빈라덴 조직의 군사 훈련을 도운 적이 있음을 여러 차례 시인했다. 1970년대 말에 빈 라덴의 조직은 자유의 투사로 인식되었다. 아프가니스탄에 도사린 적이 바로 소련이었기 때문이다. 미국 정부는 이란과 국경을 맞댄 이 나라의 이슬람 혁명 세력에게 광신도라는 꼬리표를 붙여주었다.

1980년대에 미국은 이란과 10년 동안 전쟁을 벌인 이라크를 지지했다. 나를 포함해 공공 정책을 비판하는 많은 사람들이 사담 후세인에 대한 미국의 지지에 공개적으로 반대 의사를 밝혔다. 이

종교가 사악해질 때

라크의 인권 상황은 세계 최악이었으며, 후세인은 이란인들뿐만 아니라 자국 국민에게도 화학무기를 사용했다. 그로부터 10여 년이 흐른 2001년 10월 11일 부시 대통령은 사담이 "자국 국민에게 독가스를 사용했다"면서 그를 "악당"이라고 불렀다. 맞는 말이다. 그러나 그가 실제로 독가스를 살포하던 때에 미국이 공식적인 분노를 표명한 적이 있는가? 이란 혁명이 다른 나라로 번질지도 모른다는 두려움 때문에 미국은 1980년대에 이라크를 지지하면서 그 나라의 실상을 외면했다.

세계 초강대국인 미국의 실질적인 정책은 대체로 단순하다. 적의 적은 나의 친구라는 것이다. 이처럼 근시안적이고 편의주의적인 정책의 오류가 이제 점점 분명해지고 있다. 이런 정책에 덧붙여 눈앞의 위협을 물리치기 위한 군사력까지 동원된다면 장기적으로 재앙과도 같은 결과가 초래될 수 있다. 오사마 빈 라덴의 과거는 이를 단적으로 보여주는 비극적인 예다. 아프가니스탄에서 소련에 맞서 오랫동안 혁명적인 투쟁을 벌인 끝에(미국과 사우디 정부는 당시 이 투쟁을 '좋은 지하드'라고 보았다) 빈 라덴은 1989년 사우디아라비아로 돌아와 가문의 사업에 다시 참여했다. 존 에스포지토는 그다음에 일어난 일들을 다음과 같이 설명한다.

1990년 8월에 이라크가 쿠웨이트를 침공하자 빈 라덴은 즉시 파드 국왕에게 편지를 보내 아프가니스탄의 아랍 무자헤딘을 사우디아라비아로 불러 왕국을 지키게 하겠다고 제의했다. 왕은 침묵을 지켰지만, 미군이 사우디 왕가를 지킬 것이라는 뉴스가 그 침묵을 깨뜨렸다. 빈 라덴은 나중에 무슬림이 아닌 외국 군대를 이슬람의 성지에 받아들여 걸프전 이후까지 영구적으로 주둔하게 한 것이 자신의 삶을 완전히 바꿔놓았다고 말했다. 이 일로 그가 사우디 정부 및 서구와의 정면 충돌을 택했다는 것이다.[34]

미국 정부는 정책 결정을 내릴 때 이상을 바탕으로 삼는다고 말하지만, 자세히 살펴보면 인권·경제 발전·군사 정책·자결권 지지·민주화 등의 영역에서 심각한 모순이 발견된다. 미국을 향하는 분노 가운데 일부는 미국이 억압적인 정권에게 효과적인 받침대 역할을 하면서 개혁을 막는 이기적인 정책을 추구하고 있다는 인식에서 나온 반작용이다. 폭력적인 극단주의 물결에 젊은이들이 새로이 합류하지 않게 하려면, 힘들더라도 그들이 느끼는 좌절감의 근본 원인과 어쩌면 우리와 우리 정부가 뭔가를 잘못했을지도 모른다는 사실을 이해하려고 노력해야 한다. 성전에서 싸우다 죽겠다고 맹세한 폭력적인 극단주의자들이 지펴놓은 분노의 불길을 잡으려는 사람들이라면 무슬림이든 비무슬림이든 상관없이 반드시 이런 노력을 기울여야 한다.

정의로운 평화의 추구

우리는 앞으로 나아갈 최선의 방법을 찾기 위해 과거를 되돌아본다. 성전이 거룩하지 않다는 것만은 분명하다. 성전에 참여한 사람들이 느끼는 부당함과 불만의 뿌리가 아무리 깊어도 성전은 해결책이 아니다. 과거에 기독교인이나 무슬림이 종교를 핑곗거리로 내놓을 때마다 이런 '성스러운' 전쟁의 결과는 항상 재앙이었다. 오늘날 성전을 실행에 옮기는 것은 막다른 길에서 무모하게 질주하는 것과 같다. 건전한 종교는 전쟁이 아니라 정의로운 평화를 약속한다. 신앙을 가진 사람들은 오늘날 평화와 정의를 향해 어떤 길을 가야 하는지 분명한 지침을 얻기 위해 그 어느 때보다 더 종교의 가르침을 깊이 들여다봐야 한다.

일부 극단적인 상황 속에서 어쩔 수 없이 군사력을 동원해야 하는 경우도 있을 수 있지만, 정치 지도자들이 종교를 근거로 정책을 정당화하려 할 때 우리는 반드시 경계의 눈초리를 보내야 한다. 걸프전이 지금도 부작용을 일으키고 있으며 복잡한 역학 관계를 만들어 놓았다는 사실은 적어도 정의로운 전쟁의 원칙이라는 높은 기준에 부합할 때에만 군사 행동에 나서야 한다는 사실을 일깨워주는 강력한 예다. 그러나 이 정의로운 전쟁의 원칙조차 사실 별로 미덥지 못하다. 현대 무기의 특성과 지역 분쟁이 더 넓은 지역으로 번져나갈 수 있는 위험을 생각하면, 기독교와 이슬람교의 정의로운 전쟁 원칙이 어쩌면 더 이상 현실과 맞지 않는지도 모른다.

지성적으로 판단해 볼 때 앞으로 나아갈 수 있는 길은 진정한 종교가 제시하는 길, 즉 다 같이 평화를 추구하는 길밖에 없다. 그러나 평화와 정의를 위해 노력하기란 너무나 어렵다. 수동적인 태도, 고립주의, 현실을 도외시하고 희망만을 품는 태도, 혹은 서로 손을 잡고 촛불을 든 채 '우리는 하나'라는 노래를 부르는 모습 등은 세상이 평화롭다는 환상을 만들어낼 수 있다. 그러나 온갖 상황이 복잡하게 얽힌 현실에서는 힘겨운 노력이 필요하다. 우리는 성전을 야기하는 요인들을 반드시 이해하고 해결하려고 노력해야 한다. 종교 단체들, 특히 기독교와 이슬람교 단체들은 각자의 종교가 약속한 평화를 다시 확인하고 비폭력적인 분쟁 해결에 헌신함으로써 이러한 노력을 앞장서 이끌 수 있다.

기독교에서 평화를 표방하는 여러 교파와 단체들은 화해를 위한 기반과 모델을 마련하려고 부지런히 노력해왔다. 기독교 윤리학자, 신학자, 분쟁 해결 전문가들은 비교적 최근에 새로운 활동을 시작하면서 평화주의와 정의로운 전쟁 주장에 대한 대안, 즉 정의로운 평화 추구라는 패러다임을 내놓는 희망적인 결과를 이룩했다. 이 패러다임은 전쟁을 막고 평화를 지키는 데 도움이 될 행동 강령들에 초점을 맞춘다. 1990년대에 활동한 학자와 운동가들은 평화 추구를 위한 자세하고 핵심적인 실천 강령 10가지를 만들었다.

1. 비폭력 직접 행동을 지지한다.
2. 위협을 줄이기 위해 독자적으로 솔선수범한다.
3. 협동적인 분쟁 해결 방식을 이용한다.
4. 분쟁과 불의에 대한 책임을 인정하고 참회와 용서를 구한다.
5. 민주주의, 인권, 종교의 자유를 위해 노력한다.
6. 정의롭고 지속 가능한 경제 발전을 추구한다.
7. 국제 체제 속에서 새로 떠오르는 협조적인 세력과 함께 노력한다.

종교가 사악해질 때

8. 협동과 인권을 위한 UN과 국제기구들의 노력을 강화한다.

9. 공격 무기와 무기 거래를 줄인다.

10. 평화를 추구하는 민초들의 단체와 자발적인 협동을 격려한다.[35]

중동의 평화와 정의에 특히 관심을 지닌 유대교인, 무슬림, 기독교인이라면 평화를 위해 열심히 노력하는 단체가 많고 그런 노력의 기반이 되는 자원도 많다는 것을 알 수 있을 것이다.[36] 무심하게 상황을 바라보는 사람이라면 중동에서 정의로운 평화가 불가능하다는 결론을 내릴지도 모르지만, 위의 세 가지 종교에 속한 많은 사람들이 현실적으로 실현될 수 있는 유일한 미래, 즉 공동의 미래를 위해 지금까지 계속 노력해왔고 앞으로도 그럴 것이다. 오랫동안 지속된 이스라엘-팔레스타인 분쟁에 간단한 해결책은 없다. 그러나 과거에서 배울 수 있는 교훈이 있다면, 그것은 폭력적인 수단을 통해 평화·정의·안전을 확보하고 유지할 수는 없다는 점이다. 2천 년 전 팔레스타인의 한 유대인은 폭력이 폭력을 낳으며 "검을 가지는 자는 다 검으로 망한다"고 경고했다.

무슬림이 평화를 위해 감당해야 하는 과제는 엄청나다. 많은 무슬림과 이슬람 단체들은 지하드의 군사적 의미를 분명히 거부하고 있다. 특히 수피교도들이 그러한데, 그들은 지하드의 영적인 의미를 강조해왔다. 그러나 이슬람교 내부에서 이들의 주장은 일반적인 것이라기보다는 예외에 더 가깝다. 대부분의 무슬림에게 지하드의 군사적 의미는 이슬람교의 정당한 특징 중 하나다. 오늘날 세계의 종교적·정치적 역학 관계를 감안할 때, 선한 무슬림들은 개인적으로나 공적으로나 '더 위대한 지하드', 즉 더 좋은 사회를 만들기 위해 자아와 투쟁하며 가슴과 손과 혀로 좋은 일을 하려고 애쓰는 데 중점을 두어야 한다. 이슬람교를 평화의 종교로 생각하는 무슬림은 이슬람의 이름으로 성전을 치르고자 하는 사람들에게 맞서 반드시 평화와 정의를 실현할 방법을 찾아야 한다.

예루살렘을 공격한 십자군의 잔인성을 묘사한 아질의 레몽은 자신이 글에서 묘사하지 않은 이야기에 비하면 글로 적은 일들은 "아무것도 아니다" 하고 말했다. '성스러운' 전사들이 템플 마운트의 솔로몬 성전에서 저지른 형언할 수 없는 만행은 "믿을 수 없을" 정도라는 것이다. 9월 11일의 테러는 이에 비견될 만한 현대의 사건이었다. 하나님을 위해 싸운다는 광신적인 전사들이 화학무기·생물학무기·핵무기 등을 사용할 가능성, 혹은 그들에게 맞서 이런 무기들이 사용될 가능성 역시 "믿을 수 없을" 정도다. 오늘날 세계가 직면한 심각한 위험을 생각하면 우리는 반드시 평화와 정의를 위해 함께 힘을 합쳐 고집스럽고 끈질기게 '투쟁'해야 한다.

종교가 사악해질 때

7

전통에
뿌리를 둔
포용적인
믿음

2001년 9월 11일의 사건으로 정신이 번쩍 든 우리는 전 세계에서 벌어지는 분쟁의 복잡성과 위험을 훨씬 더 강렬하게 의식하게 되었다. 이런 분쟁의 원인과 가능한 해결책에 대한 우리의 지식은 한참 뒤쳐져 있지만, 우리는 매일 중요한 교훈을 새로 배운다. 우리는 종교가 인간 사회에서 여전히 가장 강력한 힘 가운데 하나이며 종교적 이념과 헌신이 폭력적인 분쟁과 직접 연결된 경우가 많다는 것을 알고 있다. 의욕적인 사람들로 구성된 조직적인 집단이 세계적인 규모의 파괴를 자행할 수 있다는 사실도 확실하게 알고 있다. 이 책을 처음 시작하면서 나는 우리가 오늘날 위험한 절벽 끝에 서 있다는 비유를 제시하면서 한발 뒤로 물러서는 것이 바로 진보를 위한 최선의 방법이라고 말했다. 이 책은 예외 없이 폭력과 사악한 행동으로 이어지는 종교의 타락을 경고하는 중요한 징후들을 분명히 파악함으로써 한발 뒤로 물러나고자 하는 노력을 상징한다.

전 세계에서 벌어지는 분쟁에 종교적 신념이 연루되어 있음은 부인할 수 없는 사실이지만, 이 사실을 이해하려면 타락한 종교와 희망을 제시하는 진정한 종교의 차이를 분명하게 알아야 한다. 이 책에서 나는 종교의 타락을 알리는 다섯 가지 뚜렷한 징후들을 설명했다. 앞에서 보았듯이 이 다섯 가지 징후들이 한 가지 이상 나타나면 곧이어 종교의 이름으로 사악한 행동들이 자행된다. 오늘날의 세계에서 이런 타락에 대해 알아두는 것은 가치를 따질 수 없을 만큼 중요한 일이지만, 그것만으로는 충분하지 않다. 진정한 신자든 고집 센 무신론자든 '종교가 언제 사악해지는지'를 미리 알려주는 이런 요인들에 대해 알아두는 데서 한 걸음 더 나아가 '종교가 어떻게 진정성을 유지할 수 있는지,' 그리고 긍정적인 변화를 위한 힘이 무엇인지 분명히 이해해야 한다.

종교의 타락을 경고하는 징후들을 하나하나 살펴보면서 우리는 각각의 종교 안에 이를 교정할 수 있는 방법들이 항상 존재한다는 것을 알 수 있었다. 병든 종교를 연구함으로써 건강한 종교가 무엇인지 분명히 알게 된 것이다. 모든 주요 종교의 핵심에는 폭력과 극단주의를 가장 먼저 희석시킬 수 있는 영속적인 진실과 원칙이 존재한다. 폭력적인 극단주의가 이런 종교의 변방에만 머무는 데에는 다 이유가 있다는 사실을 반드시 명심해야 한다. 대다수의 신자들은 극단주의자들이 종교의 가장 기본적인 가르침과 가치관을 위반하고 있음을 알아차린다. 그러나 앞의 사례들을 통해 알 수 있었듯이, 신실한 사람도 카리스마적 지도자의 권위적인 주장에 넘어가는 경우가 많다. 특히 국민들이 사회적, 정치적, 경제적으로 억압받는 곳에서 권위적인 지도자가 어떤 주장을 펼치거나 경전을 인용하면서 이런 억압을 눈에 띄게 강조하는 경우 신자들이 종교의 가장 기본적인 가르침을 잊어버리기 쉽다. 두려움, 불안감, 기존 체제를 보호하려는 욕망 등은 부족주의를 부추길 수 있고, 다른 상황에서라면 신실함을 유지했을 사람들이 이 부족주의 안에서 비인간적인 행동을 자행할 뿐만 아니라 심지어 전쟁까지 벌이게 된다.

종교가 사악해질 때

그럼에도 폭력을 야기하는 종교의 타락을 바로잡고 더 희망적인 미래를 향해 앞장서서 길을 이끄는 데 가장 커다란 역할을 할 수 있는 것은 바로 마음이 넓고 믿음을 가진 사람들이라는 것이 내 생각이다. 맨 처음에 나는 종교적 사상과 헌신 덕분에 신자들과 믿음의 공동체들이 편협한 이기주의를 초월해 더 고귀한 가치와 진실을 추구할 수 있게 된다고 단언했다. 역사를 통틀어 종교는 대개 사람의 가장 고귀한 면이나 가장 선한 면과 관련되어 있었다. 종교를 믿는 사람들은 지금이야말로 편협한 이기주의를 초월해 가장 고귀하고 선한 종교적 이상을 실천할 수 있는 새로운 방법을 찾아야 한다.

우리는 모든 주요 종교에서 공통적으로 발견되는 진리가 존재한다는 것을 이미 앞에서 살펴보았다. 수많은 사람들에게 양식이 되어준 종교들은 또한 신자들에게 수백 년에 걸친 환경 변화 속에서 이 진리를 현대적인 의미로 재발견하고 재정의해서 더욱 심화시키려는 의욕을 불어넣었다. 지금 시급하게 필요한 것이 바로 이런 개혁 충동이다. 개혁을 위해 필요한 모든 자원은 주요 종교의 핵심 속에 이미 들어 있다. 종교적 극단주의가 가장 심각하게 드러나는 경우에도 그 종교의 중심부에서는 항상 변화를 요구하는 분명한 목소리가 강하게 들려온다. 마틴 마티Martin Marty와 함께 『근본주의 프로젝트The Amentalism Project』(전 5권)를 편집한 스코트 애플비Stott Appleby는 10여 년 동안 종교적 극단주의를 연구해왔다.[1] 깊은 열정으로 평화를 추구하는 종교인들에게서 가장 커다란 희망을 찾을 수 있다는 그의 주장은 매우 설득력 있다. 그 역시 각각의 종교가 다시 사람들을 위해 쓰일 수 있다고 말한다.

종교는 수 세대에 걸쳐 구축된 광대하고 복잡한 지혜 덩어리다. 종교의 기반(경전, 구전으로 내려오다가 성문화된 가르침과 주석들)은 종교 공동체 형성의 계기가 된 성스러운 경험들을 설명하고 해석한다. 종교는 바로 이런 기반들을 항상 뛰어넘는다. 역사를 통틀어 이런 기반들의 더 깊은 의미가 계속 밝혀지고 있는 것이다. 세계의 주요 종교에서 성스러운 삶을 산 인물로 숭상되는 예언자, 신학자, 현자, 학자, 일반 신도 등은 각자 자기 종교의 영적인 관행과 신학적 가르침을 세련되게 다듬고 의미를 심화시켜 전쟁보다는 평화를, 복수보다는 화해를 지지했다. 그렇다면 전통을 지킨다는 것은 종교의 기반 속에 들어 있는 통찰력과 가르침을 탐색하고, 분명히 정의하고, 발전시킨 공로로 권위를 인정받은 역사 속의 업적들을 진지하게 받아들이는 것을 의미한다.[2]

오늘날 우리가 직면한 과제 중에는 종교를 믿는 사람들이 항상 마주했던 과제들과 그 이상의 것들이 포함되어 있다. 우리보다 앞서 세상을 산 사람들처럼 우리도 역시 자신의 종교를 깊숙이 들여다보며 전쟁보다는 평화를, 복수보다는 화해를 지지하는 지혜를 구해야 한다. 그러나 이런 노력은 반드시 세계적인 맥락에서 이루어져야 한다. 혁신적인 사고의 대명사인 알베르트 아인슈타인Albert Einstein이 이런 말을 한 적이 있다. "우리가 직면한 의미심장한 문제들은 우리가 처음 그 문제를 만들어냈을 때의 사고방식으로는 해결할 수 없다."[3] 그의 이 말은 지금의 현실에도 잘 들어맞는다. 오늘날에는 여러 종교 내부는 물론 종교와 종교 사이에서

종교가 사악해질 때

도 반드시 개혁이 필요하다. 새로운 패러다임, 즉 다원주의 속에서 우리의 특이성을 이해하고 발휘할 수 있는 새로운 방법이 필요한 것이다. 기존의 종교들 속에서 우리가 제대로 기능할 수 있는 방법은 물론 종교와 종교가 서로 어울리는 다양한 문화적 환경을 위한 새로운 패러다임이 필요하다.

앞으로의 여행을 위한 나침반

종교에서 이승의 삶을 흔히 여행이나 순례로 비유한다. 종교는 신자들에게 삶의 기원과 목적, 궁극적인 목표를 가르쳐주는 세계관을 제시한다. 종교는 또한 여행을 위한 상징적인 지도를 제시해주며, 목적지에 이르는 여러 가지 길을 제시하고 그 길에 놓인 장애물들이 무엇인지 가르쳐준다. 예를 들어, 나는 기독교인으로서 확실한 방향 감각을 갖고 성경을 바라볼 수 있다. 창세기에서 계시록에 이르기까지 축적된 전통은 나를 포함해 세계 최대의 종교 단체를 구성하는 거의 20억의 사람들에게 사고의 기반을 제공해준다. 경전은 우리가 어디서 와서 어디로 가고 있는지를 보여준다. 성경에 기록된 믿음의 여행 중 구체적인 풍경들이 오늘날 우리가 볼 수 있는 풍경들과 다를 때가 많지만, 성경 속의 이야기들은 목적지를 향해 여행하면서 하나님의 가르침을 구했던 순례자들의 성공과 실패를 통해 지금도 가치를 헤아릴 수 없는 통찰력을 제공해준다. 따라서 우리는 과거 우리와 비슷하거나 아주 다른 과제들에 직면했던 사람들은 물론 위험할 정도로 낯선 땅을 여행했던 사람들에게서도 교훈을 배울 수 있다. 성경은 21세기의 여행을 위한 자세한 지도를 제공해주지 않는다. 우리에게 성경은 전체적인 모습을 보여주는 지구의와 같다. 예수가 살던 시절에 누군가가 달에서 지구의 사진을 찍었다면, 그 사진은 지금 우주에서 찍은 지구의 사진과 아주 흡사했을 것이다. 그러나 예수의 시절에 누군가가 유럽이나 팔레스타인의 상세한 지도를 그렸다 해도, 오늘날 그 지역에서 목적지를 찾아가려는 사람에게는 별로 도움이 되지 못할 것이다.

우리에게는 지도보다 나침반이 더 필요하다. 최근 미국 문화, 특히 가치관을 기반으로 영감을 불어넣는 책들이 대량으로 출판되는 현상은 나침반이 필요하다는 사실을 분명하게 보여준다. 스티븐 코비Stephen Covey는 영원한 베스트셀러 『성공하는 사람들의 7가지 습관The Seven Habits of Highly Successful People』에서 방향을 다시 설정해야 한다는 주장을 분명하게 펼치고 있다.

> 우리에게는 지도보다 미래의 전망이나 목적지, 그리고 나침반 (일련의 원칙이나 방향)이 더 필요하다. 우리는 우리 앞에 어떤 땅이 놓여 있는지, 혹은 그 땅을 지나가기 위해 무엇이 필요한지 모르는 경우가 많다. … 그러나 내면의 나침반이 항상 우리에게 길을 알려줄 것이다.[4]

코비는 내면의 나침반이란 바로 핵심적인 원칙들을 의미한다면서, 이 원칙들을 "보편적으로 적용할 수 있는 심오하고 근본적인 진리"라고 설명한다. 코비가 "사회철학과 윤리 시스템은 물론 거의 모든 주요 종교의 일부"인 보편적인 원칙이라고 제시한 것들 중에는 공정함, 통일성, 정직, 인간으로서의 품위, 봉사, 성장, 인내심, 애정, 격려 등이 포함된다. 또한 코비는 이보다 한발 더 나아가 이런 원칙들이 자명하다고 주장한다. "마치 이런 원칙 혹은 자연의 법칙이 인간이 처한 조건의 일부, 인간 의식의 일부, 인간적인 양심의 일부인 것 같다."[5] 코비의 글은 주로 조직, 특히 기업과 가정에서의 삶을 위한 것이다. 1993년에 나는 이런 근본적인 원칙들이 주요 종교에 선천적으로 반영되어 있다는 코비의 주장에 대해 그와 직접 얘기를 나눴다. 그때도 지금도 나는 그의 기본적인 주장에 동의한다. 그러나 나는 주요 종교의 핵심적인 원칙들이 그보다 더 심오하다고 생각한다. 그 원칙들에는 믿음, 희망, 사랑이 포함되어 있다. 지구의의 비유에 대해 몇 마디 더 설명한 다음 종교라는 나침반을 구성하는 이 세 가지 요소에 대해 다시 얘기해보자.

휴스턴 스미스는 『종교가 왜 중요한가』라는 책의 서문에서 사람들이 선천적으로 갖고 있는 이 나침반을 넌지시 언급했다. "현실 속에서 영혼의 갈망을 자극하고 충족시키는 것은 여러 이름으로 불리는 하나님이다. 인간의 정신으로는 하나님의 본질을 도저히 이해할 수 없으므로, 우리가 하나님을 대상이 아니라 하나의 방향으로 생각해야 한다는 라이너 마리아 릴케Rainer Marie Rilke의 의견을 그냥 따르는 것이 좋겠다."[6]

오랫동안 생명을 유지해온 종교의 나침반에서는 하나님 혹은 그에 상응하는 초월적인 존재야말로 진정한 북쪽을 의미한다. 퍼먼 대학에서 나와 함께 교수로 일했고 지금은 사우스캐롤라이나 주 그린빌의 제일 침례교회 수석목사로 있는 제프 로저스는 이 비유를 인정하면서 이해에 도움이 되는 단서를 하나 덧붙였다. 로저스는 나침반의 바늘이 지리학적인 의미의 북쪽이 아니라 자기장의 작용에 의한 북쪽을 가리킨다는 점을 다시 일깨워준다. 나침반을 든 사람의 위치에 따라 바늘의 방향은 몇 도쯤 달라질 수 있다. 자침의 편차 때문이다. 그는 우리가 가진 바늘이 올바른 방향을 향하고 있지만, 그 바늘이 하나님이라는 현실의 총체적인 모습을 직접 가리킨다고 섣불리 판단하면 안 된다고 주장한다. 로저스의 주장에는 절대적인 진리 주장을 설명한 2장의 내용이 그대로 반영되어 있다. 자신들의 나침반에는 자침의 편차가 존재하지 않는 것처럼 행동하는 사람들을 주의해야 한다는 경고다.[7]

믿음, 희망, 사랑 또한 오랫동안 이어져 내려온 종교가 제공하는 영적인 나침반 위에서 우리를 인도해주는 원칙들이다. 믿음은 신념과 다르다. 신념은 특정한 사상, 즉 종교적 체제를 개념화하는 방식과 관련 있다. 믿음이 때로 신념과 연결되는 것은 사실이지만, 원래 믿음은 신념보다 더 깊고 풍부하다. 윌프레드 캔트웰 스미스는 수십 년 동안 인간의 믿음에 대해 다양한 글을 썼다. 그는 『믿음과 신념 *Faith and Belief*』이라는 책에서 힌두교, 불교, 이슬람교, 기독교에 나타난 믿음을 조사해보았다. 그 신중하고 역사적인 연구 결과 스미스는 믿음이 인간의 기본적인 속성이라는 결론을 내렸다.

그것은 자기 자신과 이웃, 그리고 우주에 대해 사람의 성격이 향하는 방향이다. … 세속적인 차원을 초월해 살 수 있는 능력

종교가 사악해질 때

이다. 초월적인 차원에서 보고, 느끼고, 행동할 수 있는 능력인 것이다. … 그것은 종교에 의해 생겨나 종교에 의해 유지된다. 어떤 경우에는 교리가 그런 역할을 어느 정도 담당하기도 한다. 그러나 그것은 체제의 속성이 아니라 사람의 속성이다. … 그렇다면 믿음은 인간이 살아가는 삶의 속성이다. 믿음이 취할 수 있는 최고의 형태는 고요함, 용기, 충성심, 봉사이다. 사람이 우주 속에서 편안함을 느끼며 이 세상과 자신의 삶 속에서 의미를 찾을 수 있게 하는 조용한 자신감이자 기쁨이다. 사람이 찾는 의미는 심오하고 궁극적이며, 눈앞의 현실 속에서 개인에게 무슨 일이 일어나더라도 흔들리지 않는다.[8]

희망도 나침반이 가리키는 중요한 방향 중의 하나다. 희망은 눈앞의 현실이 이상에 미치지 못할 때 사람들을 지탱해준다. 희망은 앞을 바라보는 것이다. 도저히 극복할 수 없을 것 같은 장애가 있을 때도 종교는 신도들에게 더 희망적인 미래를 바라보게 만든다. 신학적으로 희망은 단순히 좋은 것만을 바라는 안이한 사고방식이 아니다. 희망은 그보다 훨씬 더 심오하다. 희망은 우리에게 더 나은 미래를 위해 행동하라고 요구한다. 희망과 믿음은 모세가 이스라엘의 자식들을 이끌고 시나이의 광야에서 40년 동안 힘든 여행을 할 때 그를 안내하고 지탱해준 나침반에도 있었다. 희망과 믿음은 메카의 강력한 지도자들이 무함마드를 조롱하고, 모든 창조물의 하나님을 숭배하기 위해 여러 부족과 지방의 신들을 버린 사람들을 박해할 때 무함마드를 지탱해주었다. 무함마드와 신앙 공동체의 구성원들도 모세처럼 새로운 곳을 향해 위험한 순례 여행에 나서야 했다. 마틴 루서 킹도 마찬가지였다. 편견, 불의, 증오, 죽음의 힘이 약속의 땅을 찾아 나선 그와 다른 사람들을 사정없이 몰아쳤으므로 그가 비관주의에 빠진다 해도 하나도 이상할 것이 없을 정도였다. 간디와 넬슨 만델라Nelson Mandela는 또 어떠했는가? 그들은 각자 위험하고 불가능해 보이는 여정에서 어떻게 길을 찾아 나아갔는가?

이 모든 사례에서 우리는 나침반의 비유를 찾아볼 수 있다. 이 유명한 지도자들 가운데 어느 누구도 그 길고 험난한 삶에서 한 발 한 발 길을 기록해놓은 자세한 지도를 갖고 있지 않았다. 그러나 그들에게는 영적인 나침반이 있었다. 그 어떤 장애물이 앞을 가로막아도 그들은 진정한 북쪽을 향해 나아갔으며, 믿음, 희망, 공정함, 성실성, 정직, 인간으로서의 품위, 봉사, 격려 등의 안내를 받았다. 그들은 개인적인 신앙의 세계로 물러나지도 않았고 하릴 없이 빈둥거리며 안이한 생각에 빠지지도 않았다. 그들은 내면의 나침반을 가지고 각자 순례 여행을 시작했다. 그리고 믿음을 지닌 그들은 인류 역사의 방향을 바꿔놓았다.

이 원칙들과 밀접하게 관련 있는 것이 바로 사랑이다. 사도 바울은 고린도의 기독교인들에게 보낸 첫 번째 편지에서 믿음, 희망, 사랑에 대해 썼다. 그는 이 세 가지 가운데 사랑이 '제일'이라고 했다(고린도전서 13:13). 우리는 이미 세계의 여러 종교에서 사랑이 핵심적인 자리에 있음을 살펴보았다. 하나님을 사랑하고 이웃을 제 몸 같이 사랑하라는 예수의 가르침은 상징적이다. 하나님과 하나님의 모든 창조물을 사랑하는 것은 윤리적 행동의 기초가 된다. 예수는 여기에 심지어 자신을 박해하는 자들과 적까지도

종교가 사악해질 때

사랑하라는 가르침을 포함시켰다(마태복음 5:43~44). 예수도 다른 종교의 주요 인물들도 여정이 쉬울 것이라고 약속하지 않았다. 우리의 삶은 오히려 항상 힘겨우며, 어떤 때는 목숨이 위험해지기도 한다. 예수는 측은지심에 의한 사랑이 보답을 받지 못할 수도 있다고 경고했다. 간디와 마틴 루서 킹의 경우처럼 그런 사랑이 심지어 죽음으로 이어질 수도 있다. 그러나 종교를 믿는 수백만 명의 사람들이 끊임없이 영적인 나침반을 참고해서 자신들의 위치를 파악하고 황금률을 길잡이로 삼아 다음 발걸음을 내딛는다면 이 세상이 얼마나 달라질지 잠시 상상해보라.

영적인 나침반이라는 비유에는 이외에도 두 가지 이점이 더 있다. 첫째, 이러한 사고는 다양성에 대한 시각을 변화시킨다. 여기서 다양성에는 우리 모두가 살아가면서 필연적으로 만나게 되는 온갖 문제와 장애물이 포함된다. 나침반은 자침의 편차, 즉 인간의 한계에도 불구하고 우리가 의미 있는 목표를 향해 나아가고 있다는 자신감을 심어준다. 안정감은 우리가 모든 해답을 알고 있다는 생각에서 나오는 것이 아니라, 우리가 어느 방향으로 나아가는지 알고 혼란과 위기는 물론 커다란 불행이 닥쳤을 때에도 세월의 시련을 견뎌낸 원칙들을 바탕으로 대응할 수 있을 때 생겨난다. 우리가 멀리서 혹은 가까이서 여러 사람들과 경험하는 다양성을 반드시 위협으로 인식할 필요는 없다. 다양성은 삶이라는 여행의 질감을 풍요롭게 해주는 구성 요소가 될 수 있다. 우리가 멀리 이국적인 곳으로 여행을 떠나는 것은 고향에서 매일 경험하던 것들을 그대로 경험하고 싶어서가 아니다. 우리는 다양성을 원한다. 다양성을 통해 우리는 교훈을 얻고, 성장을 경험하며, 삶을 풍요롭게 만든다. 오랜 여행을 마치고 집으로 돌아오면 기분이 좋지만, 집으로 돌아오면서 고향의 의미와 위치를 진실로 이해하는 사람은 나뿐이라고 선언할 사람은 없을 것이다. 영적인 나침반은 우리가 사는 동네와 나라, 그리고 이 세상에서 종교적·인종적·국가적 다양성을 위협이 아니라 삶을 풍요롭게 하는 요소로 인식하는 데 도움이 된다.

영적인 나침반이라는 비유의 두 번째 이점은 그것이 일상생활 속의 실천을 강조한다는 점이다. 나침반의 여러 원칙들이 세심하게 구축된 신념 체계보다 사람이 세상 속에서 방향을 잡아나가는 방식과 훨씬 더 많이 관련되어 있다는 점에 주목해야 한다. 나는 그것이 기독교인으로서 나의 정체성을 명사로 생각하느냐, 형용사로 생각하느냐의 차이라고 본다. 오래전 중동에서 처음 만난 아랍인 무슬림이 내게 "당신은 기독교인입니까Are you Christian?"라고 물었을 때, 이 차이점이 강렬하게 내 뇌리를 때린 적이 있다. 나는 그가 원래 '기독교인a Christian'이라고 할 생각이었는데 그만 부정관사를 빼먹었다고 생각했다. 그래서 "예"라고 대답했다. 그러나 그날 시간이 좀 흐른 뒤에도 그의 질문이 내 머릿속을 떠나지 않았다. 내 태도와 행동이 '기독교인다운Christian'가? 내가 기독교인이라고 말하기는 쉽다. 그러나 적당한 겸손과 정직성을 갖춘 사람이라면 자신이 기독교인다운 행동을 하고 있다고 무심히, 혹은 아주 자신 있게 주장하기 어렵다. 어떤 특정한 상황에서 내가 얼마나 기독교인다운지를 평가하는 데는 나 자신이 아니라 다른 사람들이 더 알맞다. 그들은 다른 사람들과 비교해 상대적인 의미에서 나를 바라보고 그 경험을 바탕으로 평가를 내릴 것이다. 이 책에서 여러 번 언급했듯이, 행동은 주요 종교에서 대단히 중요한 위치를 차지한다. 이슬람교와 기독교의 최후 심판의 날은 하나님의 교리에 대해 참과 거짓을 가리는 질문을 통해 합격 여부를 결정하는 학기말 시험이 아니다.

모든 은유에는 한계가 있기 마련이다. 영적인 나침반의 비유 역시 예외가 아니다. 하나님을 하나의 방향으로 보고 영속적인 원칙들을 영적인 나침반 위의 점들로 보면 이해하기가 쉬워지지만 위의 내용에서 알 수 있듯이 나를 포함한 대부분의 사람들은 필연적으로 더 의인화된 이미지에 의존하게 된다. 종교는 이런 이미지도 제공해준다. 하나님은 사랑으로 자녀를 보살피는 어머니나 아버지와 같다. 사람들을 묘사할 때에도 가족과 관련된 용어가 자주 사용된다. 우리는 모두 하나님의 자녀, 우리는 모두 형제자매다, 하는 식의 표현이 그것이다. 이웃이라는 말도 흔하게 사용된다. 이웃은 단순히 물리적으로 가까운 거리에 사는 사람이 아니라 같은 공동체에 속한 사람들을 가리키는 말이다. 오늘날에는 이 세상이 바로 우리가 사는 동네다. 이 표현이 너무 자주 사용되기는 해도, 여기에는 새 천 년의 경제적, 생태학적, 정치적 현실과 의사소통의 현실이 반영되어 있다. 우리가 사는 세계 공동체가 점점 지구촌으로 변해가고 있다는 현실 말이다.

종교의 중요성

세계주의가 세상을 지배하는 현실이 된 요즘, 우리는 종교적 극단주의자들의 현실적 위험과 잠재적 위험을 시급히 평가해보아야 한다. 앞에서 지적했듯이, 샘 해리스, 리처드 도킨스, 크리스토퍼 히친스 같은 사람들은 종교가 과거에 어떤 가치가 있었는지 몰라도 이제는 우리에게 쓸모없는 존재가 되었다고 강력히 주장한다. 또한 종교에 대한 깊은 충성심이 세계적 협동과 어긋나는 일종의 부족주의를 필연적으로 부추긴다고 단언한다. 그런 충성심이 문명의 충돌이라는 임박한 재앙에 기름을 붓는 불쏘시개 역할을 한다는 것이다. 지금까지 우리가 살펴본 바에 의하면, 폭력에 쉽사리 휩쓸리는 위험한 종교적 타락을 그대로 내버려둔다면 이들의 우려가 현실이 될 수도 있다.

구도자들 중에는 또한 각 종교의 특징들을 초월하고 싶어 하는 사람도 있다. 개인적인 종교적 탐구가 성행하고 다양한 뉴에이지 종교들이 나타나는 가운데, 주요 종교는 물론 아메리칸 인디언들의 종교처럼 규모가 작은 원주민 종교의 지혜도 선택적으로 받아들이는 사람들이 점점 늘어나고 있다. 대형 서점의 종교 코너에 가보면 여러 종교의 경계를 쉽사리 넘나들며 영적인 탐구를 하는 사람들의 구미에 맞춘 책을 많이 볼 수 있다. 어떤 사람들은 여러 현명한 종교들의 경전과 실천윤리를 공부하고 실천하다 보면 자연스럽게 이런 현상이 나타난다고 받아들인다. 우리는 여러 종교의 경전을 접하고 다양한 종교의 신자들과 직접 접촉할 수 있게 된 것이 상당히 최근의 일임을 앞에서 살펴보았다. 이런 변화는 미래의 가능성을 밝혀주는 좋은 점도 많지만 우리에게 함정이 될 수 있는 단점도 몇 가지 있다.

그러나 주요 종교가 여전히 우리에게 중요하다는 점을 반드시 명심해야 한다. 주요 종교들은 역사 시대가 시작된 이후 대부분의 기간 동안 수많은 사람들에게 커다란 역할을 했다. 이런 종교에는 세월의 시련을 이겨낸 지혜가 있으며, 윤리와 사법 체제의 틀도 여기에서 찾아볼 수 있다. 세계의 대다수 사람들에게 종교는 가족, 부족, 혹은 국가와 마찬가지로 이 세상에서 그들을 지탱해주는 닻과 같다. 종교는 세상의 틀, 규율, 공동체 활동에 대한 사회적 참여의 기회 등을 제공해준다. 토머스 프리드먼의 충격적인 비유를 다시 인용해보면, 사람이 믿는 종교는 깊고 단단한 뿌리를 지닌 올리브나무와 같다. 윌프레드 스미스는 종교가 인간의 믿음을 탄생시키고 유지해준다는 점을 일깨운다.

수천 년 동안 대부분의 사람들은 태어나면서부터 특정한 종교를 믿었다. 오늘날 많은 서구인은 종교를 직접 선택해서 믿거나 아예 믿지 않아도 된다는 식의 태도를 취하고 있지만 현실은 그보다 더 복잡하다. 우리가 세상을 바라보고 해석하는 방식, 이슈들을 정리하는 방식, 심지어 의문을 품는 방식까지도 우리가 나고 자란 사회적, 종교적, 지리적, 역사적 환경과 밀접하게 관련되어 있다. 내가 제2차 세계대전 이후의 베이비붐 시대인 1950년에 오클라호마주 털사에서 태어나 공립학교를 다녔으며 기독교 가정에서 자랐다는 얘기를 들은 사람이라면 내 올리브나무에 대해 이미 많은 것을 아는 셈이다. 내가 털사에서 태어나 기독교 가정에서 자란 것은 내가 선택한 일이 아니다. 내가 우리 친척들처럼 보스턴에서 태어났다면 내 사촌들처럼 유대교를 믿는 가정에서 어린 시절을 보냈을 것이다. 내가 카이로에서 태어났다면 우리 부모님이 무슬림이었을 가능성이 90퍼센트이다.

내가 보스턴이나 카이로나 캘커타에서 태어났다면 어땠을까? 나는 세계 여러 곳에서 다양한 사람들과 함께 일하면서 이 생각을 많이 해보았다. 예를 들어 레바논, 이스라엘/팔레스타인, 이집트의 기독교인들과 오랫동안 접촉하면서 나는 기독교라는 종교가 세상에 대한 나의 시각과 태도에 커다란 영향을 미친다는 사실을 배웠다. 그러나 나의 시각과 태도가 오로지 종교에 의해서만 결정된 것은 아니다. 문화적 배경, 가족, 한 나라의 국민으로서의 정체감, 교육 등도 내 세계관의 바탕을 이룬다. 그리고 이런 요인들 때문에 내 시각이 중동의 기독교인들과 뚜렷한 차이를 드러내는 경우가 많다. 나는 내가 보스턴의 유대교도 친척들 집에서 태어났더라도 역시 이 책을 썼을 것이라고 생각한다. 유대교의 다원주의 시각에서 책을 썼을 테니 가끔 지금과는 다른 시각을 보이거나 다른 예를 들기도 했겠지만, 내가 제시한 분석의 요점은 거의 똑같았을 것이다. 종교는 어떤 사람의 인간됨 자체를 결정하는 요인이 아니라, 대부분의 사람들이 태어나면서부터 가지고 있는 요인 중의 하나일 뿐이다.

기성 종교는 다른 면에서도 여전히 소중한 가치를 지니고 있다. 종교는 여러 면에서 너무나 중요한 제도적 틀을 제공해준다. 예를 들어 재앙이나 전쟁, 세상에 만연한 빈곤 등에 맞선 인도적인 구호 노력과 개발 사업 등을 생각해보라. 헤아릴 수 없이 많은 인도적 봉사 단체들이 종교와 관련되어 있다. 이런 기관들은 대개 위기가 발생했을 때 가장 먼저 인도적 활동에 나서며, 많은 개도국에서 이미 오랫동안 활동하고 있다. 나는 교파를 초월해 활동하는 단체인 '기독교의 세계 봉사 및 증인Church World Service and

Witness'을 통해 미국의 주요 기독교 교파들이 실시하는 구호 및 개발사업 조정관으로 7년 동안 일한 경험이 있어서 이런 기관들의 중요성을 잘 알고 있다. 이집트의 극빈자들을 위한 지속적인 노력은 물론 분쟁을 벌이고 있는 레바논, 이스라엘/팔레스타인, 이라크를 위해 여러 종교 단체들이 교파와 종교를 초월해 협조하는 현실은 우리에게 시사하는 바가 많지만 대개는 이런 이야기들이 잘 알려져 있지 않다.[9] 기성 종교의 단체들을 포함해 조직이 잘 짜인 단체들은 없어서는 안 되는 존재다. 사람이 여러 종교를 오가다 보면 영적인 성장과 통찰력을 얻게 되는 경우가 있다. 또한 곤경에 처한 사람들을 위해 체계적인 활동을 펼치려면 제대로 작동하는 기관과 제도가 필요하다.

종교적 기관과 제도는 기업, 교육, 정부의 경우와 마찬가지로 사람들이 필요한 것을 충족시키고 금방 알아볼 수 있는 목표를 쉽게 달성할 수 있게 하기 위해 만들어지는 경우가 많다. 사람들에게 필요한 것이 달라지면(때로는 목표가 달라지기도 한다) 기관과 제도도 반드시 변해야 한다. 그런데 종교적 기관과 제도를 포함한 많은 제도들은 변화하는 환경에 재빨리 적응하지 못하는 것으로 악명이 높다. 종교적 기관과 제도는 공동체 생활에 필수적인 요소이고 여러 면에서 효과를 발휘하고 있지만, 이들 역시 인간이 만든 것이므로 때로는 장애물이 되거나 그들이 봉사해야 할 종교를 파괴적으로 타락시키는 수단이 되기도 한다. 전국 교회협의회(NCC) 및 이 단체에 속한 여러 교파들(감리교, 장로교, 루터교회, 감독교회, 그리스정교와 침례교의 여러 종파들)과 함께 일하면서 내가 겪은 일들은 이 공통적인 문제를 잘 보여준다.

NCC는 많은 기독교 교파들이 교파를 초월해 새로운 협조 체제를 만들자고 발 벗고 나섰던 20세기 중반에 설립되었다. 그 후 30년 동안 NCC는 성세를 누렸다. 30~40개의 교파들이 선교 사업과 전 세계의 목회 활동부터 성서 번역 작업에 이르기까지 다양한 사업과 프로젝트에서 힘을 합쳐 일했다. 내가 NCC의 직원으로 선출된 1983년에 NCC는 회원으로 가입한 여러 교파들에게 강력한 지지를 받고 있었다. 그러나 주류에 속하는 많은 교파들의 수입이 점점 줄어들고 있었기 때문에 교파를 초월한 활동을 벌일 수 있는 여지도 점점 좁아지는 중이었다. 7년간 NCC에서 일하면서 나는 세 건의 대규모 구조조정 작업에 직접 간여했다. 사업 추진을 담당하는 직원들과 여러 교파에서 파견된 대표자들은 점점 줄어들기만 하는 자원으로 어떻게 임무를 수행하는 것이 최선인지 항상 힘든 결정을 내려야 했다. 구조조정을 한 번 시행할 때마다 여기에 관련된 거의 모든 사람들이 전에는 커다란 성공을 거뒀던 제도적 틀과 사업을 쉽사리 놓지 못한다는 사실이 드러났다. 재정 상태를 비롯한 여러 여건이 눈에 띄게 변화하는데도 그랬다. 교파를 초월한 세계교회주의는 그때나 지금이나 분명히 살아있지만 NCC의 구조는 때로 변화하는 상황에 유연하게 대처하지 못했다. 내 경험에 의하면, 1980년대에 국내외에서 가장 큰 성공을 거둔 여러 사업들이 입안된 곳은 뉴욕 리버사이드 드라이브 475번지의 신성한 회의실이지만 이런 사업 계획들이 성공하기 위해서는 제도적 틀이 더 유연하게 바뀌어야 했다.

교파와 종교를 초월한 협동은 오늘날 모든 종교에서 이루어지고 있다. 그러나 특정 종교의 틀 안에서만 활동하는 사람들은 가장 파괴적인 형태의 부족주의를 부추길 수 있으며, 실제로도 그렇게 하고 있다. 옛날 내가 다니던 교회인 뉴욕 리버사이드 교회의 고故 윌리엄 슬론 코핀William Sloane Coffin 목사는 도발적인 책 『가능성에 대한 열정A Passion for the Possible』에서 우리 앞에 놓인 과제를 간결하게 표현했다.

오늘날 우리의 과제는 다양성을 찬양하는 통일을 추구하고, 보편적인 것과 특정한 것을 결합하고, 뿌리의 필요성을 인정하면서도 뿌리의 목적은 바로 가지가 솟아나게 하는 것이라고 주장하는 것이다. 상대와의 차이점이 맹목적인 숭배의 대상이 되는 것은 용납할 수 없다. 민족주의, 종족적 특성, 인종, 성별 등이 절대적 개념으로 확립되면 반동적인 충동으로 변해버린다. 이들은 사람을 위대하게 만들어줄 능력도 없으며, 약하고 편협한 유사 종교가 되어버린다. 사람의 정체감이 성별, 인종, 민족적 배경, 국가에 대한 충성심만으로 결정되는 것은 아니다. 사람은 특정한 것에서 보편성을 찾아낼 때에만, 모든 사람에게 상충하는 점보다 더 많은 공통점이 있다는 것을 인정할 때에만 완전한 인간이 된다. 상충하는 점이 무엇보다 중요하게 보일 때 우리는 서로의 공통점을 강하게 인정해야 한다. 인권은 정치적인 의미의 정체감보다 훨씬 더 중요하며, 종교를 믿는 사람은 반드시 모든 경계를 뛰어넘을 수 있어야 한다.[10]

모든 종교의 협동이라는 과제와 그 필요성, 미래의 전망은 각 종교의 경계선을 넘어선다. 우리의 미래는 공통의 것이 되어야 한다. 어떤 집단의 자기 인식이 기독교, 힌두교, 신도神道 등 특정 종교에 의해 규정되지 않는 미래를 말한다. 특히 서구에서는 종교적인 성향이나 영적인 측면에서 불가지론이나 무신론이라는 말이 가장 잘 맞는 사람들이 소수지만 점점 늘어나고 있다. 샘 해리스, 리처드 도킨스, 크리스토퍼 히친스 등이 하나님과 종교에 대한 모든 전통적인 인식을 사실상 거부한 것은 꽤 세력을 확보한 어느 소수집단의 생각과 잘 맞는다. 그들은 또한 하나님에 대한 신앙이나 종교적인 기반이 없어도 도덕적, 윤리적으로 높은 기준을 따르는 것이 가능하다는 주장을 설득력 있게 펼치고 있다. 코핀이 다양성을 찬양하며 화합을 도모해보자고 우리를 초대한 탁자에는 반드시 누구나 흔쾌히 앉을 수 있는 자리가 마련되어 있어야 한다.

종교는 미래의 협동을 위해 이처럼 포용적으로 다가갈 수 있는 바탕을 제공해준다. 그러나 지금까지 종교적 논쟁들이 쓸데없는 경계선을 분명히 규정하고 강화한 경우가 너무 많았기 때문에 종교를 믿는 많은 사람들, 특히 기독교인과 무슬림이 이 선을 쉽게 뛰어넘지 못했다. 그러나 이제는 더 개방적인 자세로 종교적 다양성을 환영하는 자세가 점점 힘을 얻어가고 있음을 보여주는, 매우 희망적인 징후들이 나타나고 있다.

종교적 다양성의 포용

이 책에서 다룬 주요 종교 중 세 가지(힌두교, 불교, 유대교)는 종교

종교가 사악해질 때

적 다양성에 대해 오래전부터 배타적이지 않은 태도를 분명하게 확립해두었다. 우리는 이 세 종교 내부의 타락상을 살펴보았지만, 기독교나 이슬람교에 비하면 타락의 징후를 보이는 사례들이 극히 드물다. 힌두교와 불교는 원래부터 다원주의적이며 포괄적이다. 이스라엘이 선택된 백성이라는 사고방식에 배타적인 요소가 있는 것은 사실이지만, 유대인들은 전통적으로 하나님 앞에서 자신들만 사람으로 인정받는다고 생각지는 않았다. 오히려 그들은 "제사장 나라가 되며 거룩한 백성"(출애굽기 19:6)이 되어 여러 나라에 빛을 비추는 것을 자신들의 영적인 책무로 생각한다. 이 지상의 모든 사람은 이스라엘 민족을 통해 하나님의 축복을 약속받는다(창세기 12:3).[11]

오늘날 많은 무슬림이 편협한 배타주의를 주장하지만, 이슬람교는 항상 포괄적인 태도를 보였다. 여러 예언자와 전령을 통해 하나님의 계시가 전달된다고 보는 이슬람교의 사고방식을 앞에서 이미 살펴본 바 있다. 꾸란의 여러 구절은 성경 속의 유명한 인물들에게 초점을 맞춘다. 유대교인과 기독교인을 정당한 믿음의 공동체로 인정하고, 그들의 경전(토라와 복음서)을 집필한 이들도 예언자로 인정한다. 무슬림들은 성서의 민족의 길잡이 노릇을 하는 계시를 진리로 쉽게 인정한다. 문제는 유대교와 기독교 공동체들이 진리를 왜곡했기 때문에 생긴다고 본다. 왜곡 때문에 길잡이가 되어야 할 진리가 모호해진 것이다. 유대교인이나 기독교인, 그리고 그 밖의 사람들은 무슬림의 눈에 분명히 보이는 사실을 왜 보지 못하는가? 즉, 꾸란을 보면 전혀 왜곡되지 않은 하나님의 진정한 계시를 찾을 수 있는데, 왜 그 사실을 알지 못하는가? 무슬림은 항상 이 점을 이해하지 못한다. 꾸란에는 성서의 민족을 인정하며 사실이 위험하게 왜곡되는 것(특히 예수의 신성과 삼위일체)을 경계하고 이슬람의 영역 안에서 하나로 뭉칠 것을 촉구하는 구절이 많다.

계전의 백성이여, 너희들은 종교의 일로 해서 도를 넘어서는 안 된다. 또 하나님에 관해 진리가 아닌 것을 한마디도 해서는 안 된다. 잘 들어라. 구세주라고 하는 마리아의 아들 예수는 단지 하나님의 사도에 불과하다. 그리고 마리아에 주어진 하나님의 말씀이며 하나님에서부터 나타난 영혼에 불과하다. 그렇기 때문에 하나님과 그 사도들을 믿어라. 결과 삼≡이라 해서는 안 된다. 삼가라. 그것이 너희들을 위해 훨씬 좋은 일이다. 하나님은 유일한 신이다. 하나님을 찬송하라. 하나님에게 자식이 있다는 것은 무슨 말인가. (꾸란 4:171)

성전聖典의 백성이여, 우리들과 너희들과의 사이에 아무런 차별이 없는 말씀에 이르도록 하는 것이 좋겠다. 우리들은 하나님 이외의 자를 숭배하지도 않으며, 어떤 자를 하나님과 나란히 있게 할 수도 없으며, 그리고 하나님을 젖혀놓고 우리들이 서로 주라고 부를 수도 없는 일이다. (꾸란 3:64)

이슬람교를 받아들이지 않는 유대교인과 기독교인은 이슬람의 율법에 따라 딤미dhimmi(보호받는 백성)로 취급해야 한다. 딤미의 실질적인 의미는 이슬람 역사에서 때와 장소에 따라 달라졌지만, 이 원칙은 지금도 고스란히 남아 있다. 즉, 유대교인과 기독교인이 계시의 내용을 아무리 왜곡했다 해도, 그들을 이슬람의 힘 안에서 '보호'받아 마땅한 합법적인 공동체로 간주해야 한다는 것이다.

기독교적 사고

종교적 다양성이 제시하는 과제에 대해 오늘날 사람들은 경직된 교리, 말로 표현되지 않은 직관적 인식이나 경험적 인식으로 맞선다. 지난 반세기 동안 의미심장한 변화가 일어났는데, 특히 다른 종교의 가르침을 더 깊이 있게 이해하게 되고 대개 기독교인들이 보여주던 오만에 대해 더 분명한 정의가 내려진 것이 큰 역할을 했다. 종교적 다양성에 대한 기독교인들의 반응을 대체로 세 가지 주요 패러다임, 혹은 사조로 나눌 수 있다. 배타주의, 포용주의, 다원주의가 그것이다. 현재 강하게 나타난 사조들을 명확하게 파악하는 데 이런 분류가 도움이 되는 것은 사실이지만 각 항목들 안에도 상당히 다양한 흐름이 존재한다. 각각의 종교를 구분하는 선이 그렇듯이 이 항목들을 구분하는 선 역시 대개 명확하지 않아서 파악하기가 쉽지 않다.

배타주의

배타주의는 수 세기 동안 기독교인들 사이에서 지배적인 위치에 있었다. 배타주의의 기반은 예수 그리스도만이 정당한 구원의 방법을 제공해준다는 신념이다. 그러나 오늘날에는 신학적으로 스스로를 배타주의자로 생각하는 사람들 사이에도 상당히 다양한 흐름이 존재한다. 배타주의의 한쪽 극단에 위치한 것은 문자주의다. 우리가 좋아하든 싫어하든, 이런 사람들은 성경에 대한 자기들의 편협한 해석이야말로 성경이 가르치는 현실을 있는 그대로 표현한 것이라고 주장한다. 그것으로 끝이다. 신학적으로 이처럼 분명하게 선을 그어버린 사람들에게서 종교적 다양성이 야기하는 복잡한 이슈들을 해결해보려고 애쓰는 태도를 찾아보기는 어렵다.

그러나 다른 배타주의자들은 더 유연하고 개방적인 태도를 취한다. 나는 1971년에 털사의 한 남부 침례교 교회에서 여름성경학교 담당 목사로 일하다가 이를 직접 경험했다. 적극적인 복음주의자인 그 교회 담임목사의 집에서 대화를 나누다가 나는 신학교에서 세계의 다양한 종교를 공부하면서 종교적 다양성을 다룬 성경의 구절들을 연구해보고 싶다는 얘기를 했다. 그런데 그때 목사가 보여준 반응에 나는 물론이고 그의 자식들조차 깜짝 놀랐다. 그는 하나님에 대한 우리의 생각보다 하나님 자신이 훨씬 더 위대하다고 즉각 반론을 폈다. 그는 부흥회도 자주 열고, 유대교인인 자기 친구(그는 이 친구와 골프를 함께 치면서 15년 동안 친구를 개종시키려고 노력하고 있었다)가 그리스도를 받아들이지 않는다

종교가 사악해질 때

는 사실을 가만히 받아들이지 못하는 사람이었는데, 내 말을 듣고는 자기가 보기에 하나님의 역사가 교회 안에서만 이루어지는 것이 아니라는 내용의 성경 구절들을 인용하기 시작했다.[12] 그는 그리스도에 대한 확실한 신앙이 구원에 이르는 유일한 길이 아니라고 "95퍼센트 확신한다"고 말하면서도, 지난 40년 동안 자신이 지켜왔던 방식 그대로 앞으로도 성경을 가르치고 설교할 것이라고 말했다. 그는 자신이 이런 주장을 하는 이유를 이렇게 설명했다. 나는 그리스도가 내게 어떤 은혜를 베풀어주셨는지 분명히 알고 있다, 그리스도의 복음을 다른 사람들과 함께 나누는 것이 내 책무이다, (성경의 가르침만을 근거로 할 때) 모든 사람이 하나님과 의미 있는 관계를 맺고 있다고 95퍼센트 확신하지만 아직 5퍼센트의 불확실성이 남아 있다, 기독교 신앙이 구원의 유일한 방법이든 가장 중요한 방법이든 하나님이 그리스도를 통해 이룩하신 일을 널리 알리는 것은 나의 책무이다. 이 목사는 또한 새로운 진실을 발견하는 것을 두려워하지 말고 신학교에서 공부를 해보라고 나를 격려해주었다. 정말 자유롭게 해방되는 듯한 굉장한 순간이었다.

스스로를 배타주의자로 보는 기독교인들은 하나님의 생각을 알 수 있는 사람은 아무도 없다고 쉽사리 인정하면서 욥기와 로마서를 지적한다. 그들은 관용과 상호존중을 공개적으로 옹호하고 다른 종교 신자들과의 협동을 실천하면서도 예수 그리스도를 통해 나타난 하나님의 계시의 증인이 되는 것이 자신들의 소명이라고 생각한다. 대개 대중은 가장 극단적인 견해를 가진 사람들에게 관심을 쏟기 마련이므로, 배타적인 신학을 받아들이면서도 다른 종교에 속한 사람들과 생산적인 관계를 맺을 수 있다는 사실을 인식하는 것이 중요하다.

포용주의

포용주의는 모든 종교에 나타난 하나님의 구원과 역사, 그리고 예수 그리스도를 통해 나타난 하나님의 완전하고 결정적인 계시를 모두 인정한다. 가톨릭 신자를 포함해, 많은 사람들이 로마가톨릭 교회가 공식적으로 포용적인 신학을 채택하고 있다는 얘기를 들으면 충격을 받는다. 1960년대 중반에 열린 2차 바티칸공의회에서 발표된 16건의 공식 문서 중 세 건이 다른 종교와의 관계를 분명하게 다루고 있다. 여러 이슈를 가장 직접적으로 다룬 문서는 '비기독교 종교와 교회의 관계에 대한 선언Nostra Aetate'이다. 1965년 10월 28일에 교황 바오로 6세가 공표한 이 문서는 무슬림에 대한 다음과 같은 구절을 통해 비기독교인들에 대한 새로운 시각을 선포했다.

교회는 무슬림 또한 높게 평가한다. 그들은 하나님을 믿는다. 하나님은 한 분이시며, 실재하시는 분이시고, 자비롭고 전능한 분이시다. … 그들은 아브라함이 하나님의 계획에 자신을 바친 것처럼 하나님의 숨겨진 명령에 아무런 제한 없이 스스로를 바치려고 노력한다. … 그들은 심판의 날 죽은 자들 가운데서 살아나 하나님의 보상을 받게 되기를 기다리고 있다. 이

종교가 사악해질 때

때문에 그들은 정직한 삶을 높게 평가하며 특히 기도와 자선,
그리고 금식을 통해 하나님을 찬양한다.[13]

이 구절은 기독교인과 무슬림에게 과거 수백 년 동안의 "많은 다툼과 불화"를 잊고 "상호 이해에 도달하기 위해 진지하게 노력"하며 함께 힘을 합쳐 "평화, 자유, 사회 정의, 도덕적 가치관을 보존하고 장려할 것"을 강력하게 요청한다. 2차 바티칸공의회에서 채택된 또 다른 문서인 '이교도에게 빛을Lumen Gentium'은 교회에 속하지 않은 사람들에게도 구원이 가능하다는 견해를 받아들였다. "자기들의 잘못이 아닌 다른 이유로 그리스도나 그리스도의 교회를 알지 못하지만 그럼에도 신실한 마음으로 하나님을 찾아 헤매며 은총에 감화되어 양심이 시키는 대로 하나님의 의지를 실천하려 애쓰는 사람들, 그들 역시 영원한 구원을 얻을 수 있을 것이다."[14]

이처럼 포괄적인 입장은 기독교 선교 및 다른 종교와의 대화에 커다란 의미를 갖는다. 2차 바티칸공의회 이후 로마가톨릭교회는 교회 밖에서는 구원이 불가능하다는 오랜 신학적 입장을 바꿨다. 이런 변화의 의미는 엄청나다. 다양한 종교가 공존하며 서로 의존하는 오늘날 세상에서 희망적인 변화이기도 하다. 세계 최대의 기독교 교파인 가톨릭교회는 이처럼 방향을 바꿈으로써 우리가 앞에서 살펴본 타락 가운데 일부를 피할 수 있게 되었다. 다른 신학적 입장과 마찬가지로, 포용적인 입장의 경계선 또한 고정되어 있지 않다.

2차 바티칸공의회 이후 거의 40년 동안 가톨릭교회는 자신들

의 견해를 실천에 옮기기 위해 선교 및 다른 종교와의 대화 추진부터 책자 출판에 이르기까지 다양한 계획들을 추진해왔다. 비록 많은 사람들이 피임, 사제의 독신 생활, 여성의 사제 서품 등의 문제에 대한 교황의 태도 때문에 교황 요한 바오로 2세를 전통적이고 보수적인 사람으로 인식하고 있지만, 교황은 다른 종교와의 교류에 대해서는 진보적이고 적극적인 태도를 보여주었다. 요한 바오로 2세는 지금까지 로마를 방문한 무슬림, 유대교인, 힌두교도, 불교도 등을 자주 만났으며, 세계 여러 나라를 여행할 때도 역시 이들과 만남을 가졌다. 그는 또한 25년 넘게 다른 종교와의 교류에 대해 자주 글을 발표하고 연설도 했다. 모스크(다마스쿠스와 카이로)와 시나고그(로마와 예루살렘)를 방문한 최초의 교황이기도 했다. 1986년 10월에 교황은 아시시에서 수많은 사람의 주목을 받은 '평화를 위한 세계 기도의 날World Day of Prayer for Peace' 행사에 많은 종교 지도자들을 초대하기도 했다. 교황의 포용적인 신학은 이날 행사가 끝난 후 로마 교황청 인사들에게 행한 연설에 분명하게 드러나 있다.

우리가 기도하고 금식하고 침묵 속에 함께 걷기 위해 아시시에 모였다는 사실, 언제나 위태롭게 위협받고 있지만 오늘날 특히 커다란 위협을 받고 있는 것처럼 보이는 평화를 위해 이렇게 했다는 사실은 서로가 분명하게 나뉘어 있음에도 불구하고 인간의 가슴에서 우러나오는 커다란 의문들에 해답을 제공해주는 영적인 가치관과 초월적인 가치관을 종교 안에서 구하고자 하는 사람들이 하나로 힘을 합쳤다는 분명한 상징이

종교가 사악해질 때

었습니다. … 가톨릭교회가 우리의 형제 기독교인들과 손을 잡은 모습, 우리 모두가 다른 종교의 형제들과 손을 잡은 모습을 보여준 아시시의 날은 2차 바티칸공의회의 선언을 똑똑히 눈에 보이는 형태로 표현해주었습니다. 오늘 이 행사를 통해 우리는 공의회에서 발표한, 인류의 기원과 목표가 하나라는 확신, 그리고 기독교가 아닌 다른 종교들의 의미와 가치에 대한 확신을 하나님의 은총으로 아무런 혼란 없이 실현할 수 있었습니다.[15]

2005년 요한 바오로 2세가 세상을 떠난 뒤 그의 후임인 베네딕토 16세에게 향한 가장 중요한 질문 중 하나는 2차 바티칸공의회에서 분명히 규정되고 요한 바오로 2세가 구현한 포용적인 신학을 바라보는 그의 태도에 관한 것이었다. 베네딕토 16세는 첫 대중 연설에서 포용적인 신학의 계승을 암시했지만, 즉위 후 2년 동안 취한 두 가지 중요한 행동은 이 새로운 교황이 신학적으로 훨씬 덜 포용적인 입장일 것이라는 우려를 뒷받침해주었다. 먼저 2006년 9월 독일의 레겐스부르크 대학에서 행한 중요한 연설이 세계적으로 논란을 일으켰다. 여기서 교황은 무함마드와 이슬람교를 날카롭게 비판한 14세기 문헌을 인용했는데, 전 세계의 많은 사람들은 이것을 그가 이 문헌의 비판에 찬성한다는 뜻으로 받아들였다. 2007년 7월에는 교황 중심의 가톨릭 신앙만이 하나님에게 이르는 확실한 길이라는 주장을 되풀이한 교황의 칙령이 돌발적으로 발표되었다. 다른 종교를 통한 구원이 가능한가라는 문제를 훨씬 넘어서, 이 칙령은 다른 기독교 교파들도 깎아내렸다.

가톨릭 신앙만이 수 세기에 걸쳐 사도전승*을 유지해왔다는 것이 그 근거였다. 요한 바오로 2세와 베네딕토 16세의 이러한 의견 차이는 가톨릭 신앙에 대한 논란을 일으켰을 뿐만 아니라, 가톨릭 내부에서도 많은 논란의 주제가 되었다. 또한 기존 종교의 본질이 유동적으로 변할 수 있음을 보여준다.

다원주의

다원주의 옹호자들은 기독교를 유일한 구원의 수단으로 보지도 않고, 다른 종교의 완성형으로 보지도 않는다. 다원주의는 구원을 얻기 위한 다양한 행로가 모두 실질적인 가치를 갖고 있다고 인정한다. 이런 시각의 옹호자들 중 아마도 가장 유명한 인물인 존 힉John Hick은 30년 전 신학적 사고에 '코페르니쿠스적 혁명'이 필요하다고 역설했다. 힉은 천문학의 비유를 이용해서 신을 중심에 놓는 시각을 옹호하며, "기독교를 중심에 놓는 시각에서 하나님이 중심에 계시며, 모든 종교는 … 그 분에게 봉사하고 그 분을 중심으로 돌고 있다는 깨달음으로의 변화"를 주장했다. 힉은 저서 『하나님의 이름은 여러 가지 God Has Many Names』에서 신을 중심에 놓는 자신의 입장을 밝혔다. 그는 세계의 종교들을 "단 하나의 신성한 '현실'에 대한 각각 다른 반응"으로 이해하는 것이 가장 좋다고 주장한다. 그가 보기에 여러 종교 사이의 차이점은 주로 역사

---

* 교회의 성직, 특히 가톨릭의 주교직이 예수의 사도들로부터 이어져 내려왔다는 교리.

적 배경과 문화적 환경으로 인한 인식의 차이에서 생겨난다.[16]

윌프레드 캔트웰 스미스는 저서 『세계적인 신학을 향하여 *Towards a World Theology*』에서 다원주의에 대해 더 급진적인 견해를 밝혔다. 스미스는 "다른 신앙 공동체를 대상으로 보거나 판결을 받아야 할 사람들로 보는 배타적이고 오만한 기독교적 입장에서 나온, 우리와 그들을 구분하는 해석"을 따르는 모든 기독교 신학을 의심의 눈초리로 바라보았다. 그는 이보다 더 웅대한 해석을 시도했으며, 기독교인·무슬림·힌두교도·유대교인·불교도·시크교도 등에게도 같은 시도를 하라고 권고했다. 즉 "자신의 신앙은 물론 다른 사람들의 신앙까지, 인간의 모든 신앙을 포괄적이고 정당하게, 지적으로 해석할 것"을 권고한 것이다.[17]

많은 인기를 끌었던 하비 콕스의 책 『많은 저택들』은 각 지역의 성직자들과 일반 신도들 사이에서 종교적 다원주의에 관한 논의를 촉진시켰다.[18] 그의 책 제목은 흠정영역성서의 요한복음 14장 2절 "내 아버지 집에 거할 곳이 많도다. 그렇지 않으면 너희에게 일렀으리라"에서 따온 것이다. 콕스의 다원주의적 시각은 사람들에게 한데 모여 서로를 풍요롭게 해주는 대화를 나누라고 권유한다. 새 천 년이 밝아오는 시기, 미국의 종교계 상황을 기록하는 데서 뚜렷한 두각을 나타내 1998년 클린턴 대통령에게서 인문학 메달을 수상한 다이애나 에크는 스스로를 '기독교적 다원주의자'라 칭한다.

　　지난 세월 동안 나는 힌두교, 불교, 이슬람교, 시크교를 공부
　　하면서 나의 신앙이 위협받는 것이 아니라 오히려 더 넓고 깊

어진다는 것을 알게 되었다. 또한 내가 하나님이라고 부르는 분의 존재와 신비로움에 신실할 수 있는 방법은 기독교적 다원주의자가 되는 것밖에 없다는 것도 알게 되었다. 기독교적 다원주의자란 다른 종교에 속한 사람들을 감히 만나 내 신앙의 경계선이 아니라 그 뿌리를 통해 내 신앙을 정의하는 사람을 뜻한다.[19]

에크가 신학적으로 이런 입장을 갖게 된 것은 힌두교, 이슬람교, 불교, 유대교, 시크교 등을 믿는 사람들과 직접 만나고 다른 종교를 연구한 덕분이었다.[20] 그녀가 다른 종교를 처음으로 깊이 있게 경험한 것은 대학 시절 인도에 장기간 머물렀을 때였다. 신앙심이 깊고 종교의 가르침을 실천하는 힌두교도들과의 만남은 몬태나주에서 감리교 신자로 성장한 그녀의 사고방식에 도전장을 던졌다. 다른 종교 신자들과의 직접적인 만남은 대개 내적 성찰의 촉매가 되어 종교적 다양성에 대해 신학적으로 깊이 생각하는 계기를 마련해준다. 내 경우에는 유대교인 할아버지와 다른 친척들이 그런 계기를 마련해주었다. 다른 종교를 믿는 사람들과의 직접적인 경험은 세계의 여러 종교를 연구하며 다원주의 신학을 일관되게 정리하려고 노력하는 서구 기독교인들 사이에서 흔히 발견되는 공통분모다. 물론 세계의 많은 사람들에게 종교적 다양성에 대한 인식은 새로운 것이 아니다. 대화를 통해 다른 종교의 신자들과 만나는 것은 수백 년 동안 삶의 한 방식이었다.

존 힉, 윌프레드 스미스, 휴스턴 스미스, 하비 콕스, 다이애나 에크, 그리고 그 밖의 많은 학자들은 특이성과 다원주의에 관해 깊이 생각해보는 계기를 널리 마련해주었다. 다양한 종교가 공존하는 세상에서 기독교의 자기 인식은 20년 동안 진지한 신학적 토론의 핵심에 자리 잡고 있었다.[21] 평신도들 또한 이 토론에 활발하게 참여했다. 지난 30년 동안 나는 미국 전역을 돌아다니며 대학, 교회, 학회 등에서 중동, 이슬람교, 유대인-기독교인-무슬림의 관계 등에 대해 연설했다. 사람들은 거의 예외 없이 다양한 종교들 가운데에서 기독교를 바라보는 자신들의 시각에 대해 이야기하고 싶어 했다. 나는 열린 마음으로 다른 종교의 사상과 실천적 교리를 기꺼이 공부하려는 자세에서는 비전문가들이 기독교 지도자들보다 훨씬 앞선 경우가 많다는 것을 알게 되었다. 그들은 흔히 다른 종교를 가진 사람과의 결혼, 혹은 유대교를 믿는 이웃이나 힌두교도인 직장 동료와의 우정 등을 통해 생각을 발전시킨다.

다양한 형태의 배타주의, 포용주의, 다원주의를 제시하고 분석하고 비판하는 과정에서 공감대가 전혀 형성되지 않고 있다. 나는 각각의 주장들이 모두 나름대로 가치가 있다고 생각한다. 이런 문제에 대해 어떻게 생각하느냐는 질문을 받을 때, 나는 때로 대학 시절 내 은사의 대답을 그대로 되풀이한다. "당신한테 중요한 건 내 생각이 아닙니다. 당신은 어떤 생각을 갖고 있습니까? 그리고 더 중요한 질문, 당신은 다양한 종교의 사람들이 모여 사는 집 근처 동네와 상호의존적인 세계 공동체 안에서 책임을 질 줄 아는 기독교인(혹은 무슬림, 혹은 유대교도)으로서 무엇을 해야 한다고 생각합니까?" 내가 가끔 이런 식으로 대답하는 것은 권위 있는 사람에게서 명쾌한 대답을 듣고 싶어 하는 사람들 때문이다. 우리는 모두 스스로 생각하고 자신의 행동에 책임져야 한다. 때로 질문을 던지는 사람이 그때까지 내가 한 말을 모두 무시하면서 자신의 그런 행동을 정당화하기 위해 나를 이단으로 간주하려는 것이 분명하게 보일 때가 있다. 신학적으로 자신의 생각에 동의하지 않는 사람들로 지옥이 흘러넘치지 않는다면 자신이 천국에 가더라도 결코 행복을 느끼지 못할 것이라고 단언하는 사람들을 보면 항상 당혹스럽고 슬프다.

나는 기독교인이며 성직자다. 중동에서 내가 연구하고, 가르치고, 글을 쓰고, 복음을 설교한 것은 모두 강렬한 소명의식 때문이었다. 나는 나와 뚜렷하게 구분되는 세계관을 가진 다른 종교의 신자나 종교에 대해 깊은 회의를 지닌 사람에게서 많은 것을 배웠으며, 내 생각도 그들 덕분에 헤아릴 수 없이 풍요로워졌다. 그러나 지금껏 공부하고 많은 경험을 했는데도 아직은 다른 종교를 내 종교로 받아들이게 될 만큼 강력한 진리를 발견하지 못했다. 내 올리브나무는 뿌리가 깊다. 다이애나 에크처럼 나도 유대교도, 무슬림, 힌두교도 등에게서 보았던 강렬한 진리와 영적인 규율 덕분에 일찍이 제대로 알지 못했던 기독교의 새로운 차원에 눈뜨게 되었다. 또한 이슬람교, 힌두교, 유대교, 불교 등 다른 종교를 믿는 사람들 중에도 진실한 신념을 갖고 자기들의 종교를 믿을 뿐만 아니라 다른 사람들을 위해 봉사하며 신앙을 실천하는 사람들이 많다는 사실을 알고 있다. 그동안의 경험으로 나는 하나님에 대한 나의 경험, 즉 진리에 대한 나의 인간적인 견해 때문에 다른 가능성들이 모두 사라지는 것은 아니라는 사실을 분명히 알게 되었다.

지금도 계속 벌어지고 있는 진지한 토론과 개인적인 연구에서 내가 발견한 가장 고무적인 사실은 각자의 지역사회, 각자의 나라, 이 세상에서 공통적으로 발견되는 문제들과 관련해 서로 다른 종교를 가진 사람들의 협조 가능성을 반드시 배제해야 한다는 의견이 나온 적이 없다는 사실이다. 공동의 선을 위한 협동은 앞으로 종교 간의 대화에서 반드시 중요한 초점이 되어야 한다. 예를 들어 기독교인과 무슬림이 손에 손을 잡고 가난한 사람들을 돕거나 공평한 교육 기회와 마약 같은 문제를 함께 해결하기 위해 반드시 신학적인 합의에 도달해야 하는 것은 아니다. 다른 종교를 믿는 사람들은 서로를 알게 되면서 자신들에게 공통점이 아주 많다는 것을 금방 깨닫곤 한다. 특히 이웃과의 관계에 대한 각자의 교리와 가르침에 공통점이 많다. 어떤 종교에서 신학적으로 어떤 주장을 고수하든, 그 신학적 주장은 반드시 경전과 전통처럼 세월의 시련을 이겨낸 지혜를 바탕으로 현재의 실상과 새로운 정보를 감안해 형성된 것이어야 한다. 2001년 9월 11일 이후의 긍정적인 변화 중 하나는 서로 다른 종교의 경계선을 넘어 협동하려는 여러 지역의 노력에서 볼 수 있다. 톨리도, 털사, 투산처럼 다양한 도시에서 유대교, 기독교, 이슬람교 공동체들이 힘을 모아 저소득층을 위한 해비타트 운동에 참여하는 것이 한 예다. 이런 과정에서 서로의 공통점을 발견하고, 각자의 종교적 주장에 인생 경험이 부분적으로 영향을 미친다는 사실을 알게 되는 사람이 많다.

　　하비 콕스는 『많은 저택들』의 결론 부분에서 하나님께서 미래를 우리 손에 쥐여주셨으므로 이제 우리가 미래의 운명을 쥐고 있다며 우리에게 행동에 나설 것을 촉구했다.

이렇게 자멸할 가능성이 있으므로, 우리는 이제 '앞으로 어떻게 될 것인가?'라는 질문보다 '우리가 무엇을 해야 하는가?'라는 질문을 던져봐야 한다. ··· 시간의 한계를 극복할 수 없는 생물로서 우리는 반드시 과거와 현재라는 다루기 어려운 재료를 가지고 작업해야 한다. 우리에게 '이미 주어진 상황' 중에는 기존의 종교도 포함되는데, 이 종교들은 점점 죽어가기는커녕 부활의 시대로 뛰어들고 있는 것 같다. 그러나 우리는 내면 깊숙한 곳의 공포를 천국이나 다른 민족과 국가에 투사할 필요가 없는 새 시대를 운명이 우리에게 가져다줄 때까지 기다릴 수 없다. 이제는 우리가 반드시 솔선해서 종교의 미래를 포함한 우리의 미래를 예측할 뿐만 아니라 그 미래를 만들어나가야 한다.[22]

솔선해서 미래를 만들어나가야 한다는 콕스의 주장은 내가 이 책 전체에서 주장했던 내용과 잘 맞아떨어진다. 오늘날 이처럼 행동에 나서야 한다는 주장이 그 어느 곳보다 강하게 울려 퍼져야 하는 곳은 바로 중동이다.

소우주로서의 중동

창세기에 따르면, 아브라함은 가족들과 함께 짐을 꾸릴 때 하나님의 축복이 자신을 통해 지상의 모든 사람에게 전달될 것이라는 확신을 갖고 약속의 땅을 바라보았다. 오늘날 세계 인구의 거의 절

종교가 사악해질 때

반이 아브라함에게서 출발한 영적 전통에 속해 있다. 유대교도, 기독교도, 무슬림은 모두 하나님의 축복을 받았다고 주장하지만, 우리가 일상적으로 접하는 현실은 아주 달라서 걱정스럽다. 우리는 기독교인, 무슬림, 유대교도의 폭력적이고 파괴적인 행동을 수없이 목격했다. 오늘날 가장 폭발적이고 위험한 종교적 타락의 징후들은 대부분 중동 지방과 직접적으로 연결되어 있다. 특히 아랍-이스라엘-팔레스타인의 분쟁이 가장 눈에 띈다. 이스라엘/팔레스타인은 전 세계의 상황을 축소해서 보여주는 일종의 소우주다. 이 지역에서 정의, 평화, 안전을 확보할 수 있는 비폭력적인 방법을 찾아내지 못한다면, 종교적으로 다양하고 상호의존적인 세상을 살아가는 우리에게도 좋을 것이 없다.

앞 장에서 말했듯이, 미국인들에게는 특별한 책임이 있다. 우리는 민주국가이자 세계 초강대국에서 살고 있으며, 우리의 이름으로 이루어진 언행에 책임이 있다. 스리랑카나 스웨덴 정부와 달리 미국 정부는 중동 지방을 비롯한 여러 지역 사람들의 삶에 매일 커다란 영향을 미치고 있다. 그런데 이 정부는 '국민인 우리'를 대표한다. 중동 분쟁이 너무 복잡하다고 말하는 사람들이나 "그 사람들은 지금까지도 항상 싸워왔고 앞으로도 그럴 것"이라면서 불개입 정책을 정당화하는 사람들은 국민으로서 무책임한 행동을 하는 것이며, 만약 그들이 특정 종교의 신자로 자처한다면 믿는 사람으로서도 역시 무책임한 행동을 하는 것이다. 기독교인들에게는 이 세상에서 목자의 역할과 예언자의 역할을 하며 화해를 추구할 소명이 있다. 윌리엄 슬론 코핀이 일깨워주었듯이, 예수의 가르침과 바울의 글은 바로 가장 커다란 과제가 있는 곳에 적용되어야 한다. 쉬운 해답이나 간단한 해결책은 없다. 그러나 우리에게는 마틴 루서 킹 목사나 남아프리카의 데즈먼드 투투Desmond Tutu 주교처럼 행동의 기반이 되는 원칙과 방향을 제시해주는 영적인 나침반이 있다.

유대교인과 무슬림은 국민으로서 그리고 신자로서 커다란 이해관계가 있다. 유대인들이 이스라엘의 안보와 안정을 걱정하는 것은 당연한 일이다. 지난 세기의 분쟁이 우리에게 가르쳐준 교훈이 있다면 그것은 무력으로는 궁극적인 안전을 확보할 수 없다는 것이다. 이스라엘은 군사적으로 압도적인 우위를 지키고 있지만 평화를 확보하지 못했다. 이스라엘은 평화, 정치적 안정, 경제적 번영을 확보해야 장기적으로 이익을 얻을 수 있다. 그런데 팔레스타인인이 평화, 안전, 정치적 안정, 경제적 기회 등을 누리지 못한다면 이스라엘도 이런 것들을 성취할 수 없다. 내가 아는 대부분의 유대인들은 이스라엘에 대한 깊은 애정과 더불어 다른 사람들의 복지에 대해서도 깊은 관심을 갖고 있다. 그리고 이 때문에 중동의 평화적 공존을 촉진할 정책을 적극적으로 요구한다.

무슬림에게 중동 분쟁은 엄청난 난제이자 기회다. 우리는 이미 무슬림이 대다수를 차지하는 일부 국가에서 좌절감과 극단주의를 부추기는 심각한 문제들을 살펴본 바 있다. 이들 나라에게 인권 유린을 그만두고 국민의 참여와 종교적 자유, 그리고 경제적 기회를 보장하는 새로운 정부를 세우도록 요구하는 데 서구의 무슬림들이 나서야 한다. 이들 나라가 건전한 미래로 나아갈 수 있는 지름길은 없지만, 적어도 폭력적인 극단주의가 해결책이 아님은 분명하다. 폭력적인 극단주의는 이슬람의 정신에 어긋나며 대단히 비생산적이다. 비폭력적인 수단으로 평화적 공존과 건설적인 변화를 꾀하고자 하는 무슬림들은 반드시 앞으로 나서서 이슬람교가 평화의 종교임을 진정으로 보여주는 지도력을 발휘해야 한다.

　이것이 현실을 무시한 안이한 생각이라고? 어쩌면 그럴지도 모르지만 내 생각은 다르다. 아무도 미래를 예언할 수 없지만 과거의 끔찍한 실수와 타락상에서 교훈을 배울 수는 있다. 만약 이 지구라는 행성에서 함께 미래를 누리고 싶다면 우리는 반드시 그 교훈을 배워야 한다. 사회생활을 하면서 중동 문제를 다루는 데 많은 시간을 보낸 나는 지금도 미래에 대해 낙관적인 시각을 갖고 있다. 신문의 헤드라인과 극단주의자들의 불길한 행동 뒤에는 평화를 깊이 열망하는 대다수의 중동 사람들(유대교도, 무슬림, 기독교도)이 있다. 그곳 사람들도 다른 지역 사람들과 마찬가지로 자손들에게 더 나은 미래를 물려주고 싶어 한다. 그리고 하나님이 아브라함의 후손들에게 약속한 땅에서 정치적 화해와 서로 공존하는 미래를 이룩하기 위해 적극적으로 노력하는 사람과 단체가 많다.[23]

　우리가 중동에서 정의와 평화를 이룩할 수 있을까? 완벽한 정의와 총체적인 평화는 우리의 손이 닿을 수 없는 곳에 있다. 사람들이 각자 다른 시각에서 진리에 대한 서로 다른 인식을 바탕으로 정의와 평화를 정의하기 때문이다. 그러나 이상에 근접한 정의와 평화적인 공존은 절대적인 진리라는 함정을 피할 줄 아는 사람들과 자신들의 목적에 어긋나지 않는 수단을 이용해서 더 나은 미래를 만들려고 노력하는 사람들에게 현실적인 목표다. 여러 다양한 종교의 신자들은 성전聖戰을 선택할 생각이 전혀 없다는 것을 같은 종교의 신자들은 물론 그렇지 않은 사람들에게도 분명히 밝혀야 한다.

우리는 평화를 추구할 수 있는 모든 방법을 시도해보기는커녕 이제야 겨우 종교를 믿는 사람들의 긍정적인 에너지를 모으기 시작했을 뿐이다. 마크 고핀Marc Gopin의 책 『신성한 전쟁, 신성한 평화: 종교가 중동에 어떻게 평화를 가져올 수 있는가Holy War, Holy Religion: How Religion Can Bring Peace to the Middle East』는 보편적 분쟁이라는 모델에서 벗어나 관계가 소원해진 가족 간의 화해를 향해 다가갈 수 있는 사려 깊고 현실적인 방법을 잔뜩 제시해놓았다. 스콧 애플비의 최근 저서도 종교 단체와 비정부기구들이 분쟁을 변화시키고 화해를 이룩하는 데 앞장서는 방법에 대해 대단히 유용한 지침들을 제시한다. 진지하게 평화를 추구하는 사람들이 택할 수 있는 방법은 많다.[24]

종교를 믿는 사람들이 중동 지방의 미래와 자기들 종교의 미래를 바라볼 때, 하나님과 이웃을 사랑하라는 두 가지 가르침에 초점을 맞추면 좋을 것이다. 꾸란에는 우리가 제한된 시야와 궁극적인 진리에 대한 제한된 인식을 갖고 나설 수밖에 없는 신앙의 여행에서 우리를 인도해주면서도 사람들 사이의 다양성을 찬양하는 현명한 구절이 하나 있다.

"하나님께서 원하신다면 단일의 백성으로 만들 수 있는 것인데. 그러나 너희들에게 주신 것이니까 너희들을 시험하려고 하셨다. 그렇다면 서로 경쟁해서 여러 가지 좋은 일을 하는 너희들 모두가 돌아갈 곳은 하나님의 곁이다. 그렇게 되었을 때 하나님께서

는 너희들이 논쟁하고 있는 문제에 대해 일일이 가르쳐주실 것이
다." (꾸란 5:48)

감사의 말

이 책에 인용한 꾸란 구절들은 무함마드 M. 픽톨Muhammad M. Pckthall
이 해설을 곁들여 개역한 『영광스러운 꾸란의 의미 The Meaning of the
Glorious Koran』(메카: 무슬림 월드 리그, 1977)를 바탕으로 조금 수정한
것이다.

4장, 6장, 7장에는 내가 「원한의 뿌리: 이슬람 세계의 호전성을
조사하다 Root of Rancor: Examining Islamic Militancy」(《크리스천 센추리 The
christian Century》, 2001년 10월 24~31일자), 『종교, 정치, 석유: 중동을
화약고로 만든 것들 Religion, Politics, and Oil: The Volatile Mix in the Middle East』
(Abingdon Press, 1992), 『공동의 투쟁: 기독교도-무슬림 관계의
전진 Striving Together: A Way Forward in Christian-Muslim Relations』(Orbis Books,
1991)을 통해 처음 발표한 글들을 새로 손본 내용이 포함되어 있
다. 《크리스천 센추리》, 애빙던 출판사, 오비스 출판사가 위에서
언급한 글들 중 일부를 이 책에 수록해도 좋다고 허락해준 것에
감사한다.

나는 이 책에서 내놓은 생각들을 수많은 강의와 토론회, 설교
등을 통해 시험하고 다듬었다. 나는 현재 웨이크 포리스트 대학교
에서 동료들의 지지를 받으며 즐거이 일하고 있는데, 이곳 말고도
대학 세 곳이 2002년 전반기에 이 책의 내용 중 일부를 다듬을 수
있는 기회를 제공해주었다. 또한 나를 메릭 강연의 연사로 초대해
준 오하이오 웨슬리언 대학, 마샬 강연의 연사로 초대해준 트란

실바니아 대학, 연례 성직자 수련회 연사로 초대해준 퍼먼 대학에 감사의 뜻을 표하고 싶다.

내가 이 책에서 제시한 생각들은 지난 30년 동안의 경험과 통찰을 바탕으로 한 것이다. 내가 세상을 이해하는 데 커다란 도움을 준 사람들이 많다. 이 책의 본문과 주를 보아도 그들 중 일부에게 내가 커다란 신세를 졌음을 알 수 있을 것이다. 또한 그 존재가 금방 드러나지는 않지만 (대학원 시절의 친구·교수·동료들부터, 카이로·예루살렘·베이루트·제네바·뉴욕 등에서 택시를 함께 타거나 커피를 함께 마시거나 대화를 나눴던 사람들에 이르기까지) 내 생각을 날카롭게 다듬어주고, 반박해준 많은 사람들이 있다. 이 책의 여러 부분들을 다듬는 과정에서 귀한 의견을 들려주고 잘못된 부분을 바로잡아준 사람도 여럿이다. 스티브 보이드Steve Boyd, 크리스 채프먼Chris Chapman, 질 크렌쇼Jill Crainshaw, 제이 포드Jay Ford, 메리 포스켓Mary Foskett, 스콧 허진스Scott Hudgins, 빌 레너드Bill Leonard, 블레이크 마이클Blake Michael, 린 프라이스Lyn Price에게 감사한다. 마크 톨리버Mark Tolliver는 이 책을 위한 연구 과정에서 귀한 도움을 주었을 뿐만 아니라 비판적인 시각 또한 제공해주었다. 재능 있는 학자이며 나의 오랜 친구인 제프 로저스Jeff Rogers에게도 커다란 신세를 졌다. 그는 이 책을 집필하는 동안 나를 끊임없이 지지해주고 비판적인 의견을 제시해주었다.

하버 샌프란시스코에서 나와 함께 일한 전문가들은 책을 쓰는 사람으로서 더 이상 바랄 것이 없을 만큼 훌륭한 조력자였다. 그중에서도 특히 로저 프리트Roger Freet, 테리 레너드Terri Leonard, 줄리아 롤러Julia Roller, 프리실라 스터키Priscilla Stuckey가 그러했다.

종교가 사악해질 때

이 책을 쓰는 동안 처음부터 끝까지 나를 이끌어준 스티브 핸젤먼Steve Hanselman에게도 특히 감사한다. 그는 커다란 주제들의 틀을 정하는 것을 도와주었을 뿐만 아니라, 편집과 관련한 여러 의견을 제시해 세세한 주장들을 섬세하게 다듬는 데도 도움이 되었다.

책을 쓰는 것은 대개 고독한 작업이다. 그런데 내게는 책을 쓰는 것이 가족들과의 공동 프로젝트이기도 하다. 대학과 고등학교에 다니는 내 아이들 사라와 엘리어트에게 사랑과 감사의 마음을 전한다. 아이들은 나를 지지해주면서 내 행동들을 기꺼이 참아주었다. 그러나 내가 가장 커다란 찬사를 보내고 싶은 사람은 아내 낸시다. 그녀는 나의 가장 좋은 친구이자 상담자이며, 우리가 결혼한 30년 전 대학 4학년 때에는 도저히 예측할 수 없던 우리 인생에 대한 애정 어린 비판자이기도 하다.

마지막으로 카일 예이츠, 휴고 컬페퍼, 윌프레드 캔트웰 스미스에 대해 짤막하게 언급하고 싶다. 지금까지 나는 수많은 뛰어난 스승들에게서 개인적인 지원을 받는 축복을 누렸지만, 이 세 분은 내가 대학생일 때, 신학교에 다닐 때, 그리고 박사 과정을 밟을 때 각각 나를 날개 밑에 품어주셨다. 세 분 모두 늘 나의 학문적인 의문들과 성직자로서 기울이는 노력에 지지를 보내주셨다. 세 분 모두 풍요롭고 충만한 삶을 사셨으며, 지난 2년 사이에 돌아가셨다. 나의 정신적 스승이자 친구였던 이 세 분에게 사랑과 감사의 마음을 담아 이 책을 바친다.

핵심 용어 설명

꾸란: 이슬람교의 경전. 무슬림들의 믿음에 따르면, 아랍어로 '낭송'을 뜻하는 꾸란은 하나님이 천사 가브리엘을 통해 예언자 무함마드에게 알린 계시의 말씀을 그대로 받아 적은 책이다. 무함마드는 글을 읽지도 쓰지도 못하는 문맹이었다. 따라서 꾸란의 서정적 아름다움이야말로 이 책이 하나님의 말씀이라는 증거라고 한다. 무슬림들은 문맹은 말할 것도 없고 어떤 인간이라도 이토록 장엄한 시를 지을 수 없다고 강조한다. 꾸란은 114개의 수라('장')로 구성되어 있으며, 수라마다 아야('절')의 개수가 다르다. 무슬림들은 대부분 어렸을 때부터 신약성서 길이의 약 80퍼센트 분량인 꾸란 전문을 외운다. 그리고 하루에 다섯 번씩 기도를 할 때 꾸란의 구절을 암송한다. 모국어가 아랍어가 아닌 사람도 반드시 아랍어로 암송해야 한다. 꾸란의 번역본은 모두 번역본이 아니라 해석본으로 간주된다. 하나님의 말씀인 꾸란은 이슬람 율법을 발전시키는 데 가장 권위를 행사하는 자료다.

메디나: 이슬람교에서 두 번째로 중요한 성지. 예전에 야트리브라고 불리던 곳이 알 메디나(도시)가 되었다. 무함마드가 서기 622년에 야트리브로 가서 이름을 medinat an-nabi(예언자의 도시)로 바꿨기 때문이다. 이곳에서 무슬림은 메카 지도자들의 괴롭힘에서 벗어나 최초의 모스크를 세우고 이슬람 공동체(움마)를 만들었다. 무함마드를 비롯해 1세대 무슬림들이 메디나에 많이 묻혀 있다.

메시아: '기름 부음을 받은' 구세주 왕. 유대교 전승에 따르면, 약속의 땅에 평화와 고요를 가져다줄 사람이다. 기독교는 예수를 유대교에서 약속된 메시아로 본다. '예수 그리스도'라는 호칭에는 그리스어로 '메시아'를 뜻하는 단어(Christos)가 포함되어 있다. 주로 유대인들을 위해 집필된 마태복음은 예수가 바로 그들이 오랫동안 기다리던 메시아라고 거듭 강조한다. 꾸란도 예수를 '메시아'(al-masih)라고 부르지만, 그의 첫 번째 도래나 재림과 관련된 가르침에 대해서는 아무런 설명이 없다.

메카: 이슬람교 최고의 성지. 무슬림들은 아브라함이 유일하신 하나님께 예배드리기 위해 돌로 카바를 지었다고 믿고, 이 석조건물을 향해 매일 다섯 차례 기도를 드린다. 연례행사인 순례 여행(하지) 때도 역시 카바가 중심이 된다. 무함마드는 서기 570년 메카에서 태어나 12년(서기 610~622년) 동안 그곳에서 예언자의 임무를 수행하다가 메디나 북쪽에 이슬람 공동체를 세웠다. 말년에는 메카로 돌아와 그동안 카바에 자리 잡

종교가 사악해질 때

은 많은 우상들을 정화했다.

무함마드: 꾸란에 따르면 무함마드는 하나님의 계시를 인류에게 전하는 임무를 맡은 예언자들 중 가장 마지막에 온 자, 즉 예언자들의 '봉인'이다. 서기 570년에 메카에서 태어난 무함마드는 여섯 살 때 어머니를 잃고 고아가 되었다. 아버지는 그가 태어나기도 전에 이미 세상을 떠났으므로, 그를 키워준 사람은 숙부 아부 탈리브였다. 무함마드는 영적인 면에 관심이 많았으며, 어렸을 때부터 정직하고 신실하다는 평을 들었다. 별명이 '믿을 수 있는 사람'이라는 뜻의 al-amin일 정도였다. 그는 마흔 살 때 영적인 수행을 하던 중 천사 가브리엘을 만났다. 무함마드 앞에 나타난 가브리엘은 그에게 하나님의 계시를 '낭송하라'고 말했다. 이렇게 해서 22년에 걸친 그의 예언자 활동과 이슬람교가 시작되었다. 그가 말한 계시는 하나님의 말씀으로 간주된다. 신약성서 분량의 약 80퍼센트 길이인 꾸란은 바로 이런 계시들로 이루어져 있다. 무함마드가 공동체의 종교적, 정치적, 경제적, 군사적 지도자로서 말하고 행동한 것을 모은 하디스는 무슬림들에게 두 번째로 권위 있는 자료다. 무함마드는 메카에서 메디나로 이주(히즈라)한 지 10년 만인 서기 632년에 세상을 떠났다.

묵시록: '베일을 들어올리다,' 즉 대다수의 사람들에게 숨겨져 있던 정보를 밝힌다는 뜻의 그리스어에서 묵시록을 뜻하는 영어 단어 apocalypse가 유래했다. 아브라함 종교(유대교, 기독교, 이슬람교)에서 묵시록은 대개 세상의 종말, 죽음, 심판, 천국, 지옥과 관련된 주제를 다룬다. 성경 마지막 권인 〈계시록〉은 흔히 〈요한의 묵시록〉이라고도 불린다.

부처: '깨달음을 얻은 자' 또는 '깨어난 자'를 뜻하는 호칭. 불교의 창시자인 고타마 싯다르타에게 주로 사용된다. 전해지는 이야기에 따르면, 왕자로 태어난 그는 젊은 나이에 왕궁 생활을 버리고 금욕하며 방랑하는 구도자가 되었다. 여러 해 동안 갖가지 고난과 시련을 겪으며 그는 깨달음의 길을 발견한다. 첫 번째 설법에서 그는 불교의 초석이 된 사제(四諦)를 설파했다. 이 종교가 인도 북부에서 뿌리를 내리고 꽃을 피운 뒤 2500년 동안 수많은 학파와 경전이 나타났고, 수억 명에 이르는 추종자들이 이를 따랐다. 불교는 기독교, 이슬람교와 마찬가지로 선교하는 종교다. 불교 승려들과 평신도들은 비록 많은 기독교인이나 무슬림만큼 적극적이지 않지만, 그래도 관심을 보이는 사람들에게 열반에 이르는 길에 대한 부처의 가르침을 전하고자 애쓰고 있다.

사제(四諦): 부처가 깨달음을 얻은 뒤 첫 번째 설법에서 분명히 밝힌 불교 가르침의 핵심. (1) 인생은 고통(dukkha)이다. (2) 욕망과 애정에 집착하는 것이 고통의 근원이다. (3) 욕망을 그치면 고통도 없앨 수 있다. (4) 팔정도(바른 견해, 바른 사유, 바른 언어, 바른 행위, 바른 생계, 바른 노력, 바른 마음챙김, 바른 집중)가 욕망을 그치는 길을 제시해준다.

산상수훈: 예수가 갈릴리 바다를 굽어보는 산에서 행한 설교로, 예수의 가르침 중 가장 유명하다. 이 설교에서 예수는 새로운 시대를 선포하고, 신자들에게 더욱더 고결한 요구를 한다. 마태복음(5-7장)에 나오는 이 산상수훈은 먼저 팔복(八福)을 이야기한다("심령이 가난한 자는 복이 있나니 천국이 저희 것임이요… 화평케 하는 자는 복이 있나니 저희가 하나님의 아들이라 일컬음을 받을 것임이요…"). 하나님의 가르침을 실천하는 자에게 하나님이 복을 내릴 것이라는 선언이다. 그밖에도 산상수훈에는 주기도문, 황금률, 실천적 경건에 대한 가르침, 하나님의 율법에 대한 새로운 해석이 포함되어 있다.

수피즘: 이슬람교 내부의 신비주의 종파. 수피즘이라는 말은 아랍어 suf(모직)에서 유래했을 가능성이 높다. 신자들이 소박한 모직 망토를 걸치고 다니기 때문이다. 수피즘 운동은 무함마드 시대로부터 1세기 뒤에 시작되었다. 신실한 신자들이 하나님과 더 가까워질 수 있는 방안을 여러 무슬림 구도자들이 고안해냈고, 수피즘의 스승들을 중심으로 다양한 사조와 의식이 만들어져 수백 년 동안 이슬람 세계 전역으로 퍼져 나갔다. 힌두교, 불교, 기독교, 유대교 등의 내부에 존재하는 신비주의 종파들은 물론 여타 신비주의 운동과 마찬가지로 수피즘도 개인이 직접적으로 신을 접하는 경험을 추구한다. 그들은 꾸란을 해석할 때도, 자신들의 의식과 전통적인 교리의 내적인 의미를 가르칠 때도 은유, 비유, 우화를 사용한다. 꾸란의 문구를 중시하는 무슬림들은 수피즘의 이러한 해석을 정통파 신앙에 대한 위협으로 인식하고 때로 그들을 박해하기도 했다. 많은 서구인들은 잘랄 아드-딘 무함마드 루미의 시나 수피 수도승들이 황홀경 상태에서 격렬하게 춤을 추는 공연을 통해 수피즘을 알게 되었다.

순교자: 신성한 대의를 위해 죽은 사람. 사도행전 7장에 따르면, 돌에 맞아 죽은 스티븐이 기독교 최초의 순교자다. 순교자를 뜻하는 영어 단어 martyr는 '증인'을 뜻하는 그리스어에서 유래했다. 자신의 신앙을 증언한 대가로 목숨을 잃는 일은 기독교 역사 초기 몇 백 년 동안 특히 흔하게 일어났다. 무슬림 순교자(아랍어로 '증인'을 뜻하는 shahid)는 이슬람교의 대의를 위해 싸우다가, 또는 그 대의를 수호하다가 죽은 사람이다. 다른 사람들은 모두 최후의 심판을 받아야 하지만, 순교자는 즉시 천국으로 인도된다고 꾸란에 적혀 있다. 고통을 통해 구원받는 것은 시아파에서 특히 중요하게 여겨진다. 무함마드의 손자 후세인이 서기 680년 카르발라(현재의 이라크 남부)에서 순교하며 시작된 종파이기 때문이다.

십자군: 서기 1095년부터 16세기까지 기독교가 이끈 일련의 군사원정. 처음 2세기 동안에는 교황이 예루살렘과 성지를 무슬림의 손에서 되찾는다는 목표를 내세워 원정을 시작하거나 인가했다. 시간이 좀 흐른 뒤에는 여러 지역에서 이교도나 이단으로 평가되는 사람들에게 종교를 내세운 학살을 자행하기도 했다. 무슬림뿐만 아니라 유대인과

종교가 사악해질 때

다양한 정교 종파 신자들 또한 유럽 출신 십자군 군인들의 손에 무자비하고 야만적인 일을 당할 때가 많았다. 십자군의 사회적, 정치적, 경제적, 종교적 충격은 지금도 전 세계의 많은 무슬림뿐만 아니라 중동 기독교인들의 인식과 행동에 영향을 미치고 있다.

아마겟돈: 신의 선한 군대와 악마의 악한 군대가 온 세상을 무대로 벌이는 최후의 싸움을 흔히 일컫는 말. 이 단어는 오늘날 이스라엘 북부에 해당하는 지역에 있던 히브리의 Har Megiddo(메기도 언덕)에서 유래했다. 기독교 종말론을 연구하는 사람들 중 일부는 대격변을 일으킬 이 싸움으로 지상에 1천 년의 평화를 위한 기반이 마련될 것이라고 해석한다. 아마겟돈의 더 넓은 의미로는 모든 싸움에 종지부를 찍는 싸움이라는 뜻이 있다.

아바타: '하강'을 뜻하는 산스크리트어. 힌두교의 신이 지상에 모습을 드러내거나 화신으로 나타난 것을 의미한다. 힌두교는 다양한 아바타를 인정하는데, 특히 비슈누 신의 아바타가 많다. 라마와 크리슈나는 이런 화신들 중 가장 유명하고 가장 널리 숭배받는 존재다. 크리슈나는 가장 인기 있는 힌두 문헌인 『바가바드 기타』에서 핵심적인 역할을 한다. 많은 서구인들은 1960년대에 등장한 하레 크리슈나 교단과 힌두교의 영적인 면을 탐구한 비틀즈 덕분에 크리슈나의 가르침에 더 친숙해질 수 있었다. 차트 1위를 기록한 조지 해리슨의 노래 '마이 스위트 로드'는 크리슈나를 찬양하는 곡이다. 일부 힌두교도는 부처도 아바타였다고 생각하며, 비슈누가 칼키라는 아바타로 또 한 번 나타날 것이라고 믿는 사람도 많다.

아힘사: '비폭력'을 뜻하는 산스크리트어. 아힘사는 힌두교, 불교, 자이나교의 핵심적인 특징이다. 살아 있는 것에게 상처를 입히지 말라는 명령은 고대 인도에서 기원한 이 세 종교의 기본적인 교리인 업(業, 행동이 결과를 낳는다는 법칙)이라는 개념과 관련되어 있다. 20세기에 마하트마 간디는 평소 행동은 물론 영국에 맞서 인도 독립운동을 이끌 때에도 이 비폭력 원칙을 실천했다.

알라: '신'을 뜻하는 아랍어. 세계에서 두 번째로 큰 종교로 약 14억 명의 신도를 거느린 이슬람교와 함께 주로 연상되는 단어다. 아랍어를 사용하는 기독교인과 유대인도 예배와 기도 때 '알라'라는 단어를 사용한다. 일신교의 두드러진 사례인 이슬람교의 신앙고백은 "하나님(알라) 외의 신은 없고, 무함마드는 신의 전령"이라고 선언한다. 이 선언문의 후반부는 하나님이 예언자를 통해 계시를 내리며, 예언자들 중 최후의 인물이 무함마드임을 이슬람교가 인정하는 내용이다. 알라의 속성 또는 성격은 '알라의 이름 아흔아홉 개'를 통해 표현된다(예를 들어 자비의 알라, 전지의 알라, 진리의 알라 등).

알카에다: 무슬림의 땅에서 외세를 몰아내고 새로운 이슬람 제국을 세우는 데 헌신하

는 여러 수니파 집단들로 이루어진 국제적인 조직. 아랍어로 알카에다는 문자 그대로 '기지'라는 뜻이다. 1989년에 오사마 빈 라덴이 소련의 아프가니스탄 점령에 반대해 결성한 알카에다는 현재 유럽, 아프리카, 북아메리카에서 대개 자율적으로 움직이는 집단들로 구성되어 있다. 빈 라덴의 집단과 의견을 주고받는 집단도 있고, 단순히 빈 라덴에게서 영감을 얻는다고 주장하는 집단도 있다. 알카에다에 속한 집단들은 대단히 눈에 띄는 사건(예를 들어 2001년 9월 11일 세계무역센터와 미국 국방부 공격)을 일으켜 인명살상과 파괴를 자행하는 폭력적인 행동으로 가장 널리 알려져 있다.

약속의 땅: 창세기에는 하나님이 아브라함과 그 후손들에게 가나안 땅을 주겠다고 약속하는 내용이 나온다. 아브라함, 이삭, 야곱이 이 땅에 정착하는 내용도 있다. 그러나 야곱의 아들들은 심한 가뭄 때문에 이집트로 피난한다. 성경의 두 번째 권인 출애굽기에서 모세는 예언자로 등장해 이스라엘의 자손들을 이끌고 이집트를 벗어나서 하나님이 아브라함에게 약속하신 땅으로 향한다. 현재 많은 유대인과 기독교인은 하나님이 아브라함의 후손들에게 하신 이 약속이 현대에 되살아나 1948년 현대국가 이스라엘이 세워졌다고 본다.

업: 행동과 그 결과의 법칙. 힌두교, 불교, 자이나교, 시크교의 핵심적인 교의로, 환생이라는 개념과 밀접하게 관련되어 있다. 사람이 쌓은 업이 행동에 영향을 미치고, 그것을 통해 과거, 현재, 미래의 환생을 이해할 수 있다는 것이다. 이 세계관에 따르면, 모든 사람이 행동을 할 때마다 차곡차곡 쌓이는 효과를 통해 스스로 책임을 지게 만드는 일관된 윤리 시스템이 가능해진다. 요즘은 좋은 운이나 악운을 가볍게 설명할 때 '업'이라는 용어가 널리 사용된다.

역사적 전천년설: 인류 역사를 여러 시기('율법 시대')로 나누는 기독교의 해석 틀. 각 시기마다 서로 다른 구원 수단이 작동한다. 이 견해에 따르면, 지상 최후의 율법시대는 1천 년에 걸친 평화의 왕국인데, 그리스도의 재림과 아마겟돈 전투가 이 왕국의 시작이다. 이 두 사건이 7년 동안의 재난과 시련에 종지부를 찍고, 예수님과 선한 군대가 승리를 거두면서 평화의 천 년이 도래한다는 것이다. 성스러운 역사를 이렇게 해석하는 방식은 수십 년 전부터 핼 린지의 책《위대한 행성 지구의 종말》,《레프트 비하인드》와 영화를 통해 대중에게 널리 알려졌다. 이 세계관을 받아들인 사람들은 우리가 현재 전천년 시대의 마지막 나날을 살고 있다고 믿는다.

예루살렘: 유대교, 기독교, 이슬람교가 모두 신성하게 생각하는 도시. 다윗 왕이 기원전 1000년경 예루살렘을 정복해 이스라엘의 수도로 삼았다. 그가 종교 생활의 중심지가 될 신전을 짓기 시작한 모리아 산은 아브라함이 아들 이삭을 거의 희생 제물로 바칠 뻔했던 장소(창세기 22장 참조)라고 유대인들이 믿는 곳이다. 신전은 다윗의 아들인

솔로몬 왕이 완성했다. 4세기 뒤 예언자 예레미야의 시대(기원전 587년)에 바빌로니아 군대가 신전을 파괴하고 예루살렘을 약탈했다. 그로부터 50년 뒤에는 페르시아 제국이 바빌로니아에 승리를 거둔 덕분에 유대인들이 예루살렘으로 돌아와 신전을 다시 세울 수 있었다. 예루살렘은 또한 마태, 마가, 누가, 요한 등 4대 복음서에서 거의 3분의 1이나 되는 분량을 차지하는 예수의 십자가 처형과 부활 이야기 중 예수의 마지막 1주일을 묘사한 부분에서 핵심적인 위치를 차지한다. 서기 70년에는 신전이 또다시 파괴되고 예루살렘도 또다시 약탈당했다. 이번에는 로마 군대가 범인이었다. 그 뒤로 신전은 다시 세워지지 않았지만, 예루살렘은 거의 2천 년 동안 전 세계에 흩어져 살던 유대인들에게 계속 영적인 중심지였다. 과거 신전의 잔해로 지금 유일하게 남아 있는 것은 서쪽 벽뿐이다. 1948년에 현대 국가 이스라엘이 건국되면서 예루살렘은 수도가 되었다. 이슬람교는 유대교 및 기독교와 신성한 역사를 공유할 뿐만 아니라, 예루살렘과도 유대를 갖고 있다. 무함마드가 예루살렘으로 간 야간 여행 이야기(미라지) 때문이다. 무슬림들은 무함마드가 메카에서 예루살렘까지 하룻밤 만에 가는 기적이 있었다고 믿는다. 그는 예루살렘에서 예언자들(아브라함, 모세, 예수 등)과 함께 기도한 뒤 천국으로 들려 올라가 낙원을 보았다. 그가 기도한 장소에는 그 사실을 기념하는 알 아크사 모스크가 세워져 있다. 그가 승천한 장소인 바위의 돔은 거기서 몇 백 미터 떨어진 곳에 있다. 화려한 황금색 둥근 지붕 형태의 이 구조물은 오늘날 예루살렘에서 가장 눈에 띄는 상징적인 건물이다. 메카와 메디나(사우디아라비아)에 이어 예루살렘(무슬림들은 아랍어로 '성지'를 뜻하는 알쿠즈라고 부른다)은 이슬람교에서 세 번째로 중요한 성지다. 이처럼 유대교, 기독교, 이슬람교가 모두 이 도시와 깊은 유대를 맺고 있기 때문에, 이스라엘과 팔레스타인 사이의 오랜 분쟁에서 이 도시의 미래를 어떻게 결정할지가 여전히 가장 어려운 문제 중 하나다.

와하비즘: 이슬람 수니파 내부의 극보수 교파를 일컫는 말. 와하비 운동은 18세기에 매우 보수적인 한발리 학파를 추종한 무함마드 이븐 압둘 와하브로부터 시작되었다. 그는 최초의 무슬림들이 따른 믿음과 관습을 엄격히 지켜야 한다고 가르쳤다. 이 운동은 다른 종교에서 일어난 개혁운동과 비슷하다. 이런 운동에서는 엄격한 추종자들이 '진정한' 종교를 찾아내는 한편, 이단으로 간주되는 믿음과 관습을 일소하려고 한다. 1745년에는 무함마드 이븐 사우드가 무함마드 이븐 압둘 와하브의 견해를 받아들였고, 이들의 엄격한 주장은 아라비아 반도에서 뿌리를 내려 번성했다. 20세기 후반과 21세기 초에 사우디아라비아 정부는 석유로 벌어들이는 막대한 수입에서 수십억 달러를 투자해 모스크를 짓고, 꾸란을 배포하고, 종교 지도자를 가르쳤다. 이런 노력의 결과 엄격한 와하비즘이 전 세계로 퍼졌다.

우파니샤드: 서력기원이 시작되기 전 수백 년에 걸쳐 만들어진 힌두 경전. 13종의 중요 우파니샤드에는 힌두교 전통 내에서 핵심적인 교의로 떠오른 것들(예를 들어 업, 환

생, 윤회의 고리를 벗어나는 열쇠인 범아일여의 깨달음 등)에 대한 다양한 철학적 사색과 가르침이 들어 있다.

6일 전쟁: 1967년 6월 5일에 이스라엘과 이웃 아랍 국가인 이집트, 요르단, 시리아 사이에 전쟁이 발발했다. 이스라엘은 6일 만에 놀라운 승리를 거둬 (원래 이집트가 지배하던) 가자지구와 (1948년부터 1967년까지 요르단이 지배하던) 요르단강 서안을 점령했다. 여기에는 동 예루살렘도 포함되어 있다. 이후 유엔 결의안 242호는 영구적인 평화를 위해 이스라엘이 점령지를 반환하는 방안을 내놓았으나, 40여 년의 세월이 흐른 뒤에도 이스라엘은 6일 전쟁에서 점령한 영토 중 대부분을 여전히 군사적으로 점령한 채 통치하고 있다. 쉽게 결론이 나지 않는 이스라엘-팔레스타인 평화협상이 만약 성과를 거둔다면, 이 점령지는 독립국가 팔레스타인의 땅이 될 것이다.

이맘: '지도자' 또는 '앞에 나선 사람'을 뜻하는 아랍어. 모스크에서 공동 기도를 이끄는 사람이 이맘이다. 수니파에서는 율법에 정통한 학자나 하디스에 정통한 사람 등 널리 인정받는 종교 지도자를 이맘이라는 호칭으로 부르기도 한다. 시아파에서는 자신들이 정당한 지도자로 인정한 무함마드의 자손들에게 이 호칭을 적용했다. 현재의 시아파에서는 삶의 모든 측면에서 신도들을 이끈다고 평가되는 사람을 이맘으로 부른다 (예를 들어 이란 시아파는 아야툴라 호메이니를 흔히 이맘 호메이니라고 불렀다).

이스라엘 정착민: 1967년 6일 전쟁 때 이스라엘이 점령한 땅에 사는 유대인들을 일컫는 말. 이들 중 많은 사람들이 이미 예루살렘 인근이나 1967년 이전 국경선 근처로 이주했지만, 가장 열성적인 정착민들은 헤브론처럼 인구가 많은 팔레스타인 지역과 전략적인 이점이 있는 산꼭대기 등에서 공동체를 이루어 살고 있다(민족의 조상들이 잠든 무덤 근처에 있고 싶다는 것이 겉으로 내세운 이유다). 주로 정통파 유대교도인 그들은 하나님이 이스라엘에 모든 땅을 주었다고 믿기 때문에, 팔레스타인에게 땅을 주고 평화협정을 맺는 식의 타협에 강력히 반대한다. 아리엘 샤론이 이끄는 이스라엘 정부가 2005년 여름 가자지구에서 물러났을 때, 많은 정착민들이 노골적으로 적대적인 태도를 보였다. 40년에 걸친 요르단강 서안과 가자지구 점령 기간 중 100곳이 넘는 정착지가 만들어졌다. 이들을 잇는 특별한 도로, 대단히 불균형하게 이용되고 있는 물과 경작지, 정착민들이 때로 팔레스타인인들에게 보이는 폭력적인 행동이 중동의 평화 정착을 위한 노력에 커다란 장애물이 되고 있다.

이슬람의 다섯 기둥: 모든 무슬림이 수행해야 하는 기본적인 의무. shahadah는 '하나님 이외의 신은 없으며 무함마드는 신의 전령'임을 증언하는 것, salat는 메카의 카바를 향해 하루에 다섯 차례(동틀 녘, 정오, 오후, 일몰, 저녁) 기도하는 것, sawm은 라마단 기간 동안 해가 떠서 질 때까지 금식하는 것(음식, 물, 흡연, 성관계 등 신체적인 쾌

종교가 사악해질 때

락을 주는 모든 활동을 금한다), zakat은 매년 소득의 2.5퍼센트를 종교나 자선을 위해 기부하는 것(때로 세금의 형태를 띠기도 한다), hajj는 매년 메카로 순례를 떠나는 것을 말한다. 마지막 순례 여행의 경우, 신체적으로나 경제적으로나 이 여행이 가능한 무슬림은 평생 적어도 한 번은 이 의무를 실천해야 한다. 이 다섯 기둥은 하나님 앞에서 인간이 평등하다는 의식과 모두 하나님에게 의지하고 있다는 의식을 강화하는 역할을 한다.

이슬람 수니파: 현대 무슬림 중 대다수(약 85퍼센트)가 수니파다. 수니라는 이름은 예언자의 '습관' 또는 '행동'을 뜻하는 아랍어 sunnah에서 유래했다. 무슬림들은 예언자의 행동을 따라 하려고 한다. 시아파와 달리 수니파는 통합적인 위계 구조가 있는 종교적 지도 체계를 발전시키지 않았다. 수니파 내에는 다양한 율법 학파가 존재하며, 율법이나 종교에 관련된 문제에서 지역마다 서로 다른 권위를 인정하고 따른다. 따라서 수니파라는 이름 밑에 상당한 다양성이 존재한다.

이슬람 시아파: 이슬람교 내부에서 두 번째로 큰 종파. 아랍어로 shi'ah는 '당' 또는 '파벌'을 뜻한다. 무슬림 공동체(움마)의 지도자로 알리가 무함마드의 뒤를 이어야 한다고 주장한 집단이 시아파가 되었다. 서기 632년에 무함마드가 잠시 병석에 누워 있다가 세상을 떠났을 때, 알리의 당파는 무함마드가 예언적 계시를 제외한 모든 분야에서 자신의 후계자로 사촌이자 사위인 알리를 지정했다고 주장하고 나섰다. 앞으로 예언자는 더 이상 나오지 않을 것이라는 뜻이었다. 그러나 메디나에 있던 공동체의 다수파는 이슬람교를 처음으로 받아들인 사람 중 한 명이자 무함마드의 절친한 친구 겸 장인인 아부 바크르를 1대 칼리프로 선택했다. 후에 아부 바크르와 우마르(2대 칼리프)가 세상을 떠났을 때에도 다수파는 알리를 지도자로 선택하지 않았다. 알리는 세 번째 지도자인 우트만이 세상을 떠난 656년에 비로소 칼리프로 지명되었으나, 5년 뒤 그가 살해당하자 공동체가 다시 분열되었다. 시아파는 무함마드의 손자가 지도자의 자리를 물려받는 것이 합당하다고 주장했으나, 다수파는 찬성하지 않았다. 이렇게 해서 이슬람교 내부에 대형 지파 둘이 성립되었고 내전이 벌어졌다. 서기 680년에는 무함마드의 손자 후세인이 카르발라 학살 때 목이 잘려 죽었다. 그 이후로 여러 시아파 분파와 수니파 집단이 생겨나 성장했다. 현재 시아파는 무슬림 인구의 약 15퍼센트를 차지하고 있으며, 이란, 이라크, 레바논, 바레인에서는 다수파의 위치에 있다.

이슬람 지하드: 이슬람교의 이름으로 폭탄공격, 납치, 군사행동을 저지르는 여러 조직이 이 이름을 사용한다. 1980년대와 1990년대에 레바논에서 정체를 알 수 없는 사람들이 가장 먼저 이 이름을 사용했으며, 그 뒤로 팔레스타인 영토와 이집트 등 여러 곳에서 이슬람 지하드라는 조직들이 등장했다.

지하드: '하나님의 길을 위한 노력 또는 투쟁'을 뜻하는 아랍어. 군사행동 등 이슬람교를 수호하기 위한 외적인 투쟁을 지칭하는 단어로 사용될 때가 많다. 무함마드는 옳은 일이 무엇인지 알고 행하기 위해 자신과 벌이는 내적인 투쟁이 '더 위대한 투쟁(지하드)'이라고 가르쳤다.

정의로운 전쟁 이론: 기독교는 처음 300년 동안 대체로 전쟁을 거부하는 평화주의 종교였다. 그러나 기독교가 4세기 초 콘스탄티누스가 다스리는 제국과 관계를 맺기 시작하면서, 군사행동은 비록 하나님의 직접적인 재가를 받지는 않았을망정 그래도 필요한 일로 간주되었다. 그 뒤 수백 년에 걸쳐 가톨릭교회는 '정의로운 전쟁'의 기준을 만들었다. 여기에는 전쟁에 '정의롭다'는 말을 붙일 수 있는 조건과 전쟁 중에 허용될 수 있는 행위 등이 포함되었다. 정의로운 전쟁 이론의 핵심적인 요소들은 다음과 같다. (1) 합법적인 당국이 전쟁을 선포해야 한다. (2) 전쟁의 명분이 정의로워야 한다. (3) 교전의 의도가 선의 전파나 악의 회피 등 올바른 것이어야 한다. (4) 반드시 올바른 수단으로 전쟁을 수행해야 한다. 이밖에 다음의 기준들이 때로 추가로 언급된다. (1) 반드시 죄를 지은 자를 상대로 한 행동이어야 한다. (2) 무고한 자가 고통을 당하면 안 된다. (3) 전쟁은 반드시 최후의 수단으로 사용되어야 한다. (4) 반드시 성공의 가능성이 온당한 수준이어야 한다. 정의로운 전쟁 이론의 여러 요소에 대한 논란은 1991년의 걸프전이나 2003년에 시작된 이라크전처럼 현대 전쟁에서도 전쟁 이전이나 전쟁 중에 거듭 제기되었다.

탈레반: 1995년부터 2001년까지 아프가니스탄 대부분 지역을 다스린 집단의 이름. 아랍어로 '학생'을 뜻하는 단어 talib에서 유래한 이름이다. 탈레반은 러시아가 아프가니스탄을 점령한 1980년대에 이웃 국가 파키스탄의 이슬람 학교(마드라사)에서 생겨났다. 그들은 극단적인 이슬람 율법을 추종하며 (공개 처형에서부터 사소한 범죄에 태형을 가하는 것까지) 호된 신체적 처벌을 가하고 (온몸을 가리는 부르카에서부터 교육과 직업 선택 기회를 심각하게 제한하는 조치에 이르기까지) 여성을 차별하는 정책 때문에 국제적인 관심과 비판을 받았다. 탈레반은 또한 오사마 빈 라덴이 이끄는 알카에다에게 활동 기지를 제공해주기도 했다. 2001년 미국의 주도로 탈레반 정권이 무너질 때까지, 그들을 아프가니스탄의 합법적인 정부로 공식 인정한 나라는 전 세계에서 오직 세 곳(파키스탄, 사우디아라비아, 아랍에미리트)뿐이었다.

토라: '가르침' 또는 '율법'이라는 뜻의 토라에는 히브리 성경의 맨 앞에 실린 다섯 권, 즉 Tanakh(창세기, 출애굽기, 레위기, 민수기, 신명기)가 포함된다. 전통적으로 모세에게서 유래했다고 여겨지는 토라(모세 5경이라고도 한다)는 수백 년 동안 다양하게 전해져온 구전 전승과 글을 모아놓은 것이다. 여기에는 천지창조, 이스라엘의 조상들(아브라함, 이삭, 야곱), 모세와 이집트 탈출, 율법 전수, 이스라엘의 종교의 기반이 될 종

교적 의식과 축일과 관습의 확립 등에 관한 이야기가 실려 있다.

파트와: 인정받는 이슬람 학자가 내놓는 의견. 이슬람교 초기 몇 세기 동안 저명한 학자의 파트와는 간혹 다른 학자, 재판관, 일반 신도 등에게 이슬람 율법의 모호한 부분을 명확히 정리해주는 역할을 했다. 이슬람교가 지배하는 여러 지역에서 수백 년 동안 파트와는 다양한 역할을 했는데, 여기에는 해당 사회에서 이슬람 율법이 어떻게 적용되는지가 큰 영향을 미쳤다. 최근 수십 년 전부터는 널리 인정받는 종교 지도자(예를 들어 아야톨라 호메이니)나 종교 지도자를 자임하고 나선 사람(예를 들어 오사마 빈 라덴) 등 몹시 다양한 종교적 인물들이 파트와를 발표했다.

팔레스타인 인티파다: 요르단강 서안과 가자지구에 살고 있는 팔레스타인 사람들이 20년이 넘는 이스라엘의 군사점령과 통치에 대항해 일으킨 '봉기.' 제1차 인티파다(1987~1993년)에는 어린 소년들이 이스라엘 탱크와 장갑차에 돌을 던지는 시위뿐만 아니라, 시민불복종 전술(총파업, '팔레스타인 시간' 선언, 이스라엘 제품 불매운동, 이스라엘 차량의 출입을 막는 바리케이드 세우기 등)도 사용되었다. 6년에 걸친 봉기 기간 동안 1천 명이 넘는 팔레스타인 사람들이 이스라엘 군인과 정착민에게 살해당한 반면, 팔레스타인 사람들 손에 죽은 이스라엘 사람들은 150여 명이다. 제2차 인티파다는 2000년에 발생했다. 당시 이스라엘 야당 리쿠드당의 지도자이던 아리엘 샤론이 전투복장을 갖춘 경찰관 수백 명과 함께 성전산을 방문한 것이 불씨가 되었다. 샤론의 계략적인 방문 이후 벌어진 충돌에서 48시간 동안 팔레스타인 사람 100여 명이 목숨을 잃었다.

팔레스타인 해방기구(PLO): 팔레스타인의 10~12개 집단이 모인 연합체. 1974년 이후로 팔레스타인 사람들을 합법적으로 대표하는 기구로 널리 인식되었으나, 최근 하마스가 영향력을 키우고 정치적인 승리를 거두면서 이런 인식에 변화가 생겼다. 야세르 아라파트는 1969년부터 2004년 세상을 떠날 때까지 PLO 내부에서 가장 큰 규모와 영향력을 지닌 집단(파타)을 이끌며 15명으로 구성된 PLO 집행위원회 의장 역할을 했다. PLO에는 내부의 각 집단을 통제하는 확실한 체제가 없기 때문에, 평화적 공존을 위한 주도적인 노력에서부터 테러 공격에 이르기까지 온갖 다양한 일이 팔레스타인 해방기구의 이름으로 시행되었다. 2004년부터는 선거로 선출된 마흐무드 압바스 수반이 PLO 집행위원회 의장을 맡고 있다.

하디스: 예언자 무함마드의 언행을 기록한 '전승(傳承)'. 꾸란은 무함마드를 '아름다운 모델'이라고 지칭한다. 무슬림들은 가장 적절한 삶의 길(sunnah)을 결정하는 데 그의 언행을 필수적인 요소로 본다. 그들은 하디스를 모아서 판단하고, 진위 여부를 파악하고, 등급을 정하는 정교한 방법을 개발했다. 정통 수니파와 시아파의 하디스 모음에 여

러 판본이 존재하며, 이슬람 율법에서 하디스는 꾸란 다음으로 권위를 인정받는다.

하마스: 가자지구에 기반을 둔 팔레스타인의 수니파 조직. 아랍어 harakat al-muqawama al-Islamiyya(이슬람 저항운동)의 머릿글자를 따서 하마스(Hamas)라는 이름을 만들었다. 1987년 제1차 팔레스타인 인티파다(봉기) 때 무슬림 형제단의 한 지파로 창설된 하마스는 자살 폭탄 공격 등 이스라엘과의 폭력적인 대립을 지원하며 국제적으로 유명해졌다. 팔레스타인 영토 안에서는 이스라엘 점령기에 정부의 각종 기능(교육기관, 병원, 사회복지기관, 군대)을 제공했다. 오랫동안 선거를 통한 정치를 멀리하던 하마스는 팔레스타인 선거에 참여하기 시작하면서, 2006년 1월에 팔레스타인 의회 선거에서 결정적인 다수(132석 중 76석)를 차지했다. 하마스 지도자들과 지지자들은 이스라엘과의 분쟁을 계속 이어나가는 한편, 고(故) 야세르 아라파트가 수십 년 동안 이끌던 파타 당과도 거듭 충돌하고 있다.

헤즈볼라: 레바논에 기반을 둔 시아파 정치 군사 집단으로, 헤즈볼라라는 이름은 '하나님의 당'이라는 뜻이다. 1980년대 레바논 내전 중에 결성된 헤즈볼라는 이란 혁명 지도자 아야톨라 호메이니의 영향을 받았으며, 호메이니도 그들을 지지했다. 헤즈볼라는 레바논 남부 여러 곳에 본거지를 확보하고 이스라엘 점령군과 계속 싸움을 이어갔으며, 몇 주 동안 이스라엘과 충돌한 2006년 여름에는 레바논 정계에서 상당한 세력을 확보하고 중앙정부의 통제를 받지 않는 민병대를 거느리고 있었다. 이스라엘과 사실상 무승부를 이룬 덕분에 헤즈볼라의 세력과 명성이 레바논 국경을 뛰어넘어 무슬림들 사이에서 더욱 강화되었다.

히잡: '커버' 또는 '베일'을 뜻하는 아랍어. 꾸란은 무슬림 남성들에게 무함마드의 아내들과 이야기할 때는 히잡이 필요하다고 가르친다. 이런 관습이 남녀 분리의 기반이 되었다. 오늘날 히잡은 흔히 여성들이 머리와 몸을 가리기 위해 머리에 쓰는 천을 가리킨다. 여성들의 몸을 가리는 옷차림은 나라마다 조금씩 차이가 있다.

주

들어가는 말

1. 2001년 9월 28일자 《워싱턴포스트》는 이 문서의 전문을 영어로 번역해 실었다.
2. George W. Bush, 2001년 9월 21일자 《뉴욕타임스》에서 인용.
3. 나는 이슬람의 경전인 꾸란을 영어로 Qur'an으로 표기하는 편이 낫다고 생각한다. 이것은 아랍어의 올바른 번역일 뿐만 아니라, 영어에 더 가까운 이름인 Koran보다 발음상 아랍어에 더 가깝다. 이슬람 예언자의 이름도 모하메드보다 무함마드가 아랍어에 더 가깝다.
4. 정확한 인구통계 정보를 얻기는 쉽지 않다. 특히 아시아, 아프리카, 라틴아메리카의 일부 지역이 그렇다. 여기에 인용한 숫자에는 신도들의 참여도가 반영되어 있지 않다. 예를 들어 미국인 중에는 스스로를 (유대교도, 무슬림, 불교도가 아니라) 기독교인이라고 생각하면서도 교회에서 적극적으로 활동하지는 않는 사람들이 상당히 많다.
5. Diana L. Eck, *A New Religious America: How a "Christian Country" Has Become the World's Most Religiously Diverse Nation* (San Francisco: Harper-SanFrancisco, 2001) 참조.
6. Wilfred Cantwell Smith, "Comparative Religion - Whither and Why?" in *The History of Religions: Essays in Methodology*, M. Eliade와 J. M. Kitagawa 편집 (Chicago: University of Chicago Press, 1959), 34. 스미스는 맥길(McGill) 대학에 Islamic Studies Center를 설립하고 하버드 대학의 Center for the Study of World Religions를 발전시키는 데 중요한 역할을 했다. 그는 또한 American Academy of Religion과 Middle East Studies Association의 회장을 역임했다. 그가 이슬람 연구와 비교종교학 연구에 커다란 영향을 끼쳤는데도 일반인들에게는 그의 많은 저작들이 별로 알려져 있지 않다. 그는 자신의 저서 중 가장 읽기 쉬운 책 *The Faith of Other Men* (New York: Harper & Row, 1962)의 내용을 시대에 맞게 수정해서 *Patterns of Faith Around the World* (Oxford: Oneworld Publications, 1998)라는 제목으로 다시 발표했다. 그가 마지막으로 발표한 중요한 저서 *What Is Scripture?*에는 그의 다른 주요 저작 목록이 실려 있다.

1. 종교 그 자체가 문제인가?

1. Christian Science Monitor는 2001년 10월 2일자에서 많은 대학들이 2002년 봄 학기에 이슬람, 중동, 남아시아에 대한 강의들을 신설했다고 보도했다. 비록 대학 캠퍼스에서는 이들 지역에 대한 관심이 상당히 높지만, 한 학기에 걸친 강의를 실제로 신청해서 들을 수 있는 학생은 소수에 불과하다.

2. 이슬람의 다섯 기둥은 샤하다(shahadah: 신앙고백), 살라트(salat: 정해진 시간에 메카를 향해 매일 다섯 차례씩 기도를 드리는 것), 자카트(zakat: 자선), 사움(sawm: 라마단 기간 해가 떠 있는 동안 금식하는 것), 하지(hajj: 매년 메카로 순례를 떠나는 것)이다.

3. 어떤 개인이나 단체에게 특정한 사물이나 사건이 종교적으로 어떤 의미를 갖고 있는지 파악하는 데는 여러 가지 방법이 있다. 관련 문헌을 읽고 관계자들의 행동을 분석하는 방법도 있지만, 오늘날에는 당대를 함께 살아가는 사람들을 연구 대상으로 삼는 방법이 그 어느 때보다 편리하다. 즉 그들에게 직접 물어보는 것이다. 나는 수십 년 동안 유대교도, 기독교인, 무슬림 등은 물론 종교를 믿지 않는 사람들에게도 이 방법을 체계적으로 시행해왔다. 대부분의 사람들은 질문을 던지는 사람이 자신의 종교나 신념에 대해 열심히 공부를 했고 그것을 정말로 이해하고 싶어 한다는 생각이 들 때 자신들이 가슴 깊이 간직한 종교적 의미를 솔직하게 얘기해줄 것이다.

4. 마니교는 서기 216년부터 277년까지 바빌로니아에 살았던 예언자 마니의 가르침을 바탕으로 시작된 통합적인 종교다. 마니교에는 조로아스터교, 기독교, 그노시스파, 불교의 요소들이 통합되어 있다. 마니는 조로아스터, 예수, 부처, 그리고 자기 자신이 어둠에서 해방을 위해 파견된 빛의 아버지의 대리인이라고 가르쳤다. 마니교는 1천 년이 넘도록 지중해와 중국 사이의 여러 지역에서 명맥을 유지했다.

5. 가장 신성한 도시는 메카이며, 이 도시에서 가장 중요한 건물은 검은 돌로 지어진 카바(Kaaba)다. 무슬림들은 아브라함과 이스마엘이 유일신에게 예배를 드릴 장소로서 이 건물을 지었다고 믿는다(원래 이 건물을 지은 사람이 아담이라는 주장도 있다). 전 세계의 무슬림들은 이 성지, 즉 세계의 축(axis mundi)을 향해 하루 다섯 번 매일 기도를 드린다. 카바는 연례 순례 여행인 하지(hajj)의 목적지다. 두 번째로 신성한 도시인 메디나는 서기 622년에 형성된 최초의 이슬람 공동체가 있던 곳이며, 무함마드를 비롯해 초창기 이슬람 지도자들이 묻혀 있는 곳이기도 하다.

6. 무함마드가 기적을 일으켰다는 얘기는 거의 없다. 아마 미라지(mi'raj: 백마를 타고 승천)와 이스라(isra': 예루살렘으로의 밤 여행)의 얘기가 가장 유명한 기적 일화일 것이다. 이 이야기는 무함마드를 예루살렘 및 성경 속의 예언자들과 연결시켜줄 뿐만 아니라, 무슬림이 매일 다섯 번씩 기도를 하게 된 기원을 설명해준다. 무함마드는 제7천국에 있는 동안 무슬림이 하루에 50번씩 기도를 드릴 것이라고 맹

세했다. 그런데 그가 천국을 떠나기 전, 모세가 그에게 사람들이 얼마나 이기적이
고 건망증이 심한지 명심하라고 말한다. 모세는 자신이 시내 산에서 10계명을 들
고 내려갔을 때 유대인들이 어떤 모습을 하고 있었는지 그에게 일깨워주었다. '신
앙심이 깊은' 민족이라던 유대인이 그가 없는 틈을 타 황금으로 송아지 상을 만들
어놓았다고 말이다. 모세는 무함마드에게 매일 드리는 기도의 횟수를 다시 협상해
보라고 권고했다. 그 후 무함마드는 소돔과 고모라가 멸망하기 전 아브라함이 그
랬던 것처럼 하나님과 협상해서(창세기 18:16~33) 매일 드리는 기도의 횟수를 다
섯 번으로 줄였다.

7. Abraham Joshua Heschel, "No Religion Is an Island," in No Religion Is an
    Island, Harold Kasimow와 Byron Sherwin 편집 (Maryknoll, NY: Orbis Books,
    1991), 6.

8. 교황 요한 바오로 2세는 갈릴레오 위원회의 조사 결과에 대한 보고를 듣고 1992
    년 10월에 '사과'했다. 그 보고서에는 "각각 어느 한쪽으로 치우친 두 가지의 대조
    적인 견해 외에, 그 견해들을 모두 받아들여 통합시키는 더 넓은 시야가 흔히 존재
    한다"고 적혀 있었다. (교황과 푸파드(Poupard) 추기경의 연설문은 L'osservatore
    Romano, 1992년 11월 1일자에 게재되었다.)

9. PBS는 1997년에 언론인 빌 모이어스(Bill Moyers)를 해설자로 내세워 10부
    작으로 방영해 많은 찬사를 받은 〈창세기: 생생한 대화(Genesis: A Living
    Conversation)〉에서 성경에 묘사된 천지창조 이야기의 힘과 아름다움, 그리고 풍
    부한 질감을 2회에 걸쳐 다뤘다. 많은 도서관에서 이 비디오 시리즈를 구해볼 수
    있다. 이 시리즈에 등장한 유대교도, 기독교인, 무슬림, 성직자, 평신도, 작가, 회의
    주의자 등 여러 사람의 논의는 그 옛날의 천지창조 이야기에 때로 놀라운 생명력
    을 부여해준다. 이 비디오 시리즈를 보면 이 신성한 이야기가 힘을 지니는 것은 우
    리가 이 고대의 이야기를 과학적으로 한 치도 어긋나지 않는 역사적 진실로서 문
    자 그대로 받아들이기 때문이 아니라는 것을 쉽게 깨달을 수 있다.

10. 〈Fresh Air〉 프로그램은 NPR 자료실 http://www.npr.org/templates/rundowns/
    rundown.php?prgId=13&prDate=05-may-2003에서 볼 수 있다.

11. Robert Ellsberg 편집, Gandhi on Christianity (Maryknoll, NY: Orbis Books,
    1991) 참조.

12. Huston Smith, The World's Religions, 개정판(San Francisco: Harper-
    SanFrancisco, 1991). 이 책의 원본인 The Religions of Man은 1958년에 처음 출판
    되었다. Huston Smith, Why Religion Matters: The Fate of the Human Spirit in an
    Age of Disbelief (San Francisco: HarperSanFrancisco, 2001).

13. Smith, Why Religion Matter, 274-75.

14. Kenneth R. Miller, Finding Darwin's God: A Scientist's Search for Common
    Ground between God and Evolution (HarperPerennial, 2002, pp. 213-24).

15. Bill Moyers, *The Power of Myth*. 1980년대에 PBS 방송용으로 제작된 이 시리즈는 지금도 비디오테이프로 쉽게 구해 볼 수 있다. 이 시리즈는 지금도 대학의 종교 관련 강의에서 도발적인 시청각 자료로 이용된다.

16. Thomas L. Friedman, *The Lexus and the Olive Tree* (New York: Farrar, Straus & Giroux, 1999), 20, 32-33, 31.

17. 나는 언론 보도, 연설, 설교 등을 통해 이 이야기가 여러 가지 방식으로 묘사되는 것을 수백 번이나 들었다. 작년만 해도 '전문' 분석가들이 "기독교도와 무슬림은 2천 년 전부터 싸움을 해왔다!"고 단언하는 것을 세 번이나 들었다. 사람들이 그토록 절대적인 확신을 가지고 이렇게 단언하는 것을 보면 혼이 달아날 지경이다. 기독교도와 무슬림이 항상 싸우고 있다는 주장은 절대로 사실이 아니다. 게다가 현재 우리가 알고 있는 형태의 이슬람교가 창시된 것은 겨우 1천4백 년 전이다!

18. Stephen L. Carter, *The Culture of Disbelief: How American Law and Politics Trivialize Religious Devotion* (New York: Basic Books, 1993).

19. 고대의 서사시인 욥기에서 악과 부당함의 원천이 무엇이냐는 의문은 핵심적인 위치를 차지하고 있다. 올바른 사람들, 혹은 무고한 사람들이 왜 고통을 당하는가? 하나님은 악이나 고통과 어떤 관계인가? 이런 의문들의 뿌리가 하도 깊기 때문에 욥의 이야기 배경이 이스라엘이 아닌데도 불구하고 욥기가 성경에 포함되었다. 이런 의문들은 지금도 여전히 핵심적인 위치를 차지하고 있다. 악과 부당함이 현실 속에서 좀처럼 사라지지 않기 때문이다. 랍비 해럴드 쿠시너(Harold Kushner)의 훌륭한 저서 *When Bad Things to Good People* (New York: Schocken Books, 1981)은 '자연 발생적인' 악이라는 문제를 살펴보고 있다. 많은 근본주의 기독교인들은 악이라고 생각되는 모든 것을 그저 사탄과 그의 앞잡이들 탓으로 돌릴 뿐이다. 그러나 이와 정반대 입장을 취하고 있는 고전적인 힌두교도들은 이 현상계에서 선과 악이라는 환상을 넘어선 통합을 본다. 사람이 윤회의 사슬 속에 잡혀 있는 한, 업의 법칙이 여러 번의 생이 거듭되는 동안 악과 고통 가운데에서 정의를 유지해준다는 것이다.

2. 자기들만 절대적인 진리를 알고 있다?

1. Wilfred Cantwell Smith, *Patterns of Faith Around the World* (Oxford: Oneworld, 1998), 71-72. 스미스의 강연은 1962년에 *The Faith of Other Men*이라는 제목으로 처음 출판되었다.

2. 교파가 얼마나 많은지 그 숫자를 생각해보면 머리가 멍해질 정도다. 침례교만 해도, 현재 미국에는 공식적으로 인정된 교파가 80개가 넘는다. 신도가 1천 6백만 명 이상으로 미국 최대의 개신교 교파인 남부 침례교부터 전국 침례교와 진보적인 전

국 침례교, 그리고 프리머티브, 자유의지, 제7일 침례교 같은 작은 교파에 이르기까지 다양하다. 웨이크 포리스트(Wake Forest) 대학의 동료이자 미국 교회의 역사를 연구하는 학자이며 침례교인인 빌 레너드(Bill Leonard)는 침례교 교파가 이처럼 많고 그로 인해 많은 논란이 벌어지고 있는 현상에 대해 이런 말을 했다. "침례교인들은 분열을 통해 번식하는 종족이다!"

3. 임신중절을 중단시키는 것이 '하나님의 군대'의 존재 이유지만, 그들은 자체 웹사이트에서 이슬람을 '악마에게서 영감을 얻은 종교'라고 표현하는 등 다른 이슈에 대해서도 강경한 입장을 표명하고 있다. 버지니아주 임신중절 반대 모임의 회장이며 이 웹사이트 운영자인 돈 스피츠(Don Spitz) 목사는 다음과 같은 섬뜩한 말로 자신의 견해를 표현했다. "무슬림들이 미국에서 사는 것을 허용하지 말아야 한다. 그들이 그 악마적인 종교를 포기하지 않는다면, 반드시 자기들의 악마적인 나라에 살게 만들어야 한다."(www.armyofgod.com)

4. Deidre Sullivan, *What Do We Mean When We Say God?* (New York: Doubleday, 1990). 신성에 대한 인간적인 이해를 다룬 도발적이고, 통찰력 있고, 재미있는 글을 보려면 Robert Fulghum, *Uh-Oh: Some Observations from Both Sides of the Refrigerator Door* (New York: Ballantine Books, 1991) 참조. 1960년대와 1970년대에 대학을 다닌 수천 명의 베이비붐 세대처럼 나도 J. B. 필립스(J. B. Phillips)의 대중적인 책 *Your God Is Too Small*을 읽고 사고의 기본적인 틀을 다시 생각해보게 되었다.

5. 'Two TV Evangelists Lay Blame,' *Dallas Mornign News*, 2001년 9월 14일자. Falwell 목사의 발언을 전부 옮기면 다음과 같다. "우리가 하나님을 미치게 만든다. 나는 이교도, 낙태주의자, 여성주의자, 동성애를 대안적인 생활방식으로 만들려고 활발하게 활동하고 있는 동성애자, ACLU, 미국식에 찬성하는 사람들(People for the American Way), 이들 모두가 미국을 세속화하려고 애써왔다고 생각한다. 그들의 얼굴에 손가락질을 하며 '당신들이 세상을 이렇게 만들었다'고 말하고 싶다."

6. 무슬림은 대개 묵주를 돌리며 하나님의 이름 99개를 조용히 암송하거나 명상을 한다. 99개의 이름을 생각하며 명상을 할 수 있게 해주는 구슬의 숫자(11개, 33개, 혹은 99개)만 보면 이슬람의 묵주를 쉽게 식별할 수 있다. 길거리 카페에서 커피를 마실 때처럼 세속적인 행동을 할 때 묵주를 만지는 것은 항상 하나님을 기억하기 위해서다.

7. Marcus Borg and Ross MacKenzie, eds., *God at 2000* (Morehouse Publishing, 2000).

8. Karen Armstrong, *A History of God: The 4,000-Year Quest of Judaism, Christianity, and Islam* (New York: Alfred A. Knopf, 1993), Jack Miles, *God: A Biography* (New York: Alfred A. Knopf, 1995).

9. Southern Baptist Convention의 2002년 연례회의에서 SBC의 전 회장인 제리 바인스(Jerry Vines)는 무함마드를 '악마에게 사로잡힌 소아성애자'라고 비난함으로써 이 지저분한 역사에서 자신의 자리를 확보했다. 그는 또한 알라가 성경 속의 하나님이 아니라고 단언했다. 플로리다주 잭슨빌에서 2만 5천 명의 신도가 다니는 교회의 목사로 일하고 있는 바인스는 계속해서 '종교적 다원주의'가 미국의 가장 큰 문제 중 하나라고 주장했다. New York Times(2002년 6월 15일자)는 유대교, 기독교, 이슬람교 지도자들이 바인스의 발언을 강력하게 비난하고 있다고 보도했다.

10. 'Rissho Ankoku Ron'(호국을 위한 정당한 가르침의 확립), *Selected Writings of Nichiren*, Burton Watson 외 옮김, (New York: Columbia University Press, 1989), 24-34.

11. 선불교는 10여개의 일본 불교 종파들과 반대의 입장을 취하고 있다. 선 수행자들은 대개 경전에 의지하지 않는다. 일부 선불교 신도들은 심지어 어려운 시절 경전을 땔감으로 사용하기까지 했다. 어쩌면 자신들의 생각을 분명히 표현하기 위해 그랬는지도 모른다.

12. 커다란 타격을 입은 미국의 군사적 자존심을 부분적으로나마 회복시켜준 것은 바로 직후에 벌어진 그레나다 침공이었다. 언론은 레바논에서 맛본 실패에서 재빨리 눈을 돌려 인구 겨우 10만 명의 작은 섬나라인 그레나다에서의 확실한 군사적 승리에 초점을 맞췄다. 당시 이 나라는 공산주의를 무기로 세계 최강대국을 위협하고 있다고 묘사되었다.

13. *The Sword of Islam* (British Broadcasting Company, 1987). 여기에는 슬픈 역설이 많이 존재한다. 하마스가 처음 조직되었을 때, 이스라엘 정부는 하마스가 눈에 띄는 존재로 부상하는 것을 실제로 지지했다. 하마스는 야세르 아라파트의 온건책과 평화정책에 반대하고, 대신 이스라엘의 존재를 거칠게 비난하는 길을 선택했다. 하마스가 특히 가자지구에서 더 호전적으로 변해가며 힘을 얻자 많은 하마스 지도자들이 투옥되었다. 1994년 어느 날 한밤중에 하마스 지도자 수백 명은 감방에서 끌려나와 남부 레바논으로 이송된 뒤 갑작스럽게 석방되었다. 이들은 그 후 12개월 동안 헤즈볼라 지도자들의 지원과 훈련을 받았다. 대부분의 하마스 조직원들은 나중에 점령지로 돌아가도 좋다는 허락을 받았다. 헤즈볼라와 하마스 사이의 직접적인 연관성에 대한 놀라운 설명을 보려면 *The Mind of a Suicide Bomber* (MSNBC, 2001) 참조.

14. 이슬람교의 내세론에 대한 훌륭한 연구로는 Jane I. Smith와 Yvonne Y. Haddad, *The Islamic Understanding of Death and Resurrection* (New York: State University of New York Press, 1981)이 있다.

15. 꾸란 2장 62절과 5장 69절 참조. 꾸란의 기본적인 가르침은 유대교인과 기독교인을 아홀 알키탑(ahl al-kitab: 성서의 백성)으로 인정한다. 또한 유대교와 기독교는

종교가 사악해질 때

예언자 무함마드를 통해 전달된 진실한 계시를 바탕으로 한다고 본다. 꾸란과 하디스는 모세와 예수 이후에 등장한 사람들이 계시를 왜곡했다고 단언하지만, 유대교인과 기독교인을 이슬람 율법에 의해 '보호'받아 마땅한 정당한 공동체로 여전히 포용해야 한다고 주장한다.

16. *The Mind of a Suicide Bomber*에는 현재 이스라엘에서 수감 생활을 하고 있는 레바논인 시아파 세 명과 인터뷰한 내용이 포함되어 있다. 이 세 사람은 몸에 폭탄을 동여매고 자살 공격에 나섰으나 폭탄이 예정대로 터지지 않는 바람에 체포되었다. 자살 폭탄 공격자들의 면면은 2001년과 2002년부터 변하기 시작했다. 9월 11일의 테러에 참가했던 테러리스트들 중 일부는 교육 수준이 높은 중산층 출신이었다. 2002년 봄에는 사상 처음으로 여러 명의 팔레스타인인 여성들이 자살 폭탄 공격에 나섰다.

17. 지배적인 위치에 있는 사람들이 자신의 견해를 뒷받침하는 증거로서 성경을 이용하는 여러 가지 방법에 대한 비판적인 시각을 보려면 Jim Hill과 Rand Cheadle, *The Bible Tells Me So: Uses and Abuses of Holy Scripture* (New York: Doubleday, 1996) 참조.

18. '원본'들 중에는 심지어 번역본도 포함되어 있다. 예를 들어 예수는 아람어를 사용했으며, 그리스어도 일부 사용했을 가능성이 있다. 복음서가 만들어질 무렵에는 예수의 가르침이 이미 당시의 문어(文語)였던 그리스어로 번역되어 있었다. 때로는 번역이 어색한 경우도 있었다. 원본의 구절들에서 영감을 얻는다는 주장과 관련해 커다란 장애가 되는 또 하나의 문제는 성경의 '원본'이 현존하지 않는다는 것이다. 수천 점의 원고와 조각조각 나뉜 원본의 일부는 남아 있지만, 실제 원본은 존재하지 않는다. 게다가 모든 원고의 내용이 제각각이다. 학자들은 힘겨운 텍스트 비평 과정을 통해 우리가 신약의 원본을 재현할 수 있다고 자신한다. *HarperCollins Study Bible*과 옥스퍼드의 주석이 달린 New Revised Standard Version에는 모두 성경에 대한 학자들의 다양한 연구를 독자들이 이해할 수 있게 도와주는 방대한 양의 주가 포함되어 있다. 예를 들어 마가복음 16장의 독사에 대한 흥미로운 구절은 마가복음 후기 판본에서도 발견되는데 끝부분이 더 길다.

19. Peter J. Gomes, *The Good Book: Reading the Bible with Mind and Heart* (New York: William Morrow, 1996; HarperSanFrancisco reprint edition, 2002), 45.

20. 요한복음은 공관복음서(마태, 마가, 누가복음)와 뚜렷이 구분된다. 여러 가지 사건들의 시간적인 순서도 다르다(예를 들어 공관복음서에는 예수가 생애의 마지막 주 첫날 성전을 정화한 것으로 되어 있는데, 요한복음에서는 같은 일화가 2장에 등장한다). 공관복음서에는 예수가 주로 하나님의 왕국, 즉 천국에 대해 얘기한 것으로 되어 있다. 공관복음서에서 예수는 랍비들이 전통적으로 사용하던 대화법을 자주 이용한다. 그러나 요한복음에서 예수는 자신이 하나님과 독특한 관계를 맺고 있다고 선언한다. 또한 요한복음에는 예수가 사람들에게 자신의 정체에 대해 함구

하라고 말하는 여러 구절(이 주제는 메시아의 비밀이라고 불린다)이 빠져 있다. 각 복음서의 첫 부분에는 저자의 의도가 분명하게 밝혀져 있는데, 요한복음은 예수를 우주적인 맥락에서 바라본다. 예수는 모든 창조물을 세상에 존재하게 한 하나님의 말씀이라는 것이다.

21. Robert Alter, *The Art of Biblical Narrative* (New York: Basic Books, 1981), 12.

22. 인류 역사상 가장 많은 영향을 끼친 문헌들에 대해 쉽고 현명한 안내를 받으려면 Gomes, *The Good Book* 외에 Marcus J. Borg, *Reading the Bible Again for the First Time: Taking the Bible Seriously but Not Literally* (New York: HarperSanFrancisco, 2001)도 참조. Burton L. Visotzky, *Reading the Book: Making the Bible a Timeless Text* (New York: Doubleday, 1991)에는 성경을 의미 있게 읽는 방법에 대한 유대교의 고전적인 견해가 개괄적으로 훌륭하게 설명되어 있다.

23. 다원주의와 관련된 현대의 실험에 대한 창의적인 견해를 보려면 John Berthrong, *The Divine Deli: Religious Identity in the North American Culture Mosaic* (Maryknoll, NY: Orbis Books, 1999) 참조.

24. Wilfred Cantwell Smith, *What Is Scripture? A Comparative Approach* (Minneapolis: Fortress Press, 1993), x.

25. George E. Tinker, *Missionary Conquest: The Gospel and Native American Cultural Genocide* (Minneapolis: Fortress Press, 1993), 44-45.

26. Tinker, *Missionary Conquest*, 47, 4. 18세기와 19세기 가톨릭교회의 선교 사업에 영향을 미친 경제적, 사회적, 정치적, 군사적, 종교적 주요 요인들에 대한 훌륭한 연구를 보려면 Robert H. Jackson, *From Savages to Subjects: Missions in the History of the American Southwest* (Armonk, NY: M. E. Sharpe, 2000) 참조.

27. 오늘날 중동에서 복음을 전파하는 기독교인들의 주요 선교 사업과 봉사활동에 대한 개괄적인 설명을 보려면 Charles A. Kimball, *Angle of Vision: Christians and the Middle East* (New York: Friendship Press, 1992) 참조.

28. Wesley Ariarajah, *The Bible and People of Other Faiths* (Geneva: World Council of Churches, 1985; Maryknoll, NY: Orbis Books, 1989), 23.

29. Ariarajah, *Bible*, 25-26.

3. 맹목적인 복종

1. Mark R. Mullins, "Aum Shinrikyo as an Apocalyptic Movement," in *Millennium, Messiahs, and Mayhem: Contemporary Apocalyptic Movements*, Thomas Robbins 와 Susan Palmer 편집(New York: Routledge, 1997), 319.

2. D. Bromley와 J. Hadden 편집, *The Handbook on Sects and Cults in America* (Greenwich, CT: JAI Press, 1993) 참조. 버지니아 대학 Religious Studies Department가 관리하는 웹사이트에 링크된 유용한 사이트들과 최신 정보를 보려면 "The Religious Movements Hompage"(religiousmovements.lib.virginia.edu) 참조.

3. 기독교가 유대교 전통과 밀접하게 관련되어 있다는 사실은 예수가 전통에 대한 해석을 통해 기존의 종교 지도자들에게 도전장을 던지는 랍비로 묘사되어 있다는 사실에서 분명히 드러난다. 사도행전에는 이 새로운 운동이 유대교와 얼마나 관련되어 있는지를 놓고 벌어진 커다란 논란이 기록되어 있다. 논쟁의 핵심이 된 것은 할례 문제다. 유대인이 아닌 신자들도 반드시 할례를 받아야 하는가? 유대교 신자가 되지 않아도 예수의 제자가 될 수 있는가? 이 의문들에 대한 답은 궁극적으로 '그렇다'이다. 바울이 이교도들에게 선교의 손길을 뻗은 것에 대한 격렬한 논란과 염려는 초기의 많은 기독교인들이 자신이 유대교와 얼마나 유기적으로 연결되어 있다고 생각했는지를 보여준다. 힌두교 및 불교와 관련해서 싯다르타의 독특한 가르침은 인도인들의 다양하고 광범위한 종교 생활이라는 맥락 속에서 이해되었다. 많은 힌두교도들은 지금도 불교를 별도의 종교로 보지 않고, 불교가 궁극적인 목표를 향한 유용한 길을 제공해준다고 생각한다. '저기 어딘가에' 혹은 우리 영혼의 정수 안에 우리를 도와줄 궁극적인 신이 존재하지 않는다고 가르친 싯다르타는 무신론자처럼 보이지만, 인도의 역사 속에는 붓다를 아바타(avatar) 중의 하나, 즉 비슈누 신의 환생 중 하나로 본 사람이 많다. 각각의 종교들을 어떻게 구분할 것인가 하는 문제의 해답은 세계의 종교를 다룬 서구의 전통적인 서적들에 제시된 것보다 훨씬 더 불투명하다.

4. Mark Lane, *The Strongest Poison* (New York: Hawthorn Books, 1980)에는 존스타운의 마지막 나날과 다층적인 사건들이 벌어진 후의 보도에 대해 자세하고 논란의 여지가 있는 설명이 제시되어 있다. 레인(Lane)은 존스가 정보자유법을 통해 정부 문서를 손에 넣으려고 고용한 변호사로서, 그리고 존스의 최고위 보좌관 중한 명의 절친한 친구로서 이 사건 및 관계자들과 밀접한 관계를 맺고 있었다. 레인의 친구였던 존스의 여성 보좌관은 그 비극적인 사건이 일어나기 3주 전 존스타운을 떠났고, 레인은 1978년 11월 17일과 18일에 리오 라이언(Leo Ryan) 의원의 조사단과 함께 가이아나에 있었다. 그는 다른 사람 몇 명과 함께 정글로 도망쳐 밤새 몸을 숨긴 덕분에 목숨을 건졌고, 나중에 다른 사람들에게 자신의 경험을 이야기해줄 수 있었다.

5. John R. Hall, *Gone from the Promised Land: Jonestown in American Cultural History* (New Brunswick, NJ: Transaction Books, 1987), 42-52.

6. Hall, *Promised Land*, 62.

7. Marshall Kildruff, *The Suicide Cult: The Inside Story of the Peoples Temple Sect*

and the Massacre in Guyana (New York: Bantam Books, 1978)에서 재인용.

8. Kildruff, *Suicide Cult*에서 재인용.

9. Ken Levi, *Violence and Religious Commitment: Implications of Jim Jones's Peoples Temple Movement* (University Park: Pennsylvania State University Press, 1982), 78.

10. 오늘날 미국의 많은 TV 목사들은 분명히 다른 입장을 취하고 있다. 그들은 이른바 번영의 복음을 옹호한다. 간단히 말해서, 하나님께서는 자신의 백성들에게 물질적인 것들로 축복을 내려주고 싶어 하신다는 것이다. 신실한 신자들은 하나님의 관대한 선물을 받기 위해 반드시 '씨앗'을 심어야 한다. 즉, 특정한 목사에게 일정액의 돈을 기부해야 한다는 것이다. 이런 주장이 호소력을 지니는 것은 '하나님께서 마련해두신 축복을 받지 못할 것'이라는 사람들의 두려움과 물질적 부에 대한 사람들의 기본적인 욕망 때문이다.

11. Shimazono Susumu, "The Evolution of Aum Shinrikyo as a Religious Movement," in *Religion and Social Crisis in Japan*, R. Kisala와 Mu. Mullins 편집 (New York: Palgrave, 2001), 23-25.

12. Susumu, "Evolution of Aum Shinrikyo," 33.

13. Susumu, "Evolution of Aum Shinrikyo," 35.

14. Susumu, "Evolution of Aum Shinrikyo," 40.

15. Maekawa Michiko, "When Prophecy Fails: The Response of Aum Members to the Crisis," in Religion and Social Crisis in Japan, Kisala와 Mullins 편집, 192.

16. ayatollah라는 낱말은 두 낱말을 조합해 만들어진 것이다. ayah는 꾸란의 구절을 뜻하며, Allah는 하나님을 뜻하는 아랍어이다. 각각의 ayah는 기적, 혹은 징조로 간주된다. 따라서 ayatollah는 '하나님의 징조'를 뜻하는 존칭이다. 이 칭호는 가장 박식한 시아파 무즈타히드(mujtahid: 율법학자)에게 주어진다.

17. 나는 9월 11일의 사건 이후 아프가니스탄에서 전쟁이 시작될 때까지 그 강렬한 몇 주 동안 이런 현상이 묘한 형태로 나타난 것을 보았다. 나는 여기저기 TV 채널을 돌리다가 성경의 예언에 대한 '전문가'(4장에서 그의 견해를 언급할 것이다)이자 인기 있는 저술가인 핼 린지(Hal Lindsay)가 Trinity Broadcast Network의 프로그램에 출연한 것을 우연히 보게 되었다. 그는 현대의 다양한 사건들을 구약과 신약의 여러 구절들과 급박하게 연결 지었다. 한번은 아주 유감스럽다는 듯이 이렇게 선언하기도 했다. "유감스럽지만 나는 성경의 예언 속에서 미국을 발견하지 못했습니다. 미국은 성경 속에 없습니다." 이 말은 대재앙이 금방 닥쳐올 것이며 미국은 그 속에서 중요한 요인이 되지 못할 것임을 분명히 암시하고 있었다. 그는 계속해서 말을 이었다. 기독교인들이 이 나라를 올바른 길에 올려놓기 위해 함께 힘을 합쳐 기도하고 열심히 노력한다면 상황이 바뀔 수도 있다는 것이었다. 그가 이처럼 앞뒤가 맞지 않는 주장을 펴고 있다는 것이 내게는 충격이었다. 린지는 조각

그림을 맞추듯 현재의 사건들을 성경 구절과 연결시켜 신자들이 조각 그림의 전체적인 모습을 볼 수 있게 하는 것을 직업으로 삼아 큰돈을 벌었다. 그런데도 (특히 미국의) 기독교인들이 아슬아슬한 위기의 순간에 기도와 행동으로 하나님께서 세심하게 마련해놓으신 전체적인 계획을 바꿀 수 있다는 말을 하다니. 린지는 아사하라 쇼코나 짐 존스와 비슷한 태도로 종말이 임박했지만 어느 정도 희망이 있다는 얘기를 하고 있었다.

18. 여러 기독교 지도자들, 특히 19세기와 20세기 개신교 근본주의 집단의 지도자들은 자기들이 예수의 재림 시기와 장소를 정확히 알고 있다고 믿어버렸다. 예수가 복음서에서 "그 날짜와 시간을 아는 것은" 하나님밖에 없다고 말했는데도, 성경 속 예언의 의미를 파악할 수 있다는 이 지도자들은 예수가 재림할 것이라고 알려진 시각에 소수의 신자들을 이끌고 예수가 재림할 것이라는 장소로 갔다. 시간이 지나도 예수가 나타나지 않으면, 그들은 대개 처음으로 되돌아가서 자기들이 잘못 계산한 부분을 찾아 헤맸다. 신자들이 가진 것을 모두 팔고 세상과의 인연을 모두 끊어버리지만 않았다면, 이런 지도자들도 별로 해로울 것이 없었다. 이런 경우는 대개 종교가 사악해진 사례라기보다는 부끄러울 정도로 멍청해진 사례라고 봐야 할 것이다.

19. Norman Cohn, *The Pursuit of the Millennium*, 개정판 (Oxford: Oxford University Press, 1970) 참조.

20. 유대교 내부의 이 놀라운 현상에 대한 포괄적인 연구를 보려면 Gershom Scholem, *Sabbatai Sevi: The Mystical Messiah, 1626-1676* (Princeton: Princeton University Press, 1973) 참조.

21. www.cesnur.org (Center for Studies on New Religions) 등 여러 인터넷 사이트에서 보고서 전문을 찾아볼 수 있다.

22. 아사신파의 종교적, 정치적 역사를 완벽하게 요약한 글을 보려면, Cyril Glasse, *The Concise Encyclopedia of Islam* (San Francisco: Harper & Row, 1989) 참조.

23. 일부 초기 기독교 단체들이 임종을 맞은 사람에게 세례를 주기는 했다. 이 타락한 세상에서 죄가 되는 행동을 할 위험이 아주 크기 때문이다. 그들은 세례를 통해 죄악이 문자 그대로 씻겨 나간다고 생각했다.

24. Dean M. Kelly, "Waco: A Massacre and Its Aftermath," *First Things 53* (1995년 5월): 22-23. 키루스를 메시아로 언급한 부분을 보려면 이사야서 45장 참조.

25. 데이비드 코레시와 다윗파를 철저하게 연구한 글을 보려면 J. D. Tabor와 E. V. Gallagher, *Why Waco? Cults and the Battle for Religious Freedom in America* (Berkeley and Los Angeles: University of California Press, 1995) 참조.

26. '자유로운 교회'의 신도들은 직접 목사를 선출하고, 정부나 기타 외부 기관으로부터 자유로운 신도 입문 기준을 정한다. 침례교나 오순절파 외에 조합 교회주의, 사도 교회, 메노파, 퀘이커교 등도 '자유로운' 개신교 교파에 속한다.

27. 빌 모이어스(Bill Moyers)는 1997년 11월 웨이크 포리스트(Wake Forest) 대학에서 열린 가을 성직자 회의에서 제시 잭슨, 제시 헬름즈, 빌 클린턴, 앨 고어, 팻 로버트슨, 제리 폴웰이 모두 침례교인이라며 이 점을 유머러스하게 강조했다. 그는 이어 침례교인들(모이어스도 침례교인이다)에 대해 다음과 같이 말했다. "침례교인들은 할라페뇨 고추와 아주 비슷하다. 할라페뇨 고추가 한두 개 정도만 있으면 음식이 아주 맛있어지지만, 너무 많이 모여 있으면 눈에 눈물이 맺히지 않는가!"

28. E. A. Burtt 편집, *Teachings of the Compassionate Buddha* (New York: Mentor Books, 1955), 49-50에서 재인용.

4. '이상적인' 시대의 확립

1. Ilan Ziv, producer, *Shrine Under Siege* (Tamouz Productions, 1985).

2. 이런 시도들 중 가장 널리 알려진 사건으로는 1969년에 한 오스트레일리아인이 알아크사 모스크에 불을 지른 사건, 유대인 학생들이 템플 마운트 밑에 굴을 파서 유대교 회당을 지은 것을 두고 벌어진 논란, 이스라엘 병사인 알란 골드만(Alan Goldman)이 1982년에 금요일 기도를 드리던 무슬림에게 총격을 가한 사건 등이 있다. 이스라엘의 영화 제작자 일란 지브(Ilan Ziv)는 1980년대 초에 빈발한 사건들을 토대로 놀라운 다큐멘터리 *Shrine Under Siege*를 만들었다. 이스라엘, 영국, 캐나다에서 방영된 이 프로그램은 유대교와 기독교의 여러 단체들이 이 성지에 유대교 성전을 다시 지으려고 활발히 활동하고 있음을 보여준다.

3. 원래 성전은 다윗과 솔로몬왕의 시대에 세워졌으며, 기원전 587년 바빌로니아인들이 예루살렘을 점령했을 때 파괴되었다. 그로부터 반세기 후 이스라엘 민족은 오랜 기간에 걸친 성전 재건 및 개축 작업을 시작했다. 이 성전은 서기 70년 로마인들이 두 번째로 파괴했다.

4. 메기도의 '산'인 아마겟돈은 이스라엘 북부의 갈릴리 지역에 있다. 계시록에 의하면 아마겟돈은 선과 악의 군대가 최후의 일전을 벌이는 장소다.

5. Hal Lndsay, *The Late Great Planet Earth* (Grand Rapids, MI: Zondervan, 1970). 나는 대학 4학년이던 1972년 2월에 린지의 책을 사서 읽었다. 출간된 지 20개월이 지난 당시 이 책의 18쇄가 나와 있었으며, 판매량은 1백만 부가 넘었다. 현재 나와 있는 책의 앞표지에는 '1천 5백만 부 이상이 인쇄되었다'는 선전 문구가 적혀 있으며, 뒷표지에는 린지의 책을 "1970년대에 가장 널리 읽힌 비소설 작품"이라고 평한 《뉴욕타임스》의 기사 한 구절이 인용되어 있다. 지금까지 린지 외에도 복음주의와 근본주의를 신봉하는 많은 기독교인들이 비슷한 책을 썼다. 예를 들어, John Walvoord의 Armageddon, *Oil, and the Middle East Crisis: What the Bible Says About the Future of the Middle East and the End of Western Civilization*, 개정판

(Grand Rapids, MI: Zondervan, 1990) 참조. 이 책도 1990년 판에서 '1백만 부 이 상이 인쇄되었다'고 주장하고 있다.

6. *Shrine Under Siege*.

7. *The Omen, The Rapture, Rosemary's Baby* 등은 이 장르에서 가장 많은 인기를 끈 영화들이다. 잭 반 임프(Jack van Impe) 목사는 이런 시각을 전적으로 채택한 주 간 프로그램을 내보내고 있다. 이 프로그램에서 반 임프의 아내 렉설라(Rexella) 가 주요 신문과 주간 시사잡지에서 정치적, 군사적 사건들을 다룬 기사를 읽을 때 '걸어다니는 성경'이라는 별명을 갖고 있는 반 임프가 구약과 신약의 구절들을 암 송한다. 이 프로그램의 시청자들은 대재앙이 얼마나 임박했는지 매주 확인하곤 한 다. 관찰력이 좋은 시청자라면 이 프로그램 끝에 프로그램 내용을 담은 비디오와 카세트테이프 광고가 나오는 것을 보며 재앙이 임박한 마당에 저걸 왜 주문해야 하는지 모르겠다는 생각을 하게 될 것이다. 특히 이 테이프 값을 여러 달에 걸쳐 할 부로 내도 된다는 문구가 더 이상하다.

8. *Shrine Under Siege*. Gershon Gorenberg, *The End of Days: Fundamentalism and the Struggle for the Temple Mount* (Oxford: Oxford University Press, 2000)도 참 조.

9. 존 해지의 견해는 매주 텔레비전으로 방영되는 그의 프로그램과 웹사이트 (www.jhm.org), 그의 저서를 통해 쉽게 접할 수 있다. John Hagee, Jerusalem Countdown: A Warning to the World (Frontline, 2006) 참조.

10. 현재 시아파는 무슬림 중 대략 15퍼센트를 차지한다. 그들은 이슬람 세계의 여러 지역에 존재하는데, 이란(90퍼센트 이상)과 이라크(50퍼센트 이상)에서는 다수를 차지한다. 또한 시아파는 레바논에서도 이슬람 인구 중 가장 커다란 비중을 차지 하고 있다. 후세인의 순교 기념일은 시아파의 종교적 기념일 중 가장 중요한 날이 라고 할 수 있다.

11. 이슬람 문명의 쇠퇴를 가져온 여러 가지 요인에 대한 연구 중 최근 논란의 대상 이 된 연구 결과를 보려면 Benard Lewis, *What Went Wrong? Western Impact and Middle Eastern Response* (Oxford: Oxford University Press, 2002) 참조.

12. 물론 인권 문제가 이슬람 국가에서만 발견되는 것은 아니다. 세계적인 인권 상황 은 암울하다. Amnesty International, Human Rights Watch, 미국 국무부가 발표 하는 연례 보고서를 통해 모든 나라의 인권 자료를 쉽게 구해볼 수 있다.

13. Benjamin Barber, *Jihad vs. McWorld: How Globalism and Tribalism Are Reshaping the World* (New York: Ballantine, 1996).

14. 수단, 알제리, 이란, 사우디아라비아, 요르단의 현황을 알기 쉽게 개괄적으로 설명 한 글을 보려면 Milton Viorst, *In the Shadow of the Prophet: The Struggle for the Soul of Islam* (Boulder, CO: Westview Press, 2001) 참조.

15. 사담 후세인이 언급한 성지는 비무슬림의 출입이 금지된 메카와 메디나를 의미한

다. 아라비아의 다른 지역에 대해서는 비무슬림에 대한 금지 조치가 전혀 없다. 무함마드의 시대에는 그곳에 유대교도와 기독교인도 살고 있었다.

16. Charles Kurzman 편집, *Liberal Islam: A Sourcebook* (New York: Oxford University Press, 1998). 이슬람 국가들에 대한 이슬람 세계 내부의 다양한 정치적 논란과 신앙 부흥 운동을 개괄적으로 설명한 글을 보려면 John L. Esposito, *The Islamic Threat: Myth or Reality?* 3판 (Oxford: Oxford University Press, 1998)도 참조. 나는 튀니스 대학의 역사학 교수인 무함마드 탈비(Muhammad Talbi) 덕분에 무슬림들 사이의 이러한 논쟁에 대해 알게 되었다. 탈비는 세계교회협의회 (World Council of Churches)와 바티칸이 1960년대부터 1990년대까지 후원한 종교간 대화 프로그램에 무슬림으로서 적극적으로 참여하고 있었으며, 나는 박사 학위 논문에서 그의 활동을 중요 주제 중의 하나로 삼았다. 그의 글과 개인적인 견해는 이슬람 역사와 전통에 깊이 뿌리박고 있으며, 이 때문에 그는 튀니지와 같은 세속 국가 형태를 강력하게 지지하고 다른 나라에서도 비슷한 형태의 국가가 세워지는 것을 옹호했다. 튀니지 인구의 90퍼센트 이상이 무슬림이지만, 튀니지는 사우디아라비아나 걸프 지역 국가들과는 정반대의 입장에 서 있다. 예를 들어 튀니지 여성들은 법에 의해 평등한 권리와 법적인 보호를 보장받고 있다. 여성들은 자동차를 운전하고 투표도 할 수 있으며, 일부다처제는 불법이고, 피임과 임신중절은 합법이다. 탈비는 이슬람 내부의 진보적인 전통을 대표하는 인물로서 이슬람교가 반드시 당대의 현실에 끊임없이 적응해야 한다고 주장한다. 현재 그는 종교의 자유를 보호하는 세속 국가가 상호의존적이고 다원적인 현대 세계에서 다양한 공동체들의 공동체를 가능하게 하는 열쇠를 쥐고 있다고 믿고 있다.

17. *Six Days Plus Twenty Years: A Dream Is Dying*, NBC 뉴스, 1987년 6월 2일. Gush Emonim이나 관련 단체들에 대한 상세한 연구 결과를 보려면 Ian S. Lustick, *For the Land and the Lord: Jewish Fundamentalism in Israel* (New York: Council on Foreign Relations Press, 1988) 참조.

18. David Grossman, *The Yellow Wind*, Haim Watzman 번역 (New York: Farrar, Straus & Giroux, 1988). 그로스만의 글이 나오기 전후에 집필된 책과 글 중에는 다른 견해를 표현한 것들이 많다. Raja Shehadeh, *Samed: Journal of a West Bank Palestinian* (New York: Adama Books, 1984)은 정의와 비폭력을 추구하는 팔레스타인인 변호사의 대단히 감동적인 고찰을 담고 있다. 또한 미국의 여러 저명한 언론인들도 이 오랜 분쟁에 수년 동안 적극적으로 간여했던 경험을 바탕으로 훌륭한 연구서들을 내놓은 바 있다. 예를 들어, Milton Viorst, *Sands of Sorrow: Israel's Journey from Independence* (New York: Harper & Row, 1987), David K. Shipler, *Arab and Jew: Wounded Spirits in a Promised Land* (New York: Times Books, 1986), Thomas L. Friedman, *From Beirut to Jerusalem* (New York: Farrar, Straus & Giroux, 1989) 등이 있다.

종교가 사악해질 때

19. 워싱턴에 본부를 둔 Foundation for Middle East Peace는 두 달마다 한 번씩 이스라엘의 정착촌에 대한 8페이지 분량의 보고서를 발간한다. 이 보고서에는 이스라엘의 히브리어 언론 보도 발췌문은 물론 미국, 이스라엘, 팔레스타인 지도자들의 발언도 포함되어 있다.

20. 이스라엘에 살고 있는 많은 사람들은 메나헴 베긴에 대한 정착촌 주민들의 노골적인 적의를 1982년 이스라엘의 레바논 침공과 연결시킨다. 당시 이스라엘은 이집트로 반환된 땅의 일부인 야미트(Yamit)의 유대인 정착촌 해체와 관련해서 폭력적인 시위가 발생한 직후 레바논을 침공했다. 이때 나는 중동에 있었다. 애당초 정착촌 해체가 분명한 계획에 의해 이루어졌고, 주민들이 주택값으로 지나치게 높은 보상을 받았는데도 격렬한 반응을 보인 것에 이스라엘 사람들은 각자의 정치적 성향과 상관없이 다들 충격을 받았다. 주민들은 이집트에 야미트가 반환되는 것에 항거해 이곳이 이집트에 반환되기 전 불도저로 모든 건물을 밀어버리기도 했다. 이때의 일은 그 후 오랫동안 두고두고 언급되었다. 많은 이스라엘인과 팔레스타인인은 이스라엘 입장에서는 국내의 분열이 팔레스타인과의 평화 달성보다 더 어려운 과제가 되고 있다는 의견을 내놓은 바 있다. 많은 사람들은 베긴의 우익 정부에 대한 정착촌 주민들의 적의를 상기하면서, 이스라엘이 정치적으로든 경제적으로든 요르단강 서안과 가자지구의 정착촌 해체를 감당할 수 있을지 모르겠다고 우려했다.

21. 나는 언론 보도를 통해 카하네의 행적을 주의 깊게 추적했을 뿐만 아니라, 그의 연설을 들었으며, 예루살렘 구시가지의 서쪽 벽 근처에서 한 번 그를 직접 만난 적도 있다. 그의 태도는 내가 이 책에서 나중에 소개할 기독교와 이슬람교의 일부 고약한 지도자들과 흡사했다. 그는 자신이 현재 하나님의 일을 수행하고 있다는 절대적인 확신을 갖고 있었으며, 자신감, 분명한 목적의식, 카리스마를 분명히 드러냈다. 그가 무서운 사람이었다고 말하는 것만으로는 그의 실상을 제대로 표현할 수 없다. 1987년에 방영된 NBC 방송의 다큐멘터리에서 카하네는 점령지의 팔레스타인인 주민들이 요르단으로 이주하고 싶어 하지 않는다는 말을 듣고 이렇게 대답했다. "내가 그 사람들에게 이주해달라고 부탁하고 있는 줄 아십니까?" 더 자세한 연구 결과를 보려면 Robert I. Friedman, *The False Prophet: Rabbi Meir Kahane* (New York: Lawrence Hill Books, 1990) 참조.

22. J. Wallis와 C. Kimball, "The Clock Is Ticking: A Fading Opportunity for Peace in Palestine," *Sojourners* (1989년 11월호).

23. 나는 오래전부터 이스라엘과 팔레스타인의 안전과 영토 보장을 위한 협상을 강력하게 지지하는 글도 많이 쓰고, 연설도 자주 했다. 팔레스타인의 자결권에는 1967년 이전의 국경선을 기준으로 독자적인 국가를 세울 권리도 포함된다. 정확한 국경을 정하는 문제, 예루살렘의 지위, 난민의 권리, 한정된 자원(특히 물)의 공평한 분배 등 중요한 이슈들을 처리하려면 당사자들이 최선의 노력을 기울이고, 다른 나라들도 그들을 지원해줄 필요가 있을 것이다. Charles A. Kimball, *Religion,*

Politics and Oil: The Volatile Mix in the Middle East (Nashville: Abingdon, 1992) 와 Charles A. Kimball, *Angle of Vision: Christians and the Middle East* (New York: Friendship Press, 1993) 참조.

24. Beverly Milton-Edwards, *Islamic Politics in Palestine* (London: I. B. Tauris, 1996), 163. 이 책은 과거 50년간의 역사 속에서 이슬람주의 운동을 바라보고 있다. Ziad Abu-Amr, *Islamic Fundamentalism in the West Bank and Gaza* (Bloomington: Indiana University Press, 1994)도 참조.

25. 이스라엘의 아랍인 무슬림, 기독교도, 드루즈인 등이 이스라엘 안에서 경험하는 다양한 차별을 자세하게 설명한 책들이 여러 권 있다. 예를 들어, Ian S. Lustick, *Arabs in the Jewish State: Israel's Control of a National Minority* (Austin: University of Texas Press, 1980), Elias Chacour, *We Belong to the Land: The Story of a Palestinian Israeli Who Lives for Peace and Reconciliation* (San Francisco: HarperSanFrancisco, 1990), Rosemary Radford Ruether와 Herman J. Ruether, *The Wrath of Jonah: The Crisis of Religious Nationalism in the Israeli-Palestinian Conflict* (San Francisco: Harper & Row, 1989) 참조.

26. 20세기의 중요한 변화들을 개괄적으로 다룬 훌륭한 글을 보려면, Nancy Ammerman, "North American Protestant Fundamentalism," in *Fundamentalisms Observed*, Martin E. Marty와 R. Scott Appleby 편집(Chicago: University of Chicago Press, 1991), 1-65 참조. 또한 빌 모이어스의 3부작 시리즈 *God and Politics* (Public Broadcasting System, 1987년 12월)도 참조.

27. Charles A. Kimball, "'No Pray, No Play' Trivializes Piety," *Los Angeles Times*, 2000년 9월 7일자.

28. Ammerman, "Fundamentalism," in *Fundamentalisms Observed*, Martin E. Marty와 R. Scott Appleby 편집, 51, 53.

29. Gary North, *The Theology of Christian Resistance* (Tyler, TX: Geneva Divinity School Press, 1983), 63.

30. Pat Robertson, *The Turning Tide* (Dallas: Word, 1993), 62-63.

31. 나는 1993년 11월 12일 기독교연합이 후원한 '하나님과 국가를 위한 집회'에 참석했다. 이 행사에서는 약 4천 명의 사람들이 사우스캐롤라이나 그린빌의 시민회관에 모여 가스펠과 애국적인 노래들을 부르고 팻 로버트슨과 랠프 리드 기독교연합 회장의 기조연설을 들었다. 다음날 이 일대 주민 150명은 하루 종일 계속된 세미나에 참석해 효과적인 정치 운동에 대해 배웠다.《크리스천 센추리》는 1993년 3월 10일자 262쪽에서 그 해에 미국 전역의 '지도자 양성학교' 약 70곳에서 5천여 명의 복음주의자들을 훈련시킬 계획이 있다고 보도했다.

32. Pat Robertson, *The 700 Club*, 1993년 11월 17일.

33. 기독교연합과 관련 단체들이 점점 부상하는 동안 여러 유명한 단체들이 그들의 이

종교가 사악해질 때

넘과 전술에 공개적으로 도전장을 던졌다. 예를 들어, "Unmasking Religious Right Extremism," *American Association of University Women* (1994년 2월호)와 시카고에 본부를 둔 National PTA가 발간한 "National PTA's Guide to Extremism" 참조.

34. "Taped Speech Discloses Robertson's Goals," *New York Times*, 1997년 9월 18일자.

35. "Taped Speech."

36. 현대성에 대한 유대교, 기독교, 이슬람교 근본주의자들의 반응을 비교 연구한 훌륭한 연구서로 Karen Armstrong, *The Battle for God* (New York: Random House, 2000)이 있다.

37. 이란, 알제리, 이집트, 요르단, 팔레스타인, 걸프 지역 국가들의 사례 연구를 통해 이 이슈를 세심하게 살펴본 연구서를 보려면 Timothy D. Sisk, *Islam and Democracy: Religion, Politics and Power in the Middle East* (Washington, DC: United States Insitute of Peace, 1992) 참조. Barber, *Jihad vs. McWorld*, 276ff. 토머스 프리드먼은 《뉴욕타임스》 2001년 11월 23일자에서 무슬림(여성도 포함)이 다원주의적인 민주 사회에서 훌륭하게 생활할 수 있다고 주장했다.

38. 토머스 프리드먼은 《뉴욕타임스》 2002년 6월 16일자에 기고한 이란 방문기에서 이러한 견해를 그대로 반영했다. 프리드먼은 자신의 글에서 이란의 '제3의 물결,' 즉 행복한 생활, 좋은 직장, 더 많은 개인적 자유, 외부 세계와의 더 많은 교류를 원하는 신세대를 언급하고 있다.

5. 목적은 모든 수단을 정당화한다?

1. "12 Million Could Die at Once in an India-Pakistan Nuclear War," *New York Times*, 2002년 5월 27일자. 미국 군부의 관리들은 파키스탄과 인도가 각각 '20여 개'와 '수십 개'의 핵탄두를 갖고 있을 것이라고 추정했다. 두 나라 모두 이 대량살상무기들을 사용할 다양한 수단을 갖고 있다.

2. "Graveside Party Celebrates Hebron Massacre," *BBC News*, 2000년 3월 21일.

3. Babylonian talmud, Shabbat 31a.

4. 아드바니의 힌두 민족주의 정당의 이름은 바라타야 자나타 당(Bharatiya Janata Party)이다.

5. 바울의 글에 나타난 유대교도와 기독교인 사이의 역학 관계를 다룬 글을 보려면 Carroll, *Constantine's Sword: The Church and the Jews*, 135-43 참조. 캐럴은 89-99쪽에서 서기 68년경에 작성된 첫 번째 복음서 마가복음과 약 30년 후에 집필된 마지막 복음서 요한복음의 뚜렷한 차이를 다룬 여러 연구 결과들을 분석했다.

6. 예수의 십자가를 검으로 본 견해에 대해서는 Carroll, *Constantine's Sword*, 152 참

조. 교회의 악의적인 발언에 대해서는 C. M. Leighton과 D. Lehmann, "Jewish-Christian Relations in Historical Perspective," in *Irreconcilable Differences? A Learning Resource for Jews and Christians*, D. F. Sandmel, R. M. Catalano, C. M. Leighton 편집(Boulder, CO: Westview Press, 2001), 23 참조.

7. John Chrysostom. Rosemary Radford Ruether, *Faith and Fratricide: The Theological Roots of Anti-Semitism* (New York: Seabury Press, 1974), 178에서 재인용.

8. Ambrose. Ruether, *Faith and Fratricide*, 193에서 재인용.

9. Rodney Stark, *One True God: Historical Consequences of Monotheism* (Princeton: Princeton University Press, 2001), 129-33. Edward J. Flannery, *The anguish of the Jews* (New York: Paulist Press, 개정판, 1985)도 참조.

10. 물론 많은 기독교인들이 유대인과 집시 등을 인간 이하의 존재로 규정하고 말살하려던 나치의 시도에 적극적으로 반대했다. 예루살렘의 홀로코스트 기념관인 야드 바셈(Yad Vashem)은 오스카 쉰들러(Oskar Schindler) 등 훌륭한 이교도들을 기리고 있다. David P. Gushee, *The Righteous Gentiles of the Holocaust: A Christian Interpretation* (Minneapolis: Fortress Press, 1994) 참조.

11. 《뉴욕타임스》 2002년 3월 3일자에서 재인용.

12. 현재 이슬람 세계에는 여성과 젠더(gender) 문제에 대한 여성들의 훌륭한 연구 결과가 많이 나와 있다. 예를 들어, 특정 국가들의 변화에 대한 일련의 논문과 광범위한 참고문헌 목록을 보려면 Yvonne Y. Haddad와 John L. Esposito 편집, *Islam, Gender, and Social Change* (Oxford: Oxford University Press, 1998) 참조.

13. 여성 성기 훼손은 국제사면위원회(Amnesty International)가 감시하는 인권 문제 중 하나다. 국제사면위원회의 웹사이트인 www.amnesty.org를 방문하거나 이곳에 글을 쓰면 정보를 구할 수 있다. 음핵 절제에 관한 통계는 Geraldine Brooks, *Nine Parts of Desire: The Hidden World of Islamic Women* (New York: Doubleday, 1995), 54에서 가져온 것이다.

14. Seth Adams, "In Pakistan, Rape Victims Are the Criminals," *New York Times*, 2002년 5월 17일자는 남편의 형제에게 강간당한 한 젊은 파키스탄 여성의 이야기를 자세히 다루고 있다. 그녀와 같은 사례가 "드물지 않다"고 한다. 그녀는 자신이 강간당했음을 시인했는데, 돌에 맞아 죽어야 한다는 선고를 받았다. 이슬람 율법에 의해 모든 혼외정사가 금지되어 있다는 것이 판사의 판결이었다. 율법은 "범죄가 당사자의 동의에 의해 저질러진 것이든 그렇지 않든, 모든 형태의 간통을 금지한다"는 것이다.

15. 국무부 보고서 제목은 *Erasing History: Ethnic Cleansing in Kosovo* (Washington, DC: Department of State, 1999)이다. 1993년 미국인 무슬림 여성 자이납 살비(Sainab Salbi)는 남편과 함께 구 유고슬라비아에서 강간당한 여성들을 돕기 위한

조직적인 활동을 펼쳤다. 그녀가 만든 단체인 Women for Women International은 10년도 안 되는 기간 동안 보스니아-헤르체고비나, 르완다, 코소보, 방글라데시, 나이지리아, 파키스탄에서 수천 명의 여성들을 도왔다. www.womenforwomen. org에 접속하면 이들의 활동에 대한 정보를 구할 수 있다. 이 사이트에는 또한 피해 여성들을 돕는 다른 단체들의 사이트도 링크되어 있다.

16. Harvey Cox, *Many Mansions: A Christian's Encounter with Other Faiths* (Boston: Beacon Press, 1988), 53-57.

17. S. Pfeiffer, M. Rezendes, M. Carroll, "The Cardinal's Apology: A 'Grieving' Law Apologizes for Assignment of Geoghan," *Boston Globe*, 2002년 1월 10일자.

18. "The Bishop's Charter to Protect Children,"의 전문(全文)과 많은 주목을 끌었던 전국회의에 관한 자세한 정보가 《뉴욕타임스》 2002년 1월 15일자에 보도되었다.

19. 이 현상, 특히 마녀사냥에 폭력의 패턴과 여성의 비인간화가 어떻게 반영되었는지에 대한 분석을 보려면 Anne Llewellyn Barstow, *Witchcraze: A New History of the European Witch Hunts* (San Francisco: Harper SanFrancisco, 1994) 참조.

20. 각종 문서와 정보를 새로이 구해볼 수 있게 되면서 연구자들이 내린 1차적인 결론에 대한 개괄적인 설명을 보려면 MPH 엔터테인먼트가 History Channel을 위해 제작한 2시간짜리 프로그램 *The Inquisition* 참조.

21. 예수에 관한 이 유명한 이야기가 요한복음 초창기 판본에는 등장하지 않는다. 이 이야기의 내용이 예수의 다른 가르침 및 행동과 일치하기 때문에 대부분의 학자들은 이것을 실제 사건으로 간주하고 있다.

22. M. K. Gandhi, *Non-Violent Resistance* (New York: Schocken Books, 1961), 250-52.

6. 성전선포

1. 기독교가 생겨난 후 처음 3세기 동안 기독교 저술가와 문서를 개괄적으로 살펴본 고전적인 책으로는 C. John Cadoux, *The Early Christian Attitude to War*, 2판 (New York: Seabury Press, 1982)가 있다.

2. John Ferguson, *War and Peace in the World's Religions* (New York: Oxford University Press, 1978), 103.

3. 기독교 역사와 로마제국의 역사에서 매우 중요한 위치를 차지하는 이 기간 동안 복잡하게 펼쳐졌던 종교와 정치의 복잡한 역학을 광범위하게 다룬 글을 보려면 James Carroll, *Constantine's Sword: The Church and the Jews* (Boston: Houghton Mifflin, 2001), 165-207 참조.

4. Roland H. Bainton, *Christian Attitudes Toward War and Peace* (Nashville:

Abingdon, 1960), 88-90. 30년간 계속된 베인튼의 고전적인 연구는 처음 발표된 지 40년이 흐른 지금도 가치를 따질 수 없을 만큼 귀중한 자료다.

5. Bainton, *Christian Attitudes*, 95-98.

6. Bainton, *Christian Attitudes*, 110쪽은 경건왕 로베르(Robert the Pious, 996~1031)가 한 서약 속에 어떤 수렴 효과와 기대치가 포함되어 있었는지 설명하고 있다. 당시 '규정들'이 다듬어지고 있었지만, 많은 허점들 때문에 예외가 인정되었다. "나는 어떤 식으로든 교회의 규정을 위반하지 않을 것이다. 나는 무장하지 않은 성직자나 수도사를 해치지 않을 것이다. 나는 수소, 암소, 돼지, 양, 염소, 당나귀, 혹은 망아지를 키우고 있는 암말을 훔치지 않을 것이다. 나는 몸값을 위해 악당이나 악녀나 하인이나 상인을 공격하지 않을 것이다. 나는 빚을 받아내려는 목적이 아니라면 3월부터 만성절까지 목초지에서 어느 누구의 노새도, 숫말도, 암말도, 망아지도 취하지 않을 것이다. 나는 집 안에 기사가 있는 경우가 아니라면 집을 불태우거나 부수지 않을 것이다. 나는 덩굴을 뿌리째 뽑아내지 않을 것이다. 나는 상대가 잘못을 저지르지 않는 한 남편 없이 여행하는 귀족부인도, 그들의 하녀도, 과부나 수녀도 공격하지 않을 것이다. 사순절이 시작될 때부터 부활절이 끝날 때까지 나는 무장하지 않은 기사를 공격하지 않을 것이다."

7. 샤를마뉴와 '불신자들'에 대해서는, Ferguson, *War and Peace*, 106-7 참조. Bainton, *Christian Attitudes*, 104에는 독일인 주교 10명이 886년부터 908년 사이에 전장에서 쓰러졌다고 돼 있다. 1000년경에는 베른바르트(Bernward) 주교가 "그리스도의 십자가에서 나온 못 몇 개가 박힌 창을 들고 싸웠다." 또한 마인츠의 대주교는 "교회가 피를 흘리는 것을 혐오하기 때문에" 칼 대신 철퇴를 사용해 전투에서 직접 9명을 보내버렸다고 말했다. 대주교는 초기 교회의 가르침과 신약의 정신은 아닐망정 글자 그대로의 내용에는 상당한 주의를 기울였던 것 같다.

8. Ferguson, *War and Peace*, 111.

9. Ferguson, *War and Peace*, 111.

10. Bainton, *Christian Attitudes*, 111-12에서 재인용.

11. Paul Johnson, *A History of Christianity* (New York: Atheneum, 1980), 245에는 "슈파이어에서 유대인 12명이, 보름스에서는 500명이, 마인츠에서는 1000명이, 메스에서는 22명이 살해당했다"고 되어 있다.

12. Jerusalem, vol. 2 in *The Crusades* (London: British Broadcasting Corporation, 1995). 십자군 병사들이 무슬림의 머리를 들고 다녔다는 얘기를 한 사람은 케임브리지 대학의 조너선 라일리스미스(Jonathan Riley-Smith) 교수이다.

13. Raymond of Agiles. Bainton, *Christian Attitudes*, 112-13에서 재인용.

14. 죄를 지은 사람이 교회가 힘들거나 덕이 있다고 지정한 임무를 수행하고 참회한다면 면죄부를 통해 세속적인 벌을 면제받았다. 면죄부의 남용은 마르틴 루터(Martin Luther)를 비롯한 여러 사람들의 종교개혁에 불을 붙인 중요한 요인 중

하나였다.

15. 십자군과 수세기에 걸친 복잡한 역학관계를 다룬 자료들이 많다. 훌륭한 글들과 당시의 참고문헌 목록을 보려면, Jonathan Riley-Smith 편집, *The Oxford History of the Crusades* (New York: Oxford University Press, 1999) 참조. 이 소란스러운 세월 동안 기독교와 이슬람교 사이의 상호작용을 요약한 훌륭한 글을 보려면 Rollin Armour, *Islam, Christianity, and the West: A Troubled History* (Maryknoll, NY: Orbis Books, 2002), 61-79 참조.

16. 동방정교가 서구 사람들에게 더 친숙하다. 여기에는 그리스정교, 러시아 정교, 세르비아 정교가 포함된다. 콥트 정교, 시리아 정교, 아르메니아 정교는 기본적으로 동양정교이다. 이들은 7세기에 처음 등장한 이후 주로 중동에 자리를 잡고서 이슬람교와 나란히 공존해왔다.

17. 걸프전 도중과 그 이후에 종교, 정치, 경제적 요인들 사이의 상호작용에 관한 광범위한 분석을 보려면 Charles A. Kimball, *Religion, Politics and Oil: The Volatile Mix in the Middle East* (Nashville: Abingdon, 1992) 참조.

18. 조지 H. W. 부시 대통령.《뉴욕타임스》1990년 8월 9일자에 인용된 발언.

19. 2001년 9월 11일의 사건 이후 여러 달 동안 매일 이런 모습들이 연출되었다.

20. 오보의 사례로는 다음과 같은 것들이 있다. 예정된 목표로 떨어진 '스마트' 폭탄의 비율은 보도된 것보다 훨씬 낮았다. 이라크 측은 민간시설이 공습당했다는 주장을 수차에 걸쳐 제기했으나 전쟁 중에는 이들의 주장이 무시되었다. 그러나 나중에 이들의 주장이 옳았음이 드러났다. 이라크 병사들이 쿠웨이트의 병원을 약탈하고, 인큐베이터의 선을 끊어버렸다는 등 널리 보도된 끔찍한 이야기들은 근거가 없는 것으로 드러났다. 피트 윌슨의 발언은《뉴욕타임스》1991년 9월 21일자에 인용된 것이다.

21. 1990~91년에 중동 지역에 존재하는 모든 주요 정교와 개신교, 가톨릭교회로 구성된 중동교회협의회가 중동 지방 기독교인들 모두의 생각을 강력하게 반영한 여러 성명서와 문서를 발표했다.

22. 브라우닝 주교는 세계 기독교 대표단의 일원으로 이라크를 방문해서 사담 후세인과 만났다. 기독교 지도자들은 1990년 12월 22일에 "War Is Not the Answer: A Message to the American People,"이라는 제목의 성명서를 발표했다. 이 성명서의 전문을 보려면 Sojourners (1991년 2월-3월호), 5 참조.

23. 1991년 2월 13일에 발표된 성명서.

24. 아랍어와 히브리어에서 s와 sh는 독특한 위치를 차지하고 있다. 이 두 언어에서 s와 sh가 같은 뜻의 단어에 그대로 쓰이는 경우가 많기 때문이다. 예를 들어 Satan 은 악마를 지칭하는 히브리어인데, 아랍어에서는 악마를 Shaytan이라고 부른다.

25. 예수의 이름은 꾸란의 15개 장에서 93번 언급되어 있다. 꾸란은 예수를 예언자, 전령, 하나님의 종, 하나님의 말씀, 구세주, 하나님의 영으로부터 영감을 얻거나 도움

을 받은 자로 부른다.

26. S. H. Nasr, *The Heart of Islam* (San Francisco: HarperSanFrancisco, 2002), 220-221.

27. Patrick Healy, "At Harvard, a Ward Sparks a Battle," *Boston Globe*, 2002년 5월 29일자. 야신은 압력에 못 이겨 나중에 연설 제목을 "Of Faith and Citizenship: My American Jihad"로 바꿨다. 이 글의 부제목은 졸업식 프로그램 안내장에 실리지 않았다.

28. 〈오랜 탐색〉은 세계의 종교를 다룬 13부작으로 상을 받기도 했다. 20년 전 BBC와 PBS 방송용으로 제작된 이 비디오 시리즈는 지금도 많은 도서관에 소장되어 있으며, Time Life Video를 통해 구입할 수 있다.

29. John L. Esposito, *Unholy War: Terror in the Name of Islam* (New York: Oxford University Press, 2002), 31ff.

30. John Kelsay, *Islam and War: A Study in Comparative Ethics* (Louisville, KY: Westminster/John Knox Press, 1993), 36.

31. Esposito, *Unholy War*, 41-43, 71ff.

32. 이맘 Feisal Abdul Rauf, *What's Right with Islam: A New Vision for Muslims and the West* (HarperSanFrancisco, 2004), Khaled Abou El Fadl, *The Great Theft: Wrestling Islam from the Extremists* (HarperSanFrancisco, 2005), and Eboo Patel, *Acts of Faith: The Story of an American Muslim, the Struggle for the Soul of a Generation* (Beacon Press, 2007) 참조.

33. 다양한 단체와 운동을 반드시 각각의 맥락 속에서 이해해야 한다. 이슬람 세계를 관통하는 공통적인 주제와 인식이 몇 가지 있으나, 각각의 지도자들과 단체들은 나름의 역사와 현실적 조건을 지닌 현실 속의 특정 지역에서 형성되기 마련이다. 이슬람교는 획일적이지 않다. 모든 것을 뭉뚱그려 일반화해버린다면 필연적으로 잘못된 결론이 도출될 것이다. 이집트는 알제리와 다르고, 알제리는 아프가니스탄과 다르며, 아프가니스탄은 이란과 다르다. 그리스, 영국, 스웨덴, 프랑스가 다 똑같은 것처럼 얘기할 수 없는 것과 마찬가지다. 이 나라들은 모두 기독교인이 대다수를 차지하는 서유럽 국가지만, 우리는 이들의 종교와 정치적 역사를 알기 때문에 맥락을 감안해야만 정확한 분석이 가능하다는 것 또한 알고 있다. 이슬람 국가들의 경우도 마찬가지다.

　　이집트를 생각해보자. 나는 카이로에서 학생으로 공부를 할 때나, 콥트 정교 및 이슬람 지도자들과 오랫동안 함께 일할 때 대단히 긍정적인 경험들을 했지만, 인구가 지나치게 많고 가난한 이 나라 국민들 사이에는 오랜 좌절감이 깊이 뿌리 박혀 있다. 이집트, 특히 알아즈하르 대학은 수백 년 동안 이슬람 세계의 지적인 중심에 위치해 있었다. 20세기 초 이집트에서는 무슬림 형제단(Muslim Brotherhood)이 탄생했다. 그리고 지금까지 다양한 개혁 운동이 나타났다가 사라졌다. 그중 일

종교가 사악해질 때

부는 사라졌고, 일부는 수십 년의 세월을 거치면서 과격해졌다.

안와르 사다트는 서구에서 인기가 높았지만, 이집트 국민들이 모두 그를 좋아했던 것은 아니다. 1981년에 이슬람 지하드의 극단주의자들이 그를 암살했으니 말이다. 지난 20년 동안 오스니 무바라크(Hosni Mubarak) 정권이 구제불능의 경지에 이르렀다고 확신하는 비주류 종교 단체들이 여러 번 이집트에서 등장했다. 그들은 이집트의 필수불가결한 수입원인 관광산업을 파괴하기 위해 일본과 독일의 단체 관광객들을 공격했다. 그들의 목적은 무바라크 정부의 안정을 깨는 것이었다. 눈 먼 성직자인 우마르 아브드 알라만(Umar Abd al-Rahman)이 이끄는 이집트인 12명은 1993년에 세계무역센터를 폭파하려 한 혐의로 유죄판결을 받았다. 그들은 또한 무바라크와 당시 UN 사무총장으로 있던 이집트 출신의 부트로스 부트로스 갈리(Butros Butros Ghali)를 죽이려는 계획도 있었다. 9월 11일에 비행기를 납치해 세계무역센터를 공격한 주모자도 이집트인인 무함마드 아타(Muhammad Atta)였다. 역시 이집트인인 아이만 알자와히리(Ayman al-Zawahiri) 박사는 오사마 빈 라덴의 최근 자문으로서 9월 11일의 사건을 이끌어냈다. 그는 주로 이집트에 머물면서 20년에 걸쳐 의사에서 폭력적인 혁명가로 변신했다.

헤즈볼라의 기반이 된 종교적, 정치적, 사회적 역학을 이해하려면, 레바논의 복잡한 역사를 면밀히 살펴봐야 한다. 이슬람구국전선(Islamic Salvation Front)을 프랑스 식민지 시대의 알제리 및 그 이후의 알제리 역사와 따로 떼어서 생각할 수 없는 것과 비슷한 맥락이다. 또한 주로 가자의 교육, 사회, 정치, 군사 분야의 제도적 기관들이 포함된 하마스를 이해하려면 이스라엘과 팔레스타인이 분쟁을 벌여온 고통스러운 역사를 알아야 한다.

특정한 국가나 집단에 초점을 맞춘 훌륭한 연구들이 많이 있다. 에스포지토의 『신성하지 않은 전쟁(Unholy War)』 외에도 예를 들어, John L. Esposito, *The Islamic Threat: Myth or Reality?* 3판(New York: Oxford University Press, 1999)와 Milton Viorst, *In the Shadow of the Prophet: The Struggle for the Soul of Islam* (Boulder, CO: Westview Press, 2001) 참조.

34. Esposito, Unholy War, 11-12.

35. Glen Stassen 편집, *Just Peacemaking: Ten Practices for Abolishing War* (New York: Pilgrim Press, 1998).

36. 종교에 기반을 둔 많은 훌륭한 단체들이 현재 이스라엘/팔레스타인에서 사람들을 교육시키며 협동과 공존의 모델을 만들어가고 있다. 미국에서도 마찬가지다. 미국에서 가장 희망적인 움직임 중의 하나는 U.S. Interreligious Committee for Peace in the Middle East이다. 1986년부터 활동을 시작한 이 단체는 중동 지방에 대해 공통의 비전을 지닌 1천 명 이상의 유대교, 기독교, 이슬람 지도자들로 이루어져 있다. 지상에서 가장 다루기 어려운 분쟁 중의 하나인 이스라엘/팔레스타인 분쟁에서 평화를 만들어갈 수 있는 많은 길들이 열려 있다. 종교를 자원으로 삼아 사

려 깊게 마련된 철저한 대안들을 보려면 Marc Gopin, *Holy War, Holy Peace: How Religion Can Bring Peace to the Middle East* (New York: Oxford University Press, 2002) 참조.

7.   전통에 뿌리를 둔 포용적인 믿음

1. Martin E. Marty와 R. Scott Appleby 편집, *The Fundamentalism Project*, 전 5권 (Chicago: University of Chicago Press, 1991-1995).
2. R. Scott Appleby, *The Ambivalence of the Sacred: Religion, Violence, and Reconciliation* (Lanham, MD: Rowman & Littlefield, 2000), 16-17.
3. 여러 가지 형태로 변형된 같은 취지의 말이 알베르트 아인슈타인의 말로 널리 알려져 있다. www.giga-usa.com/gigaweb1/quotes2/quateinsteinalbertx005.htm 참조.
4. Stephen R. Covey, *The Seven Habits of Highly Effective People* (New York: Simon & Schuster, 1989), 101.
5. Covey, *Seven Habits*, 34-35.
6. Smith, *Why Religion Matters*, 3.
7. 나는 여러 가지 면에서 제프 로저스에게 신세를 졌다. 그는 10여 년 동안 자주 나의 생각에 도전하면서 내 생각을 다듬어주었다. 신학적인 나침반에 대한 그의 생각은 2002년 5월 26일에 졸업반 학생들에게 행한 설교, "The Cross Your Compass, Christ Your Guide"(www.fbcgvlsc.com)에 포함되어 있다.
8. Wilfred Cantwell Smith, *Faith and Belief* (Princeton, NJ: Princeton University Press, 1979), 12, 169-70. 스미스에 대해 더 많은 것을 알고 싶다면 들어가는 말의 주 6번 참조.
9. 중동 지방에서 다양한 형태로 실행되고 있는 기독교 교파간의 협력과 여러 종교 사이의 협력을 광범위하게 다룬 글을 보려면 Charles A. Kimball, *Angle of Vision: Christians and the Middle East* (New York: Friendship Press, 1992) 참조.
10. William Sloane Coffin, *A Passion for the Possible: A Message to U.S. Churches* (Louisville, KY: Westminster/John Knox Press, 1993), 7-8.
11. 성경은 비교종교학 책이 아니다. 구약성서는 분명히 이스라엘 민족에 초점을 맞추고 있다. 그렇다 해도 이 경전에는 하나님이 이스라엘 외부의 사람들 일에 적극적으로 개입한 사례들이 많이 포함되어 있다. 창세기 1장부터 11장에는 하나님이 여러 민족들 사이에서 행한 일들이 기록되어 있다. 대홍수 이야기의 뒤를 이어 나오는 창세기 9장 8절부터 17절에는 하나님이 모든 인간과 생물에게 보편적이고 무조건적인 약속을 해줬다는 이야기가 나온다. 아브라함에 대한 이야기 중에도 흥미로

종교가 사악해질 때

운 구절이 있다. 창세기 14장 18~19절에서는 '지극히 높으신 하나님의 제사장'이라는 묘한 인물 멜기세덱이 아브라함을 축복하고, 창세기 20장에는 하나님이 그랄의 왕인 아비멜렉의 일에 간섭하는 얘기가 나온다. 성경에 나오는 다른 인물들, 예를 들어 모세의 장인인 이드로나 파라오의 딸 등은 이스라엘인이 아니지만 하나님의 영향을 받아 행동에 나선 사람으로 묘사된다. 또한 욥기에는 처음부터 끝까지 이스라엘이 아닌 곳에서 일어난 일들이 기록되어 있다. 그리고 요나 이야기에 나오는 뱃사람들은 주님의 이름을 부른다. 이 모든 이야기들은 구약성서의 맨 마지막 서(書)인 말라기의 선언과 이어져 있는 것 같다. "만군의 여호와가 이르노라. 해 뜨는 곳에서부터 해 지는 곳까지의 이방 민족 중에서 내 이름이 크게 될 것이라. 각처에서 내 이름을 위하여 분향하며 깨끗한 제물을 드리리니 이는 내 이름이 이방 민족 중에서 크게 될 것임이니라."(말라기 1:11)

12. 종교적 다양성과 관련된 성경의 핵심적인 구절들을 쉽게 소개한 책을 보려면 Ariarajah, *The Bible and People of Other Faiths* 참조.

13. Austin P. Flannery 편집, *Documents of Vatican II*, 2판 (Grand Rapids, MI: Eerdmans, 1980), 739-40.

14. Flannery 편집, *Vatican II*, 739-40, 367.

15. "Pope's Address to the Roman Curia," *Bulletin - Secretariatus pro non-Christianis* 22, no. 1 (1987): 54-62 참조.

16. John Hick, *God Has Many Names* (London: Macmillan, 1980), 6. Hick, *God and the Universe of Faiths* (New York: St. Martin's Press, 1973), 131.

17. Wilfred Cantwell Smith, *Towards a World Theology: Faith and the Comparative History of Religion* (Philadelphia: Westminster Press, 1981), 152.

18. 5장 주 16번 참조.

19. Eck, *A New Religious America*, 23.

20. Diana L. Eck, *Encountering God: A Spiritual Journey from Bozeman to Banares* (Boston: Beacon Press, 1993)에는 감리교 청소년 단체에서 활발하게 활동했던 경험에서부터 전 세계의 종교에 대한 학문적인 연구와 세계교회협의회의 Subunit on Dialogue with People of Living Faiths 조정관으로서 10여 년에 걸쳐 지도력을 발휘했던 경험에 이르기까지 그녀 자신의 개인적인 순례 역정이 너무나 흥미롭게 묘사되어 있다.

21. 훌륭한 저작들이 많이 있다. 참고문헌에 대한 정보와 출판물이 가장 포괄적으로 모여 있는 자료로는 오비스 출판사(Orbis Books)가 출간한 *Faith Meets Faith* 시리즈가 있다. 이미 40여 권의 책이 이 시리즈로 출판되었다. 이 시리즈는 비록 기독교 신학의 시각에 뿌리를 두고 있지만, 특정한 신앙만을 지지하지는 않는다. 오히려 "다양한 종교의 추종자들이 서로 이야기를 나눌 수 있는 열린 공간을 제공함으로써 여러 종교 사이의 대화를 촉진하고자" 한다.

22. Cox, *Many Mansions*, 212.

23. 정치적·종교적 차이를 넘어 화해를 이룩하기 위해 노력하는 단체와 기구가 문자 그대로 수십 개나 된다. 그들이 중점을 두고 있는 문제와 구체적인 프로그램은 다양하다. 예를 들어 Peace Now 같은 단체들은 정치적인 정책에 중점을 두고 있고, 알하크(al-haqq: '진리'라는 뜻. 예전 이름은 Law in the Service of Man)는 인권에 중점을 두고 있다. 또한 협동적인 스포츠와 교육 프로그램을 육성하는 단체도 있다. 나는 개인적으로 여러 단체들과 함께 일을 해보았는데, 특히 그 지역에서 자생적으로 생겨난 종교 단체들 및 American Friends Service Committee, Menonite Central Committee 같은 단체들을 꼽을 수 있다. 화해를 시도하는 유대교, 이슬람교, 기독교의 단체들이 흔히 폭력과 극단주의에서 생겨난 불신 때문에 고생하기도 하지만 이 지역 사람들은 대부분 자신들의 미래가 서로 연결되어 있다는 것을 알고 있다. 《뉴욕타임스》의 칼럼니스트 톰 프리드먼(Tom Friedman)은 2001년 11월 21일자 오피니언란에 쓴 글을 통해 이런 분위기를 생생하게 표현했다. 그는 랍비 데이비드 하트먼(David Hartman)을 학교, 회교 사원, 교회, 유대교 회당 등에서 벌어지는 '진짜 전쟁'에 필요한 '장군'으로 보았다. 하트먼은 "하나님께서는 여러 언어를 말씀하실 수 있으며, 종교 하나에만 힘을 쏟느라 지쳐버리시는 분이 아니다"고 가르치면서 이스라엘의 종교적인 전체주의와 싸우고 있다.

24. 『신성한 전쟁, 신성한 평화(Holy War, Holy Peace)』에서 고핀은 진심으로 중동의 평화를 촉진하고자 하는 사람들을 위해 '실질적인 응용 방법'을 1백여 페이지에 걸쳐 설명하고 있다. Scott Appleby의 책 *Ambivalence of the Sacred* 중 "Religion and Conflict Resolution," "The Promise of Internal Pluralism: Human Rights and Religious Mission," "Ambivalence as Opportunity: Strategies for Promoting Religious Peacebuilding"도 참조.

참고문헌

Appleby, R. Scott. *The Ambivalence of the Sacred: Religion, Violence. and Reconciliation*. Lanham, MD: Rowman & Littlefield Publishers, Inc., 2000.

Ariarajah, S. Wesley. *The Bible and People of Other Faiths*. Maryknoll, NY: Orbis Books, 1989.

Armour, Rollin. *Islam, Christianity and the West: A Troubled History*. Maryknoll, NY: Orbis Books, 2002.

Armstrong, Karen. *The Battle for God*. New York; Ballantine Books, 2000.

Carroll James. *Constantine's Sword: The Church and the Jews*. New York: Houghton Mifflin Co., 2001.

Carter, Stephen L. *The Culture of Disbelief; How American Law and Politics Trivialize Religious Devotion*. New York: Basic Books, 1993.

Coffin William Sloane. *A Passion for the Possible: Message to the Churches*. Louisville, KY: Westminster/John Knox Press, 1993.

Cox, Harvey. *Many Mansions: A Christian's hunter with Other Faiths*. Boston: Beacon Press, 1998.

Eck, Diana L. *Encountering God: A Spiritual Journey from Bozeman to Banaras*. Boston: Beacon Press, 1993.

———. *A New Religious America: How a "Christian Country" Has Become the World's Most Religiously Diverse Nation*, San Francisco: HarperSanFrancisco, 2001.

Esposito, John L. *The Islamic Threat: Myth or Reality?* New York: Oxford University Press, 3rd ed. 1999.

———. *Unholy War: Terror in the Name of Islam*. New York: Oxford University Press, 2002.

Friedman, Thomas L. *From Beirut to Jerusalem*. New York: Farrar, Straus & Giroux, 1989.

———. *The Lexus and the Olive Tree; Understanding Globalization*. New York: Farrar, Straus & Giroux, 1999.

Gomes, Peter J. *The Good Book: Reading the Bible with Mind and Heart*. New York: William Morrow and Company, Inc., 1996 ; HarperSanFrancisco reprint edition, 2002.

Gopin, Marc. *Holy War, Holy Peace: How Religion Can Bring Peace to the Middle East,* New York : Oxford University Press, 2002.

Juergensmeyer, Mark. *Terror in the Mind of God: The Global Rise of Religious Violence.* Berkeley, CA : University of California Press, 2000.

Kimball, Charles A. *Religion, Politics and Oil: The Volatile Mix in the Middle East,* Nashville, TN: Abingdon Press, 1992.

_____. *Striving Together: A Way Forward in Christian-Muslim Relations,* Maryknoll, NY: Orbis Books, 1991.

Kurzman, Charles, ed. *Liberal Islam: A Soucebook.* New York: Oxford University Press, 1998.

Lustick, Ian S. *For the Land and the Lord: Jewish Fundamentalism in Israel.* New York: Council on Foreign Relations Press, 1988.

Marty, Martin E., and R. Scott Appleby, eds. *The Fundamentalism Project,* 5 vols. Chicago. University of Chicago Press, 1991–1995.

Miles, Jack. *God: A Biography.* New York: Alfred Knopf, Inc., 1995.

Nasr, Seyyed Hossein. *The Heart of Islam.* San Francisco: HarperSanFrancisco, 2002.

Smitli, Huston, *Why Religion Matters: The Fate of the Human Spirit in an Age of Unbelief.* San Francisco: HarperSanFrancisco, 2001.

_____. *The World's Religions.* San Francisco: HarperSanFrancisco, rev. ed. 1998.

Smith, Wilfred Cantwell. *Faith and Belief.* Princeton: Princeton University Press, 1979.

_____. *Patterns of Faith Around the World.* Oxford: Oneworld Publications, 1998.

Stassen, Glen, ed. *Just Peacemaking: Ten Practices for Abolishing War.* New York: Pilgrim Press, 1998.

Viorst, Milton. *In the Shadow of the Prophet: The Struggle for the Soul of Islam.* Boulder, CO: Westview Press, 2001.

종교가 사악해질 때

발문

『종교가 사악해질 때』는 그동안 몹시 좋은 반응을 얻었다. 통신기술의 발달로 학생, 교수, 성직자, 군인, 정치가, 사업가 등 다양한 사람들과 연구 집단이 이 책을 읽으면서 나와 직접 의견을 주고받는 것도 가능해졌다. 그러면서 종교가 타락하는 다섯 가지 징후를 보여주는 사례들을 추가로 제시한 사람이 많았다(대개 개인적인 사례였다). 내가 인용한 견해나 나 자신의 견해가 자신들의 생각을 거울처럼 보여준다거나, 말로 표현할 수 없었던 확신을 똑똑히 표현해주었다고 말한 사람도 꽤 있었다. 어떤 사람들은 이 책에서 논의한 다양한 이슈들에 대한 나의 개인적인 견해를 더 상세히 물어본 반면, 또 어떤 사람들은 내 태도가 충분히 중립적이지 않거나 내게 다른 꿍꿍이가 있음이 분명하다고 주장하기도 했다. 종교에서 위험한 추세를 드러내는 집단에 동조하는 상당수의 사람들은 자신의 개인적인 경험에 비추어 내 분석이 어떻게 잘못되었는지를 열심히 설명하려고 했다. 개중에는 사려 깊은 태도를 보이는 사람도 있고, 독설을 퍼붓는 사람도 있었다. 또한 이슬람교에 대해 계속 구체적인 질문을 던지는 사람도 아주 많았다.

300회가 넘는 강연에서 사람들과 나눈 토론은 물론 이런 대화 역시 내게 응원과 가르침을 주었다. 질의응답 시간, 강연이나 인터뷰 이후의 시간 등에 제기되는 질문들은 모든 분야를 망라한다. 그러나 몇 번이고 반복적으로 제기되는 질문도 있다. 이번에 이렇게 개정판을 출간하면서, 가장 자주 제기되는 질문들에 간략한 답변을 하고자 한다.

1. 세상에는 틀림없이 선한 무슬림이 많지만, 이슬람교에는 근본적으로 폭력적인 요소가 있는 듯하다. 무슬림들이 칼을 들고 불신자를 죽여 자기들의 종교를 널리 퍼뜨리는 행위를 꾸란이 용인할 뿐만 아니라, 심지어 부추기는 것이 사실 아닌가?

이슬람교가 본래 폭력적이고 위협적인 종교라는 이미지는 현실과 맞지 않는다. 전 세계의 무슬림은 약 14억 명이며, 50개가 넘는 나라에서 인구의 대다수를 차지하고 있다. 오늘날 대다수의 무슬림은 서로 둘러앉아서 또 무엇을 폭탄으로 터뜨릴지, 누구를 공격할지 음모를 꾸미는 사람들이 아니다. 대다수의 기독교도, 유대교도, 힌두교도, 불교도, 그 밖의 인간들과 마찬가지로 그들 역시 열심히 일해서 가족을 부양하고, 아침이면 아이들을 학교에 보내려고 분주히 움직이고, 할머니의 생일파티를 계획하고, 텔레비전으로 축구경기를 보고, 경전을 읽고, 기도를 하며 살아간다.

폭력적이고 극단적인 행동을 정당화하기 위해 이슬람교를 내세우는 개인과 집단이 많아 보이기는 한다. 여러 나라에 사는 수많은 무슬림들이 엄청난 분노와 좌절감을 안고 있는 것도 사실이다. 그러나 이런 요소들이 이슬람교의 구조에 완전히 뿌리를 내리지는 않았다. 분노의 근원을 이해하고, 그런 분노가 종교의 강력한 영향력과 쉽사리 연결되는 과정을 알아보는 것이 내 책의 핵심적인 내용이다. 무슬림뿐만 아니라, 이슬람 극단주의자들이 겨냥

종교가 사악해질 때

하는 대상들 역시 이런 노력에 동참할 필요가 있다.

나는 꾸란에서 말도 많고 탈도 많은 '칼 이야기'가 등장하는 부분과 확고한 자살 금지 원칙에서부터 지하드의 의미와 악용에 이르기까지 다양한 이슈들을 책의 여러 부분에서 다뤘다. 다른 종교와 마찬가지로 이슬람교 역시 복합적이고 다면적이다. 단순하고 상투적인 고정관념은 반드시 부정확하고 오해의 여지가 있을 수밖에 없다. 이슬람교와 서구 기독교 국가들 사이의 오랜 반목, 확연히 눈에 들어오는 극단주의자들의 폭력적인 행동이 부정적인 고정관념을 더욱 부채질한다. 여기에 독선적인 기독교 성직자, 라디오 토크쇼 사회자, 베스트셀러 저자 등이 더 많은 부채를 들고 대기 중이다. 샘 해리스의 책『종교의 종말』중 '이슬람교의 문제'라는 장, 러시 림보, 션 해니티, 올리버 노스, 너무 많아서 일일이 언급할 수도 없는 텔레비전 목사 등이 이 점을 분명히 보여준다.

2. 책에서 다른 종교보다 기독교에 더 많은 부분을 할애한 것 같다. 이유가 무엇인가? 기독교인들이 무슬림보다 더 폭력적이고 파괴적이라는 뜻인가?

유대교, 힌두교, 불교의 사례들도 책에 포함시켰지만, 기독교와 이슬람교에 특히 초점을 맞춘 이유를 여러 곳에서 강조했다. 이 둘은 세계에서 가장 크고 가장 널리 퍼진 종교다. 둘 다 선교를 중시하며, 절대적인 진리를 알고 있다는 주장에 쏠리는 경향이 있다. 이런 주장은 폭력적이고 파괴적인 행동의 지지대로 쉽사리 이용될 수 있다.

　기독교의 사례들을 인용한 데에는 이밖에도 더 많은 이유가 있다. 첫째, 말할 것이 많다. 교회사를 진지하게 공부하는 사람이라면, 다른 종교의 신도들보다 기독교인에게 부끄러워할 일이 훨씬 더 많다는 사실을 금방 알게 된다. 예수를 따른다고 주장하는 사람들이 과거부터 현재까지 무슨 짓을 저지르고 있는지 생각해보면 슬프다 못해 때로는 기가 막힌다. 둘째, 나는 우리 모두가 반드시 갖고 있어야 하는 자기 비판적인 인식의 모델을 마련하고자 했다. 사람들은 항상 자신이 믿는 종교는 그 종교의 이상에 비추어 바라보고, 남의 종교는 그들의 결함 많은 현실에 비추어 바라보는 경향이 있다. 십자군, 종교재판, 유대인에 대한 처우를 이미 지나간 일로 치부해버리고, 오늘날 지구상 어딘가의 시장에서 폭탄을 터뜨리는 무슬림 극단주의자에게만 초점을 맞추기가 얼마나 쉬운지. 내 책에서 나는 신실한 신앙인들이 극단주의로 이어질 가능성이 있는 폭력적인 행동 패턴을 쉽사리 정당화하는 일이 간혹 현실에서 벌어진다고 주장했다. 이슬람교에서 뚜렷이 볼 수 있는 과제가 기독교에도 존재한다. 우리의 과거 역사와 현재의 행동에서 종교가 폭력적이고 파괴적인 행동의 수단으로 변해가는 징후를 알아볼 수 있는가? 소수의 사람들이 전 세계를 혼란에 몰아넣을 수 있을 만큼 무기가 발달한 세상에서 이것은 매우 다급한 질문이다.

3.　어떻게 당신 스스로를 기독교 목사라고 할 수 있나? 팻 로버트슨, 프랭클린 그레이엄, 베일리 스미스, 고 제리 폴웰 같은

지도자들을 몹시 비판하면서, 간디, 부처, 무슬림, 유대인들에 대해서는 아주 긍정적인 태도를 보이지 않나. 예수는 이렇게 말씀하셨다. "내가 곧 길이요 진리요 생명이니 나로 말미암지 않고는 아버지께로 올 자가 없느니라." 기독교에서 가장 중요한 것을 당신이 무너뜨리고 있는 것 아닌가?

여러 가지 전제들이 이런 종류의 질문을 부채질한다. 많은 기독교인에게 하나 이상의 진리를 포용한다는 생각은 받아들이기 어려울 뿐만 아니라 신학적으로 두려움을 안긴다. 많은 무슬림과 일부 힌두교도도 마찬가지다. 기독교 내에서 노골적으로 또는 은연중에 반反 세계교회주의 성향이 드러나는 것은 이처럼 편협하고 배타적인 사고의 반영이다. 궁극적으로 대부분의 기독교인들은 감리교, 장로교, 감독교, 퀘이커교, 그리스정교 사이의 차이점에 그리 신경을 쓰지 않는다. 사실 대부분의 사람들은 기독교의 여러 종파가 정확히 어떻게 나뉘어 있는지 분명히 알지 못한다. 그런데도 많은 기독교인들은 기독교에 대한 자신의 해석과 경험만으로 이 종교를 규정하거나 요약할 수 있다고 본다. 이런 생각을 드러낼 때 가장 자주 인용되는 구절이 요한복음 14장 6절이다. "내가 곧 길이요 진리요 생명이니…" 약 2만 개나 되는 기독교 교파의 진실성과 확실성은 이 구절 앞에서 왠지 의미를 잃는다. 다른 모든 종교는 한 방에 거짓이 된다. 이 책 전체에서 나는 수십 년 전부터 진행 중이던 세계교회주의와 여러 종교 간의 성찰과 토론에 더 많은 사람이 관심을 갖게 하려고 애썼다. 종교가 주장하는 진리의 본질에 대한 탐구, 위대한 기독교 사상가들이 속죄의 교리를 서로 몹시 다르게 해석한 것에 대한 나 자신의 연구 결과, 종교 간의 이해에 관한 제2차 바티칸공의회의 의미 등이 이런 문제들을 살펴볼 수 있는 경로다. 나는 비교종교학 연구가 자기비판적인 성찰과 이해를 위한 최고의 틀을 제공해준다는 점을 보여주고자 했다.

이 책은 마지막 장에서 종교간 이해와 협조를 위한 신학적 선택지들을 다시 구체적으로 다룬다. 이 장이 특히 엄청난 반응을 얻었는데, 대부분 긍정적인 반응이었다. 포용적이거나 다원적인 시각을 받아들인 사람들이 많다는 사실을 깨닫고 안도와 감사를 표하는 사람이 많았다. 그중에는 충격적일 정도로 많은 성직자와 선교사 자녀도 포함되어 있었다. 흔히 '배타주의자'라고 불리는 사람들 가운데에서도 생각보다 부드럽고 훨씬 개방적인 반응이 나올 때가 많았다.

내가 로버트슨, 그레이엄, 폴웰 같은 지도자들을 비판하는 이유가 무엇일까? 답은 간단하다. 그들은 기독교의 대변인을 자임하는 공인이다. 그들이 텔레비전에서 행하는 설교는 수많은 사람에게 영향을 미친다. 나는 그들이 다섯 가지 위험 징후 중 다수 또는 전부를 드러낸다고 믿기 때문에, 반드시 공개적으로 그들과 맞서야 한다고 본다. 나는 이 책에서뿐만 아니라, 그런 견해를 지닌 사람들을 직접 만났을 때도 내 주장을 실천에 옮긴다. 이 책에서 내가 한 말은 모두 텔레비전이나 라디오 프로그램, 의회 청문회 등에 유명한 기독교 지도자들과 함께 자리했을 때 그들에게도 직접 한 말이다. 죽은 사람을 나쁘게 말하는 것은 예의에 어긋난다고 배웠으므로, 앞으로 고 제리 폴웰에 대해는 별로 언급하지 않

종교가 사악해질 때

을지도 모르겠다. 그러나 영향력을 늘리고 싶어 하는 미국판 아야 툴라들은 아주 많다. 존 해지 목사, 로드 파슬리 목사, 앨버트 몰러 박사 겸 목사. 몇 명만 예를 들어도 이 정도다.

4. 이 책에서 조지 W. 부시 대통령에게 두어 번 찬사를 보냈다. 그가 두 번의 대통령 임기를 지내는 동안 일어난 일들을 감안해서 이제 그 찬사의 말을 수정할 의향이 있는가?

　없다. 나는 이 책의 초판에서 부시 대통령에 대해 한 말을 이번에도 바꾸지 않았다. 부시 정부의 정책 중에는 내가 강력히 반대하는 것도 많다. 대중 강연, 라디오, 텔레비전, 신문 인터뷰 등 여러 곳에서 내가 이라크, 이란, 이스라엘/팔레스타인에 대한 미국의 대외 정책, 무슬림이 다수를 차지하는 나라들에서 벌어지는 일 등과 관련된 직접적인 질문에 대답하고 나 자신의 분석 결과를 말한 기록이 많이 남아 있다. 지난 30년 동안 공공정책 관련 논의에도 참여했다. 많은 중동 전문가들과 마찬가지로, 나도 2003년의 이라크 침공을 공격이 시작되기 6개월도 전부터 강력히 반대했다. 또한 많은 사람들과 더불어 현명하지 못하고 위험할 정도로 정보가 부족한 상태에서 내려진 정책 결정을 일관되게 비판했다. 따라서 나는 분명히 조지 W. 부시 대통령의 옹호자가 아니다.

　그러나 나는 부시 대통령이 잘한 일도 많다고 믿는다. 내가 보기에 긍정적인 영향을 미친 일에 대해서는 그의 공을 인정해야 한다. 자신의 정치적 기반을 이루고 있는 많은 사람들이 정반대의 주장을 하는데도 그가 이슬람교는 선하고 평화로운 종교라고 거듭 천명한 것은 긴장을 완화하고, 지난 30년 동안 미국의 무슬림들이 자주 당했던 공격을 줄이는 데 기여했다. 대통령이 직접 워싱턴의 대형 모스크를 방문하거나 많은 무슬림을 백악관에 초청해서 라마단 금식 기간이 끝난 것을 축하하는 식의 공식적인 행동이 얼마나 중요한지는 아무리 강조해도 지나치지 않다. 부시 대통령은 백악관의 전임자들에게서 잘 볼 수 없었던 방식으로 화해의 손을 내밀었다는 점에서 공을 인정받을 만하다.

이 책을 주의 깊게 읽어보면, 부시 대통령이 사용한 종교적 어법과 비유를 내가 여러 곳에서 비판했다는 사실도 알게 될 것이다. '테러와의 전쟁'을 선과 악의 우주적 충돌로 규정한 것, 줄기세포 연구에 대한 연방정부의 지원을 비판하면서 종교적으로 이 문제를 바라보는 정당한 시각이 딱 하나밖에 없는 것처럼 군 것 등이 좋은 예다.

5. 당신은 희망을 품고 있는가? 9·11 이후 벌어진 일들을 보면서 우리 행성의 미래에 대해 낙관과 비관 중 어느 편에 더 가까워졌는가?

신앙인으로서 나는 희망을 품는다. 순진할 정도로 낙관적이지는 않지만, 우리가 더 나은 미래를 향해 길을 찾아 나아갈 것이라는 희망이 있다. 그러나 단기적으로는 힘든 상황이 올 것이다. 폭력적이고 파괴적인 행동의 씨앗이 이미 뿌려졌기 때문에, 향후 20년은 적어도 몹시 힘겨운 세월이 될 것이다.

그러나 지금도 의미심장한 희망의 징후들이 있다. 미국에서는 종교간 이해와 협력을 위한 프로그램들이 힘을 얻고 있다. 내가 아는 많은 무슬림 지도자들은 교회와 시나고그로부터 감당할 수 없을 만큼 많은 강연 요청을 받는다. 이슬람교에 대한 강연을 시리즈로 해달라거나, 대화 프로그램에 참여해달라는 요청도 있다. 북아메리카 전역의 대학 캠퍼스에서는 이슬람교와 전 세계의 다양한 종교를 다루는 강의의 인기가 매년 더 올라가고 있다. 유대교인, 기독교인, 무슬림이 힘을 합쳐서 해비타트 운동에 참여한 도시가 내가 알기로 다섯 군데나 된다. 각자의 도시에서 무슬림과 유대인 이웃들의 교육에 힘쓰며 그들과 직접 교류하기 위해 지역 교회 차원에서 노력을 기울이고 있다고 내게 직접 말해준 복음주의 기독교 지도자도 많다. 한 저명한 지도자는 이렇게 말했다. "무슬림, 유대교인 등 다른 사람들을 바라보는 낡은 시각이 9·11 이후의 세상에서는 받아들여질 수 없음을 우리 모두 분명하게 알 수 있을 것이다."

기독교 신학의 모든 학파와 모든 교파에서 긍정적인 변화가 일어나고 있다는 사실에 마음이 따뜻해진다. 이와 동시에 뚜렷이 드러나는 추세가 하나 더 있다. 고집스럽게 배타적인 태도를 취하는 사람들이 더욱 더 완고하게 버티고 있다는 것. 이슬람교를 '사악한 종교'로 단언하며 목소리를 높이는 사람들이 여러 경로를 통해 청중을 확보하고 있다.

무슬림 사회에서도 역시 많은 변화가 일어나고 있다. 신실한 무슬림들에게 건전하고 진정성 있는 미래를 설계할 건설적인 방법을 제시해주는 책들이 그동안 많이 등장했다. (참고문헌 목록에 이런 책이 여러 권 제시되어 있다.) 다양한 무슬림 지도자와 집단이 목소리를 높여 의견을 발표하고 회의를 소집해, 자기네 신자들 중 폭력적인 극단주의자들의 위협을 직접 다뤘다. 이런 노력이 차량을 이용한 자살 폭탄 테러만큼 언론의 주목을 받지 못할 때가 많지만, 세계 전역의 이슬람 사회 내부에서 많은 논의가 진행 중이다. 대부분의 무슬림들은 지금이 자기들 역사에서 몹시 중요한 순간임을 이해하고 있다. 이슬람교의 영혼을 위한 일종의 투쟁이 벌어지고 있기 때문이다. 이와 관련된 이슈들은 다양한 맥락의 경제적, 정치적, 사회적, 역사적 역학과 관련되어 있기 때문에 혼란스럽다. 나는 이 책에서 그렇지 않아도 혼란스러운 상황을 더욱 복잡하게 만드는 중요한 요인 몇 가지를 골라 분석했다.

쉬운 해답이나 간단한 해법은 없다. 그러나 나는 우리가 앞으로 나아갈 길이 막혀 있거나 이미 재앙을 예고하는 주사위가 던져졌다고는 믿지 않는다. 성실한 노력, 자기비판적인 의식, 타인에 대한 열린 마음을 갖는다면 신실하고 선한 사람들이 우리 모두 함께 살아가는 이 지구에서 더 건강한 미래를 일궈나갈 길을 분명히 찾아낼 수 있을 것이다.